Dagny Scott

Das große Laufbuch für Frauen

Schlank, fit und mehr Power durch Bewegung

TibiaPress

*Ein Ratgeber für Frauen:
So können Sie mit dem Laufen beginnen, Ihre Motivation stärken,
Ihr Gewicht reduzieren, verletzungsfrei und sicher laufen
und jede Strecke bewältigen*

Impressum

www.tibiapress.de

Titel: *Das große Laufbuch für Frauen*
Schlank, fit und mehr Power durch Bewegung

Titel der amerikanischen Originalausgabe: *Runner's world complete book of women's running:*
the best advice to get started, stay motivated, lose weight,
run injury-free, be safe, and train for any distance

© 2000 by Dagny Scott
Published by arrangement with Rodale, Inc., Emmaus, PA, U.S.A.

© 2001 für die deutschsprachige Ausgabe beim Verlag
TibiaPress – *Der Fitness-Verlag*
Postfach 102251, 45422 Mülheim an der Ruhr
Alexanderstraße 54, 45472 Mülheim an der Ruhr
Tel. 0208-439 54 65, Fax 0208-439 54 69
E-Mail: info@tibiapress.de, www.tibiapress.de

Übersetzerinnen: Frauke Markmann, Ulla Tigges
Schlussredaktion: Wilfried Stascheit
Druck: Druckerei Uwe Nolte, Iserlohn
ISBN 3-935254-01-6

HINWEIS: Die in diesem Buch enthaltenen Anregungen beruhen auf den Erfahrungen und Recherchen der Verfasserin. Sie sind von ihr nach bestem Wissen erstellt worden, sie sind aber kein Ersatz für eine medizinische Beratung. Wie bei allen Sportarten sollten Sie, bevor Sie anfangen, einen Arzt aufsuchen. Jede Läuferin und jeder Läufer bleibt für sein Handeln selbst verantwortlich. Für eventuelle Schäden oder andere Beeinträchtigungen, die aus den beschriebenen praktischen Tipps entstehen, übernehmen Autorin und Verlag keine Haftung.

Das Werk einschließlich seiner Teile ist urheberrechtlich geschützt. Jede urheberrechtsrelevante Verwertung ist ohne Zustimmung des Verlages unzulässig und strafbar. Das gilt insbesondere für Vervielfältigungen, Übersetzungen, Nachahmungen, Mikroverfilmungen und die Einspeicherung und Verarbeitung in elektronischen Systemen und die Verbreitung über das Internet und ähnlichen Systemen.

Gedruckt auf chlorfrei gebleichtes Papier.

Inhalt

Vorwort 7
Einleitung 9
1. Warum brauchen wir ein Laufbuch für Frauen? 11
2. Die richtige Laufbekleidung 17
3. Fragen, die Anfängerinnen häufig stellen 33
4. Grundsätze für das Training 45
5. Vom Gehen zum Joggen: Training für Anfängerinnen 59
6. Vom Joggen zum Laufen: Training für Fortgeschrittene 71
7. Vom Laufen zum Wettlauf: Training für die geübte Läuferin ... 87
8. Wettkämpfe 113
9. Die Marathonstrecke besiegen 135
10. Allein oder zu mehreren 157
11. Das richtige Gleichgewicht finden 171
12. Motivation und mehr: Die mentalen Aspekte des Laufens 185
13. Richtig essen heißt besser laufen 199
14. Laufen und Abnehmen 215
15. Ein positives Körperbild 221
16. Kümmern Sie sich um Ihren Körper 235
17. Persönliche Sicherheit 265
18. Die Allroundläuferin 275
19. Laufen in der Schwangerschaft 305
20. Laufen für Kinder und Jugendliche 325
21. Die ältere Läuferin 341

Service Teil 355

Danksagung

Laufen ist in vielerlei Hinsicht eine Lebensbereicherung, vor allem aber durch die Menschen, denen Sie durch diesen Sport begegnen. Ich hatte das Glück, im Laufe der Jahre sehr viele wundervolle Läufer, Trainer, Ärzte und führende Persönlichkeiten des Laufsports kennen lernen zu dürfen. Dutzende dieser Leute haben großzügig zum Entstehen dieses Buches beigetragen, indem sie ihre Zeit und ihr Wissen zur Verfügung gestellt haben. An allererster Stelle steht Maureen Roben, Läuferin, Trainerin, Mutter und alles in allem eine wunderbare Seele. Maureen ist eine starke, energische und immer fröhliche Frau, die ihre Freude am Laufsport schon seit Jahren in ihren Frauenlaufcamps weitergibt. Sie war eine zuverlässige Kritikerin dieses Buches und hat mir geholfen, die darin enthaltenen Trainingspläne aufzustellen.

Mein Dank geht auch an Diane Palmason, die Maureens Laufcamps mitbegründet hat und mitleitet. Dianes reiches Wissen um die Gesundheit von Läuferinnen war von unschätzbarem Wert für meine Recherchen. Mein Dank geht an beide, Maureen und Diane, auch dafür, dass ich ihre Camps als Forum nutzen durfte, um über Themen, die in diesem Buch behandelt werden, mit anderen Läuferinnen zu diskutieren.

Thomas Shonka, D.P.M.[1], verdient meinen Dank nicht nur für die Hilfe an diesem Buch, sondern auch für die teilnahmsvolle Behandlung meiner unendlich vielen Wehwehchen. Thomas ist der beste Orthopäde, den sich eine Läuferin wünschen kann: Er versteht unser leidenschaftliches Bedürfnis, schnell wieder auf die Beine zu kommen.

Zahllose andere Experten haben mit ihrem Wissen zu diesem Buch beigetragen, unter ihnen Henley Gabeau, Judy Mahle Lutter, Lynn Jaffee, Susan Kalish, Lewis Maharam, Jack Daniels, David Martin, Neal Pire, Ray Browning, Amy Roberts, Steven Ungerleider, Carol Otis, Nancy Clark, Susan Kundrat, Jerilynn Prior, Douglas Hall, Jerry Lynch, Roy Benson und Lisa Callahan. Mein besonderer Dank geht an die Läufer und Freunde, die mir Kapitel für Kapitel mit ihrer Meinung und ihren Tipps zur Seite gestanden haben: Shelly Steely, Nadia Prasad, Jane Welzel, Libbie Hickman, Kim Jones, Ann Boyd, Lorraine Moller, Anne Audain, JoAnn Behm Scott, Shirley Van Slooten, My Jones, Laurie Mizener, Mary Kirsling und viele andere. Ein herzliches Dankeschön geht auch an meinen Trainer, Willie Rios. Er war für mich fast so etwas wie eine Muse beim Schreiben dieses Buches. Obwohl ich keine Wettkämpfe mehr bestreite, wird Willie immer mein „Trainer" bleiben und mich auf meinen Läufen begleiten.

Meinem Herausgeber John Reeser bin ich tiefen Dank schuldig. Dank seiner Freundlichkeit und Generosität war dieses – mein erstes – Buch eine positive Erfahrung für mich.

Schließlich möchte ich meinem Mann Arturo für seine Unterstützung während dieses Projektes danken. Die Welt kennt ihn als großartigen Läufer, ich bin die Glückliche, die ihn als großartigen Mann kennt.

---

[1] Doctor of Podiatric Medicine – Fußorthopäde *(Anm. d. Übers.)*

Vorwort

Falls Sie es noch nicht gehört haben: Frauen erobern dieser Tage im Laufschritt die Welt. Viele Zahlen belegen es – Umfragen bei Sportschuhherstellern, Verkaufszahlen des Einzelhandels, Neuabonnenten von Laufzeitschriften und Anmeldungen zu Laufveranstaltungen – der Frauenanteil unter den Läufern liegt heute bei 50% und ihr Anteil steigt.

Vor 25 Jahren waren nur 5% aller Läufer Frauen. Das ist zweifellos eine Revolution, zu der es kam, weil Laufen der ideale Sport für Frauen ist.

Ich habe dies eigentlich schon lange vorhergesehen. Alle Anzeichen sprachen dafür. Da bedurfte es keiner Kristallkugel. Man musste nur eine Weile über Frauen nachdenken und darüber, welche Eigenschaften sie zum Laufen mitbringen.

Viele Frauen sind diszipliniert, entschlossen und unbeschreiblich gut organisiert. Nur so können sie den verschiedenen Rollen gerecht werden, die ihnen die Gesellschaft auferlegt – Beruf, Hausarbeit, Mutter, Ehefrau und vieles mehr. Laufen fällt diesen Frauen leicht, weil Disziplin, Entschlossenheit und Organisationstalent alles ist, was man zum Laufen braucht – also genau das, was viele Frauen ohnehin schon besitzen. Und es gibt noch einen Bonus, den das Laufen grundsätzlich hat: Es erfordert keine besondere sportliche Technik. Man muss keine Rückhand schlagen können. Es ist auch nicht schlimm, wenn man ein 3er Eisen nicht von einem Neuner und ein Abseits nicht von einem Abpfiff unterscheiden kann. Man muss sich bloß dazu entscheiden, es zu tun.

Frauen sind auch deswegen für das Laufen prädestiniert, weil sie verstehen, wie wichtig es ist, geduldig und planvoll vorzugehen. Und Männer? Die sind nicht immer so klug. Meine Frau kocht nach Rezept und es ist jedes Mal köstlich. Ich denke mir meine Rezepte während des Kochens selber aus und verstehe überhaupt nicht, warum sich alle weigern, meine Kreationen zu essen.

Der Schlüssel zum Erfolg beim Laufen liegt darin, einem Trainingsplan folgen zu können. Es gibt spezielle Trainingskonzepte für Anfängerinnen, für fortgeschrittene Anfängerinnen, für Fortgeschrittene, für diejenigen, die zum ersten Mal einen Marathon laufen möchten und so weiter. Folgen Sie einfach dem Plan, und auch Sie werden eine gute Läuferin. Frauen wissen Pläne zu schätzen und profitieren davon.

Frauen verstehen auch die emotionale Seite des Laufens besser als Männer. Wir Männer machen manchmal den Fehler zu glauben, dass Laufen ein nie endender Wettkampf gegen die Stoppuhr sei. Wir wollen schnell sein – immer. Das Ergebnis ist, dass wir uns oft verletzen, rasch ermüden und uns völlig verausgaben. Schlimmer noch, wir werden depressiv, wenn wir ein Alter erreichen, in dem wir nicht mehr so schnell laufen können wie in unserer Jugend.

Frauen laufen auch gerne schnell. Ich behaupte nicht, dass sie nicht genauso hart trainieren wie Männer, oder dass sie nicht versuchen, es bis zu den Olympischen Spielen zu bringen. Aber es gibt mehr Frauen als Männer, die Laufen als das akzeptieren, was es ist – eine einfache und äußerst befriedigende Möglichkeit sich fit zu halten. Beim Laufen haben wir Zeit in aller Ruhe nachzudenken oder auch einen Plausch mit anderen zu halten. Es ist möglich, den Alltagsstress loszuwerden und seine Gesundheit zu genießen. Ich hatte das Glück mit einigen berühmten Frauen zu laufen. Ich lief mit Joan Benoit, lange bevor sie den Boston Marathon und die Olympischen Spiele gewann. Auch mit Oprah Winfrey bin ich gelaufen, lange nachdem sie ein internationaler Film- und Fernsehstar geworden war.

Eines habe ich von Joan, Oprah und hunderten anderer Läuferinnen gelernt: Jede(r) kann das Laufen entsprechend ihrem/seinem selbst gesteckten Ziel betreiben. Ob das nun olympisches Gold oder ein heimlicher Traum ist, an dessen Erfüllung man nie geglaubt hat, spielt keine Rolle. Es liegt ganz an Ihnen. Ich weiß, dass Sie es schaffen können, weil es schon Millionen Läuferinnen vor Ihnen geschafft haben. Auf den folgenden Seiten hat Dagny Scott, eine kluge und erfahrene Läuferin, alle Pläne, Rezepte und alles Wissen, das Sie brauchen werden, für Sie zusammengestellt.

Den nächsten Schritt müssen Sie selber machen.

Amby Burfoot
— Chefredakteur der Zeitschrift Runner's World, USA

Einleitung

Noch ganz verschwitzt und schmutzig vom Lauf, den ich gerade bei windigem Novemberwetter gemacht habe, sitze ich am Computer und schreibe. Es ist zwar Wochenende, aber nach dem Laufen ist mein Kopf immer besonders klar. Das möchte ich ausnutzen. Auf meiner Laufstrecke, die sich am Rande der Stadt entlangschlängelt, habe ich heute zwei Freundinnen getroffen. Es ist eine weite und stille Landschaft. Die Rocky Mountains machen hier den majestätisch ruhenden Ebenen im Osten Platz. Beth und Jennifer waren mit ihren drei Hunden unterwegs, einer bunten Palette zotteliger, goldener und cremefarbener Prachtexemplare. Wir plauderten über den Lauf, den Tag, das gestrige Training und die Hunde. Die beiden Frauen erzählten mir, wie sehr sie sich jede Woche auf dieses Sonntagsritual freuen. Zeit rauszukommen und einmal ohne Ehemänner oder Partner, ohne Arbeit und lästigen Alltagskram zu sein. „Darum geht es eigentlich", sagten sie. „Ja", sagte ich, „darum geht es eigentlich." Mich überlief ein Schauer und ich bemerkte, dass ich eine Gänsehaut hatte, obwohl die Luft noch gar nicht kalt war. So sah ich Beth und Jennifer nach, wie sie mit ihren Hunden weiterliefen und diesen Moment des Tages genossen, den sie ganz für sich hatten. Ich versuchte herauszufinden, warum mich eine so einfache Sache so bewegt hatte. Heute waren viele Frauen

unterwegs, manche in Gruppen, manche allein. Tatsächlich waren viel mehr Frauen als Männer auf der Strecke. Und da wurde mir bewusst, wie weit wir es gebracht hatten. Noch vor einer Generation hatten Frauen nicht diese Möglichkeit des Beisammenseins. Da trieben nur Männer Sport und genossen dessen Vorteile: Freundschaften, die belebende Wirkung einer Auszeit und eine gesunde Hautfarbe. Besonders der zweite Laufboom in den Achtzigern hat das Interesse der Frauen am Laufsport und am Sport allgemein geweckt und ihnen neue Möglichkeiten eröffnet: Laufen kann für uns Frauen ein Refugium sein, beim Laufen entwickeln sich Freundschaft, Liebe und Vertrauen ebenso stetig und selbstverständlich wie der Takt unserer Schritte und der Rhythmus unseres Atems.

Als ich von der Ehre erfuhr, dieses Buch schreiben zu dürfen – denn das ist eine Ehre – empfand ich die große Verantwortung, die damit verbunden war. Wie könnte ich diesem Sport, den ich so sehr schätze, gerecht werden? Wie könnte ich überhaupt all die Geschenke aufzählen, die mir das Laufen gegeben hat: Kraft, Gesundheit, Liebe, Freundschaft, ein neues Selbstbewusstsein, die Erfahrung von Disziplin, Fähigkeiten und Kraft und nicht zuletzt einen Beruf und einen Ehemann.

Als ich mir ein Jahr Zeit nahm, um dieses Buch zu schreiben, wollte ich die gesamte Bandbreite dessen vermitteln, was Laufen für Frauen bedeuten kann. Laufen, das ist nicht nur Fitness, nur Freundschaft oder nur Gesundheit, sondern alle diese Dinge gemeinsam. Ich kann nur hoffen, dass dieses Buch Ihnen zumindest etwas von der Kraft und Inspiration geben kann, die ich bisher von anderen Läuferinnen erhalten habe.

Vielleicht laufen wir uns einmal über den Weg, auf einer Straße, einem Sportplatz oder einem Waldweg. Jedenfalls wünsche ich Ihnen, dass Ihre Füße locker und Ihr Herz leicht werden.

Für meine Mutter und meinen Vater,
die mir den Start gezeigt haben,
und für Arturo,
der am Ziel auf mich gewartet hat.

1. Warum brauchen wir ein Laufbuch für Frauen?

Millionen von Frauen haben beim Laufsport nicht nur ihre Beine, sondern auch ihre Stimmen, ihre Seele und ihre Träume neu entdeckt. Dies kann auch Ihnen so gehen. Ergreifen Sie die Gelegenheit und lassen Sie sich den Gewinn durch diesen Sport nicht entgehen. Doch warum ein Laufbuch speziell für Frauen? Sind Frauen und Männer so verschieden? Beide setzen doch einfach einen Fuß vor den anderen, immer und immer wieder. Beide sind glücklich, wenn sie fitter und stärker werden. Beide haben manchmal mit Tagen zu kämpfen, an denen sich ihre Beine wie Blei anfühlen; mit Tagen, an denen sie nicht zu sich selbst, geschweige denn zum Laufen kommen; mit Tagen, an denen sie sich schon vom Sofa aufraffen müssen, um eine Pizza zu bestellen. In dieser Hinsicht unterscheiden Läuferinnen sich überhaupt nicht von ihren männlichen Kollegen.

Aber halt!

Hören Sie doch mal diesen Millionen von Läuferinnen zu. Hören Sie ihnen zu, wenn sie sich ruhig atmend unterhalten, wenn sie zu zweit in der Morgendämmerung loslaufen, bevor die restliche Familie wach wird. Hören Sie, wie sie im gleichmäßigen Rhythmus ihrer Laufschritte über Ihre Erfahrungen und Probleme reden. *„Ich hätte nie gedacht, dass ich das könnte ..."* *„Ich fühle mich so viel kräftiger ..."*

„Ich bin bereit für eine neue Herausforderung ..." Frauen, die gemeinsam laufen, werden zu Verbündeten. Dieses Gefühl der Zusammengehörigkeit beruht auf gegenseitigem Verständnis, dem Stolz darauf, schon so weit gekommen zu sein und einer Ahnung von dem, was noch gewonnen

werden kann. Und so reden sie, tauschen Erfahrungen aus, entwickeln sich weiter – und laufen, ob nun allein oder in Gruppen, schnell oder langsam.

Der Frauenlaufboom

Dass nun auch Millionen von Frauen diesen Sport betreiben, hat ihn geprägt, genau wie umgekehrt der Sport das Frauenbild verändert hat. Nach dem Sieg von Frank Shorter beim olympischen Marathonlauf 1972 in München entstand in den USA ein Laufboom und schwappte Anfang der 80er Jahre nach Europa. Damals waren Läuferinnen noch eine Seltenheit. Anstrengende sportliche Aktivitäten galten immer noch als unweiblich, ja sogar als schädlich für Frauen. Also blieben die meisten Frauen bei den traditionellen Sportarten wie z. B. Golf oder Tennis. Es wirkte komisch auf „Normalmenschen", wenn eine Frau die Straße entlanglief, und sie musste damit rechnen, gefragt zu werden, wer denn hinter ihr her wäre. Die Frauenbewegung änderte dies, und schon zu Beginn der 90er begegnete man in allen Parks, auf allen Sportplätzen und Wegen joggenden Frauen. Im Laufe der Jahre hatte sich das Laufen aus einer recht obskuren Beschäftigung von Leistungssportlern zu einer Freizeitsportart für die Massen entwickelt. Weil Laufen gut für Herz und Lungen, leicht zu lernen und ohne große Investitionen zu betreiben war, wurde es immer beliebter und die Menschen begannen, den Wert eines regelmäßigen Trainings zu erkennen. Als Fitness in den 90ern nicht mehr länger nur der Gesundheit diente, sondern sich zu einer regelrechten Lebensphilosophie entwickelt hatte, boomte der Laufsport ein weiteres Mal. Heute stellen die Menschen die unterschiedlichsten Ansprüche an das Laufen: Den einen soll es Gesellschaft, den anderen Entspannung bieten, dann wieder der Entwicklung der eigenen Persönlichkeit dienen. Heutzutage, mehr als je zuvor, wird das Laufen den unterschiedlichsten Ansprüchen der Menschen gerecht. Heute haben Frauen den Sport wieder aufleben lassen und ihn für sich zu einer Frage von Gesundheit und Fitness gemacht. Warum gerade Frauen? Sowohl Männer als auch Frauen haben die positiven Auswirkungen der Fitness auf Körper und Seele für sich entdeckt. Doch Zeit wird immer mehr zur Mangelware. Besonders Frauen geraten unter Zeitdruck, wenn sie versuchen Beruf und Familie unter einen Hut zu bekommen und dabei noch gesund zu leben. Für immer mehr Frauen ist Laufen dabei zum Rettungsanker geworden. Laufen erfordert ein Minimum an Zeit, Instruktionen, Ausrüstung und Planung und ist doch ein Training für den ganzen Körper. Obwohl die meisten Frauen wegen des positiven physischen Effekts anfangen zu laufen, sind es doch die positiven Nebeneffekte, die sie mit Begeisterung weitermachen lassen. Ob man nun Gesellschaft sucht oder einmal allein sein möchte, Laufen wirkt Stress

Aus meinem Trainingstagebuch

Also, wer bin ich und warum schreibe ich dieses Buch? Schließlich haben Sie meinen Namen nicht in den Annalen der olympischen Geschichte gelesen. Ich bin keine Heldin oder ein fester Begriff wie Grete Waitz oder Uta Pippig.

Nein, was das Laufen angeht, bin ich Ihnen wahrscheinlich viel ähnlicher. Seit ich ein kleines Mädchen war, habe ich von sportlichen Erfolgen geträumt. In diesen Jahren bin ich manchem dieser Träume verlockend nahe gekommen – nahe genug um sie meist salzig und bittersüß zu schmecken. Doch letztendlich bin ich keine professionelle Läuferin geworden. Ich wurde Journalistin und spezialisierte mich auf Sportlerinnen, insbesondere auf Läuferinnen. Schreiben und Laufen sind für mich Lebensphilosophie und Beruf zugleich. Diese beiden Leidenschaften bauten aufeinander auf und ließen sich immer schwerer voneinander unterscheiden.

Während ich auf meinen Laufstrecken Höchstleistungen anstrebte, lernte ich einige Lektionen, die den Grundstein meiner Karriere als Journalistin bildeten.

Die Frauen, die meinen Weg als Reporterin gekreuzt haben, waren eine nie versiegende Quelle der Inspiration für mich.

In diesem „Trainingstagebuch" werde ich einige meiner persönlichen Lauferfahrungen an Sie weitergeben. Es ist nur fair, Ihnen zu sagen, dass diese Erfahrungen von erhaben bis lächerlich reichen – wobei die lächerlichen wohl den größten Teil ausmachen. Immerhin kann man daraus lernen, dass beim Laufen Beulen und Schrammen mit den Triumphen einhergehen. Ich hoffe, dass Sie aus den meisten meiner Erfahrungen etwas lernen können – oder sich zumindest darüber amüsieren.

Am Ende habe ich gelernt, dass der Weg das Ziel ist. Diese Lektion lernt jede Läuferin früher oder später. Mehr als irgendwelche gewonnenen Medaillen oder verlorenen Pfunde zählt der Weg. Das ist für uns alle der Grund zu laufen, und darum habe ich dieses Buch geschrieben.

abbauend und hilft zu entspannen und durchzuatmen. Laufen ist ein einfacher Weg zur Fitness, der zum komplizierten Leben der modernen Frauen passt. Die Begeisterung für das Laufen hat sich übertragen auf andere, und das führte zu organisierten Veranstaltungen und beschleunigte den Boom dieser Sportart. Mehr und mehr Wettkämpfe, Freizeitläufe und Laufveranstaltungen werden speziell für Frauen angeboten. Frauenläufe und Wohltätigkeitsläufe ziehen regelmäßig Tausende von Frauen an. Es ist nicht ungewöhnlich, dass Frauen fast das halbe Feld eines Marathons oder eines 10-km-Laufes bilden – hier waren früher die Männer weit in der Überzahl. Am Ziel bekommen inzwischen auch Nachzügler, ebenso wie ältere Läufer in ihren besten Jahren spezielle Anerkennungen. All das verstärkt den Trend zu einem Sport, bei dem jeder gefeiert wird, der daran teilnimmt, nicht nur die Allerschnellsten. Frauen haben wegen der egalitären Natur dieses Sportes einen so starken Einfluss auf die Sportart. Laufen Sie sonntags einmal bei einem Lauftreff mit und Sie werden sehen, dass alle gleichberechtigt daran teilnehmen: Jung und Alt, Arm und Reich, Menschen unterschiedlichster Herkunft und Religionen. Und natürlich: Männer und Frauen. Wenn zwei Läufer auf einer einsamen Straße den Rhythmus ihrer Schritte einander anpassen, können Freundschaften entstehen, die an einem anderen Ort vielleicht seltsam aussehen würden. In guter alter Tradition treffen sich sogar die Schnellsten und die Langsamsten am Ziel, um bei einer Tasse Kaffee und Gebäck zu plaudern. An einem Wettkampftag teilen sich Hasen und Igel die Startlinie und die Freizeitjoggerin kann buchstäblich in die Fußstapfen der bewunderten Profis treten. Mit dieser offenen Sozialstruktur hängt es zusammen, dass Frauen sich heute auf allen Ebenen dieses Sports einen Namen gemacht haben.

◎ Wofür laufen wir?

Seit Frauen mehr und mehr laufen, befasst sich eine wachsende Zahl von Untersuchungen mit den Auswirkungen des Sports auf den weiblichen Körper. Es scheint so, als käme auf jede Gemeinsamkeit zwischen Männern und Frauen ein signifikanter Unterschied. Dazu möchte ich Ihnen ein Beispiel geben: Obwohl die Trainingsmethoden, mit denen Geschwindigkeit und Fitness erreicht werden können, für Männer und Frauen gleich sind, ist es für Frauen wegen ihres schwankenden Hormonspiegels wesentlich schwieriger, sich auf einen Lauf gezielt vorzubereiten.

Andererseits scheinen Frauen möglicherweise gerade wegen dieser Hormone ausdauernder zu sein als Männer, weil sie Schmerzen generell besser aushalten können. Obwohl die Prinzipien der Biomechanik für beide Geschlechter gleich sind, haben manche Frauen mehr Knie- und Fußprobleme als Männer, weil sie breitere Hüften haben. Auch der weibliche Stoffwechsel scheint auf das Training anders zu reagieren, was dazu führt, dass sich Frauen anders ernähren müssen. Und diese Liste ließe sich noch fortführen.

Zu den biologischen Fakten kommt noch, dass die Fragen und Anliegen, die viele Frauen mit dem Laufen verbinden, in eine andere Richtung gehen als dies bei Männern der Fall ist. Den Frauen geht es darum, durch Laufen fit und, wer dies möchte, auch schnell zu werden. Es geht ihnen aber auch darum, sich Ziele zu setzen und zu erreichen, Zeit für sich zu haben, Entspannung und Ausgleich zu finden. Es geht darum, den Moment zu genießen, auf die Zukunft hinzuarbeiten, die kleinen Dinge im Leben zu würdigen und dabei nie das Ganze aus dem Blick

zu verlieren. Dies sind die Effekte des Laufsports, die Frauen heutzutage entdecken können, wenn sie anfangen zu laufen. Effekte, die eigentlich genau so wichtig sind wie schlankere Oberschenkel und schnelle Zeiten.

2. Die richtige Laufbekleidung

Laufen ist ein unaufwändiger Sport. Es genügt, seine Schuhe zu schnüren und schon kann's losgehen. Das ist so simpel, dass viele Frauen daraus schließen, sie bräuchten bloß in irgendein altes Paar Schuhe zu schlüpfen. Sie kramen in der Abstellkammer nach ein paar alten Freizeitlatschen und rennen mit schiefen Absätzen und flatternden Sohlen fröhlich los.

Doch das geht so einfach leider nicht. Laufen erfordert zwar keine teure Ausrüstung, aber ein paar spezielle Laufschuhe sind unbedingt notwendig. Nicht die Schuhe, die Sie im Aerobic-Kurs tragen oder ein Paar billige Stofftreter, sondern richtige Laufschuhe. Sie sind speziell für das Laufen konzipiert und sollten auch nur beim Laufen getragen werden.

Warum? Eine Läuferin, die ausschließlich gute Schuhe trägt, kann jahrelang trainieren ohne jemals Kniebeschwerden zu bekommen. Falsche Schuhe können jedoch zu Muskelschmerzen und sogar zu Verletzungen führen. Schuhe können das Laufen zu einer genussvollen Erfahrung machen oder Ihnen den Sport gänzlich vermiesen. Also denken Sie gar nicht erst daran, an den Schuhen ein paar Mark zu sparen. Die Investition in ein Paar vernünftige Laufschuhe lohnt sich auf jeden Fall, wenn damit mit Sicherheit ein Besuch beim Orthopäden vermieden wird!

Ebenso wenig wie mit alten Schuhen sollten Sie mit einem alten BH laufen. Aus naheliegenden Gründen kann der richtige Sport-BH ebenfalls für ein positives Lauferlebnis ausschlaggebend sein. Es ist auch hier kein Fehler, ein paar Mark mehr zu investieren.

Und das ist tatsächlich schon alles, was Sie unbedingt brauchen.

Je länger Sie laufen, desto länger wird natürlich auch die Liste des Zubehörs, das Sie zu benötigen glauben. Neben Schuhen und BH werden Sie sich vielleicht auch spezielle Laufbekleidung wünschen, die Sie im Sommer kühl und trocken und im Winter warm hält. Vielleicht werfen Sie auch bald ein Auge auf die speziell für Läufer angebotenen Pulsmesser, Sonnenbrillen, Trinksysteme und andere Spielereien, die auf dem Markt sind. Manches davon ist hilfreich, anderes weniger. Es gibt Dinge, die

Wunder wirken, aber auch ein kleines Vermögen kosten. Sind diese Sachen wirklich notwendig?

Letztendlich entscheiden Sie selbst, wie viel Sie in die Ausrüstung investieren wollen. Manche Läuferinnen rüsten sich zu einem 30-Minuten-Lauf aus, als wollten sie einen Ultramarathon bestehen. Andere Läuferinnen sind asketischer und begnügen sich mit einfachem T-Shirt und Shorts, und die werden auch erst dann ersetzt, wenn sie völlig durchgewetzt sind. Ein Großteil der modischen Sportbekleidung und Ausrüstung ist eher etwas für den Wettkampfläufer, der viele Kilometer zurücklegt, als für den „Dreimal-die-Woche-Jogger". Andererseits gönnen sich viele Freizeitläufer gerne eine kleine Belohnung, wie z.B. eine neue Jacke oder eine Sonnenbrille, um sich über Phasen schwindender Motivation hinwegzuretten.

Unterm Strich bedeutet dies für Sie: Egal ob Sie Anfängerin sind oder ob Sie als Profiläuferin ihrem Körper nicht genügend Aufmerksamkeit geschenkt haben – suchen Sie vor dem nächsten Lauf unbedingt ein Sportgeschäft auf. Kaufen Sie sich ein Paar Schuhe und einen BH. Was Sie darüber hinaus anschaffen wollen, bleibt Ihnen überlassen: Bei der Gelegenheit können Sie sich mit sämtlichen Extras eindecken oder Sie schonen Ihre Geldbörse – ganz wie Sie wollen.

Im Folgenden erfahren Sie, worauf Sie beim Einkauf achten sollten.

Schuhe

Laufschuhe dienen als Hightech-Dämpfung zwischen Ihren Füßen und dem Untergrund. *„Beim Laufen stoßen Ihre Füße zwischen 70 und 100 Mal pro Minute auf dem Boden auf, jedes Mal mit einer Kraft, die dem Zwei- bis Dreifachen Ihres Körpergewichtes entspricht,"* sagt Tim Hilden, ein Trainings-Physiologe und Spezialist für Biomechanik. *„Jedes Mal, wenn Sie den Boden berühren, überträgt sich der Stoß auf den ganzen Körper. Mit dem richtigen Paar Schuhe lässt sich diese Erschütterung abfedern."*

Moderne Laufschuhe sind kleine Wunderwerke der Technik, ermöglicht durch millionenschwere Investitionen in Forschung und Entwicklungslabors. Es existieren Hunderte unterschiedlicher Modelle, die auf die verschiedensten Fuß- und Körperformen abgestimmt sind. Laufschuhe

sind so konstruiert, dass sie die natürliche Beschaffenheit Ihrer Knochen, Bänder und Sehnen – also den Bewegungsapparat – ergänzen. Auf diese Weise können sie die Belastungen für den Körper, die durch die ständigen Erschütterungen entstehen, minimieren.

Es hängt von verschiedenen Faktoren ab, welcher Schuh für Sie der richtige ist. Dabei spielen zum Beispiel Ihre individuelle Abrollbewegung, Ihr Laufstil, Ihr Gewicht und Ihr Trainingsprogramm eine Rolle.

Laufanfänger fragen häufig, welche Schuhmarke Sie kaufen sollten. Kaufen Sie das Modell, in dem Sie sich am wohlsten fühlen. Alle führenden Hersteller in der Branche produzieren eine Auswahl an Schuhen für die verschiedensten Ansprüche. Rykä, Saucony und New Balance haben Pionierarbeit in der Entwicklung von Laufschuhen speziell für Frauen geleistet. Solche Schuhe haben eine schmalere Ferse und einen breiter gearbeiteten Vorfußbereich. Die meisten anderen Firmen haben inzwischen nachgezogen.

Wichtiger aber als einen Frauenlaufschuh zu finden ist es, Ihren Schuh zu finden. Ein Modell, das bei der einen Frau wie angegossen sitzt, kann einer anderen unbequem sein. Da jede Marke ihre typische Passform und ihren speziellen Tragekomfort besitzt, sollten Sie verschiedene Schuhe anprobieren, um das für Ihre Füße optimale Modell zu finden. In einem Fachgeschäft finden Sie auf einfache und zuverlässige Weise den richtigen Schuh. Die Verkäufer dort sind oft selbst erfahrene Läufer. Um Ihnen eine Auswahl an geeigneten Schuhen für Ihre individuellen Bedürfnisse empfehlen zu können, schaut sich der Fachverkäufer Ihren Laufstil an und informiert sich über Ihr Trainingsprogramm. *(In normalen Kaufhäusern oder Schuhgeschäften müssen Sie schon etwas Glück haben, um auf einen Experten für Laufschuhe zu treffen.)*

Wenn Sie Ihre Schuhe ohne die Hilfe eines kompetenten Verkäufers aussuchen müssen, so sollten Sie sich erst einmal Ihre eigenen Füße genauer ansehen. Am wichtigsten ist es, zunächst herauszufinden, ob Sie ein *Überpronierer, Supinierer* oder *Normalfußläufer* sind. Das ist gar nicht so kompliziert wie es sich anhört.

Wenn sich Ihr Fußgewölbe beim Laufen senkt und etwas nach innen dreht, so nennt man das *Pronation*. Ein gewisser Grad an Pronation ist unser natürlicher Stoßdämpfer beim Aufsetzen und Abrollen. Idealerweise

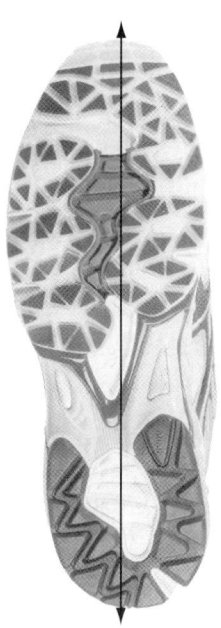 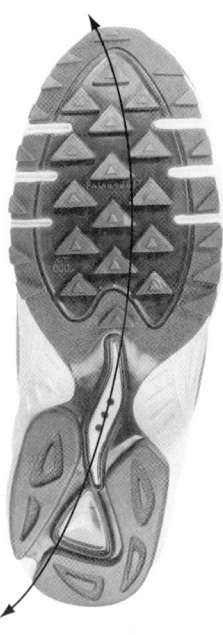

Ein gerader Leisten (links) eignet sich besonders gut für Überproniererinnen, während ein gebogener Leisten (rechts) eher von Supiniererinnen getragen werden sollte. Ein schwach gebogener Leisten, der für Normalfußläuferinnen gedacht ist, sieht dem gebogenen Leisten sehr ähnlich.

setzen Sie Ihren Fuß während des Laufens mit der äußeren Ferse auf, verlagern das Gewicht dann auf den Innen- und schließlich den Vorfuß, bis Sie sich mit dem vorderen Fußballen und den Zehen abstoßen.

Wenn Sie überpronieren, knickt Ihr Fuß während der Landung zu weit nach innen, Sie könnten sogar auf der Innenseite Ihrer Ferse landen. Die fehlende Unterstützung des Fußgewölbes kann zu vielerlei Beschwerden führen (z.B. Knie-, Rücken-, Hüft- bis hin zu Kopfschmerzen).

Das andere Extrem sind starre Füße, die nicht genügend nach innen nachgeben. Weil die Erschütterungen so nicht ausreichend gedämpft werden, kommt es zu Problemen mit den Beinen. Eine solche Fußstellung, bei Frauen weniger häufig anzutreffen als bei Männern, wird *Supination* genannt. Läuferinnen, die weder überpronieren noch supinieren, sind *Normalfußläuferinnen*.

Schuhhersteller empfehlen zwei einfache Methoden um herauszufinden, zu welcher Kategorie Sie gehören.

 Sehen Sie sich ein altes Paar Schuhe an!

An den Abnutzungsspuren Ihrer Schuhe lässt sich vieles ablesen. Die Sohlen und Zwischensohlen einer Überproniererin sind an der Innenseite zusammengedrückt und abgelaufen. Die Schuhe einer Supiniererin sind an der Außenseite zusammengedrückt und abgelaufen. Frauen mit „Normal-

füßen" haben in der Regel gleichmäßig abgelaufene Schuhe.
[Anm. der Red.: *Diese Methode ist jedoch nicht sehr zuverlässig. Die Außenkanten der Fersen sind auch beim Normalfußläufer abgelaufen, da die Abrollbewegung von Außen nach Innen verläuft. Viele Anfänger stufen sich darauf hin fälschlicherweise als Supinierer ein.*]

 Sehen Sie sich Ihren Fußabdruck an!

Stellen Sie sich, wenn Sie das nächste Mal aus der Dusche kommen, auf eine dunkle Bademaße oder ein Handtuch, sodass ein Fußabdruck zu sehen ist. Wenn die Mitte Ihres Fußabdrucks fast vollständig gefüllt ist, sodass das Fußgewölbe kaum zu erkennen ist, haben Sie Senkfüße und sind wahrscheinlich Überpronierin. Wenn Ihr Fußabdruck in der Mitte Ihres Fußes nur teilweise ausgefüllt ist und einen leichten Bogen erkennen lässt, haben Sie ein normales Fußgewölbe und sind wahrscheinlich Normalfußläuferin. Ist Ihr Fuß so hochgewölbt, dass der Abdruck ganz oder fast zweigeteilt erscheint, sind Sie vermutlich eine Supiniererin.

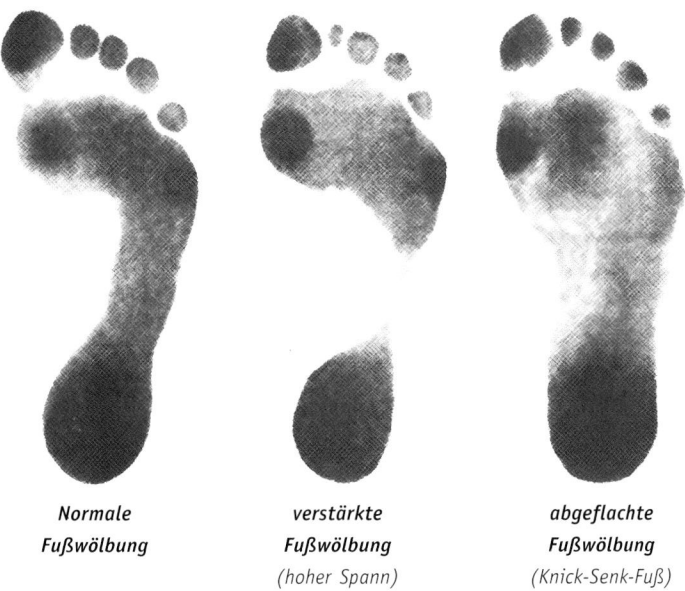

Normale Fußwölbung — *verstärkte Fußwölbung* (hoher Spann) — *abgeflachte Fußwölbung* (Knick-Senk-Fuß)

Wenn Sie herausgefunden haben, zu welchem Lauftyp Sie gehören, müssen Sie nun noch wissen, welchen Schuh Sie brauchen. Laufschuhe lassen sich entsprechend den verschiedenen Abrollarten in drei Kategorien einteilen.

Linker Fuß

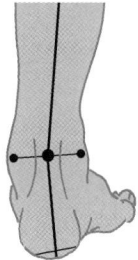
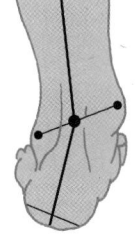
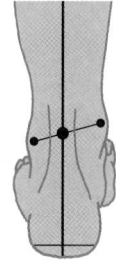

Supination Überpronation Normalfuß

Als **Überpronierin** sollten Sie nach Schuhen suchen, die Ihnen zusätzliche Unterstützung bieten. Wenn Sie einen solchen Schuh von unten betrachten, müssten Sie eine möglichst gerade Linie von der Ferse bis zu den Zehen ziehen können. Es gibt außerdem noch drei weitere Merkmale:
1. Im Innenschuh ist das Fußbett oder der Fersenbereich verstärkt, um den Fuß daran zu hindern, nach innen abzuknicken.
2. Es gibt eine eingearbeitete feste Stützhilfe, die Sie sehen können, wenn Sie die Innensohle anheben. Ein festes, kartonähnliches Material sollte das weichere darunter von der Ferse bis zum Mittelfuß bedecken.
3. Ein starrer Aufbau. Stützende Schuhe sind im Allgemeinen schwerer in sich verwindbar. Prüfen Sie dies, indem Sie den Schuh an Ferse und Zehen fassen und in unterschiedliche Richtungen drehen.

Als **Supiniererin** sollten Sie nach Schuhen suchen, die Ihnen Flexibilität und zusätzliche Dämpfung bieten. Wenn Sie sich solche Schuhe von unten ansehen, bildet die Linie von der Ferse bis zu den Zehen einen Bogen. Die Schuhe sollten in der Zwischensohle eine Extradämpfung besitzen – am besten über die gesamte Schuhlänge hinweg. Eine höhere Flexibilität wird dadurch gewährleistet, dass der Schuh nach Mokassinart genäht wird. Bei solchen Schuhen können Sie unter der Einlegesohle erkennen, dass das Leder in der Mitte der Sohle der Länge nach miteinander vernäht wurde. Diese Schuhe sind in der Regel leicht zu biegen, wenn man Ferse und Zehen gegeneinander dreht.

Wenn Sie eine **Normalfußläuferin** sind, sollten Sie nach neutralen Schuhen Ausschau halten. Die Linie zwischen Ferse und Zehen ist bei diesen Schuhen nur leicht gebogen. Sie bieten zwar ebenfalls Unterstützung und Dämpfung, jedoch nicht so stark ausgeprägt. Das Leder ist oft nach

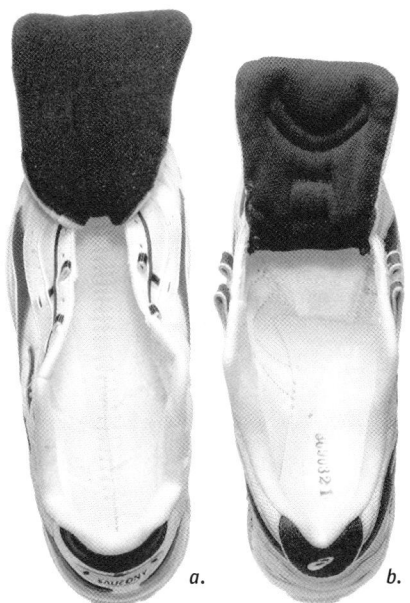

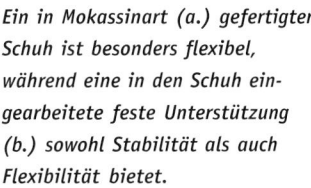

Ein in Mokassinart (a.) gefertigter Schuh ist besonders flexibel, während eine in den Schuh eingearbeitete feste Unterstützung (b.) sowohl Stabilität als auch Flexibilität bietet.

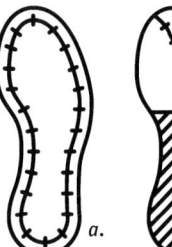 

Abb. ASICS, Deutschland

Mokkassinart in der Mitte der Sohle miteinander vernäht, manchmal sieht man auch eine stabile, fußförmige Stoffsohle, die fest mit dem Leder vernäht wurde.

Sobald Sie bestimmt haben, welche Art von Schuhen Sie brauchen, können Sie sich langsam an das perfekte Paar heranarbeiten. Beachten Sie dabei folgende Tipps:

Probieren Sie mehrere Schuhe verschiedener Hersteller! Jeder wird eine etwas andere Form haben und der eine wird sich Ihrem Fuß besser anpassen als der andere.

Laufen Sie in den Schuhen! Wenn Sie in den Schuhen nur gehen, können Sie nicht herausfinden, wie sie sich während des Laufens anfühlen werden. Laufen Sie einfach ein bisschen im Laden herum. In vielen Laufsportläden finden Sie sogar ein Laufband. Noch besser ist, sofern es der Verkäufer erlaubt, draußen eine Runde zu drehen. Achten Sie besonders auf mögliche Druckstellen und vergewissern Sie sich, dass Sie nicht im Schuh rutschen. Wenn sich der Fuß während des Laufens an irgendeiner Stelle mit dem Schuh reibt, werden Sie schließlich Blasen bekommen. Sollten Sie sich an irgendeiner Stelle eingezwängt fühlen, können Sie darauf wetten, dass Ihre Füße nach ein paar Kilometern anfangen wehzutun. **Tragen Sie Socken, die genau so dick sind, wie die, mit denen Sie laufen werden.** Gegebenenfalls können Sie im Geschäft ein Paar leihen.

Nehmen Sie Maß und lassen Sie einen Verkäufer prüfen, ob Sie auch wirklich die richtige Größe tragen. Laut Expertenmeinung tragen 90% aller Frauen Schuhe, die ihnen zu klein sind. Manche aus Eitelkeit, andere, weil sie nicht wissen, dass ihre Füße insbesondere durch Schwangerschaften größer werden können. Achten Sie darauf, dass zwischen Zehen und Schuhspitze ein Fingerbreit Platz bleibt,

Wenn ein Schuh allein nicht reicht

Es gibt speziell angefertigte (orthopädische) Sporteinlagen, die die herausnehmbaren, serienmäßig mitgelieferten Sportschuheinlagen ersetzen oder deren Funktion unterstützen können.

Solche Einlagen gibt es in verschiedenen Materialien. Ihr Spektrum reicht von Gewölbestützen über Fersenkappen bis hin zur halben oder ganz durchgehenden Sohle.

Für viele Frauen sind die mitgelieferten Einlagen in ihren Laufschuhen völlig in Ordnung. Wenn sie jedoch eine Fußfehlstellung haben – beispielsweise einen Hohl- oder Senkfuß – können ihnen spezielle Einlegesohlen helfen, sagt Dr. Thomas Shonka, Fußspezialist und Orthopäde. Je stärker Ihr Fuß von der Norm abweicht, umso mehr werden Sie von einer orthopädischen Einlage profitieren. Auch typische Laufbeschwerden oder Verletzungen, die während oder nach langen Läufen auftreten, können ein wichtiger Hinweis auf eine Fußfehlstellung sein. „Wenn Sie jedes Mal, wenn Ihr wöchentliches Laufpensum eine bestimmte Kilometerzahl überschritten hat, Beschwerden bekommen, kann das ein Zeichen für eine biomechanisch bedingte Überbelastung sein. Schuheinlagen können diese Art von Beschwerden lindern", sagt Dr. Shonka.

Versuchen Sie es zuerst mit gut sitzenden Schuhen ohne zusätzliche Einlegesohle. Wenn Sie dann noch Schmerzen in Füßen, Knien, Hüften oder Rücken spüren, können Einlagen eine einfache Lösung sein. (Sie müssen dazu nicht die Hilfe eines Arztes in Anspruch nehmen – ein Experte in einem Laufschuhgeschäft kann Ihnen helfen ein geeignetes Modell zu finden.) Wenn ein serienmäßig hergestelltes Exemplar keine Linderung bringt, hilft Ihnen vielleicht eine orthopädische Sporteinlage, die speziell nach Ihrem Fußabdruck geformt wird. Suchen Sie dazu einen Orthopäden oder einen Orthopädieschuhmacher auf. Die Kosten liegen zwischen 180 und 600 DM und werden manchmal von den Krankenkassen übernommen.

Hier eine Auflistung der gebräuchlichsten Einlagen und ihrer Funktionen:

Längsgewölbestützen:
Diese Einlagen gibt es für unterschiedlich ausgeprägte Fußgewölbe. Dementsprechend variiert auch ihr Grad der Unterstützung. Sie stabilisieren Fuß und Sprunggelenk und sind hauptsächlich für Überpronierer gedacht, deren Füße

sonst werden Sie mit schmerzenden Zehen und blauen Fußnägeln zu kämpfen haben. Der Schuh muss außerdem weit genug sein. Wenn Ihr Vorfuß eingezwängt wird, sollten Sie beispielsweise nach einem Schuh von New Balance greifen, da diese Firma Schuhe in verschiedenen Weiten anbietet.

während der Landephase zu stark nach innen abknicken. Um bequeme Einlagen zu finden, sollten Sie sie vor dem Kauf zunächst in Ihren Laufschuhen ausprobieren. Wenn Ihnen handelsübliche Einlegesohlen nicht helfen, kommen für Sie eher speziell angefertigte orthopädische Sporteinlagen in Frage.

Dämpfungseinlagen:
Diese Einlagen sorgen in erster Linie für mehr Bequemlichkeit und zusätzliche Dämpfung. Manche Läufer verwenden sie zusätzlich zu den normalen Einlagen, wenn diese nicht gepolstert sind. Dämpfungseinlagen – es gibt sie als halbe oder durchgehende Sohlen – bestehen aus einer flachen dünnen Schaumstoffschicht. Wenn Sie die Einlage nur im Fersenbereich verwenden, kann sie die Ferse so weit anheben, dass die angespannte Wadenmuskulatur entlastet wird. Diese Art von Einlegesohlen sind außerdem leicht in die richtige Form zu bringen: Kleben Sie einfach entsprechend zugeschnittene Stücke an die Stellen Ihres Innenschuhs, an denen Sie eine spezielle Dämpfung benötigen. Probieren Sie die für Sie optimale Polsterung aus oder fragen Sie Ihren Orthopäden um Rat.

Fersenkappen:
Fersenkappen sehen genauso aus, wie sie heißen: Eine Kappe umfasst und polstert die Ferse. Fersenkappen werden normalerweise verwendet, um die durch einen Fersensporn verursachten Schmerzen zu lindern. Ein Fersensporn kann durch Fußfehlstellungen entstehen, die zur chronischen Entzündung des Bandapparates der Fußsohle (Plantaraponeurose) führen. Fersenkappen können den Schmerz zwar lindern, aber sie lösen nicht das Problem, das meist durch Überpronation verursacht wird. Hier sind eher möglichst stabile Schuhe oder eine gute Unterstützung des Fußgewölbes angebracht.

Ballenpolster:
Ein Ballenpolster wird vorne im Schuh unter den Vorfußballen gelegt. Es stabilisiert die Knochen in diesem Bereich und dämpft die Aufprallkraft, die eventuell zu Schmerzen führen kann.

Ersatzeinlegesohlen:
Diese Sohlen sind eine verbesserte Version der Standardeinlagen. Sie bieten eine bessere und dauerhaftere Polsterung, die die Qualität Ihrer Schuhe entscheidend verbessern, ohne ihre sonstigen Eigenschaften zu verändern.

Rechnen Sie damit, wenigstens 150 DM für Ihre Schuhe bezahlen zu müssen. Und kaufen Sie sich regelmäßig ein Paar neue. Verlassen Sie sich dabei nicht darauf, dass die Laufsohle noch gut aussieht. Das Material der Zwischensohle zerfällt oft ohne sichtbare Anzeichen. Eine grobe Faustregel ist es, die Schuhe alle 800 km zu wechseln. Tragen Sie das Kaufdatum in Ihren Kalender ein. Wenn Sie ein Lauftagebuch führen, dann vermerken Sie auch, mit welchen Schuhen Sie gelaufen sind. Dann wissen Sie ungefähr, wann Sie wieder ein neues Paar brauchen.

Sport-BHs

Genau wie Ihre alten Tennisschuhe wurde auch Ihr alter BH nicht fürs Laufen gemacht. Sport-BHs sollen die Brust beim Sport so gut wie möglich stützen. Gute Sport-BHs saugen außerdem Schweiß auf, um die Gefahr des Wundscheuerns zu minimieren und um für einen guten Temperaturausgleich zu sorgen. So gesehen ist Sport für kleinbrüstige Frauen einfacher – sie brauchen keine besondere Stütze für ihren Busen. Für sie genügt es, wenn der BH bequem ist. Frauen mit größeren Brüsten brauchen gut stützende BHs aus Funktionsfasern. Wenn Sie einen BH kaufen, sollten Sie zunächst mehrere Modelle anprobieren und auf die folgenden Merkmale achten:

Der BH sollte unter der Brust eng anliegen, aber Ihnen noch genug Platz zum Atmen lassen. Heben Sie Ihre Arme über den Kopf, beugen Sie sie und schwingen Sie sie hin und her. Der BH sollte sich unter Ihrer Brust nicht bewegen. Wenn doch, dann wird er auf Ihrer Haut scheuern und sie wund reiben.

Der Stoff über Ihrem Busen sollte ebenfalls eng, aber nicht zu eng sein. Hüpfen Sie ein wenig auf und ab. Ihre Brust darf sich dabei nur minimal bewegen, dann wird es beim Laufen nicht unangenehm. Denken Sie daran, dass jede Bewegung, die Sie jetzt bemerken, sich während des Laufens potenzieren wird.

Achten Sie auf sauber gearbeitete Nähte. Hier entstehen die meisten wunden Stellen. Die Nähte sollten flach sein und es dürfen keine Stoffkanten überstehen. Noch besser ist es, wenn die Naht an der Außenseite verläuft.

Vergewissern Sie sich, ob das Material sich auch bei Schweiß und Bewegung bewährt. Sehen Sie auf dem Etikett nach, welches Material verarbeitet wurde. Nehmen Sie nach Möglichkeit keine Baumwolle, da sie sich voll saugt und den Schweiß am Körper hält. Suchen Sie lieber nach Textilien, die mit ihren schweißabsorbierenden Eigenschaften werben. In diesem Fall ist die Bezeichnung „Polyester" auf dem Etikett einmal ein Qualitätsmerkmal. Z.B. ist CoolMax ein besonders atmungsaktives Material.

Ein guter BH kostet zwischen 50 und 100 DM.

Ersetzen Sie Ihren BH durch einen neuen, wenn er nicht mehr genügend Halt bietet.

Wenn Sie Körbchengröße C oder größer haben, wird Ihnen ein BH, der anstatt beide Brüste zusammen, jede Brust einzeln umschließt, mehr Komfort und Halt bieten. Zwei Firmen, die sich auf BHs für Frauen mit großem Busen spezialisiert haben sind *Enell* (www.enell.com) und *Perfectbra* (www.perfectbra.com).

Sportuhren

Sportuhren sind heutzutage regelrechte Minicomputer. Spitzenmodelle können einfach alles – vom regelmäßigen Alarm bis zum Speichern Ihrer Trainingswerte, die Sie anschließend auf Ihren PC übertragen und auswerten können. Wenn Sie nur 30 Minuten am Tag laufen, kommen Sie natürlich ganz gut ohne die Alarmsignale und Piepstöne dieser Uhren und ohne zusätzliche Kosten aus. Doch ganz gleich, ob Sie sich nun für ein einfaches oder ein komplexeres Modell entscheiden: Achten Sie auf große, leicht zu bedienende Knöpfe und ein großes, gut lesbares Display. Diese Modelle sind beim Laufen praktischer. Auch deutlich hörbare Tastentöne

sind hilfreich. Viele erfahrene Läuferinnen meiden so genannte Frauenuhren. Da sie kleiner sind, haben sie auch kleinere Knöpfe, die schwierig zu bedienen sind. Ganz davon abgesehen haben diese Modelle auch oft weniger Funktionen. Für die meisten Frauen ist eine „Männeruhr" genau richtig. Es sind meist auch die hochwertigeren Produkte. Nehmen Sie ein haltbares und bequemes Plastik- oder Stoffarmband. Den später nötigen Batteriewechsel sollten Sie von einem Uhrmacher machen lassen, bei manchen Herstellern verfällt der Garantieanspruch, wenn Sie selbst das Gehäuse öffnen. Außerdem könnte die Uhr Schaden nehmen.

⊚ Shorts und Tops

Die modernen Stoffe können den Schweiß aufnehmen und nach außen weitertransportieren, sodass er verdunstet. So bleiben Sie trocken und vermeiden wund geriebene Stellen. Das ist besonders bei den Shorts wichtig. Suchen Sie nach Kleidung aus CoolMax oder vergleichbaren synthetischen Stoffen.

Shorts gibt es in allen möglichen Schnitten und Längen, um jedem Geschmack gerecht zu werden. Auch eng anliegende Hosen, sogenannte Tights, schränken Sie in Ihren Bewegungen kaum ein. Laufshorts kosten zwischen 50 bis 150 DM. Das mag Ihnen teuer erscheinen, doch Sie werden die Vorteile dieser Laufshorts vom ersten Tag an zu schätzen wissen.

Gegen Baumwoll-T-Shirts ist normalerweise nichts einzuwenden. Wenn Sie allerdings länger als 30 Minuten am Stück laufen, sollten Sie sich ein Top oder T-Shirt leisten, das aus einem dieser hervorragenden, atmungsaktiven Fasern besteht. Baumwolle saugt die Feuchtigkeit nur auf und transportiert sie nicht nach außen. Ein vollgesogenes Baumwollshirt kann sehr schwer werden und schmerzhafte, wunde Stellen verursachen.

⊚ Kleidung für Kälte und Regen

Selbst das Wetter kann einer Läuferin heute nichts mehr anhaben. Sie kann sich stundenlang in Kälte und Regen aufhalten und sich trotzdem dabei wohl fühlen. Für das Training in Schnee und Regen sind spezielle

Kunstfasern entwickelt worden. Diese Materialien sind wasserabweisend, transportieren aber den Schweiß nach außen. Sehen Sie beim Kauf von Laufjacken und -hosen auf dem Etikett nach, ob das Material Feuchtigkeit nur in einer Richtung durchlässt. Ein dickes Futter ist zwar wärmer, wenn Sie aber nur einen Laufanzug kaufen wollen, wählen Sie besser ein Modell ohne oder mit nur ganz dünnem Futter, das Sie das ganze Jahr über tragen können. An Regentagen genügen ein atmungsaktives Top und Laufshorts. Bei kühlem Wetter ziehen Sie einfach ein weiteres atmungsaktives Oberteil an. Wenn nötig, können Sie außerdem noch eine Lage Funktionsunterwäsche tragen – die wärmt und ist atmungsaktiv. (Auf Baumwolle sollten Sie bei kalten und feuchten Bedingungen verzichten, weil sie Wasser absorbiert und schnell kalt und schwer wird.) Für kalte Tage gibt es außerdem Lauftights, die innen angerauht sind. Beim Aussuchen der Laufkleidung sollten Sie noch auf die folgenden Merkmale achten:

◈ Der Reißverschluss der Jacke und/oder des Halsbündchens sollte am Kinn nicht kratzen, wenn Sie ihn ganz zuziehen.
◈ Der Kragen sollte einigermaßen eng anliegen um kalte Luft abzuhalten.
◈ Elastische Bündchen an den Ärmeln erleichtern den Blick auf die Uhr.
◈ Schlitze an der Seite, am Rücken oder unter den Armen der Jacke sorgen für eine bessere Luftzirkulation.
◈ Ein zusätzlicher Stoffeinsatz hält bei sehr kaltem Wetter Ihren Rücken warm.
◈ Reißverschlüsse an den Hosenbeinen ermöglichen, dass Sie die Hose auch mit Schuhen leicht an- und ausziehen können.

◎ Socken

Laufsocken gibt es in jeder Dicke, Länge und aus jedem Material. Meiden Sie vor allem Sportsocken, die aus 100% Baumwolle bestehen. In Baumwollsocken bleiben Ihre Füße im Winter klamm und kalt und bekommen im Sommer Blasen und wunde Stellen.

Halten Sie statt dessen nach synthetischen Mischgeweben Ausschau: Polyester, Acryl, CoolMax und sogar Teflon. Wollmischgewebe, wie zum Beispiel SmartWool, sind besonders gut für den Winter. Socken aus Woll- oder synthetischem Mischgewebe können Blasen verhindern, weil sie den

Schweiß nach außen leiten. Aus zwei Schichten bestehende Socken vermindern die Gefahr von Blasen zusätzlich.

Je dicker die Socke, desto mehr Polsterung bietet sie. Viele Frauen bevorzugen dicke Socken für lockere Läufe, weil sie ihnen besonders viel Komfort und Dämpfung bieten. Wenn Sie schnell laufen oder an einem Rennen teilnehmen möchten, sollten Sie sich für dünnere Socken entscheiden. Die verminderte Polsterung ermöglicht Ihnen einen besseren Kontakt zum Untergrund und ein besseres Gefühl für die Strecke.

Pulsmesser

Bis in die 90er Jahre waren Pulsmessgeräte relativ unbekannt und wurden meist nur von Leistungssportlern genutzt. Inzwischen sind sie allgemein als nützliches Gerät für LäuferInnen aller Leistungsklassen akzeptiert. Der Pulsmesser zeigt an, wie sehr Sie sich belasten – das ist gerade bei schnelleren Läufen wichtig. An Tagen, an denen Sie es leichter angehen wollen, können Sie mit Hilfe des Pulsmessers vermeiden, dass Sie sich zu sehr anstrengen. Die meisten Pulsmesser bestehen aus zwei Teilen: einem Gurt, der knapp unter der Brust um Ihren Brustkorb gelegt wird und den

Puls misst und einem Anzeigegerät, das aussieht wie eine Uhr und auch so ähnlich funktioniert.

Pulsmesser haben meist viele Funktionen und Einstellungsmöglichkeiten, die manchmal mehr verwirren als helfen (denken Sie nur an Ihren Videorekorder). Kaufen Sie nach Möglichkeit einen Pulsmesser, der so einfach zu bedienen ist, dass Sie ihn später auch wirklich benutzen. Die meisten Läufer bevorzugen eine Pulsuhr mit Stoppfunktion und einem Alarm, der dann ertönt, wenn

Foto: Polar Electro

Sie Ihr gewünschtes Lauftempo über- oder unterschreiten. Ein Pulsmesser mit diesen Funktionen kostet mindestens 150 DM. (Allerdings gibt es z.B. bei Aldi, Tchibo, Lidl etc. manchmal billigere Sonderangebote mit Standardfunktionen.)

Aus meinem Trainingstagebuch

Auch auf die Gefahr hin, dass ich mich wie meine eigene Großmutter anhöre, kommt nun eine „Ich erinnere mich noch gut daran, als ich klein war ..."-Geschichte. Ich war 8 Jahre alt, als ich anfing zu laufen. Das war in den 70ern – der Steinzeit des Laufsports. Es gab keine Laufschuhe für Frauen, geschweige denn für Kinder. Laufschuhe für Männer waren eine relativ neue Erfindung und selbst sie waren schwer zu kriegen. (Damals waren Tennis- und Basketballschuhe so ungefähr das Einzige, was es auf dem Sportschuhmarkt gab.) Meine Eltern kauften mir Schuhe bei einem Händler, der von Sportfest zu Sportfest tingelte und aus seinem Wagen heraus Laufschuhe verkaufte. Wir nahmen die kleinste Größe, die er hatte und ich stopfte sie mir vorne noch mit Papiertüchern aus. Darum erinnere ich mich auch noch liebevoll an meine ersten richtigen Frauenlaufschuhe. Sie waren babyblau und hießen „Tigress". Sie passten, waren schnell und sahen cool aus. (Zumindest für eine Woche. An einem Regentag verwandelte sich das fröhliche Blau in ein schimmeliges Grün, das nie mehr richtig sauber wurde.) Im Besitz dieser Schuhe fühlte ich mich als ein anerkanntes Mitglied dieses schweißtreibenden, mörderischen Sports, obwohl ich „nur ein Mädchen" war.

Nun, seitdem hat sich in der Entwicklung von Frauenlaufschuhen einiges getan. Anders als die „Tigress" waren die meisten frühen Frauenlaufschuhe bloß kleinere Männermodelle in Pastellfarben. Viele waren außerdem von minderer Qualität, weil man glaubte, eine Frau brauche keine „richtigen" Schuhe. So gut wie alle Damenmodelle sind heute wirklich speziell für Frauenfüße gemacht und werden in der gleichen Vielfalt und Qualität angeboten wie Männerschuhe. Hersteller sehen den Markt für Frauenschuhe sogar als besonders viel versprechend an: Sie haben erkannt, dass die vielen Läuferinnen bares Geld bedeuten.

Wenn Sie also ein Geschäft betreten, genießen Sie den Luxus aus einer Vielzahl von Schuhen auswählen zu können, die speziell für Sie gemacht worden sind. Schuhe in allen vorstellbaren Preislagen, Formen, Größen und in jedem Stil. Ich hoffe, Ihre Schuhe sind für Sie eine ebensolche Freude und Inspiration, wie es meine babyblauen damals für mich waren.

⊚ Sonnenbrillen

Sonnenbrillen sollen Ihre Augen beim Laufen vor Sonne, Wind, grellem Licht und Staub oder Insekten, die durch die Luft fliegen, schützen. Manche Läuferinnen gehen nicht ohne aus dem Haus, andere tragen sie nie. Wenn Sie sich eine Sonnenbrille zulegen, suchen Sie nach bruchfesten Gläsern, die sowohl UVA als auch UVB Strahlen ausfiltern. Der Preis für modische, gestylte Markenprodukte kann die 200-Mark-Grenze durchaus überschreiten. Es gibt aber auch schon Sonnenbrillen für etwa 40 Mark, die alle nötigen Merkmale besitzen. Die Brille sollte gut und fest sitzen, damit sie während des Laufens nicht rutscht. Sie darf aber auch nicht so drücken, dass Sie Kopfschmerzen bekommen. Probieren Sie auch einmal aus die Brille hochzuschieben, um zu sehen, ob sie auf dem Kopf hält. Das kann ganz praktisch sein, wenn das Wetter sich während eines Laufs ändert.

⊚ Trinksysteme

Natürlich – ein Trinkwasserbrunnen am Wegesrand kann völlig ausreichen, wenn es ihn wie in Amerika gäbe. Hier müssen Läuferinnen aber selbst Wasser oder ein Sportgetränk mitnehmen, wenn sie länger unterwegs sind. Ein Hüftgürtel mit einer Tasche auf dem Rücken, in die eine Plastikflasche passt, ist eine Möglichkeit. Es könnte Sie aber stören, wenn die Flasche während des Laufens gegen Ihren Rücken schlägt. Versuchen Sie dann den Flaschengürtel zu finden, der das Gewicht auf mehrere kleine Flaschen besser verteilt. Es gibt auch Trinksysteme in Form von Rucksäcken. Sie sind mit einem Trinkschlauch versehen, durch den Sie die Flüssigkeit aufnehmen können. Diese Systeme sind optimal für Läufer, die mehrere Stunden unterwegs sind. Für kürzere Läufe sind sie wegen ihres Gewichts nicht geeignet.

3. Fragen, die Anfängerinnen häufig stellen

Sie gehen aus der Tür, laufen los und kommen sich dabei schwerfällig, fett, langsam oder sonst wie seltsam vor, jedenfalls nicht wie eine Läuferin. Halten Sie gleich an, wenn es Ihnen so ergeht! Bevor sie einen weiteren Schritt machen, denken Sie daran: Jeder hat einmal irgendwo angefangen. Die besten Läuferinnen haben mit den gleichen langsamen Schritten begonnen wie Sie. Ihr innerer Zustand beim ersten Lauf wird kaum normal und entspannt sein. Sie sind vermutlich sehr unsicher: Kann ich das schaffen? Was mache ich, wenn ich Schmerzen bekomme? Um Ihnen den Anfang zu erleichtern, finden Sie hier die Fragen, die Laufanfängerinnen am häufigsten stellen. Dieser kurze Leitfaden wird helfen, Ihre Ängste abzubauen und für den Weg nach draußen das nötige Selbstvertrauen geben.

Frage: **Ist es wirklich notwendig, mich durchchecken zu lassen?**

Antwort: Das ist stets die erste Ermahnung, die Sie zu hören bekommen, wenn Sie mit Sport anfangen wollen: Gehen Sie zum Arzt! Doch was genau soll der bei dem Gesundheits-Check untersuchen? Die Hauptsorge aller, die mit einem Trainingsprogramm beginnen, insbesondere mit einem aeroben, wie dem Laufen, gilt dem Herzen. „Jede erwachsene Frau hat Ablagerungen in den Arterien", erklärt Dr. Amy Roberts, wissenschaftliche Trainingskoordinatorin am Boulder Center für Sportmedizin in Colorado. Bewegungsmangel, falsche Ernährung oder Vererbung können zu verstärkten Ablagerungen führen, die dann gefährlich werden können, wenn Sie von einem Tag auf den anderen mit intensivem Training beginnen. „Für Frauen unter 50 besteht kein erhöhtes Risiko", sagt Dr. Roberts, „solange sie nicht übergewichtig sind oder in ihrer Familie Fälle von Bluthochdruck, hohen Cholesterinwerten oder Herzleiden vorkommen." Wenn etwas davon auf Sie zutrifft, sollten Sie sich, ganz egal wie alt Sie sind, auf jeden Fall untersuchen lassen. Es ist aber ohnehin keine schlechte Idee, sich untersuchen zu lassen, auch wenn Sie nicht zur Risikogruppe für eine

Herzerkrankung gehören. Abhängig von Ihrem Alter kann der Arzt auch Ihren allgemeinen Gesundheitszustand untersuchen. Rosemarie Agostini, Sportärztin an einer Klinik, weist darauf hin, dass kleinere Gesundheitsbeschwerden mit den erhöhten Belastungen, die während eines Trainings an den Körper gestellt werden, manchmal schlimmer werden können. Ihr Arzt sollte Ihre Ernährungsgewohnheiten überprüfen und untersuchen, ob Sie an Anämie oder Osteoporose leiden. Auch wenn Sie soweit gesund sind, ist es vorteilhaft, Ihre Cholesterinwerte, Ihren Blutdruck, Ihren Ruhepuls und Ihren Körperfettanteil vor Beginn Ihres Trainings zu kennen. Denn wenn diese Werte sich durch das Trainingsprogramm verbessern, gibt Ihnen das einen zusätzlichen Kick. Also, machen Sie einen Termin bei Ihrem Arzt!

Frage: **Sollte ich vor dem Laufen etwas essen?**

Antwort: Sie sollten weder halb verhungert noch pappsatt sein, wenn Sie loslaufen. Eine gute Faustregel für Anfängerinnen ist: Essen Sie eine leichte kohlenhydratreiche Mahlzeit oder einen kleinen Snack, wie zum Beispiel einen Rosinenwecken oder eine Banane ein oder zwei Stunden bevor Sie loslaufen. Fettes und ballaststoffreiches Essen kann bei Anfängern zu Magenproblemen führen. Unmittelbar vor dem Laufen sollten Sie nichts essen. Aber wenn Sie sich an das Laufen gewöhnt haben, wird Ihr Körper auch damit besser zurechtkommen.

Frage: **Was soll ich anziehen?**

Antwort: Richten Sie sich nach dem Wetter. Anstrengung hält Sie wärmer, als wenn Sie nur herumstehen würden, also entscheiden Sie sich eher für dünnere Kleidung, wenn Sie laufen. Wenn Sie noch keine spezielle Laufkleidung haben, reicht für den Anfang irgendeine kurze Hose oder ein Paar Leggins. Wenn es warm ist, genügt für den Oberkörper ein Sport-BH, ein T-Shirt oder ein Top. Ist es kälter, tragen Sie besser ein Shirt aus Polyester oder Polypropylen, das am Hals dicht abschließt. Bei kaltem oder windigem Wetter brauchen Sie noch eine Jacke. Oft reicht stattdessen auch eine Nylonweste. Sehen Sie Wolken am Himmel? Mit einer Baseballkappe verlieren Sie auch bei plötzlich einsetzendem heftigen Regen nicht die Übersicht. Wenn es wirklich

kalt ist, brauchen Sie eine Mütze und Handschuhe, denn über die Kopfhaut verlieren Sie sehr viel Körperwärme. Und viele Frauen haben selbst dann noch kalte Hände, wenn sie beim Laufen ins Schwitzen geraten.

Frage: **Muss ich etwas über meinem Sport-Bustier tragen?**

Antwort: Die meisten Sport-Bustiers können ohne T-Shirt getragen werden. Eine Ausnahme sind Sport-BHs mit großem Körbchen, die eher nach traditioneller Unterwäsche aussehen. Viele Frauen fühlen sich beim Laufen ohne T-Shirt wohl, andere würden lieber tot umfallen, als ihren Bauch zu zeigen. Es handelt sich hier um persönliche

Vorlieben. Seien Sie nur bei weißen Sport-Bustiers vorsichtig, da diese durch den Schweiß durchsichtig werden können, besonders wenn sie aus dünnem Material hergestellt sind.

Aus meinem Trainingstagebuch

Mein älterer Bruder und ich wuchsen in den dichten Wäldern im Norden von Illinois auf. Wir rannten auf unserem Grundstück herum, als wären wir auf einem Crosslauf. Es gab einen 50-Meter-Spurt die Auffahrt runter und eine 1000-Meter-Bahn einmal rund um den Hof. Ich rannte mir mein kleines Herz aus der Brust und dachte jedes Mal, dass jetzt der Tag wäre, an dem ich Dane schlagen würde – aber ich schaffte es nie. Damals wusste ich es noch nicht, aber mit diesen Sprints fing mein Leben als Läuferin an. Sie sorgten außerdem dafür, dass ich nie die Unsicherheit kennen gelernt habe, die einen befällt, wenn man mit dem Sport erst als Erwachsene beginnt.

Wie es sich herausstellte, war das gut so. Ich bin ein Feigling, wenn es darum geht, eine neue Sportart auszuprobieren. Ich scheute davor zurück, Golf zu spielen, weil ich dachte, ich müsste den Ball mit einem Schlag auf das Grün befördern. Ich hielt mich auch fern von Mountainbikes, weil ich nicht darauf kam, dass es völlig in Ordnung ist, einfach abzusteigen und zu schieben, wenn man auf eine Steigung mit losem Geröll trifft.

Selbst ein so unkomplizierter Sport wie das Laufen birgt Rätsel und Herausforderungen. Mit den Jahren bin ich immer wieder Laufanfängerinnen begegnet, denen ich Ehrfurcht entgegenbringe: Manche kämpften gegen den Krebs, manche mit ihrem Gewicht oder dem fortschreitenden Alter, andere suchten die Kraft für den Beginn eines neuen Lebensabschnittes. Aber alle standen an einem Scheideweg. Sie alle haben die so entscheidenden ersten Schritte gemacht und wurden dabei mit jedem Tag ein wenig mutiger. Wenn ich heute noch einmal anfangen müsste, könnte ich nur hoffen, dass ich den gleichen Mut und die gleiche Willensstärke aufbringen könnte wie diese Frauen.

Frage: **Was ist, wenn ich Hemmungen habe?**

Antwort: Wenn Sie sich gehemmt fühlen, sind Sie absolut nicht die Einzige. Im Verlauf einer Plauderei zwischen einigen guten Läuferinnen, die ich kenne, gestand eine Läuferin, dass Sie während des Laufens immer wieder auf ihre Oberschenkel achtete um zu prüfen *„ob sie fett aussehen"*. Aber statt, wie erwartet, Gelächter für dieses Geständnis zu ernten, hörte Sie statt dessen von allen: *„Das geht mir genauso!"* Manche mögen über diese Unsicherheit spotten, aber Frauen können sehr hart zu sich selbst sein. Mit einer neuen Sportart anzufangen, kann dazu führen, dass sich bestehende Hemmungen sogar noch verschlimmern. Denken Sie aber daran, dass Ihr Selbstbewusstsein gerade durch das Laufen wachsen wird. Je eher sie anfangen, desto schneller werden Sie mit Ihrem Körper, Ihrer Geschwindigkeit und Ihrem Rhythmus zufrieden sein. Denken Sie außerdem daran, dass Sie nicht jeder beobachtet. Laufen ist heute eine ganz alltägliche Sportart. Gehen Sie doch vor Ihrem ersten Lauf einmal zu einer Laufstrecke in der Nähe. Dort werden Ihnen Männer und Frauen jeden Alters, mit allen möglichen Figuren und mit unterschiedlichem Tempo begegnen. Sie haben alle viel zu viel Spaß an der Sache, um sich ausgerechnet um die Farbe Ihrer Shorts oder den Umfang Ihrer Oberschenkel zu kümmern. Und alle anderen „kommentierenden Zuschauer" sollten Ihnen Leid tun. Es sind diese Geschöpfe, die sich nicht aufraffen können, selbst etwas zu tun. Die Lästerei soll davon nur ablenken.

Frage: **Wo kann ich laufen?**

Antwort: Wenn Sie Glück haben, einfach aus der Haustür heraus. Weil es am praktischsten ist, laufen viele Frauen direkt von zu Hause los. Suchen Sie nach einem Park in der Nähe, einem Rad- oder Wanderweg. Weicher Boden ist besser für Ihre Gelenke als Asphalt oder Beton und reduziert den Muskelkater am nächsten Tag. Wenn Sie keinen weichen Boden finden, geht auch die Straße. Wenn Sie Folgendes beachten, vermeiden Sie gefährliche Situationen und behalten Ihren Spaß beim Laufen:

- möglichst wenig Ampeln,
- minimaler Verkehr,
- ein breiter Gehweg bzw. Seitenstreifen,
- ein weicher Untergrund (Kies ist am weichsten, gefolgt von Asphalt und dann Beton),
- nach Möglichkeit Tempo-30-Zonen.

Der Mythos vom Schmerz

Für einen so gesunden Sport hat Laufen einen schlechten Ruf. „All diese Erschütterungen!" „Bekommt man davon nicht Arthritis?" „Ich habe gehört, dass einem die Brust davon schmerzen soll." Fakt ist aber, dass fast jeder laufen und sich dabei wohl fühlen kann.

Die meisten Horrorgeschichten entstehen, weil bei den ersten Läufen etwas falsch gemacht wurde. Jeder Sport, in den Sie sich zu schnell stürzen, hinterlässt Muskelkater und schmerzende Stellen. Denken Sie nur an Ihren Muskelkater nach dem letzten spontanen Volleyballspiel, auf das sie sich eingelassen haben. Gerade weil Laufen so einfach ist, machen viele den Fehler, es gleich beim ersten Versuch zu übertreiben. „Die Leute glauben, dass Laufen nicht der richtige Sport für sie ist, weil sie sich bei ihrem ersten Versuch wie Kamikazeflieger ins Rennen gestürzt haben", sagt Maureen Roben, Mitbegründerin und Mitleiterin von Trainingslagern für Frauen in Denver. Sie selbst hat sich fünfmal für den olympischen Marathon qualifiziert. Wenn Sie Ihr Training klug – und langsam – angehen, können Sie böse Fallstricke umgehen.

Schmerzende Knie haben fast immer zwei Ursachen: die falschen Schuhe und vorangegangenen Bewegungsmangel. Wenn Sie langsam mit einem Lauf- und Gehtraining beginnen, sollten Sie nie mehr als einen schwachen Schmerz spüren. Nach 2 bis 3 Wochen konstanten Trainings werden die meisten Beschwerden verschwunden sein.

Finden Sie in Ihrer Nähe nichts Geeignetes, fahren Sie zum nächsten Park oder Wanderweg. Eine andere Möglichkeit wäre ein Sportplatz. Viele Sportplätze sind der Öffentlichkeit zugänglich. Die Bahnen dort können gerade Anfängern Spaß machen, die wissen wollen, wie weit sie an den einzelnen Tagen kommen. Eine Runde um den Sportplatz sind 400 m.

Frage: **Wie schnell sollte ich laufen?**

Antwort: Geschwindigkeit sollte Sie nicht interessieren. Es ist unmöglich, zu langsam zu laufen, und es ist zu riskant, zu schnell zu laufen. Zum Aufwärmen walken Sie fünf bis zehn Minuten, gehen Sie dann in einen langsamen Trab über. Erhöhen Sie Ihre Geschwindigkeit nach Belieben langsam, bis sie ein Lauftempo finden, dass Sie als angenehm und natürlich empfinden. Vergleichen Sie Ihre Geschwindigkeit nicht mit anderen Läuferinnen. Je eher Sie diese Lektion lernen,

---

Weitere Bedenken: „Frauen fürchten auch, dass Sie einen Hängebusen bekommen werden", meint Roben. „Ich bekomme immer noch zu hören, dass sich vom Laufen die Gebärmutter senken könnte." Außerdem kursieren Gerüchte über Falten, Muskelberge und sich verschlimmernde Inkontinenz. Nichts davon ist wahr. Diese Gerüchte stammen noch aus den finsteren Zeiten, in denen man versuchte, Frauen von diesem Sport fernzuhalten. Es besteht auch kein Zusammenhang zwischen Laufen und Arthritis. Ganz im Gegenteil: Frauen, die regelmäßig laufen, bleiben auch im Alter beweglich. Ihre Knochen sind weitaus gesünder als die ihrer sitzenden Altersgenossen. Roben, 43, berichtet von einer Studie, an der sie selbst und die Mitbegründerin ihrer Camps, Diane Palmason, 61, teilgenommen haben. Beide Frauen liefen über Jahrzehnte an der Weltspitze mit. In ihren Beinen konnte eine Knochendichte nachgewiesen werden, die mit derjenigen einer 20-Jährigen vergleichbar war.

desto besser. Selbst professionelle Läuferinnen haben manchmal leichtere Trainingstage, an denen Sie nur locker traben, ganz egal, wie schnell die Konkurrenz nebenan läuft. Bei Ihren ersten Läufen sollten Sie ein Tempo einhalten, bei dem Sie ganz normal atmen können. Wenn Sie merken, dass Sie müde werden oder schwer atmen, sollten Sie langsamer werden oder wieder walken.

Frage: **Wie soll ich atmen?**

Antwort: Atmen Sie durch den Mund. Durch Ihre Nase gelangt während des Laufens nicht genügend Sauerstoff in den Körper. Lange, tiefe Atemzüge sorgen dafür, dass Sie mehr Luft einatmen und verhindern, dass Sie Seitenstiche bekommen. Fürs erste sollten Sie mit einem Tempo laufen,

Läuferinnen erzählen

Erste Lauferinnerungen

99 Als wir in der Grundschule waren, rannten meine Schwester und ich eine Meile bis zum Strand. Ich fing an zu sprinten und überholte sie. Ein paar Blocks vom Ziel entfernt konnte ich sehen, dass sie mich langsam einholte. Ich konnte das verhindern, indem ich Steine aufsammelte und nach ihr schmiss. 66
— *Ann, 35*

99 Ich erinnere mich an das schöne Gefühl bei meinen ersten Läufen als Kind mit meinem Vater. Ich tat gerne so, als wäre ich ein Pferd. Von den anderen Kindern in der Nachbarschaft nahm ich Geld dafür, ihnen mein „Geheimnis des richtigen Galopps" zu verraten. 66
— *Heather, 27*

99 Als ich mit 65 anfing zu laufen, war meine Ausdauer praktisch bei Null. Bei meinen ersten Läufen joggte ich abwechselnd die Strecke zu einem Telegraphenmast und ging dann zum nächsten. Dabei verlängerte ich allmählich meine Laufstrecke. Mit der Zeit wurden meine Läufe immer länger und die Zeit, in der ich ging, immer kürzer, bis ich mein Ziel, 5 km zu laufen, erreicht hatte. Ich brauchte 10 Monate um dahin zu kommen. 66
— *Mary, 76*

das Ihnen ermöglicht, ohne Schwierigkeiten zu atmen. (So lange Sie sich bequem unterhalten können, stimmt das Tempo.) Wenn Sie nach Luft schnappen müssen, reduzieren Sie Ihr Tempo oder walken wieder. „Die meisten Menschen sind kurzatmig, wenn Sie mit Sport anfangen", sagt Dr. Roberts. Um Kurzatmigkeit, die durch das Laufen verursacht wird, sollten Sie sich keine Sorgen machen, ein Gefühl der Enge im Brustraum oder stechende Schmerzen in der Brust sind allerdings Symptome, die ein Arzt abklären sollte.

Frage: **Und wenn es weh tut?**

Antwort: Wenn Sie die für Ihren Fuß geeigneten Laufschuhe tragen und langsam beginnen, sollte Ihnen zunächst nichts weh tun. Doch Laufanfänger können damit rechnen, dass es hier und da mal zwickt und zwackt. Normalerweise betrifft das die Knie, Schienbeine, Füße oder den Brustkorb. Diese Wehwehchen kommen davon, dass sich Ihr

---

💬 Es war ein heißer Sommertag in Detroit. Ich lief mit meinem Hund die halbe Meile um den Block herum zum Haus meiner Großmutter. Als meine Großmutter mich vorbeilaufen sah, kam sie aus dem Haus und fragte mich, was ich da veranstalte. Am nächsten Tag setzte sich mein Hund auf halber Strecke hin und weigerte sich einen Schritt weiterzumachen. 💬
— Renee, 35

💬 Ich war 29 und war gerade von Nordkalifornien nach Pennsylvania gezogen. Der Lauf war schrecklich, denn es war heiß und feucht, und daran war ich nicht gewöhnt. Aber ich hatte mich nun mal entschlossen ein bisschen zu trainieren. Damals schien es mir, als würde ich einen Marathon laufen, aber in Wirklichkeit lief ich ungefähr 4 bis 5 km. 💬
— Jane, 34

💬 Als Kind ging ich in den Wochen nach dem Boston Marathon oft raus und lief um den Schulsportplatz. (Ich bin in Hopkinton aufgewachsen, wo der Lauf startet.) Als ich zum ersten Mal loslief, um wirklich zu trainieren, lief ich die 5 km vom Haus meiner Eltern zum Schießstand und zurück. Ich trug Jack Purcell Tennisschuhe, eine abgeschnittene Arbeitshose und ein Top. Ich war sehr beeindruckt davon, dass ich so weit laufen konnte. Damals war ich 19. 💬
— Jane, 43

Körper erst an die ungewohnte Belastung gewöhnen muss. Sie verschwinden nach ein paar Wochen auch wieder. Andererseits ist ein stechender Schmerz immer ein Alarmsignal und das Stoppschild. Gehen Sie ein wenig, bis der Schmerz abklingt. Wenn er, sobald Sie wieder laufen, erneut auftritt, hören Sie auf zu laufen und gehen Sie nach Hause. Ein paar Eiswürfel und eine Ruhepause wird die meisten Ihrer Beschwerden kurieren, bei ernsthafteren Problemen sollten Sie Ihren Arzt aufsuchen.

Frage: **Was tue ich, wenn ich zur Toilette muss?**

Antwort: Willkommen in der realen Welt des Laufens! Irgendetwas an diesem Sport führt dazu, dass manche Frauen sehr oft müssen. Aber schon ein paar einfache Vorkehrungen können Ihnen einen ungestörten Lauf ermöglichen. Wenn Sie vor dem Laufen etwas trinken, sollten Sie das mindestens eine halbe Stunde vorher tun. Dadurch haben Sie genug Zeit, vorher noch auf die Toilette zu gehen und reduzieren so die Gefahr eines dringenden Bedürfnisses zur falschen Zeit. Essen Sie nicht später als eine Stunde, bevor Sie loslaufen, und halten Sie sich fern von ballaststoffreichem Essen wie Früchte oder Getreide. Wenn Sie während des Laufens doch mal müssen, halten Sie auf alle Fälle an und suchen Sie sich einen Platz dafür. Es gibt keine Regel, die sagt, dass Sie Ihren Lauf unbedingt ohne Pause durchziehen müssen, und Sie werden sich nachher sehr viel besser fühlen.

Frage: **Wie weit soll ich laufen?**

Antwort: Als Anfänger sollten Sie sich keine Gedanken über Distanzen machen. Es genügt fürs erste, wenn Sie einfach auf Ihren Körper hören und eher darauf achten, wie lange Sie insgesamt laufen. Das nimmt Ihnen den Druck, unbedingt ein bestimmtes Tempo zu laufen. Ihr erster Lauf sollte eine bequeme Kombination von schnellem Gehen (Walken) und lockerem Laufen sein, um Ihren Körper an die Bewegung zu gewöhnen. Für die meisten Frauen sind 30 min Bewegung ein guter Anfang. Wärmen Sie sich 5 bis 10 min auf, indem Sie schnell gehen, dann wechseln Sie zwischen schnellem Gehen und Joggen, so dass Sie noch leicht atmen können und Ihre Beine sich gut anfühlen. Zum Schluss sollten Sie noch einmal 10 min walken. Ein komplettes Trainingsprogramm für Anfänger finden Sie in *Kapitel 5*.

Frage: **Wie wirkt sich Fitness auf den Sex aus?**

Antwort: Anekdoten berichten davon, dass einige Läufer zusammen mit verbesserter Fitness auch ein gesteigertes Bedürfnis nach Sexualität entwickeln. *„Bei Frauen ist der Sexualtrieb weit mehr psychisch als hormonell gesteuert",* sagt Mona Shangold, M.D., Direktor des Center for Women's Health and Sports Gynecology in Philadelphia. Forschungen haben ergeben, dass der Testosteronspiegel von Frauen, der den Sexualtrieb beeinflusst, während des Laufens ansteigt. *„Doch der Effekt hält nicht lange an",* meint Dr. Shangold, *„und er führt wahrscheinlich nicht zu einer gesteigerten Libido."* Das gesteigerte Wohlbefinden und das verbesserte Körperbewusstsein können allerdings eine gewaltige Veränderung auslösen. Da uns Läuferinnen sehr oft von diesen positiven Nebeneffekten berichten, ist es durchaus möglich, dass Sie, wenn Sie fitter werden, auch mehr Lust auf Sex bekommen.

Okay: *Sie haben Ihren Gesundheitscheck bestanden und neue Schuhe an den Füßen. Sie sind bereit und ganz wild darauf anzufangen. Entspannen Sie sich. Konzentrieren Sie sich auf Ihren Atem. Beginnen Sie mit einem flotten Gang und fangen Sie dann locker an zu laufen.*

Jetzt sind Sie eine Läuferin.

Anzeige

LAUFLUST
gelsenkirchen · borken
-**Nicht nur für Profis**-

LAUFLUST IST "DAS" FACHGESCHÄFT FÜR AUSDAUERSPORT, RUNNING, FITNESS UND GESUNDHEIT!!!

Lauflust Gelsenkirchen
Horster Strasse 44
45897 Gelsenkirchen-Buer
Telefon: 0209-3 23 29 Fax: 0209-3 23 54

Lauflust Borken
Butenwall 52_46325 Borken
Telefon: 0 28 61-60 19 26
Fax: 0 28 61-60 19 28

Neben unserer großen Auswahl an Laufschuhen, Bekleidung und Ernährungsprodukten bieten wir unseren Kundinnen einen Versandservice. Unser Katalog "**For women only**" kann **kostenlos** angefordert werden. Natürlich finden Sie auch alle Artikel und weitere Informationen in unserem OnlineShop **www.lauflust.de**. Außerdem stehen wir Ihnen für alle Fragen rund um den Ausdauersport zur Verfügung · Tips für Laufanfänger · Veranstaltungsinfos · Laufseminare · Ernährungstips · Trainingsplanung · Einlagenanfertigung

www.lauflust.de

Laufschuh ist nicht gleich Laufschuh!
Die unterschiedlichen Schuhmodelle unterscheiden sich nicht nur in der Passform [Frauen-Schuhe sind schmaler geschnitten und grössen-angepasst, so dass kein Kompromiss mit einem kleinen Herren-Schuh-Modell eingegangen werden muss], sondern auch in Ihren Stützungs- und Dämpfungseigenschaften. Unsere Beratung stützt sich auf eine biomechanische Video-Laufbandanalyse [aufgrund der aufgenommenen Bilder lässt sich feststellen, wie unterstützend der Schuh sein muss] und unsere mehr als 15-jährige Erfahrung im Laufsport. Wir sorgen dafür, dass Sie den richtigen Schuh an die Füsse bekommen.

4. Grundsätze für das Training

Warum möchten Sie laufen? Eine einfache Frage, auf die es tausend verschiedene Antworten gibt. Unzählig viele Gründe sprechen für ein Training: Zeit für sich allein oder mit anderen zu haben, Fitness, geistige und körperliche Gesundheit erlangen, Freiheit, mehr zu essen ohne zuzunehmen, sich von Sorgen erleichtern, jung bleiben, an Leistungsgrenzen gehen und sie aufheben.

Es gibt zwar nur eine Art zu laufen, aber viele Möglichkeiten einen Lauf anzugehen. Wenn Sie genau wissen, warum Sie laufen möchten, konzentrieren Sie sich auf Ihre Ziele, die wiederum Ihr Trainingsprogramm bestimmen. Jeden Tag, wenn Sie loslaufen, stehen Sie aufs Neue vor der Wahl: Wie weit, wie schnell und wie anstrengend soll das Training zum Beispiel sein? Ihre Entscheidung hängt von Ihrem Ziel ab. Wenn Sie zum Beispiel einen anstrengenden Arbeitstag hinter sich haben und etwas Entspannung suchen, könnten Sie im lockeren Trab die Landschaft genießen. Wenn Sie jedoch Lust auf einen Wettkampf haben und Ihren Partner in einem anstehenden 5-km-Lauf schlagen wollen, entscheiden Sie sich besser für ein intensives Intervalltraining auf dem Sportplatz. Sich Ziele zu setzen, ist der erste Schritt auf Ihrem Weg eine Läuferin zu werden. Im zweiten Schritt lernen Sie die Grundregeln des Trainings kennen. Wenn Ihnen beides klar ist, können Sie bestimmen, wie intensiv Sie trainieren möchten und welcher Trainingsplan für Sie am geeignetsten ist.

Was erwarten Sie vom Laufen?

Sich Ziele zu setzen, erleichtert jedes Vorhaben. Wenn Sie ein bestimmtes Ziel verfolgen, wird Ihnen deutlicher bewusst, was Sie schon erreicht haben und was Sie noch erreichen möchten. Aber Ziele können auch beängstigend und gefährlich wirken. Manche Menschen versuchen sie unbedingt zu vermeiden. Warum? Sobald Sie sich ein Ziel setzen, besteht auch die Möglichkeit zu scheitern. Ziele verlieren jedoch alles Bedrohliche, wenn Sie die folgenden beiden Punkte immer im Hinterkopf behalten:

Ziele sind nicht unveränderlich. Sie können und werden sich mit der Zeit verändern. Ihr Leben ist ein komplexes Zusammenspiel aus Arbeit, Partner, Familie, Hobbys und Verpflichtungen. Mal fühlen Sie sich frei und unbeschwert und haben Lust etwas Neues auszuprobieren; mal können Sie jedoch vor so schwierigen Herausforderungen stehen, dass Sie eher Sicherheit wollen. Ihre Ziele – im Beruf, beim Laufen oder wo auch immer – werden sich vermutlich in solchen Zeiten verschieben, auch wenn sich Ihre ursprünglichen Hoffnungen noch nicht erfüllt haben. Das bringt uns zum nächsten Punkt:

Ein Ziel nicht zu erreichen bedeutet nicht, versagt zu haben. Wenn wir immer erfolgreich wären, wo bliebe dann die Herausforderung? Es macht nicht viel Sinn, sich ein leicht erreichbares Ziel zu setzen. Ziele sollen Sie motivieren und das Beste aus Ihnen herausholen. Ein Ziel, das zu selbstverständlich erreicht werden kann, ist deshalb kaum erstrebens-

Tipps und Tricks

Sie werden Ihre Trainingsziele nicht innerhalb von Tagen oder Wochen erreichen. In der Regel brauchen Sie dafür eher Monate oder Jahre. Obwohl eine Läuferin ihre Leistung am Anfang praktisch über Nacht verbessert, müssen Sie Ihr Leben lang mit Fortschritten und Rückschritten rechnen. Darum ist es gut, sich kleinere Ziele zu stecken, die Ihnen auf dem Weg zu den großen Zielen die nötige Motivation geben.

Setzen Sie sich Ihre kleineren Ziele so, dass sie innerhalb einer bestimmten Zeitspanne leicht erreichbar sind. Sobald Sie ein Ziel erreicht haben, steuern Sie das nächste an. Hier sind einige Tipps für kurz- und langfristige Ziele:

- Wählen Sie kleinere Ziele, die Sie innerhalb einer Saison erreichen können, z.B. bis zum Ende des Sommers 30 Minuten ununterbrochen laufen zu können oder die 5 km 30 Sekunden schneller zu laufen.

wert. Daraus folgt umgekehrt: Ein Ziel ist immer dann sinnvoll, wenn Sie es vielleicht auch nicht erreichen. Sie lernen nur dazu, wenn Sie sich anstrengen müssen, um Ihr Ziel zu erreichen.

Ihr persönliches Trainingsprogramm

Für das Training müssen Sie eine grundlegende Tatsache berücksichtigen, die Ihnen viel Frustration ersparen kann, wenn es darum geht, sich Ziele zu setzen: Was Ihre Zielsetzung angeht, sollten Sie eines von vornherein wissen, wenn Sie mit dem Laufen beginnen und sich eine Menge Frust ersparen wollen: Ihre potentielle Geschwindigkeit, aerobe Leistungsfähigkeit und Ihre Figur werden vor allem von Ihrer natürlichen Veranlagung bestimmt. Manche Frauen laufen jahrelang und verwandeln sich doch

- Wählen Sie Langzeitziele, für die Sie ein Jahr oder länger benötigen werden – vielleicht Ihren ersten Marathon zu laufen oder 10 km in 45 Minuten zu schaffen.
- Setzen Sie sich Ziele, für die Sie Leistungen erbringen müssen, die Ihnen wichtig sind. Wenn Sie es nicht für wichtig halten, schnell zu laufen, setzen Sie sich kein Ziel, bei dem es um Ihre Zeit über 10 km geht. Stattdessen können Sie sich vornehmen den ganzen Sommer lang mindestens einmal in der Woche mit ein paar Freunden zu laufen. Andere Beispiele sind: Bis zum Ende des Jahres zehn neue Strecken kennen zu lernen oder in zwei Monaten ein bestimmtes (nicht zu unrealistisches) Gewicht erreicht zu haben.
- Für ein persönliches Trainingsprotokoll sollten Sie sich lang- und kurzfristige Ziele setzen.
- Schreiben Sie Ihre Ziele auf. Notieren Sie sie in einem Tagebuch, Trainingstagebuch oder Kalender. Es motiviert, seine Ziele Schwarz auf Weiß vor sich zu sehen. An den Einträgen sehen Sie später, was Sie schon erreicht haben.
- Überprüfen Sie Ihre Ziele einmal im Jahr. Wählen Sie dazu ein passendes Datum: Neujahr, Ihren Geburtstag, Frühlingsanfang, der Jahrestag, an dem Sie mit dem Laufen begonnen haben. Überlegen Sie, wie viel Sie im vergangenen Jahr erreicht haben und nutzen Sie diese Zeit, um sich neue Ziele zu setzen oder die alten neu zu formulieren.

nicht in die geschmeidige Antilope, von der sie geträumt haben. Andere fangen erst mit 60 Jahren an zu trainieren und bringen zu ihrem eigenen Erstaunen Siegespokale in ihrer Altersklasse nach Hause. Das ist einfach Veranlagung. Sie haben Recht, das ist nicht fair, aber ein Gutes gibt es auf jeden Fall: Egal wer Sie sind oder wo Sie anfangen, Sie können und werden sich verbessern. Ihr Herz und Ihre Lungen werden stärker. Ihre Beine werden durchtrainiert. Laufen kann Ihrem Körper zu seiner gesundheitlichen Bestform verhelfen. Hartes Training und Entschlossenheit können ebenfalls dazu beitragen, Ihre Leistungsgrenzen zu erweitern. Eine mir bekannte Elitetrainerin für Langstreckenläufer hat talentierte Läufer mit den Worten abgewiesen: *„Einen Läufer mit Herz ziehe ich einem mit Talent immer vor."* Also verzweifeln Sie nicht und jammern Sie nicht wegen Ihrer Veranlagungen. Akzeptieren Sie einfach, dass Ihre körperlichen natürlichen Veranlagungen reine Glückssache sind. Statt Ihre Zeit damit zu verschwenden, sie ändern zu wollen, sollten Sie lernen mit ihnen umzugehen. Sie können Ihre Stärken nutzen und an Ihren Schwächen arbeiten. Vergleichen Sie sich beim Laufen nicht mit anderen und seien Sie nicht zu selbstkritisch, wenn Sie nicht so schnell Fortschritte machen, wie Sie erwartet haben. Solche Vergleiche führen nur zu Frustration und Enttäuschung oder zu übertriebenem Training, mit dem Resultat, dass körperliche Probleme auftauchen. Ebenso wie sich jede Läuferin gemessen an der eigenen Geschwindigkeit verbessert, reagiert sie auch individuell anders auf Training, Ernährung und alle anderen Aspekte dieses Sports. Ein Trainingsprogramm, auf das eine Läuferin schwört, kann bei einer anderen zur totalen Erschöpfung führen. Die vegetarische Ernährung, die der einen Läuferin Kraft gibt, ist einer anderen vielleicht zu spartanisch oder schwächt sie zu sehr.

Bücher und Trainer werben oft für ein einziges Erfolgsrezept, das angeblich immer zum Erfolg führt. Das hört sich toll an, aber so etwas gibt es nicht. Solche Rezepte sind nicht immer völlig falsch, aber sie treffen einfach nicht auf jeden zu. Egal woher Sie Ihre Ratschläge haben – und sei es aus diesem Buch – vergessen Sie nicht, dass Sie ein Individuum sind. Beurteilen Sie jeden Rat nach Ihrer eigenen Situation. Um mit einem Rat etwas anfangen zu können, müssen Sie sich selbst, Ihren Körper und Ihre psychische Verfassung kennen.

Auf seinen Körper zu hören, ist die Basis für ein erfolgreiches Trainingsprogramm, dass Ihnen auch Spaß macht. Das ist aber gar nicht so einfach, wie man denkt. Je länger und je weiter Sie laufen, umso besser werden Sie sich selbst kennen lernen. Da Ihr Körper sich ständig verändert, wird dieser Lernprozess nie aufhören. Eine Läuferin, die sich selbst kennt, weiß z.B., dass sie während des Laufens alle halbe Stunde etwas trinken muss oder aber, dass sie zu den Läuferinnen gehört, die endlos laufen können ohne Durst zu bekommen. Sich selbst zu kennen, kann sich aber auch auf (weniger greifbare) psychische Faktoren beziehen: Womöglich fällt Ihnen mit der Zeit die Tendenz an Ihnen auf, dass Sie sich selbst zu sehr antreiben, wenn Sie in einer Gruppe laufen, und dass Sie darum an Tagen, an denen Sie es leichter angehen wollen, besser alleine laufen.

Dadurch, dass Sie Ihren Körper besser kennen lernen, gewinnen Sie wertvolles Selbstvertrauen. Sie finden heraus, wann Sie sich fordern und wann Sie sich bremsen müssen. Sie können voraussagen, wie Sie sich fühlen, wenn Sie die Geschwindigkeit erhöhen oder wie lange Sie bei einem bestimmten Tempo mithalten können. Sie finden auch heraus, was Ihnen

Selbstvertrauen gibt und was Sie eher verunsichert. Kurz gesagt: Wenn Sie sich selbst kennen, werden Sie bald in der Lage sein Ihr persönliches Trainingsprogramm zusammenzustellen. Letztendlich kann Ihnen kein Buch und kein Trainer solche Informationen liefern. Deshalb ist es wichtig, über die zurückgelegten Kilometer sorgfältig Buch zu führen.

Einige Grundsätze für das Lauftraining

Einen Fuß vor den anderen zu setzen, ist nicht gerade Quantenphysik. Aber genauso wie Sie Ihre Läufe so anstrengend oder locker gestalten können, wie Sie möchten, können Sie auch Ihr Training so einfach oder komplex gestalten, wie Sie möchten. Wie viel theoretisches Wissen Sie benötigen, hängt letztendlich davon ab, mit welchem Ziel Sie laufen.

Wenn Sie sich beim Laufen entspannen möchten, Spaß haben und etwas für die Gesundheit tun wollen, werden Sie wahrscheinlich nie länger als 30 oder 40 Minuten am Stück laufen. Viele Frauen finden, dass Laufen auf diesem erholsamen Niveau ein hervorragender Stresskiller ist und Ihre Fitness schlagartig verbessert. Sie wollen nicht ihre Ausdauer testen und möchten auch gar nichts Mühsames unternehmen, dass sie zusätzlich erschöpft. Diese Frauen geben sich völlig zufrieden damit, dass sie nie erfahren werden, wie man sich bei akutem Sauerstoffmangel fühlt.

Für andere Frauen ist Fitness erst der Anfang. Sie empfinden Freude daran, sich selbst zu immer höheren Leistungen zu treiben und ihre Grenzen immer weiter zu stecken. Sie sind neugierig zu erfahren, wie schnell und wie weit sie laufen können. Um die Grenzen ihres Könnens auszuloten, müssen diese Läuferinnen weit mehr als ein angenehmes, entspannendes Training absolvieren. Doch ganz egal, auf welchem Level Sie trainieren möchten, einige grundlegende Trainingsprinzipien gelten immer. Wenn Sie diese Regeln missachten oder nicht richtig befolgen, müssen Sie mit Erschöpfung, körperlichen Beschwerden und Verletzungen rechnen. Haben Sie diese aber einmal verstanden, können Sie souverän mit den Trainingsanleitungen in diesem Buch umgehen. Sie werden in der Lage sein, Ihr eigenes Trainingsprogramm zu entwickeln, das optimal auf Ihre speziellen Bedürfnisse und Ziele abgestimmt ist. Die Frage nach dem „Wie-schnell-

und-wie-weit" werden Sie sich vor jedem Lauf selbst beantworten können.

1. Trainieren Sie nur gerade so viel, dass Sie optimale Resultate erzielen.

„Wenn ich solche Fortschritte schon dadurch mache, dass ich 50 km in der Woche laufe, wie viel besser könnte ich dann werden, wenn ich 80 km pro Woche laufen würde!" Was könnte daran unlogisch sein? Einiges: Ein optimales Trainingsprogramm – egal ob Sie wegen der Fitness oder für die Teilnahme an Wettkämpfen trainieren – bedeutet nicht, dass Sie so viele Kilometer in Ihren Zeitplan stopfen müssen, wie Ihre Beine gerade noch verkraften können. Es kommt vielmehr darauf an, die optimale Zahl von Kilometern und Trainingstagen pro Woche zu finden, die nötig sind, um Ihre maximale Fitness zu erreichen und sich trotzdem noch voller Energie und stark zu fühlen. Nur weil Ihre Freundin 6 Tage die Woche läuft, heißt das nicht, dass Sie das auch tun sollten. Vielleicht hat sie schon vorher mehr für ihre Fitness getan, oder vielleicht arbeitet sie am Schreibtisch, während Sie viel unterwegs sind. Es gibt eine Million Gründe dafür, dass das Trainingspensum erfolgreicher Läufer so verschieden ist.

Jeder kann ein Opfer des Irrglaubens „Viel hilft viel" werden. Fortgeschrittene Läufer müssen sich darum mehr Sorgen machen als Anfänger, aber jeder kann zu viel trainieren. Sie trainieren dann zu viel, wenn Sie sich über den Punkt hinaus anstrengen, an dem Sie positive Ergebnisse erfahren. Der Preis, den Sie womöglich zahlen müssen, ist Erschöpfung, totale Verausgabung oder Verletzung. Für Läufer, die Fortschritte machen wollen, ist kluges Training genauso wichtig wie hartes Training.

2. Gleichen Sie Anstrengung mit Erholung aus.

Sie werden nicht genau an den Tagen schneller oder fitter, an denen Sie sich abrackern. Der Fortschritt stellt sich erst während der Erholungsphase

ein, nach den Tagen, an denen Sie hart trainiert haben. *„Die positiven Effekte der körperlichen Anstrengung zeigen sich erst in der Phase der Erholung"*, erklärt Dr. Jack Daniels, Trainingsphysiologe an der State University des New York College bei Cortland, und veranschaulicht dieses Prinzip an einem extremen Beispiel: Stellen Sie sich vor, dass Sie an einem Tag so schnell und weit laufen, wie Sie nur können. Das gleiche machen Sie am nächsten und den darauf folgenden Tagen. Früher oder später werden Sie kaum noch in der Lage sein, überhaupt zu laufen. Unter solchen Bedingungen *„würden Sie Ihrem Körper nie die Chance geben, sich zu erholen, zu stärken, Verletzungen heilen zu lassen oder sich einfach nur wieder gut zu fühlen"*, meint Dr. Daniels. Während der Erholungsphase, so erklärt er, arbeitet der Körper intensiv: Muskelfasern regenerieren sich, neue Blutgefäße werden in den Muskeln aufgebaut, die Muskelfasern verbessern ihre Fähigkeit Nährstoffe und Sauerstoff aufzunehmen und Abbauprodukte des Stoffwechsels wieder abzugeben. An Ruhetagen kann Ihr Körper sich von Muskelverletzungen erholen, das Immunsystem stärken und sich auf die nächste Anstrengung vorbereiten.

Sollten Sie einen Pulsmesser benutzen?

Viele Läuferinnen und Trainer benutzen gerne Pulsmesser, aber sollten Sie das auch tun? Pulsmesser sind einfach zu bedienende Hightechgeräte, mit denen Sie Ihren Puls messen können. Sie zeigen Ihre Herzfrequenz an und geben Ihnen so während des Laufens eine ständige Rückmeldung darüber, wie sehr Sie sich anstrengen. Sie können Ihre Anstrengungen dann steigern oder vermindern, um die gewünschte Pulsfrequenz zu erreichen, indem Sie schneller oder langsamer laufen. Befürworter schätzen diese objektive Bewertung eines Trainings. Schließlich können Zahlen nicht lügen.

Doch warum nimmt nicht jeder die Vorteile wahr, die das Feedback eines Pulsmessers bietet? Manche Menschen laufen gerne, weil sie dadurch mit ihrem Körper besser vertraut werden. Für diese Sportler ist es viel interessanter zu beobachten, wie sich ihr Körper während des Trainings

Wenn Sie Ihrem Körper keine Zeit geben, sich zu erholen, werden Sie sich mit der Zeit selbst schaden.

Dieser Grundsatz gilt für alle Läuferinnen, nur der Grad von Anstrengung und Entspannung ändert sich. Hobby-Läuferinnen gleichen ihre Trainingstage mit absoluten Ruhetagen aus, das heißt mit Tagen, an denen sie überhaupt nicht laufen. Leistungssportler erholen sich von ihrem harten Training, indem sie am Folgetag nur langsam kurze Strecke laufen oder Cross-Training machen. Für leistungsorientierte Langstreckenläufer kann ein Tag, an dem sie nur 15 km laufen schon als „Ruhetag" gelten. Doch auch diese Läufer werden von einem absoluten Ruhetag profitieren, an dem sich ihre Muskeln und Bänder erholen können.

3. Rechnen Sie während Ihres Lauftrainings mit Höhen und Tiefen.
Nur weil Sie im letzten Sommer die 10 km fünf Minuten schneller geschafft haben, heißt das nicht, dass es diesen Sommer genauso sein wird. Dr. Daniels nennt dies das Prinzip des sich vermindernden Fortschritts. Wenn Sie zum Beispiel Ihren Körper mit 30 km pro Woche beanspruchen,

verhält. Sie empfinden ein solches technisches Hilfsmittel als Einmischung in einen Prozess, der seinem Wesen nach natürlich ist und deshalb auch natürlich ablaufen sollte.

Keiner dieser Standpunkte ist richtig oder falsch. Läuferinnen jeder Leistungsstufe können von dem Feedback profitieren, das ihnen ein Pulsmesser gibt; genauso gibt es aber in jeder Leistungsstufe Läuferinnen, die ohne Pulsmesser erfolgreich sind. Ob Sie nun einen Pulsmesser ausprobieren wollen oder nicht, hängt allein von Ihrer persönlichen Einstellung ab.

Foto: Polar Electro

werden Sie sich ständig verbessern, bis Sie den Fitnesslevel erreichen, der mit diesem Trainingspensum erreichbar ist. Während eines solchen Trainingssommers können Sie auf 10 km 5 Minuten schneller werden. Das heißt aber nicht, dass sich Ihre Ausdauer verdoppelt oder Sie um weitere 5 Minuten schneller werden, wenn Sie Ihr Training auf 40 km in der Woche steigern. Allgemein lässt sich sagen, dass Sie die größten Fortschritte zu Beginn Ihrer Läuferkarriere machen. Obwohl Sie auch nach Jahren noch besser werden können, zeigen sich die Fortschritte dann nicht mehr so massiv.

Nicht nur die Steigerung Ihrer Leistungsfähigkeit wird sich verlangsamen, Sie werden immer wieder auch Leistungsspitzen und Stagnation

Aus meinem Trainingstagebuch

Warum laufe ich eigentlich? Erst mit der Zeit habe ich Antworten auf diese Frage gefunden und Ziele herausgebildet.

Als Kind lief ich, weil es mir Spaß machte. Später auf der High School lief ich bei Wettkämpfen mit – nicht aus Spaß an der Sache, sondern weil Erwachsene mich zu bestimmten Ergebnissen drängten. Aus diesem Grund beschränkte sich meine Freude am Laufen auf die wenigen Augenblicke des Triumphs, als andere fanden, ich hätte mich gut geschlagen. Als ich zum College ging, hörte ich mit dem Laufen auf. Ich hatte keinen Bezug mehr zu der Sache, die mir einmal so viel Spaß gemacht hatte.

Als ich 30 wurde, fing ich wieder an zu laufen, um meinen Hintern daran zu hindern, auf meine Oberschenkel zu sacken. Ich war eine Journalistin, verheiratet mit meinem Schreibtisch und das Laufen war ein Weg, gegen die Schwerkraft anzukämpfen. Aber irgendwas ist dann passiert: Meine Beine und mein Oberkörper wurden stärker, mein Herz und meine Lungen waren voller Kraft, und ich entdeckte den Spaß an diesem Sport wieder, den ich als Kind dabei gehabt hatte.

Als ich Mitte 30 war, schien es mir, als hätte ich gelernt zu fliegen. Ich lief um zu spüren, wie meine Füße über den Boden glitten, wie das Herz in meiner Brust anschwoll – um mich unbesiegbar zu fühlen. Ich lief, um frei zu sein; ich lief, um Schmerzen zu vermeiden; ich lief, um Schmerzen zu empfinden; ich lief aus Liebe und Hass, aus Wut und Freude. Irgendwo auf diesem Weg wurde das Laufen zu der Leinwand, auf der ich mein Leben malte. Während dieser Zeit lief

erleben. Ihr Körper passt sich fortlaufend den Ansprüchen an, die an ihn gestellt werden. Je nachdem, an welchem Punkt des Trainingsprogramms Sie sich gerade befinden, macht Ihr Körper eine Stress- oder Erholungsphase durch. Dr. Daniels weist auf Studien hin, bei denen der Adrenalinspiegel von Läufern und Nichtläufern untersucht wurde, um deren Stressbelastung zu messen: Die Läufer, die 15 km pro Tag liefen, wiesen nach einer bestimmten Trainingszeit den gleichen Adrenalinspiegel auf wie die Nichtläufer.

Wenn Ihre Leistungen eine Weile konstant bleiben, kann das ein gutes Anzeichen dafür sein, dass es Zeit ist, Ihr Training zu intensivieren. Fortgeschrittene Läufer müssen hier allerdings vorsichtig sein. Paradoxerweise

ich ein knappes Jahr lang, um herauszufinden, wie schnell ich sein konnte. Je mehr ich glaubte, dass ich mich meinen Grenzen näherte, desto weniger verstand ich, was diese Grenzen waren – und umso weniger wusste ich, was sie überhaupt mit meinen Beinen und Lungen zu tun hatten, es ging eher um mein Herz und meinen Verstand. Das war der Zeitpunkt, als ich merkte, dass ich nicht länger lief um herauszufinden, wie schnell ich werden konnte, sondern was in mir steckte.

Jetzt arbeite ich mehr, als dass ich laufe. Das bedeutet, ich wünsche mir nicht mehr länger, dass das Laufen mein Job wäre. Ich laufe, um den kalten Wind in meinem Gesicht zu spüren oder die Hitze, die meine Beine durchströmt. Ich laufe wegen des Sonnenuntergangs oder wegen der Schatten, die über die Berge tanzen. Ich laufe um mit meinen Freunden Schritt zu halten in einem stillen Wettkampf, den nur Laufpartner kennen.

So wie ich es sehe, hatte ich bestimmt vier verschiedene Läuferkarrieren in den letzten 25 Jahren – und ich bin damit noch längst nicht fertig. Auf jeder Stufe war ein anderes Training für mich am sinnvollsten und ich habe mich entsprechend angepasst: verschiedene Programme, verschiedene Trainingspartner, verschiedene Quellen der Freude und Erfüllung. Während der ganzen Zeit hat sich mein Training ergeben und wohlwollend meinem Leben angepasst. Die ganze Zeit habe ich mir jeden Morgen aufs Neue die Frage gestellt: „Warum läufst du heute?" Und im Laufe der Jahre hat sich eine einfache Antwort herauskristallisiert: „Weil ich muss!"

kann eine länger andauernde Leistungsstagnation auch ein Hinweis auf zu viel Training sein. *„Bei Menschen, die sehr hart trainieren und dennoch keine Fortschritte bemerken, ist vielleicht genau das Gegenteil der Fall"*, erklärt Dr. Daniels. *„Diese Leute trainieren womöglich zu intensiv und brauchen mehr Erholung."* Gerade wenn Sie sehr hart trainieren, sollten Sie darum genau auf Ihre Leistungsverbesserungen und Leistungsstillstand achten. Sie sollten sich dadurch aber auch nicht verunsichern lassen. Solche Leistungsschwankungen gehören einfach zum Laufen dazu.

4. Bleiben Sie beharrlich!

Leider wird Sie das Training vom letzten Sommer nicht auch noch in diesem Frühling fit halten. Wenn Sie den Winter über nicht gelaufen sind, müssen Sie eigentlich wieder ganz neu anfangen und sich langsam wieder an die Leistungsstufe herantasten, mit der Sie aufgehört haben. Machen Sie nicht den Fehler, sofort da zu starten, wo Sie sechs Monate vorher aufgehört haben – Sie werden sich erschöpft, frustriert und furchtbar fühlen. Ein Trost ist jedoch, dass Sie beim 2., 3. oder 10. Neuanfang viel schneller wieder fit werden. Ab einem gewissen Level sind die einmal erbrachten Leistungen im Körper gespeichert und er „erinnert" sich daran.

Darum ist kontinuierliches Training so wichtig für Ihren Erfolg als Läuferin. Fragen Sie Trainer, was das wichtigste am Training ist und die meisten werden antworten: *„Beständigkeit".* Das gilt für Läufer aller Leistungsstufen.

Freizeitläufer werden keinen Fortschritt bemerken, wenn sie nur einmal in der Woche laufen. Das reicht nicht aus, um physiologische Veränderungen zu bewirken. Genauso wenig werden Leistungssportler Fortschritte machen, wenn sie eine Woche lang regelmäßig hart trainieren, dafür dann aber in der nächsten Woche gar nicht. Kontinuität bedeutet aber nicht, dass Sie sich unter keinen Umständen eine Trainingspause gönnen. Das wäre falscher Ehrgeiz. Wenn Sie zum Beispiel merken, dass sich eine Erkältung anbahnt, ist es besser, einen oder zwei Tage auszusetzen, damit Sie wieder gesund werden. Zwingen Sie sich dann trotzdem zum Laufen, werden Sie womöglich richtig krank und können eine ganze Woche lang nicht trainieren.

5. Üben Sie sich in Geduld.

Ihr Körper ist ein erstaunlicher Mechanismus. Er passt sich den Anstrengungen des Trainings an, indem er fitter und stärker wird. Auch ältere Menschen, die ihren Körper lange vernachlässigt und nicht sehr gesund gelebt haben, können Ihrem Körper durch Training wieder zu Stärke und Ausdauer verhelfen. Sich in Form zu bringen ist jedoch ein schrittweiser Prozess. Kontinuität ist wichtig, da Sie nicht von jetzt auf gleich Ihr Ziel erreichen können, egal wie eilig Sie es mit dem Abnehmen oder Schneller-Werden haben. Wenn Sie am Beginn Ihres Trainings oder nach einer längeren Trainingspause zu intensiv trainieren, um Rückstände im Training wieder aufzuholen, wird Sie das nicht schneller in Form bringen. Sie laufen sogar Gefahr, sich dabei zu verletzen. Bevor Sie Häufigkeit oder Intensität steigern, sollten Sie sich mit dem bisherigen Training wohl fühlen. Halten Sie sich an die 10%-Regel: Steigern Sie Ihre Laufzeit und Ihre Laufstrecke nie um mehr als 10% pro Woche.

6. Trainieren Sie den ganzen Körper.

Wenn Sie ein ernsthaftes Lauftraining betreiben wollen, muss der ganze Körper darauf vorbereitet sein. Die Wadenmuskulatur erscheint zwar auf den ersten Blick wie das Leistungszentrum des Läufers – es ist jedoch gefährlich, den Rest des Körpers zu vernachlässigen. Bänder und Sehnen werden beim Laufen stark beansprucht. Sie passen sich jedoch nur sehr langsam den gesteigerten Anforderungen an. Deshalb sind Sehnen und Bänder auch bei so vielen Sportverletzungen mitbetroffen. Auch die

Muskeln in Ihren Füßen und Beinen werden bei jedem Ihrer Schritte beansprucht, ebenso die Muskulatur der Arme, Schultern, des Oberkörpers und Rückens. Achten Sie auf diese Körperpartien und stärken Sie sie durch Krafttraining und Dehnübungen. Nach und nach werden Sie dann den Unterschied beim Laufen bemerken.
(In Kapitel 18 finden Sie nähere Informationen über Krafttraining und Dehnübungen.)

Haben Sie einmal mit dem Training begonnen, werden Sie an Ihrer körperlichen Verfassung merken, warum diese Grundsätze wichtig sind. Sie werden den neuen Schwung nach einem Ruhetag erleben. Von Monat zu Monat werden Ihnen die Mikrokreisläufe der Leistungsverbesserung bewusster werden. Sie werden erkennen, dass Ihr Training darunter leidet, wenn Sie sich zu sehr antreiben oder wenn Sie das Training vernachlässigen. Achten Sie auf diese Trainingsprinzipien und auf die Botschaften, die Ihnen Ihr Körper sendet. Letztendlich werden Sie feststellen, dass Sie sich Ihr eigenes, maßgeschneidertes Trainingsprogramm zusammenstellen können, ganz gleich welcher Lauftyp Sie sind.

5. Vom Gehen zum Joggen: Training für Anfängerinnen

Am Anfang wird Ihr Lauftraining sehr aufregend sein, Sie werden Fortschritte machen und sich weiterentwickeln. Sie werden zum ersten Mal spüren, wie viel Kraft in Ihren Beinen steckt. Sie werden stolz auf Ihre Tagesleistung sein und sich davon auch noch am nächsten Tag motivieren lassen und so der Versuchung widerstehen, schon wieder etwas langsamer zu laufen.

Der Anfang ist aber auch eine Zeit der Herausforderung und der Beschwerden. Sie werden sich sicherlich Sorgen um einige schmerzende Stellen machen. Sie werden vielleicht schnell müde sein und den Mut verlieren. Vielleicht kommen Tage, an denen die Kinder krank sind und das Telefon nicht aufhört zu klingeln, und bevor Sie es merken, haben Sie Ihr Training verpasst und fürchten nun einen Rückschritt zu machen.

Wenn Sie mit dem Laufen anfangen, werden Sie beide Extreme erleben. So viel ist garantiert. Einigen Frauen fällt es leicht, dieses Stadium schnell zu überwinden. Andere brauchen etwas mehr Geduld. Diese Höhen und Tiefen gehören dazu, wenn sich Ihr Körper und Ihr Geist auf etwas Neues einstellen müssen. Die schweren Tage machen vielleicht keinen Spaß, aber dies sind die Tage, an denen Sie wirklich Fortschritte machen – physisch und mental. Die einfachen Tage, an denen das Pflaster nur so unter Ihren Füßen dahingleitet, das sind die Tage, für die sich die ganze Mühe lohnt!

Laufstil

Anfängerinnen machen sich oft darüber Sorgen, wie sie laufen sollen. Sie fragen sich, wie sie ihre Arme halten sollen, wie hoch sie ihre Füße heben müssen und ob es besser ist, auf den Boden oder geradeaus zu gucken.

Am besten macht man sich darüber nicht allzu viel Gedanken. Jede Läuferin hat ihren individuellen Laufstil, in den sie jedes Mal ganz natürlich fällt. Die meisten Trainer sind sich darin einig, dass es nicht gut ist, sich zu weit von seinem natürlichen Laufstil zu entfernen.

Andererseits kann ein völlig falscher Laufstil den Körper sehr strapazieren und dazu führen, dass Sie schnell ermüden oder Beschwerden bekommen. Außerdem ist die Verletzungsgefahr größer.

Im Allgemeinen ist der beste Laufstil der, der am effizientesten ist. Sie sollten sich bemühen überflüssige Bewegungen zu vermeiden. Da Laufen in erster Linie eine Vorwärtsbewegung ist, sollten Sie zu starke Seit- oder Auf-und-ab-Bewegungen des Körpers vermeiden.

Die folgenden Richtlinien werden Ihnen dabei helfen, einen effizienten Laufstil zu entwickeln. Es handelt sich um allgemeine Hinweise, die für die meisten Läuferinnen gelten. Wenn Sie damit allerdings Probleme haben, zwingen Sie sich nicht dazu, diese Hinweise zu befolgen. Konzentrieren Sie sich außerdem auch nicht ununterbrochen auf Ihren Laufstil, sonst stolpern Sie nur über Ihre eigenen Füße und können Ihr Training garantiert nicht genießen. Laufen Sie lieber zwischendurch eine Minute lang bewusst nach den folgenden Anweisungen. Früher oder später werden Sie sich dann automatisch richtig bewegen.

Halten Sie Ihren Oberkörper gerade, jedoch nicht steif. Beugen Sie den Oberkörper nicht zu weit nach vorne oder hinten. Halten Sie Ihren Kopf und Hals ebenfalls aufrecht. Die meisten Läuferinnen konzentrieren Ihren Blick auf einen Punkt, der ein paar Schritte vor ihnen liegt.

Entspannen Sie Ihre Schultern. Ziehen Sie die Schultern nicht nach vorne oder bis unter Ihre Ohren.

Lassen Sie Ihre Arme locker an der Seite schwingen. Ihre Ellbogen sollten ungefähr in einem 90-Grad-Winkel gebeugt sein. Lassen Sie Ihre Arme ganz natürlich leicht über Ihrer Taille schwingen. Ihre leicht geöffneten (bzw. locker fast zur Faust geschlossenen) Hände sollten nicht höher schwingen als bis zu Ihrem Brustkorb und nicht über die Mitte Ihres Körpers hinausgehen.

Heben Sie Ihre Füße nur wenige Zentimeter über den Boden. Sie gewinnen nichts, wenn Sie Ihre Knie und Füße übertrieben hochziehen. Fangen Sie mit langsamem Traben an. Wenn Sie fitter werden, machen Sie automatisch längere Schritte.

Landen Sie sanft auf der Ferse. Ihre Lande- und Abrolltechnik ist sehr individuell und hängt zu einem großen Teil von Ihrer Fußstellung ab. Laufanfängerinnen sollten aber auf keinen Fall mit den Zehen zuerst aufsetzen, wie es so viele falsch geschulte Sportlehrer empfehlen. Grundsätzlich landen Sie mit der Außenseite der Ferse, rollen dann nach vorne ab und stoßen sich mit den Zehen ab.

Entspannen Sie sich. Während des Laufens sollten Sie ab und zu Ihren Körper kontrollieren. Haben Sie die Zähne aufeinander gebissen? Ist Ihre Gesichtsmuskulatur krampfhaft angespannt? Haben Sie die Fäuste geballt? Entspannen Sie sich. Entspannen Sie sich. Entspannen Sie sich. Eine der kleinen Widersprüchlichkeiten des Lebens ist, dass wir wenig erreichen, wenn wir uns besonders anstrengen. Das gilt ganz besonders für das Laufen.

Foto: ASICS, Deutschland

Finden Sie Ihr eigenes Tempo

Ich setze jetzt das erste Trainingsziel für Sie: Sie wollen es schaffen, eine halbe Stunde lang ohne Pause zu laufen. Das hier vorgestellte Programm verbindet das Gehen schrittweise mit dem Laufen, sodass Sie in ungefähr 6 Wochen Ihr Ziel erreicht haben. Vielleicht kennen Sie Leute, die mit einem

Trainingsprogramm anfingen, nur um ein paar Monate später gleich wieder damit aufzuhören. Warum? Meistens wollen sie zu viel in zu kurzer Zeit erreichen. Das führt zu einer Vielzahl von Problemen: Seitenstiche, Schmerzen im Schienbein, Atemschwierigkeiten, Erschöpfungszustände und so weiter. Idealerweise sollten Sie als Anfängerin beim Laufen keine Schmerzen haben. Falls doch, dann strengen Sie sich wahrscheinlich zu sehr an.

Das Gehen-Laufen-Übergangsprogramm in diesem Kapitel geht von der Voraussetzung aus, dass Sie schon ohne weiteres drei oder viermal in der Woche 30 Minuten gehen können. Diese Grundlage stellt sicher, dass Ihr Herz, Ihre Lungen und Ihre Beine für die zusätzliche Belastung durch das Laufen bereit sind. Wenn Sie sich bisher sehr wenig bewegt haben oder sich einfach nicht sicher sind, wie fit Sie wirklich sind, sollten Sie erst einmal versuchen mehrmals die Woche 30 Minuten zu gehen.

Um den Übergang vom Gehen zum Laufen zu schaffen, müssen Sie weiterhin jeweils 30 Minuten trainieren, Sie werden jetzt allerdings zwischendurch auch laufen. Jede Woche werden Sie etwas mehr laufen und etwas weniger gehen. Planen Sie etwa 3 bis 5 Tage in der Woche so zu trainieren. Weniger als 3 Tage reichen nicht aus, um Ihr Herz-Kreislauf-System in Form zu bringen. Wenn Sie mehr als 5 Tage trainieren, können sich Ihre Muskeln nicht richtig erholen.

Anfängerinnen wissen häufig nicht, wann sie gehen und wann sie laufen sollen. Die beiden häufigsten Fehler sind, sich zu sehr oder sich überhaupt nicht anzustrengen. Im ersten Fall müssen Sie mit Beschwerden rechnen, im zweiten werden Sie kaum Fortschritte erzielen. Maureen Roben, Mitbegründerin und Mitleiterin des Frauenlauftrainingslagers in Denver, die sich fünf Mal für den olympischen Marathon qualifiziert hat, rät Anfängerinnen so lange zu laufen, bis es zu anstrengend wird und dann zu versuchen, noch einmal 30 Sekunden weiterzulaufen. *„Ich sage ihnen: ‚Wenn Sie glauben, dass Sie nicht mehr*

Wann, wenn nicht jetzt, sollten Sie ...

- *mit einem Cool-Down-Programm beginnen, bei dem Sie Ihre Muskeln nach dem Laufen regelmäßig leicht dehnen. Dehnen Sie vorsichtig Ihre Beine und Arme sowie den Oberkörper. Vermeiden Sie ruckartige Bewegungen. Halten Sie jede Dehnung ungefähr 20 Sekunden lang an.*

- *Rücken- und Bauchmuskulatur kräftigen, indem Sie sie zwei- oder dreimal in der Woche nach dem Laufen trainieren. Anfängerinnen begehen oft den Fehler, sich nach vorne überhängen zu lassen, da die Rumpfmuskulatur ermüdet. Kräftige Muskeln in diesem Bereich werden Sie aufrecht halten und dafür sorgen, dass Sie länger laufen können.*

- *auf Ihre Ernährung achten. Einer Diät aus Brot und Salat, die bei vielen Frauen beliebt ist, fehlt es an Protein und Fett. Diese Nährstoffe sind jetzt noch wichtiger, weil Sie Ihre Muskeln jetzt regelmäßig belasten. Achten Sie darauf, dass jede Mahlzeit wenigstens einen kleinen Anteil an Proteinen enthält. 20 bis 30 Prozent Ihrer Kalorien sollten Sie in Form von Fett zu sich nehmen.*

- *an einem Volkslauf teilnehmen. Wettkämpfe sind nicht mehr länger nur etwas für hartgesottene Läufer. Verabreden Sie mit Ihren Freunden, dass Sie in einem Monat an einem einfachen 5-km-Lauf teilnehmen werden. Die Partystimmung, Essen und Trinken und die vielen anderen Frauen mit den unterschiedlichsten Stärken, Motivationen und Lebensgeschichten werden Ihr Training noch Wochen danach anspornen.*

weiterlaufen können, laufen Sie ein Stückchen weiter.' Dadurch machen Sie Fortschritte und lernen, nicht sofort aufzuhören, wenn es Ihnen zu anstrengend wird", sagt Roben. *„Und wenn Sie gehen, schlendern Sie nicht nur daher. Schwingen Sie die Arme und strengen Sie sich wirklich an, um den Puls zu beschleunigen."*

Das Trainingsprogramm in diesem Kapitel soll Ihnen einen angenehmen und schrittweisen Übergang zum Laufen bieten, doch der Körper jeder Frau reagiert unterschiedlich. Der 6-Wochen-Plan ist nur eine unverbindliche Richtlinie. Vielleicht wollen Sie eher ein wenig langsamer gehen und sich die doppelte Zeit nehmen oder Sie möchten etwas schneller vorgehen. Sie sollten sich niemals unter Druck setzen und über Ihre Leistungsgrenzen hinausgehen, nur weil jemand anders mehr läuft oder Ihnen dazu rät. Bücher, Trainer und Freunde können Vorschläge machen, aber letzten Endes sagt Ihnen Ihr Körper, wie sehr Sie sich anstrengen sollten.

Wenn Sie auf Ihren Körper hören, ist es wichtig zu wissen, dass alle anderen Lebensbereiche Ihr Lauftraining beeinflussen. Wenn Sie müde von anderen Beschäftigungen sind, wirkt sich das auf Ihr Lauftraining aus. Es kann passieren, dass ein Problem in der Familie, eine durchwachte Nacht oder Stress im Beruf Ihre Energie erschöpft hat. Gegen diese Einflüsse auf Ihr Lauftraining sind Sie machtlos und Sie sollten sie auch nicht ignorieren. Wenn Sie überlegen, wie hart Sie trainieren möchten, sollten Sie diese Faktoren mitbedenken. Die Zeit des Trainings soll eine positive und angenehme Ergänzung zu Ihrem sonstigen Leben sein.

Wenn irgendein Tag zu stressig ist, wenn Ihre Beine schmerzen oder das Atmen schwer fällt – schonen Sie sich. Gehen Sie einfach den Rest der Strecke. Machen Sie am nächsten Tag eine Pause und wiederholen Sie das vorherige Training, bis Sie ohne Beschwerden bis zum Ende durchhalten. Machen Sie das so oft wie nötig.

Aber seien Sie ehrlich. Erfinden Sie keine Ausreden, um sich auf das Sofa zu legen, sobald Sie sich ein bisschen müde fühlen. Wenn Sie bisher sportlich nicht aktiv waren, werden Sie feststellen, dass Sie durch das Laufen mehr Energie bekommen als je zuvor. Um dies zu erreichen, müssen Sie jedoch einige Wochen oder Monate durchhalten, in denen Ihr Körper auf die gesteigerten Anforderungen reagiert und sich diesen anpasst. Wenn Ihr Training Sie andererseits nicht genügend fordert, laufen Sie einfach ein oder zwei Minuten länger als im Zeitplan vorgeschlagen wird. Muten Sie sich aber nicht zu viel zu: Die aeroben Fähigkeiten Ihres Körpers passen sich schneller an als Ihre Muskeln und Sehnen. Sie fühlen sich während des Laufens vielleicht gut, wenn Sie aber zu schnell zu viel erreichen wollen, merken Ihre Muskeln am nächsten Tag die Überanstrengung. Es kommt darauf an, Ihre Leistung so langsam zu steigern, dass sie am nächsten Tag nicht zu starken Muskelkater bekommen. Erinnern Sie sich daran, dass Zeit nicht wichtig ist. Es geht darum, Ihren Körper an das Lauftraining zu gewöhnen.

Sechs-Wochen-Programm

Nutzen Sie das folgende Programm als Leitlinie für den Übergang vom Gehen zum Laufen. Ihnen wird auffallen, dass ich keine Entfernungen vorgebe. Fürs Erste sollten Sie sich nicht um Kilometer kümmern. Es kann für Anfängerinnen eine Qual sein, Kilometer zu zählen. Dies führt nur zu unnötigem Druck, weil man glaubt, jedes Mal weiter laufen zu müssen. Denken Sie daran, eine Pause zu machen, wenn das Training an einem Tag zu anstrengend ist, und wiederholen Sie diesen Trainingsabschnitt, bis Sie ihn ohne Schwierigkeiten bewältigen können.

Laufen mit Pulsmesser

Wenn Sie beim Training einen Pulsmesser benutzen wollen, können Sie mit seiner Hilfe bestimmen, wann Sie während Ihres 30-Minuten-Trainings laufen und wann Sie gehen wollen. Die Pulsfrequenz einer Anfängerin sollte beim Laufen zwischen 60 und 80% ihrer maximalen Frequenz liegen, empfiehlt Roy Benson, Lauftrainer und Experte für Herz-Kreislauf-Training in Atlanta. (In der Bedienungsanleitung Ihres Pulsmessers wird beschrieben, wie Sie Ihre maximale Pulsfrequenz berechnen können. Um Ihre 60 und 75% Grenzen auszurechnen, multiplizieren Sie Ihren maximalen Puls mit 0,60 bzw. 0,75. Geben Sie diese Werte in Ihren Pulsmesser ein.) Die Methode ist einfach: Joggen Sie einfach, bis Ihr Pulsmesser registriert, dass Sie die 75% Grenze erreicht haben, dann gehen Sie, bis Ihr Puls auf 60% gesunken ist. Dann joggen Sie weiter, bis Sie wieder bei 75% angelangt sind, und so weiter.

Foto: Polar Electro

1. Woche: Gehen Sie 10 Minuten zu Beginn und Ende jedes 30-Minuten-Trainings. Während der 10 Minuten dazwischen wechseln Sie dann zwischen Laufen und Gehen. Beginnen Sie in dieser Woche mit Laufeinheiten von 1 Minute oder weniger und steigern Sie sich bis zum Ende der Woche auf zwei Minuten.
Ziel zum Wochenende: Laufeinheiten von 2 Minuten einbauen.

2. Woche: Gehen Sie 8 Minuten zu Beginn und Ende jedes 30-Minuten-Trainings. Während der 14 Minuten dazwischen wechseln Sie dann zwischen Laufen und Gehen. Beginnen Sie die Woche damit, jeweils zwei Minuten zu laufen, und steigern Sie sich dann auf vier Minuten.
Ziel zum Wochenende: Laufeinheiten von 4 Minuten einbauen.

3. Woche: Gehen Sie 5 Minuten zu Beginn und Ende jedes 30-Minuten-Trainings. Während der 20 Minuten dazwischen wechseln Sie zwischen Laufen und Gehen. Beginnen Sie die Woche damit, jeweils vier Minuten zu laufen, und steigern Sie sich dann auf sechs Minuten.
Ziel zum Wochenende: Laufeinheiten von 6 Minuten einbauen.

4. Woche: Fangen Sie damit an, ein paar Minuten zu gehen. Laufen Sie 7 Minuten. Gehen Sie, bis Sie sich wieder erholt haben. Laufen Sie wieder 7 Minuten. Gehen Sie den Rest der halben Stunde. Im Verlauf der Woche dehnen Sie Ihre Laufeinheiten um jeweils eine Minute pro Training aus, mit dem Ziel, am Ende der Woche 10 Minuten zu laufen.
Ziel zum Wochenende: Laufeinheiten von 10 Minuten einbauen.

5. Woche: Gehen Sie drei Minuten und laufen Sie anschließend 12 Minuten. Das wiederholen Sie. Am Ende der Woche gehen Sie drei Minuten, laufen 15 Minuten, gehen dann so lange, bis Sie sich wieder etwas erholt haben, und laufen dann für den Rest des Trainings.

Ziel zum Wochenende: *Eine Laufeinheit von 15 Minuten einbauen.*

Aus meinem Trainingstagebuch

Ich erinnere mich an den Tag, als ich lernte zu joggen. Eigentlich lief für mich alles rückwärts, denn ich war ja mit Wettkämpfen aufgewachsen, an denen ich auf der Grundschule, an der High School und auf dem College teilgenommen hatte. Das Training war hart und intensiv und hatte kaum etwas mit Erholung oder Sonnenuntergängen zu tun. Tatsächlich war „jogging" ein Wort, das wir nicht gerne hörten, und immer, wenn es jemand benutzte, stellten meine Teamkameraden und ich schnell richtig, dass wir nicht joggten, sondern liefen.

Dann begann ich zu arbeiten und Laufen wurde zu etwas, dass ich als Mädchen einmal getan hatte. Bis zu dem Zeitpunkt, an dem mich, nach ein paar sportfreien Jahren, der dringende Wunsch überkam, wieder zu laufen. Es muss der erste Hauch von Frühling in der Luft gelegen haben. Ich trottete los, am See entlang durch die helle Morgensonne Chicagos, und fühlte mich, als hätte ich seit damals keinen Trainingstag ausgelassen. Aber nur im ersten Augenblick. Nach den ersten zwei Blocks begann mein untrainierter Körper nach Luft zu ringen und meine Hochstimmung verwandelte sich in Sauerstoffmangel. Ich wurde langsamer. Ich ging. Ich hielt an.

Das war der Moment, in dem ich den See wahrnahm. Die Landschaft hatte sich über Nacht verändert. Was gestern noch eine trübe Eisfläche war, glitzerte und dampfte und sprudelte nun voller Leben. Über Nacht war aus dem Winter Frühling geworden. Die Wärme der Sonne hatte das Eis auf dem Lake Michigan zum Tauen gebracht und ihn in ein krachendes, klirrendes Meer von Mini-Eisbergen verwandelt.

Während ich diese hoffnungsvolle Schönheit bewunderte, wurde mir klar, dass ich diesen spektakulären Tag niemals registriert hätte, wenn ich so wie früher gelaufen wäre. Als ich wieder loslief, joggte ich. Ich tat es ganz bewusst und voller Freude in einer Geschwindigkeit, die mein untrainierter Körper ohne Schwierigkeiten mitmachte und nahm die Wunder des Tages mit allen Sinnen in mich auf.

6. Woche: Gehen Sie 5 Minuten zu Beginn und Ende des Trainings. Laufen Sie die 20 Minuten dazwischen. Im Verlauf der Woche verkürzen Sie die Gehphasen am Anfang und Ende.
Ziel zum Wochenende: *30 Minuten kontinuierliches Laufen.*

Der nächste Schritt

Viele Anfängerinnen motiviert es, sich gleich für einen organisierten Lauf anzumelden. Ein 5-km-Walking oder ein 5-km-Lauf nach ungefähr ein oder zwei Monaten Training zum Beispiel macht Spaß. Sie können mit Freunden teilnehmen und so Ihre Leistungen aus dem 30-Minuten-Training feiern. Es macht nichts, wenn Sie die 5 Kilometer nicht in einer halben Stunde schaffen, gehen Sie einfach den Rest der Strecke. Vielleicht werden Sie aber auch überrascht sein, wenn ein durch die Veranstaltung ausgelöster

Läuferinnen erzählen

Eine Herausforderung für Anfänger

99 Als ich mit dem Laufen anfing, war es für mich die größte Herausforderung, mit den neugierigen Blicken fertig zu werden. Ich fing 1967 mit dem Laufen an und außer mir gab es keine Läuferinnen. Ich trainierte auf einer Laufbahn und es war sehr unangenehm, weil die Männer dumme Kommentare machten und ich nicht mochte, wie sie mich anstarrten. Ich habe dieses Gefühl überwunden, indem ich so getan habe, als hätte ich meine Kontaktlinsen verloren, und stellte mir dann einfach vor, dass diese Männer gar nicht da wären. 66
— Renita, 55

99 Ich war bereits seit mehreren Jahren Aerobictrainerin und daran gewöhnt, immer schon an die nächste Bewegung zu denken. Als ich mit dem Laufen anfing, war mein Kopf vollkommen frei und deshalb war alles, woran ich dachte, wo mir etwas weh tun würde und wie lang mir die Strecke vorkam. Mir half es, die Zeit während des Trainings dazu zu nutzen, über eine bestimmte Sache, die mir problematisch vorkam, intensiv nachzudenken und meine Gedanken darauf zu konzentrieren. Das konnte zum Beispiel ein Aufsatz sein, den ich für die Schule schreiben sollte oder irgendein anderes Problem, das gelöst werden musste. 66
— Jane, 34

Adrenalinstoß durch Ihre Venen jagt und Sie die ganze Strecke laufen. Wenn ein Wettkampf Ihnen Angst macht, entscheiden Sie sich für einen Lauf speziell für Frauen oder einen Wohltätigkeitslauf. Diese Läufe sind speziell für Anfängerinnen gedacht.

Wenn Sie Ihren ersten 30-Minuten-Lauf geschafft haben, ist der nächste logische Schritt, diese 30 Minuten regelmäßig und ohne Probleme laufen zu können. Wenigstens ein paar Wochen lang sollten Sie immer abwechselnd ein 30-Minuten-Lauftraining und ein 30-Minuten-Gehtraining durchführen. Wenn Sie damit keine Schwierigkeiten haben, versuchen Sie, drei Tage in der Woche zu laufen, aber planen Sie trotzdem noch einen Lauf-Geh-Tag in der Woche ein. Wenn Sie mühelos drei- bis fünfmal in der Woche 30 Minuten laufen können, sind Sie – wenn Sie wollen – bereit für ein härteres Training.

99 Als ich mit dem Laufen angefangen habe, war für mich die größte Herausforderung, mit dem Druck eines Wettkampfs fertig zu werden; ich löste dieses Problem, indem ich einfach an vielen Wettkämpfen teilnahm. Wenn ich ein bestimmtes Ziel habe oder für eine bestimmte Veranstaltung trainiere, zum Beispiel einen 5-km-Lauf oder einen Marathon, bleibe ich dadurch einfach motivierter. Mein Tagesablauf ist so eng, dass ich oft eine Entschuldigung dafür finden könnte, nicht zu trainieren; Ziele zu haben erleichtert es einem, auch berechtigten Entschuldigungen nicht nachzugeben. 66
— Nancy, 31

99 Ich habe erst mit 31 mit dem Laufen angefangen und habe sogar noch geraucht. Für mich war es am Anfang die größte Herausforderung, während meines Trainings zu laufen ohne zwischendurch anzuhalten und zu gehen. Für meinen ersten Wettkampf habe ich mir einfach das Ziel gesetzt, 5 Kilometer zu laufen ohne zu gehen. Dieses Ziel hat mir geholfen, den Lauf durchzuhalten. 66
— Kelly, 36

Wir bringen Sie in Bewegung!

Dennis Craythorn, Rich Hanna
Der Marathonreiseführer
Die schönsten Marathonziele der Welt
356 Seiten, 16 x 23 cm, Paperback
ISBN 3-935254-00-8, **Best.-Nr. 4008**
39,80 DM/sFr/291,– öS *(ab 1.1.2002   20,40 € [D])*

Die Sohlen ihrer Laufschuhe haben fast jeden Streckenkilometer getestet: Tausende von Kilometern sind die Autoren Dennis Craythorn und Rich Hanna gereist, um sich ihr eigenes Bild von mehr als 100 der schönsten, beliebtesten und auch der verrücktesten Marathonläufe der Welt zu machen. Der Marathon-Reiseführer enthält alles, was Sie brauchen, um den Marathon Ihres Lebens zu planen.

- 100 fantastische Marathon-Reiseziele in aller Welt

- spannende Streckenbeschreibungen aus Läufersicht (wo sind die hässlichsten Steigungen, wo die schönsten Sehenswürdigkeiten, wo sind Versorgungsstationen?)

- wichtige Details wie Kosten, Transport zum Start, Kleiderbeutel am Ziel, Startnummernausgabe etc.

- was sonst noch geboten wird: Rahmenprogramme, Pasta-Partys und Marathonmessen

- was man sich ansehen kann: Touristische Tipps für Ausflüge mit der Familie

- Dazu Anschriften, Telefonnummern, Internetadressen zum Selbstorganisieren und für die tagesaktuellen Infos

Außerdem im Anhang:
viele Höhenprofile und Hitlisten – die schnellste Strecke, die beste Organisation, die schönste Landschaft, die tollste Zuschauerkulisse, die Top-Marathons für Anfänger. Ob Sie nun eine Marathonreise vorbereiten oder einfach nur einen Marathon im Sessel nacherleben wollen:
Das ist Ihr Buch!

Bestellschein

Absender:

_____
Name

_____
Straße, Nr.

_____
PLZ, Ort

_____
E-Mail

_____
Datum, Unterschrift

❏ Hiermit bestelle ich _____ Exemplar(e) des Titels „Marathonreiseführer" (Best.-Nr. 4008, ISBN 3-935254-00-8)

Senden Sie Ihre Bestellung bitte an:

TibiaPress
Der Fitness-Verlag

Postfach 10 22 51
D-45422 Mülheim an der Ruhr
Tel. 0208/43 95 465, Fax 0208/43 95 469
E-Mail: info@tibiapress.de
www.tibiapress.de

auch zu beziehen in jeder Buchhandlung

6. Vom Joggen zum Laufen: Training für Fortgeschrittene

Haben Sie schon einmal die vernichtenden Blicke einer Läuferin erlebt, der Sie naiv-fröhlich erzählen, Sie wären auch eine Joggerin? Aber wann wird eine Joggerin zur Läuferin? Ich verrate Ihnen etwas: Der Titel „Läuferin" wird weder ab einer bestimmten Geschwindigkeit, noch beim Überschreiten einer magischen Kilometermarke pro Woche oder irgendeinem anderen bestimmten Punkt verliehen.

Der Unterschied zwischen beiden besteht hauptsächlich in einer unterschiedlichen Einstellung zum Laufen.

Während Laufen für einige Frauen nichts weiter als eine Fitnessaktivität ist, sind andere davon so fasziniert, dass es ihnen zur zweiten Natur wird. Vergleichbar mit dem Spielen eines Instruments oder dem Tagebuchführen hängt auch das, was Sie durch das Laufen gewinnen, nicht davon ab, wie gut Sie sind. Die Freude am Tun ist kein Luxus, der nur für den Eliteläufer oder den Konzertpianisten reserviert ist.

Aus welchem Grund und bei welchem Leistungsstand eine Joggerin zur Läuferin wird, ist verschieden. Der Übergang ist bei der einen Frau in dem Moment erreicht, in dem sie nicht mehr nur läuft, um ihr Gewicht zu halten, sondern um gesund zu bleiben. Eine andere bemerkt beim Packen der Reisetasche für einen Kurzurlaub, dass sie unbedingt ihre Laufschuhe einpacken muss, weil sie eine Woche ohne Training nicht aushalten kann. Die nächste wiederum ist vielleicht selbst überrascht, dass sie sich als Läuferin bezeichnet, obwohl ihr Tagesplan einen morgendlichen Lauf kaum zulässt.

Sobald eine Frau zur Läuferin geworden ist, empfindet sie den Sport als Teil ihres Lebens. War das Laufen zunächst nur ein Mittel zum Zweck – beispielsweise um fit oder schlank zu bleiben – wird es nun zu einer sehr seltenen Sache: zum Mittel und zum Zweck zugleich. Auch eine Läuferin läuft um fit und gesund zu bleiben, Neues zu entdecken und Freunde zu finden. Doch anders als der Joggerin, der es vor allem auf diese „äußerlichen" Erfolge durch das Laufen ankommt, geht es der Läuferin um das Laufen selbst. Laufen ist das, wonach sie sich sehnt. Beim Laufen lernt

sie immer wieder von Neuem über die Kraft der Bewegung und die Regelmäßigkeit des Atmens zu staunen – ob sie nun locker läuft oder schnell. Eine Frau, die dieses Gefühl kennt, weiß, dass sie nicht mehr ohne Laufen auskommen kann. Sie ist eine Läuferin.

Weiter, kräftiger, schneller

Viele Frauen möchten ständig ihr Laufen weiter verbessern. Das kann sich auf Unterschiedliches beziehen. Einige wollen einfach nur schneller werden. Andere möchten über einen längeren Zeitraum laufen können, damit sie neue und anspruchsvollere Strecken bewältigen können. Wieder andere möchten ihre Belastungsgrenze erhöhen, um sich einer neuen Laufgruppe anzuschließen. Einige wollen einfach nur schneller laufen, um das Gefühl dabei zu genießen. *„Ich habe mich beim Laufen ziemlich geplagt – und eigentlich fand ich das ganz in Ordnung. Auf der anderen Seite ist es aber auch frustrierend, für einen Kilometer 6 Minuten zu benötigen und gleichzeitig zu wissen, dass man eigentlich viel schneller laufen kann"*, sagt Jean (37), eine perfekte Bergsteigerin und ein Naturfreak, die läuft um fit zu bleiben. Jean läuft, seit sie ein Teenager war, aber in den letzten 2 Jahren entwickelte sich bei ihr das Verlangen, eine neue Klippe in diesem Sport zu erklimmen. Für Jean hat Geschwindigkeit nichts mit Wettkampf zu tun. Es geht ihr darum, ihr Potential zu entdecken. *„Ich möchte meinen Körper auf diese Weise nutzen, weil es ein wunderschönes Gefühl ist. Du fühlst dich, als könntest du fliegen – als wärst du absolut frei. Und du spürst, dass du deine ‚Maschine' wirklich wirkungsvoll nutzen kannst.*

Ich hatte dieses Gefühl einige Male während des Laufens – immer, wenn ich ein wenig schneller lief."

Öfter, länger, schneller und leichter laufen, fitter werden, neue Lauffreunde finden, seine Laufstrecken erweitern, intensiver trainieren und an Wettläufen teilnehmen: Wenn dies eines Ihrer Ziele ist, steht fest, dass Ihnen das Laufen immer wichtiger wird. Trotzdem bleiben viele Frauen auf der Anfängerstufe stehen, weil sie nicht wissen, wie sie weiter vorgehen sollen.

„Ich habe das Gefühl, dass ich nicht weiß, wie ich mein Laufen steigern soll. Es gibt so viele Informationen darüber, was man tun und lassen soll,

dass ich von dem Überangebot überwältigt werde und gar nichts tue", scherzt Katharina (31), die läuft, seit sie 20 ist.

„Also bleibe ich weiter in meiner langweiligen und mich wenig fordernden Routine stecken. Ich werde wohl nie erfahren, zu welchen Steigerungen und Entwicklungen ich noch fähig bin. Das gefährdet wirklich meine Motivation."

Damit ist sie nicht allein. Manche Läuferinnen verfallen in einen immer gleichen Trott, sobald sie eine bestimmte Leistungsstufe erreicht haben. Auf diese Weise ist das Training jeden Tag einfach, vertraut und sicher. Selbst wenn sie sich verbessern wollen, wissen sie nicht wie oder schrecken davor zurück, sich mehr zuzumuten. Die Folge ist, dass sie sich entweder überfordern oder gar nichts verändern. Aber die jeweils nächste Stufe beim Laufen zu erreichen, muss nicht kompliziert oder schmerzhaft

Läuferinnen erzählen

Warum sollte man eine „richtige" Läuferin werden?

❞ Es macht mir einfach Spaß, schneller zu werden. Ich wollte meine Fähigkeiten in verschiedenen Situationen testen, ob nun im Training oder im Wettkampf. Ein guter Freund hat meine Fähigkeiten entdeckt und mir in punkto Training, Laufstil und dem Laufen auf der Bahn geholfen. ❝
— Maggie, 46

❞ Ich mag das Gefühl mich anzustrengen. Dadurch fühle ich mich auch in anderen Lebensbereichen stark und leistungsfähig. ❝
— Andrea, 24

❞ Schnell zu laufen, fit zu sein und Spaß zu haben, gehört für mich zusammen. So gesehen habe ich mein Laufen schon immer ernst genommen. Je schneller man läuft, desto schneller will man noch werden. ❝
— Linda, 49

❞ Ich möchte auch weiterhin das genießen können, was ich tue, um fit zu bleiben – denn genau das hilft mir, es weiter zu tun. Ich habe verschiedene Sachen ausprobiert, um fit zu werden, aber beim Laufen kann ich meine Fortschritte am besten sehen. Wenn ich schneller werde, weiß ich, dass ich besser werde. Ich bin nicht zufrieden damit, einfach etwas zu tun. Ich möchte etwas tun und darin besser werden. ❝
— Gwen, 40

Foto: Polar Electro

sein. Der Übergang kann und sollte schrittweise erfolgen. Sie werden wahrscheinlich froh sein festzustellen, dass der Trainingsplan in diesem Kapitel sehr einfach aufgebaut ist. Ihr neues Programm ist spielerisch und schränkt Sie nicht ein. Auf dieser Stufe brauchen Sie keinen streng systematischen Laufplan und müssen auch keine marathonähnlichen Läufe absolvieren. Ob Sie härter trainieren müssen? Natürlich, denn nur so werden Sie besser. Aber es gibt keinen Grund, sich davor zu fürchten.

Wenn Sie Ihr Training ernsthafter betreiben wollen, sollten Sie schrittweise vorgehen und dabei eine einfache und logische Reihenfolge einhalten – genau das, was Sie getan haben, als Sie mit dem Laufen anfingen. Viele der Prinzipien, die Sie damals befolgt haben, gelten auch für den Übergang zur ernsthaften Läuferin. Doch genau zu diesem Zeitpunkt werfen viele Läuferinnen alle Regeln über Bord. Ganz wild darauf, endlich weiter zu kommen und voller Ungeduld sich zu verbessern, schlagen sie alle Vorsicht in den Wind. *(„Nun, meine Freunde wollten an diesem 15-Kilometer-Lauf teilnehmen und da dachte ich, mach doch einfach mit ..."*) Das Ergebnis sieht meist so aus: starke Beschwerden, Entmutigung oder gar eine Verletzung.

Überstürzen Sie nichts. In jedem Ausdauersport macht Geduld den Meister. Veränderungen vollziehen sich auf jeder Leistungsstufe schrittweise.

Wann, wenn nicht jetzt, sollten Sie ...

- eine neue Laufstrecke ausprobieren. Möglichst eine, die auch landschaftlich schön ist. Laufen Sie doch einmal in der Woche in einem Park oder auf einem Wanderweg. Die Umgebung tut Ihrer Seele gut und der Ortswechsel wird Ihnen neuen Antrieb geben. Außerdem ist es für Ihre Füße und Beine gut, wenn Sie mindestens einmal in der Woche auf Erde (Lehmboden) oder Gras laufen. Der weichere Untergrund entlastet Ihre Gelenke. Auf Grund des unebenen Geländes können sich kleine Muskeln und Bänder entwickeln, die die Füße und Knöchel weiter stärken.

- sich nach einem Lauftreff vor Ort erkundigen. Diese Gruppen ziehen Läuferinnen aller Leistungsstufen und jeden Alters an. Sie finden bestimmt jemanden, mit dem Sie Ihr gewohntes Tempo laufen können, und auch jemanden, der Sie motivieren wird mehr zu leisten.

- Dehn- und Kraftübungen in Ihre Trainingsroutine einbauen. Machen Sie nach jedem Lauf 10–15 Minuten Dehnübungen. Das tut gut, erfrischt und verhindert, dass sich die Muskulatur verkürzt.

- eine neue Tradition begründen: Nehmen Sie einfach mit ein paar Freunden an einem Wettlauf teil, um so Ihren persönlichen „Tag der Fitness" zu feiern. Viele Städte organisieren Läufe aus ganz verschiedenen Anlässen. Der 3. Oktober, Erntedankfest und Neujahr sind nur einige der Feiertage, die Sie so auf gesunde Art mit Ihren Freunden feiern können. Manche Läuferinnen machen eine dieser lokalen Veranstaltungen zur alljährlichen Familientradition. So ein Tag ist eine großartige Motivation und hilft, andere in Ihr Hobby miteinzubeziehen.

- einmal in der Woche Ausgleichssport betreiben. Wenn Sie einmal in der Woche schwimmen, Rad fahren oder wandern, können Sie Ihre Muskeln und Ihren Geist frisch halten und entlasten.

- überlegen, ob Sie an Frauenlaufferien oder einem Laufseminar teilnehmen sollten. Frauen jeden Alters und jeder Leistungsstufe machen dabei mit. Die Teilnahme an einer solchen Freizeit oder einem Seminar bedeutet immer neue Impulse, neue Herausforderungen und neue Motivation. Außerdem sollten Sie sich den Luxus gönnen, einen Tag oder eine Woche nur für Ihre Gesundheit und Fitness zu reservieren. Fragen Sie an der Volkshochschule, der Universität oder im Laufladen nach entsprechenden Angeboten oder klicken Sie www.lauftreff.de an. Ein ausführliches Adressenverzeichnis finden Sie im Anhang.

Einem Fortschritt beim Laufen geht ein langsamer Anpassungsprozess voraus, der nicht beschleunigt werden kann. Wechseln Sie niemals über Nacht von einem Trainingslevel auf den nächsten. In Ihrem Streben nach Verbesserung sind Sie im Grunde genommen wieder eine Anfängerin, an deren Beine, Lungen und Geist neue Anforderungen gestellt werden.

Neue Grenzen

Bis jetzt sind Sie auf einem Niveau gelaufen, das Ihnen angenehm war. Hätten Sie als Anfängerin zu hart und schnell trainiert, wären Verletzungen und Demotivierung die Folge gewesen. Doch nun haben Sie eine starke Basis. Ihre Beinmuskulatur ist ans Laufen gewöhnt, genau wie Ihr Herz und Ihre Lungen. Sie sind bereit für mehr.

Wenn Sie an Ihre Grenzen gehen wollen, müssen Sie Ihren Geist ebenso trainieren wie Ihren Körper. Wenn Sie nicht mit Sport groß geworden sind, ist es ungewohnt, sich plötzlich selbst so zu fordern. Es erscheint Ihnen womöglich fremd und flößt Ihnen Angst ein. Einfacher gesagt: Es tut weh. Wenn Sie schneller laufen, bekommen Sie schwerer Luft und müssen Ihre Beine höher heben. Sie werden erfahren, was Sauerstoffmangel ist – das Gefühl, nicht schnell genug atmen zu können, um den Körper mit dem nötigen Sauerstoff zu versorgen. Sie werden schwitzen. Und zuerst werden Sie sogar nach dem Training Schmerzen in den Rippen, Oberschenkeln und sogar im Bauch spüren.

Das hört sich furchtbar an. Aber mit der richtigen Einstellung können Sie Negatives in Positives verwandeln.

Es hilft zu wissen, dass es ohne Beschwerden nicht geht. Durch Beschwerden teilt Ihnen Ihr Körper mit, dass er sich anstrengt, um mit den an ihn gestellten Anforderungen fertig zu werden. Das ist Fortschritt. Obwohl das alte englische Sprichwort „no pain, no gain" („kein Gewinn ohne Schmerz") unangebracht und übertrieben ist, ist es eine Tatsache, dass Sie bis an Ihre Grenzen gehen müssen, um sie auszudehnen. Wenn Sie sich an die Regel gehalten haben, Ihre Trainingsdistanzen und Zeiten nur schrittweise zu steigern, dann sind solche Anfangsbeschwerden für den Entwicklungsprozess völlig normal.

Wenn Sie Ihr Training intensivieren, wird Ihr Kopf eine immer wichtigere Rolle spielen. Als Anfängerin ist es in Ordnung, die Gedanken beim Laufen wandern zu lassen, sich mit Freunden zu unterhalten, im Kopf Einkaufslisten zusammenzustellen – kurz gesagt, es ist richtig, das Laufen so schmerzlos und so schön wie möglich zu gestalten. Diese Art von geistiger Ablenkung wird Dissoziation genannt und kann von Zeit zu Zeit sehr hilfreich sein. Während Sie einen steilen Berg hinauflaufen, könnten Sie in Gedanken folgendes Selbstgespräch führen: *„Sieh mal, die schönen Blumen. Ich habe gar nicht gemerkt, dass es schon so schnell Frühling geworden ist. Mensch, ich fang wohl besser an, meinen Garten zu wässern."* ...

Wenn Sie dissoziieren, denken Sie an alles, nur nicht an die Aufgabe, die Sie gerade zu bewältigen haben: den steilen Berg.

Dissoziation funktioniert bei leichtem Training. Wenn Ihr Ziel jedoch darin liegt, schneller zu laufen oder Ihre Form zu verbessern, wird Ihnen die Dissoziation nicht helfen. Dann ist es viel besser, das Zusammenspiel zwischen Geist und Körper zu trainieren. Wie das geht? Sie können Ihren Kopf dazu benutzen, jeden Ihrer Schritte genau zu beobachten und zu bewerten. Sie können auf Ihren Atem und Ihre Haltung achten und dabei entspannt und positiv bleiben. An dem gleichen mörderischen Berg könnte Ihr innerer Monolog dann so ablaufen: *„Okay, nimm dich jetzt zusammen. Dieser Berg ist gar nicht so schwer. Nur noch ein paar Meter. Wie ist meine Haltung? Ups, ich beuge mich zu weit vor. Aufrecht bleiben, darauf kommt es an. Jetzt kann ich meine Beine leichter heben. Schön gleichmäßig. So muss ich auch atmen. Jetzt bin ich oben – gut gemacht. Jetzt geht es wieder bergab. Ich kann mich nun entspannen und wieder zu Atem kommen."*

Hier gehen Sie die Sache völlig anders an. Sie müssen sich konzentrieren, um ein wenig mehr zu geben als gewöhnlich. Ihr Körper würde nichts lieber tun, als in sein altes bequemes Tempo zurückzufallen, und wenn Sie für einen Moment nicht aufpassen, wird er genau das tun. Mehrere Studien haben gezeigt, dass Läufer langsamer werden, wenn sie ihre Gedanken schweifen lassen. Die Konzentration, die Sie benötigen, um bei Anstrengung durchzuhalten, kommt nicht von allein und ist nicht leicht.

Bei Ihren ersten Versuchen werden Sie sich vielleicht wundern, dass Ihr Kopf gegen Sie arbeitet: Ich bin so müde. Ich schaffe das nie den Berg

hoch. Ich will aufhören. Warum mache ich das überhaupt? Grauenhaft! Wer würde bei solchen Gedanken nicht lieber von der Landschaft träumen. Es ist von immenser Bedeutung, dass Ihre Rückmeldungen positiv bleiben. Wenn nicht, nutzen Sie die Kraft Ihrer Gedanken nur dazu, Ihnen das Training auszureden. Konzentration ist vor allem während eines anspruchsvollen Trainings wichtig, man kann sie aber bei leichteren Läufen gut üben. Schließlich ist es viel einfacher, positiv zu bleiben, wenn der Lauf angenehm und ohne größere Komplikationen verläuft. Checken Sie regelmäßig Ihre körperliche Verfassung, die Atmung, Ihre Schritte und Gedanken durch und korrigieren Sie sich, wenn nötig: Lassen Sie die angespannten Schultern fallen, atmen Sie tief ein und langsam wieder aus. Verlängern Sie Ihre Schritte, wenn sie zu kurz und abgehackt sind, und ersticken Sie jeden negativen Gedanken schon im Ansatz. Gewöhnen Sie sich diesen Prozess schon beim leichteren Training an. Umso besser sind Sie vorbereitet, wenn es am Ende eines langen Laufs oder eines schwierigen Streckenabschnitts knüppelhart kommt.

Genau wie alles andere braucht es auch seine Zeit, den Kopf zu trainieren. Achten Sie bewusst auf Ihren inneren Monolog und korrigieren Sie ihn, sobald er negativ wird. Versichern Sie sich, dass Sie bereit sind für die anstehenden Aufgaben. Mit der Zeit werden Sie ganz selbstverständlich eine positivere Beziehung zwischen Körper und Geist entwickeln.

Worauf Sie beim Training achten sollten

Sie sind nun bereit für längere Läufe, die Ihnen mehr abverlangen als die kurzen, ruhigen Joggingläufe, die Sie gewohnt sind. *„Für Frauen ist es gut, sich etwas anderes als langsames Jogging vorzunehmen, sobald sie über die nötige Basis verfügen"*, sagt Maureen Roben. Sie arbeitet mit vielen Anfängerinnen, die eine neue Leistungsstufe erklimmen wollen. *„Wenn Sie jeden Tag das Gleiche tun, belasten Sie immer die gleichen Muskeln und stärken immer den gleichen Bewegungsapparat. Ein wenig Abwechslung im Programm ist gesund."*

Wenn Sie Ihr Training intensivieren, müssen Sie Ihr Programm vor allem klug planen. Hier möchte ich Ihnen zeigen, wie das möglich ist.

Verlängern Sie zunächst die Strecke. Wenn Sie Ihr Trainingspensum erhöhen möchten, sollten Sie niemals Laufstrecke und Intensität gleichzeitig steigern. Diese Kombination kann Ihren Körper überbeanspruchen und zu Verletzungen und Erschöpfung führen. Nach dem hier vorgestellten Trainingsplan wird zuerst Ihre Laufstrecke verlängert, um Ihre allgemeine Fitness zu verbessern. Erst danach geht es darum, die Intensität Ihres Trainings zu erhöhen. Wie immer sollten Sie sich die nötige Zeit nehmen, bis Sie mit dem Trainingsprogramm gut zurechtkommen. Wenn eine Woche Ihnen besonders schwer fällt, trainieren Sie weiter auf diesem Level, bis Sie sich daran gewöhnt haben.

Laufen Sie lange, nicht unbedingt weit. An diesem Punkt Ihres Trainings ist es immer noch am praktischsten und nützlichsten, „nach der Uhr" zu laufen – also über eine bestimmte Zeitspanne und nicht eine bestimmte Kilometerzahl. So sind die Trainingseinheiten dieses Kapitels strukturiert. Manche Läuferinnen sind neugierig, wie weit sie laufen können oder wie schnell sie eine bestimmte Strecke zurücklegen. Viele Fahrradwege und Wege durch Parks sind schon vermessen und markiert. Wenn Ihre Strecken es nicht sind, können Sie mit dem Kilometerzähler Ihres Wagens oder Ihres Fahrrads nachmessen. Merken Sie sich am Ende jedes Kilometers irgendeinen Anhaltspunkt, den Sie später wiedererkennen, wie zum Beispiel einen Briefkasten oder einen Baum. Das ist zwar keine präzise Messmethode, aber sie reicht aus, um Ihnen ein Gespür für Distanzen zu geben.

Widerstehen Sie aber der Versuchung, jede Strecke, die Sie laufen, zu vermessen. Gerade wenn Sie das Laufen ernster betreiben, sind Sie leicht versucht auf jedem Lauf die Kilometerzeit zu nehmen – um Sie dann von Tag zu Tag zu vergleichen. Das ist ein sicherer Weg, sich zu sehr unter Druck zu setzen und führt mit Bestimmtheit zu Enttäuschungen. Die meisten Läuferinnen verzichten manchmal bewusst auf das Messen; das hilft ihnen dabei, es an leichteren Trainingstagen auch wirklich leichter anzugehen.

Planen Sie ein paar leichtere Trainingstage ein. Um Ihre Trainingsleistung effektiv zu steigern, sieht dieses Trainingsprogramm den Wechsel zwischen anstrengenderen und leichteren Trainingstagen vor. Weil Sie an einigen Tagen intensiver oder länger laufen werden, versteht es sich von

selbst, dass Sie auch Erholungstage brauchen. Wenn Sie vom vorgeschlagenen Programm abweichen müssen, achten Sie darauf, dass Sie sich an diesen Wechsel halten.

Sie sollten niemals zwei anstrengende Trainingstage hintereinander legen. *(Anstrengend bedeutet, dass Sie länger, schneller oder intensiver laufen, als auf Ihren gewohnten 30-Minuten-Läufen.)* Normalerweise sollten auf Tage mit längerem, anstrengenderem Training wieder Tage mit 30-Minuten-Läufen folgen. Nehmen Sie sich auch ruhig mal einen trainingsfreien Tag. Laufen Sie außerdem nie mehr als an vier Tagen hintereinander. Nachdem Sie an mehreren aufeinander folgenden Tagen gelaufen sind, sollten Sie sich einen Tag absolut frei nehmen. Wenn Sie unbedingt etwas Sport treiben möchten, versuchen Sie es mit Schwimmen, Inlineskating oder etwas anderem, das Ihre Gelenke weniger beansprucht.

Abwechslung und Intensität

Die Trainingspläne sollen Ihre Kraft, Ausdauer, Geschwindigkeit und allgemeine Fitness verbessern. Im Grunde genommen sind sie einfachere, etwas reduzierte Versionen des Trainings von Leistungssportlern.

Der lange Lauf

Das hört sich Furcht einflößend an und es stimmt, dass fortgeschrittene Läuferinnen manchmal Trainingsläufe von über 3 Stunden absolvieren. Doch fürchten Sie sich nicht! Ihre ausgedehnten Läufe werden nicht von Anfang an so lang sein. Suchen Sie einen Tag aus, der Ihnen am besten passt und steigern Sie die reine Laufzeit von Woche zu Woche allmählich auf eine Stunde. Viele Läuferinnen trainieren den langen Lauf gern am Wochenende, weil sie dann die meiste Zeit haben. Steigern Sie die Länge dieses Laufes nicht zu schnell. Halten Sie sich in etwa an den Zeitplan des Beispielprogramms (s.u.). Laufen Sie pro Woche maximal 5 Minuten länger.

Ihr langer Lauf wird Ihre Ausdauer verbessern, Ihre Fitness steigern und den Körper an eine längere Trainingsdauer gewöhnen. Wenn Sie es schaffen, eine Stunde zu laufen, sollten Sie diese Laufzeit mehrere Wochen oder Monate beibehalten, bis Sie damit keine Probleme mehr haben.

Fartlek (Fahrtspiel)

Der Begriff kommt aus dem Schwedischen und bedeutet ungefähr „Spiel mit der Geschwindigkeit". Und dieses Training scheint manchmal wirklich wie ein Spiel, in dem schnelle Spurts und langsames, erholsames Joggen einander ungeplant abwechseln. Fortgeschrittenere Läuferinnen bevorzugen ein systematisches Fartlek Training, das einem festen Zeitplan folgt und so eher dem traditionellen Geschwindigkeitstraining ähnelt. Für die mittelstarke Läuferin kann Fartlek aber einfach eine lockere, nicht abschreckende Einführung in das schnellere Laufen darstellen.

Variieren Sie dazu die Geschwindigkeit und Intensität Ihrer Schritte. So können Sie sich beim Training erholen, ohne eine Pause einlegen zu müssen. Wärmen Sie sich auf, indem Sie 10 Minuten in mäßigem Tempo joggen. Spielen Sie dann für eine bestimmte Zeit mit kurzen Intervallen

Trainingsprogramm für fortgeschrittene Läuferinnen

	Mo	Di	Mi	Do	Fr	Sa	So
1. Woche	—	30 min	—	30 min	—	30 min	35 min
2. Woche	—	30 min	—	30 min	—	30 min	40 min
3. Woche	—	30 min	—	35 min	—	30 min	45 min
4. Woche	—	30 min	—	35 min	—	30 min	50 min
5. Woche	—	30 min	—	35 min	—	30 min	55 min
6. Woche	—	30 min	—	35 min	—	30 min	60 min
7. Woche	—	30 min	—	40 min	—	30 min	60 min
8. Woche	—	30 min	—	45 min	—	30 min	60 min
9. Woche	—	30 min	20 min	30 min	—	30 min	60 min
10. Woche	—	30 min	20 min	35 min	—	30 min	60 min
11. Woche	—	30 min	20 min	40 min	—	30 min	60 min
12. Woche	—	30 min	20 min	45 min	—	30 min	60 min
13. Woche	—	30 min	20 min	45 min[1]	—	30 min	60 min
14. Woche	—	30 min	20 min	45 min[2]	—	30 min	60 min
15. Woche	—	30 min	20 min	45 min[1]	—	30 min	60 min
16. Woche	—	30 min	20 min	45 min[2]	—	30 min	60 min

[1] *In der Mitte des Trainings 20 min Fartlek;*   [2] *inkl. Hügellauf*

von langsamem, mittlerem und schnellem Tempo im Wechsel (siehe *„Trainingsprogramm für fortgeschrittene Läuferinnen"*). Diese Intervalle können zwischen 30 Sekunden und 3 Minuten dauern.

Sie müssen nicht einmal auf Ihre Uhr sehen. Versuchen Sie einfach bei jedem Laufintervall ein anderes Ziel anzupeilen: Laufen Sie zum Beispiel besonders schnell zum fünften Laternenpfahl, erholen Sie sich dann mit einem leichten Joggen bis zur Kiefer am Ende der Straße, werden Sie dann wieder etwas schneller. Schließen Sie an eine schnelle Laufphase immer eine langsamere zur Erholung an. Werden Sie nie so schnell, dass Sie sprinten. Der Geschwindigkeitswechsel soll den Effekt haben, dass Sie insgesamt etwas stärker atmen müssen als gewöhnlich. Ihr Atem sollte sich aber innerhalb einer Minute wieder erholt haben, sodass Sie für den nächsten „Ausbruch" wieder fit sind. Mit Fartlek beginnen Sie Körper und Geist zu trainieren. Sie lernen die Gangart zu wechseln, bekommen ein Gefühl für unterschiedliche Laufgeschwindigkeiten und erholen sich effektiv. Auch wenn diese Art des Trainings wie eine Spielerei erscheint, sollten Sie auf Ihre Reaktionen achten: Sie können eine Menge lernen.

Hügel

Fragen Sie irgendeine beliebige Läuferin nach dem Gelände, in dem sie nicht gerne läuft und sie wird wahrscheinlich „Hügel" sagen. Steigungen verlangsamen das Tempo und noch schlimmer, sie machen Schmerzen. Bestimmte Hügel auf Wettlauf- und Trainingsstrecken sind sogar so berüchtigt, dass sie Namen bekommen haben: Heartbreak Hill (Hügel der gebrochenen Herzen) oder The Beast (Das Ungeheuer) usw. Um solche Monster zu besiegen, greifen viele Läuferinnen sie direkt an und trainieren voller Absicht auf hügeligem Gelände. Das bedeutet, sie suchen sich eine Steigung aus, sprinten sie so schnell wie möglich hoch und trotten dann langsam wieder nach unten – das Ganze immer und immer wieder. Kein Wunder, dass Läuferinnen Hügel hassen.

Es gibt einen leichteren Weg, Steigungen zu trainieren, besonders in dieser Trainingsphase. Denn es ist tatsächlich besser, sie zu trainieren, als sie zu meiden. Auf hügeligem Gelände zu trainieren, ist einer der schnellsten und effektivsten Wege Kraft aufzubauen. Außerdem sind Sie durch ein solches Training für alle Fälle gewappnet und müssen keine Strecke und kein Gelände mehr fürchten.

Roben begründet ihre lauffreundlichere und sanftere Art des Steigungstrainings so: *„Ich rate den Frauen, sich eine Strecke mit vielen Steigungen oder einen hügeligen Park zum Laufen zu suchen und dann bei jedem Gefälle schneller zu werden. Einen kurzen Hügel nehmen Sie noch relativ schnell. Wenn es sich um einen lang gestreckten Hügel handelt, laufen Sie nicht ganz so schnell. So zu trainieren macht viel mehr Spaß und schreckt nicht so sehr ab, wie immer wieder ein und dieselbe Steigung hinaufzulaufen. Außerdem werden die Gelenke während der Abstiegsphase viel weniger belastet."*

Anstatt also die nächstgelegene steile Straße immer wieder hoch- und runterzulaufen, sollten Sie nach einer schönen, hügeligen Strecke suchen. Konzentrieren Sie sich auf Ihre Haltung, wenn Sie bergauf oder bergab laufen. Sacken Sie vor allem nicht mit dem Oberkörper nach vorne, da es Ihnen dann schwer fällt, die Beine zu heben. Beschleunigen Sie bis zum Ende der Steigung, entspannen Sie sich dann und wechseln Sie bis zum nächsten Hügel langsam wieder in Ihr normales Tempo. So werden Sie alle Vorteile des Hügeltrainings für sich nutzen können und dabei sogar noch Spaß haben.

Der 16-Wochen-Plan

Das Trainingsprogramm für fortgeschrittene Anfängerinnen wird Ihnen dabei helfen, die nächste Leistungsstufe sicher und bequem zu erreichen. Das Programm ist zwar auf 16 Wochen angelegt, denken Sie aber bitte daran, dass es lediglich als grobe Richtschnur dienen soll, und dass jede Frau anders auf das Training reagiert. Gehen Sie einfach etwas langsamer vor, wenn Ihr Körper es verlangt. Ist eine Woche ganz besonders schwierig für Sie, wiederholen Sie das Training dieser Woche, bevor Sie mit dem Programm für die nächste Woche weitermachen. Es ist sogar gut, wenn Sie alle 4 Wochen das Programm der letzten Woche wiederholen, bis Sie auf dieser Trainingsstufe keine Probleme mehr haben. Unterbrechen Sie das Training für ein paar Tage, wenn Sie starke Beschwerden haben oder krank sind. Nehmen Sie es anschließend wieder da auf, wo Sie aufgehört haben – überspringen Sie niemals einen Teil des Programms. Machen Sie sich kei-

ne Sorgen, wenn Sie ein paar Wochen oder Monate mehr brauchen, um das gesamte Trainingsprogramm zu schaffen.

Von der ersten bis zur achten Woche konzentriert sich der Plan darauf, Ihre Distanzen zu verlängern. Dazu dienen insbesondere der lange Lauf und ein weiterer intensiver Trainingstag pro Woche. In der neunten Woche kommt ein weiterer Trainingstag dazu. Sie sind dann also bei 5 Trainingstagen pro Woche. Von der 13. bis zur 16. Woche wird die Intensität der einzelnen Trainingseinheiten gesteigert.

Sie können diesen Plan entsprechend Ihrer persönlichen Bedürfnisse verändern. Wenn Sie zum Beispiel nur 4 Tage in der Woche laufen wollen, ist das auch in Ordnung. Sie können sich so immer noch durch das verbleibende Programm arbeiten. Wiederholen Sie lediglich die 8. Woche des Trainingsprogramms so lange, bis Sie sich auf dieser Leistungsstufe sicher

Aus meinem Trainingstagebuch

Der Weg einer Läuferin führt nicht immer geradeaus. Meist verläuft er erst steil nach oben und fällt dann wieder ab: Eine neue Läuferin nimmt das Laufen zuerst Jahr für Jahr ernster und intensiviert ihr Training so lange, bis sie ihre maximale Leistung erreicht hat. Mit zunehmendem Alter macht sie dann die erforderlichen Abstriche, was Kilometer und Intensität angeht. Meine eigene Leistungskurve war nicht so vorhersagbar. Sie verläuft weiterhin in Höhen und Tiefen, die keinen besonderen Sinn ergeben, wenn man sie nicht mit dem abwechslungsreichen Rhythmus meines Lebens in Verbindung setzt.

So kommt es, dass ich mich nun, nach mehr als 15 Jahren Lauferfahrung, mal wieder „nur" auf einem mittleren Niveau befinde. Dieses Mal waren es Beruf und Familie, die meine Ambitionen, zur Läuferelite zu gehören, sabotiert haben.

Als ich mich aus dem harten Training zurückzog, rebellierten mein Körper und mein Geist zunächst dagegen. Doch nun, nach einigen Monaten, fühle ich mich auf diesem neuen und vielleicht vernünftigerem Trainingsniveau wohl. Ich laufe, wie es meine Zeit erlaubt, gewöhnlich vier oder fünf Mal in der Woche. Einmal in der Woche versuche ich für einen längeren Lauf von mehr als einer Stunde Zeit zu finden. Normalerweise fahre ich dazu sonntags mit meinem Mann in die Berge. Ich versuche auch eine anstrengendere Trainingseinheit

fühlen. Machen Sie dann mit Woche 9 und dem folgenden Programm weiter. Dabei lassen Sie aber den 20-Minuten-Lauf des 5. Trainingstages aus, damit Sie bei 4 Trainingstagen in der Woche bleiben.

Der nächste Schritt

Wenn Sie das Trainingsprogramm durchgearbeitet haben, sollten Sie noch eine Weile bei diesem Plan bleiben, bevor Sie etwas Anstrengenderes angehen. Wenn Sie z.B. im Frühling und Sommer nach dem 16-Wochen-Aufbauprogramm trainiert haben, sollten Sie auch den Winter über auf diesem Level weitermachen: fünf Trainingstage in der Woche mit einem längeren Lauf von einer Stunde und einer weiteren anspruchsvollen

während der Woche einzubauen, mit Fartlek oder einem dauerhaft hohen Tempo. Doch meistens ist es ein „Catch-as-catch-can" – anders als sonst ist bei diesem Lauf alles erlaubt. Ich habe gelernt, so zu trainieren, wie es die Tagesform erlaubt und nicht nach einem systematischen Trainingsplan und genieße es. An Tagen, an denen ich mich wirklich gestresst fühle, erlaube ich mir zu trödeln, bemerke das vorbeiziehende Sturmtief, die neugeborenen Fohlen auf der Weide, den neuen Zierrasen des Nachbarn. Und wenn zufälligerweise bei einem Lauf einmal alles, aber auch wirklich alles stimmt, erlaube ich mir zu fliegen. Dann lässt die wohlige Anspannung meines Körpers nur noch für eine Empfindung Raum: das Laufen.

Als ich zum ersten Mal mein Training reduzierte, dachte ich, ich würde wieder ganz in das Anfangsstadium zurückfallen, aber ich habe herausgefunden, dass es so etwas für eine Läuferin nicht gibt. Zwischen den wachsenden Schmerzen einer Anfängerin und dem wachsenden Druck der fortgeschrittenen Läuferin, habe ich eine wunderbare Stufe der Lauffreiheit wieder entdeckt. Zu wissen, dass du die Kraft hast so lange und intensiv zu laufen, wie du willst, und zu wissen, dass du die Wahl hast, wann du das tun wirst – darin liegt der größte Reiz des Laufens.

Trainingseinheit. Denken Sie vorerst nicht daran, Ihr Pensum bis zum nächsten Sommer noch einmal zu erhöhen.

Wenn Sie nicht am fortgeschrittenen Training für Wettkämpfe interessiert sind, aber Ihre Fitness weiter maximieren möchten, ist das Ende dieses Trainingsprogramms eine gute Ausgangsbasis. Sie könnten beispielsweise versuchen, Ihren langen Lauf jede Woche um ein paar Minuten zu verlängern, bis Sie schließlich 90 Minuten erreicht haben. Sie können auch die leichteren 20- bis 30-Minuten-Läufe auf 45 Minuten oder eine Stunde strecken.

7. Vom Laufen zum Wettlauf: Training für die geübte Läuferin

Wenn Sie wissen wollen, wie viel Sie leisten können, haben Sie das richtige Kapitel aufgeschlagen. Hier ist aber nicht nur die Superläuferin angesprochen, die 10 km in weniger als 40 Minuten schafft oder die Läuferin, die in ihrer Altersgruppe immer die Schnellste ist. Beim Laufen können wir uns eigentlich immer nur an uns selbst messen. Jede Frau kann ihre Fähigkeiten so nutzen, dass sie das Beste aus sich herausholt. Wenn es das ist, was Sie wollen, ist dieses Kapitel das richtige für Sie, ganz egal ob Ihr Ziel ist, die fünf oder zehn Kilometer in einer bestimmen Zeit zu laufen oder ob Sie nur herausfinden wollen, wie schnell Sie laufen können.

Aber wie gesagt, dieses Kapitel ist in erster Linie für Läuferinnen gedacht, die an Wettkämpfen teilnehmen möchten. Anfängerinnen und Freizeitläuferinnen können und werden sicherlich auch an Wettläufen teilnehmen, was ich übrigens sehr empfehle, egal wie gut eine Läuferin ist. Wettkämpfe sind eine gute Gelegenheit soziale Kontakte zu knüpfen und bieten ein lohnendes Trainingsziel. Dieses Kapitel ist aber in erster Linie für Läuferinnen gedacht, die ihr Potential voll ausschöpfen wollen.

Voraussetzung für den Einstieg in das hier beschriebene Trainingsprogramm ist ein solides Grundlagentraining. Nur so sind Sie auf ein solch intensives Training vorbereitet. Sie sollten also schon mindestens ein Jahr Lauferfahrung besitzen. Ihre Leistung sollte außerdem schon eine Weile auf dem einmal erreichten Niveau stagnieren. Mit anderen Worten: Sie sollten (momentan) mit dem Trainingsprogramm für fortgeschrittene Anfängerinnen *(vgl. Kap. 6)* keine Fortschritte mehr erzielen können.
„Solange Sie sich durch aerobes Training verbessern können – und wenn Sie Anfängerin sind, kann das ein paar Jahre dauern – sollten Sie mit dem gleichen Programm weitermachen", sagt Lorraine Moller aus Boulder, Colorado, die viermal am olympischen Marathon teilgenommen hat und 1992 die Bronzemedaille gewann. *„Erst wenn Ihre Leistung stagniert,*

sollten Sie Änderungen vornehmen." Denken Sie daran, dass Sie selbst mit einem Training für Fortgeschrittene, zu dem Training auf der Bahn und harte Läufe gehören, Ihre besten Ergebnisse erst nach einigen Jahren erzielen werden. Warum sollte man überhaupt an Wettläufen teilnehmen? Warum die zusätzliche Mühe auf sich nehmen, die ein solch fortgeschrittenes Trainingsprogramm verlangt? Schließlich werden die besten gesundheitlichen Resultate auf einer mittleren Leistungsstufe erzielt. Dazu genügen in der Woche fünf Läufe zwischen 30 Minuten und einer Stunde. Wenn Sie mehr laufen, geht es nicht mehr um die Gesundheit. Sie werden dann auch nicht mehr fitter. Das geht höchstens durch andere Sportarten zum Ausgleich. Nein, das Entscheidende ist, dass die Läuferin, die auf einem fortgeschrittenen Niveau trainiert, mehr sucht als Gesundheit und Fitness. Sie will Bestleistungen erreichen. Vielleicht will sie sich selbst testen und herausfinden, wo ihre Leistungsgrenzen sind. Vielleicht möchte sie auch all das zusammen. Kurz gesagt, Läuferinnen nehmen an Wettkämpfen teil, um zu sehen, was in ihnen steckt.

Für manche Läuferinnen sind Training und Wettkampf ein Mikrokosmos, der alle Herausforderungen des Lebens enthält und durch den man einiges über das Leben selbst lernen kann.

Sich selbst dazu zu verpflichten, das Beste aus sich herauszuholen ist ein mutiger Schritt. Es geht nicht ohne Frustration, aber genauso sicher gibt es auch Momente überwältigenden Stolzes und Zufriedenheit. Bestimmte Ergebnisse sind allerdings nicht garantiert. Die meisten Läuferinnen kommen zu der Einstellung, dass der Weg wichtiger ist als das Ziel. Die Belohnung liegt dann letztendlich nicht in den Minuten und Sekunden auf der Stoppuhr, sondern im Training selbst, bei dem man sich angestrengt, gelernt und Disziplin bewiesen hat.

Geben Sie Ihr Bestes

Um das Beste aus sich herauszuholen, ob es nun ums Laufen oder um irgendetwas anderes geht, braucht man Disziplin, Hingabe und einen starken Willen. Es gehört zu den Verdiensten des ernsthaften Trainings, diese Charakterstärken zu entwickeln, was Ihnen schließlich auch in anderen Lebensbereichen zugute kommt. Beim fortgeschrittenen Training müssen

Sie mehr Kilometer laufen und an mehr Tagen in der Woche intensiv trainieren. Sie müssen sich ständig selbst motivieren. Das nimmt zusätzlich Zeit in Anspruch und verlangt Ihrem Körper sehr viel mehr Energie ab. Um Ihre Ziele zu erreichen, müssen Sie aufmerksam sein, auf Ihren Körper hören und überlegt reagieren.

Je mehr Kilometer Sie einplanen und je intensiver Sie trainieren, desto mehr belasten Sie Ihren Körper. Läuferinnen, die sehr viel trainieren, sind wegen Ihres stark belasteten Immunsystems anfälliger für Erkältungen und Grippe. Sie verletzen sich auch öfter. Ziel ist natürlich, diese Probleme in den Griff zu bekommen, denn sie wirken sich nicht nur kontraproduktiv auf das Laufen, sondern auch auf das Leben insgesamt aus. Solche negativen Auswirkungen können Sie durch kluges Training vermeiden. Für fortgeschrittene Läuferinnen ist das vielleicht sogar wichtiger als ein hartes Training. Die meisten Verletzungen können vermieden werden, wenn Sie sich an die folgenden Grundlagen für ein kluges Training halten. Das heißt, Sie dürfen weder Qualität noch Quantität des Trainings zu schnell steigern und müssen das Trainingsprogramm anpassen, wenn körperliche Reserven aufgebraucht sind und Sie Anzeichen von Ermüdung bemerken. Schenken Sie auch der Biomechanik Ihres Körpers genügend Aufmerksamkeit. Wenn Sie auf dieser Leistungsstufe trainieren, ist es doppelt wichtig, die richtigen Schuhe zu tragen und häufig zu wechseln, weil mit steigender Trainingsintensität jedes kleine Problem größer wird. Sie müssen außerdem entscheiden, wie

viel Zeit und Energie Sie investieren können. *„Auf einem hohen Fitnesslevel müssen Sie sehr viel intensiver arbeiten, um nur ein wenig mehr zu erreichen",* sagt Jack Daniels, Trainingsphysiologe an der State University des New York College bei Cortland. Auch hier geht es um das Prinzip des sich vermindernden Fortschritts. Tatsächlich bemerken Sie die größten Fortschritte, wenn Sie anfangen zu laufen. Auf jeder höheren Leistungsstufe werden Sie viel härter arbeiten müssen, um meist kleinere Fortschritte zu erzielen. Um Ihr Potential auszuschöpfen und Ihre Bestzeit um nur einige Sekunden oder eine Minute zu verbessern, müssen Sie außerordentlich hart trainieren. An diesem Punkt stellt sich natürlich die Frage, ob sich die Mühe, auf die nächste Trainingsstufe zu gelangen, überhaupt lohnt.

Übertraining

Viel bringt nicht viel. Das ist einer der widersprüchlichsten Aspekte des Laufens. Ja, Sie müssen mehr Kilometer laufen und intensiver laufen, um schneller zu werden. Aber Sie können auch zu viel laufen. Wissenschaftler sprechen von Übertraining.

Wenn Sie übertrainieren, fühlen Sie sich träge. Sie werden langsamer, ganz egal wie konsequent Sie trainieren. Trainingspartner, mit denen Sie normalerweise gut Schritt halten können, überholen Sie jetzt leicht. Viele Frauen, denen so etwas passiert, reagieren verständlicherweise mit härterem Training. Das ist falsch.

Übertraining kann einen gefährlichen Teufelskreis in Gang setzen, der zu Frustration und Entkräftung führt. Leistungsläufer würden niemals zugeben, dass auch sie Grenzen haben. Darum wird Übertraining oft nicht erkannt. Trainer und Trainingspartner können helfen, die Anzeichen zu erkennen.

Achten Sie auf die folgenden Symptome des Übertrainings:
- Chronische Müdigkeit
- Schlafstörungen
- Erhöhter Puls
- Schlechtere Zeiten
- Appetitlosigkeit
- Reizbarkeit
- Antriebslosigkeit
- Häufige Erkrankungen (oft Erkältung und Grippe)

Nehmen Sie Übertraining nicht auf die leichte Schulter. Einige Läufer, die übertreiben, sind chronisch müde und krank. Ihr Körper kann Monate brauchen, um sich zu erholen, wenn er über die Grenzen eines gesunden Trainings hinaus belastet wird.

Für viele Frauen lautet die Antwort „ja", weil der Weg zur Perfektion so viele andere positive Nebeneffekte mit sich bringt. Eine positive Antwort verlangt aber wahrscheinlich einige Veränderungen in Ihrem Leben. Die Welt um Sie herum funktioniert nicht anders, nur weil Sie hart trainieren. Es kann bedeuten, dass Sie etwas von der Zeit, in der Sie sonst etwas anderes machen, für das Trainingsprogramm abzwacken müssen. Möglicherweise müssen Sie auch Ihren Tagesplan so ändern, dass Sie sich einer Trainingsgruppe anschließen können.

Wenn die zeitliche Beanspruchung durch das Training so groß wird, dass Sie versucht sind aufzuhören, dann denken Sie an Ihr Ziel und an die Vorteile, die es Ihnen bringt sich selbst anzutreiben. Sehen Sie Ihr Enga-

---

Obwohl es dafür keinen wissenschaftlichen Beweis gibt, glauben viele Trainer und Läuferinnen sogar, dass eine übertrainierte Läuferin ab einem bestimmten Punkt nie wieder zu ihrer ehemaligen Form zurückfindet. „Man sieht eine Menge Leute, die es hätten schaffen können, wenn sie sich nicht zu sehr belastet und die nötige Geduld aufgebracht hätten", *sagt Ann Boyd, Spitzenläuferin und Trainerin.* „Sie sind für eine kurze Zeit erfolgreich, doch dann verschwinden sie aus der Laufszene und kommen nie mehr auf dieses Niveau zurück." *Shelly Stelly, die viermal im Team der Crosslaufweltmeisterschaft mitgelaufen ist und jetzt als Trainerin arbeitet, meint auch, dass Übertraining der häufigste Fallstrick für Läuferinnen auf jeder Leistungsstufe ist.* „Jeder, der damit anfängt, konsequent zu trainieren, sieht, wie er sich verbessert. Darum glauben viele, dass mehr Training auch noch besser sein muss", *sagt Steely.* „Wenn sie dann mit einer kleinen Verletzung oder Erschöpfung konfrontiert werden, sind sie schon so verbissen, dass sie es sich nicht vorstellen können, einen Tag frei zu nehmen."

Steely bringt ihre Läuferinnen zur Erkenntnis, dass sie mit einem solchen Verhalten genau das Gegenteil von dem erreichen, was sie beabsichtigen. „Im Grunde genommen bringt ihnen das für ein langfristig ergiebiges Training überhaupt nichts", *warnt sie.*

Wenn Sie den Verdacht haben, dass Sie es in letzter Zeit etwas übertrieben haben, nehmen Sie sich eine Woche oder zwei ganz frei, um sich richtig zu erholen. Versuchen Sie etwas mehr Schlaf zu bekommen, essen Sie gut und machen Sie irgendetwas anderes als Laufen, wenn Sie unbedingt trainieren möchten. Wenn Sie sich über einen längeren Zeitraum zu stark belastet haben – für einige Monate oder sogar mehr – sollten Sie sich vielleicht einige Wochen oder einen Monat frei nehmen und nur kurze Strecken laufen, bis Sie sich vollkommen erholt haben. Was Sie dafür bekommen, ist die Sache wert: neue Kraft, Gesundheit und Widerstandskraft.

gement nicht als Opfer, sondern eher als eine Investition in sich selbst. Sie sollten sich auch ruhig ab und zu erlauben Ihr Programm abzuändern, zum Beispiel auf einen lockeren Lauf zu verzichten und dafür mit Freunden wandern zu gehen. Diese andere Art der Bewegung verhindert, dass Ihnen Ihr Training zu eintönig wird. Wie immer ist Ausgleich der Schlüssel zum Erfolg.

Meister des Ausgleichs

Fragen Sie Trainer und Eliteläufer, was der Weg zum Erfolg ist, und die meisten von ihnen werden antworten: *„Beharrlichkeit".* Trainieren Sie Tag für Tag, Monat für Monat, Jahr für Jahr und Fortschritte sind praktisch garantiert. Diese Beharrlichkeit hat jedoch viele Feinde: Unter anderem Verletzung, Langeweile und ein Mangel an Disziplin. Beharrlichkeit kann einen Menschen aber auch auffressen. Einige der besonders leistungsorientierten Läufer, die niemals und unter gar keinen Umständen ein Training auslassen würden, handeln sich fast automatisch behindernde Verletzungen ein, die sie durch rechtzeitig eingelegte Erholungstage hätten vermeiden können.

Der ehemalige Weltklasseläufer und Trainer Benji Durden aus Boulder, Colorado, glaubt, dass die wirklich großen Läufer Meister des Ausgleichs sind.

Er sagt: *„Letzten Endes sind die besten Läufer diejenigen, die zwar bereit sind sehr hart zu trainieren, aber auch ein wenig faul sind."* Was er damit meint ist, dass diese Läufer eher einen Tag frei nehmen, wenn sie sich erschöpft fühlen, als sich durch das Training zu schleppen, obwohl ihr Körper danach schreit, einen Gang niedriger zu schalten.

Nur Sie selbst können Ihre optimale Balance zwischen Anstrengung und Erholung, zwischen beharrlichem Training und notwendigen Pausen bestimmen. Wenn Sie dieses Gleichgewicht beherrschen, laufen Sie wie ein Profi.

Doch wie, um alles in der Welt, ist das zu schaffen? Das ist vor allem eine Frage der Zeit. Mit wachsender Lauferfahrung sammeln Sie immer mehr Wissen über sich selbst, was es Ihnen erleichtert, in jedem Moment das Richtige zu tun. Sie werden schließlich zwischen Faulheit und wirklicher Erschöpfung, zwischen kleinen Wehwehchen und ernst zu nehmenden Schmerzen klar unterscheiden können.

Das ist aber auch eine Frage der Selbstbeobachtung. Manche Frauen laufen jahrelang und lernen trotzdem nicht auf Ihren Körper zu hören. Andere besitzen ein geradezu übernatürliches Gespür dafür, wie sehr sie sich anstrengen müssen. Diese Aufmerksamkeit lässt sich ebenso trainieren wie Ihre Muskeln. Training bedeutet in diesem Fall, auf Ihren Körper zu achten, wenn er Ihnen etwas mitteilen will.

Foto: runners point, Recklinghausen

ⓖ *Spitzenleistungen schaffen*

Um bei Wettkämpfen erfolgreich zu sein, müssen Sie wissen, wie man Spitzenleistungen trainiert. Sie können Ihre Höchstform immer nur ein paar Wochen lang halten. Deshalb sollten Sie in dieser Zeit an einem Wettkampf teilnehmen. Bevor Sie danach wieder mit dem Training anfangen, müssen Sie sich ausruhen. Profi-Läufer trainieren oft mehrmals im Jahr auf Spitzenleistungen, zum Beispiel für die Laufsaison, für ein Straßenrennen im Herbst oder für einen Hallenlauf im Winter. Die meisten anderen Sportler können ihre Leistungen nicht so präzise planen, also ist

es realistischer, nur einmal im Jahr ein entsprechendes Training zu planen. Weil die meisten Läufe zwischen Frühling und Herbst stattfinden und das Wetter im Winter außerdem eine echte Herausforderung sein kann, sind die Jahreszeiten gute Marken für die Gestaltung eines Trainingsprogramms.

Suchen Sie sich für den Anfang eine größere Veranstaltung aus, bei der Sie nach Ihrer Einschätzung optimale Leistungen erbringen können. Auf diesen Wettkampf sollten Sie hinarbeiten. Während der Vorbereitung auf diesen Lauf können und sollen Sie natürlich auch an anderen Läufen teilnehmen. Denken Sie aber daran, dass Sie vielleicht nicht in Bestform sind und Ihre Kapazitäten nicht voll nutzen können. Bei diesen Läufen werden Sie wahrscheinlich nur „mitlaufen" wollen, ohne speziell dafür zu trainieren, denn sonst sind Sie nicht mehr in der Lage Ihr Höchstleistungstraining kontinuierlich fortzusetzen. Solche Läufe zwischendurch helfen Ihnen aber etwas über Ihren aktuellen Leistungsstand zu erfahren. Sie können dabei verschiedene Geschwindigkeiten und Wettkampftaktiken ausprobieren.

Haben Sie noch nie an einem Wettkampf teilgenommen, sollten Sie sich einen Lauf aussuchen, den Sie leicht bewältigen können. Ein Lauf über 5 Kilometer ist ein guter Ausgangspunkt, weil Sie diese Strecke zur Not auch gehen können und weil die Wahrscheinlichkeit Fehler zu machen auf kurzen Strecken geringer ist. Wenn Sie den Lauf zum Beispiel zu schnell angehen und dann später abrupt langsamer werden, haben Sie es nicht mehr sehr weit, um trotzdem noch ins Ziel zu kommen. Versuchen Sie es dagegen mit einem Halbmarathon, bevor Sie Ihre Laufgeschwindigkeit richtig einschätzen können, liegen bei einem ähnlichen Fehler noch sehr lange 8 oder 9 Kilometer vor Ihnen. Fangen Sie mit einigen 5- und 10-km-Läufen an, bevor Sie sich an einen Halbmarathon machen.

Als nächstes sollten Sie Ihr Training in vier Abschnitte einteilen: **Grundlagentraining, Krafttraining, Wettkampftraining, Tapering.**

Grundlagentraining. Dieses Training, das vor allem im Winter durchgeführt wird, besteht hauptsächlich aus leichten, aber möglichst langen Läufen. Natürlich können Sie auch einige Läufe in hügeligem Gelände und Fartlek einbauen. Es kommt jedoch vor allem darauf an, möglichst viele Kilometer zu laufen. *„Während dieser Phase entwickeln Sie vor allem die Fähigkeiten, die vom kontinuierlichen Training und nicht so sehr von der*

Trainingsintensität abhängen", sagt D. Daniels. In dieser Phase kommt es zu allgemeinen physiologischen Verbesserungen: Die Muskelzellen passen sich an, die Blutkörperchen verbessern ihre Fähigkeit Sauerstoff in den Körper zu transportieren. Weil dieses Training nicht sehr interessant oder reizvoll ist, kommt es häufig zu kurz. So begnügen sich Läuferinnen oft den ganzen Winter über damit, auf dem Sportplatz zu trainieren oder sie laufen nur kurze Strecken wegen des kalten Wetters. Die Bedeutung dieser Trainingsphase kann jedoch gar nicht genug betont werden. Denken Sie daran, dass Sie hier die Grundlage trainieren, auf der Sie den Rest Ihres Trainingsprogrammes aufbauen werden. Je stabiler und stärker diese Basis ist, umso besser wird auch Ihre persönliche Höchstleistung sein.

Krafttraining. Während dieser Phase bauen Sie Ihre Kraft auf, indem Sie die Trainingseinheiten verlängern, Läufe auf Zeit und anstrengendere Langstrecken absolvieren. *„Jetzt arbeiten Sie an der Laufökonomie, verbessern Ihren Laktatgrenzwert und Ihre aeroben Fähigkeiten"*, sagt Dr. Daniels. Dieser Trainingsabschnitt beginnt normalerweise im Frühling und dauert mehrere Monate. Die Begriffe, auf die Dr. Daniels sich hier bezieht, sind von immenser Bedeutung für das Laufen und müssen genauer erklärt werden.

Der Laktatgrenzwert ist überschritten, wenn sich Milchsäure (Laktat), ein „Abfall"produkt des Körpers bei Belastung, schneller aufbaut als die Muskeln sie weitertransportieren können. Das passiert, wenn Ihr Herz-Kreislauf-System nicht genug Sauerstoff aufnehmen kann, um die überschüssige Milchsäure wieder loszuwerden. Diesen Zustand nennt man anaerob (ohne Luft). Wenn Sie in einem Training einmal zu früh zu schnell gelaufen sind und sich Ihre Beine wie weiche Nudeln angefühlt haben, dann war die Überschreitung Ihres Laktatgrenzwertes daran schuld. Wenn Sie nahe an dieser Grenze trainieren, können Sie ihn erhöhen. Diese Trainingsmethode wird häufig als Tempolauf, als Schwellenlauf oder anaerobes Lauftraining bezeichnet.

Die aerobe Kapazität bezieht sich auf die Fähigkeit Ihres Körpers Sauerstoff aufzunehmen. Wenn wir trainieren, verbrauchen wir nicht den gesamten Sauerstoff, den wir aufnehmen. Der Sauerstoffverbrauch hängt von Ihrer maximalen Sauerstoffaufnahmekapazität ab, also der Sauerstoffmenge, die Ihr Körper während des Trainings zu den Muskeln transportie-

ren kann. Obwohl dieser Wert teilweise individuell biologisch bedingt ist, können Sie durch gezieltes Training Ihre maximale Kapazität vergrößern. Das trainieren Sie normalerweise auf dem Sportplatz mit einer Geschwindigkeit fast so schnell oder etwas schneller als beim üblichen 5-Kilometer-Lauf.

Wettkampftraining. Wenn der geplante Wettlauf näher rückt und Sie schneller werden möchten, ist es Zeit, mit dem eigentlichen Wettkampftraining anzufangen. Beim Intervalltraining konzentrieren Sie sich auf kürzere Distanzen. Im allgemeinen Training sollten Sie Ihre Zeit verbessern ohne sich zu sehr zu verausgaben. In der aktuellen Trainingsphase können Sie ruhig weniger Kilometer laufen, damit sich Ihre Beine schneller erholen können. Ihr Körper kann so Reserven aufbauen und Sie sammeln Energie für die kommenden Anstrengungen.

Tapering *(Vorbereitung auf den Wettkampf).* Abhängig von der Wettkampfstrecke sollten Sie die Länge Ihrer Trainingsstrecken ein bis zwei Wochen vor dem Wettlauf drastisch reduzieren. Diese abschließende Verkürzung ermöglicht es Ihrem Körper, sich von kleineren Verletzungen zu erholen und genügend Reserven für den Wettkampf aufzubauen. (Um mehr über diesen Trainingsabschnitt zu erfahren, lesen Sie *Kapitel 8.*)

Die hier beschriebenen Trainingsabschnitte schließen sich nicht gegenseitig aus. Während des Krafttrainings können Sie zum Beispiel von Zeit zu Zeit leichte Langstreckenläufe einschieben und während des Wettkampftrainings sind auch Laufeinheiten aus dem Krafttraining möglich. Es kommt nur darauf an, dass sich die Schwerpunkte des Trainings mit der Zeit verändern. Nach dem großen Wettlauf sollten Sie Ihrem Körper ein paar Wochen Zeit zur Erholung geben und sich auch geistig entspannen, indem Sie auch einmal an etwas anderes denken. Manche Läufer schwimmen oder probieren in dieser Zeit andere Sportarten aus, während andere sich einfach nur ausruhen. Fangen Sie mit dem Grundlagentraining an, wenn Sie Ihr Training wieder aufnehmen. *(Achtung! Das Beispieltrainingsprogramm dieses Kapitels beginnt mit der Phase des Krafttrainings und nicht mit dem Grundlagentraining.)*

Optimieren Sie Ihr Training

Folgende allgemeine Regeln sollten Sie in Ihrem Trainingsprogramm zur Wettkampfvorbereitung berücksichtigen.

Flexibilität

Je härter Sie trainieren, desto wichtiger ist es, auf Ihren Körper zu hören und entsprechend zu reagieren. Ihr Körper teilt Ihnen ständig etwas mit, aber Sie achten nicht immer darauf. Versuchen Sie den Unterschied zwischen kleineren Beschwerden und echten Schmerzen zu erkennen. Achten Sie auch auf den Unterschied zwischen der Müdigkeit, die Sie normalerweise nach einem anstrengenden Tag empfinden, und der Erschöpfung, die ein Hinweis auf Überanstrengung beim Training ist.

Handeln Sie, sobald Sie das Gefühl haben sich selbst zu schaden, wenn Sie so weitermachen. Nehmen Sie sich ein paar Tage frei, gönnen Sie sich eine Massage, schlafen Sie sich aus. Seien Sie nicht so besessen, dass Sie keinen Trainingstag auslassen. Wenn Sie während einer anstrengenden Trainingseinheit auf der Bahn oder einem Geschwindigkeitslauf merken, dass Sie völlig ausgelaugt sind, sich nicht konzentrieren können und sich vollkommen verausgabt fühlen, nehmen Sie sich diesen Tag frei oder joggen Sie nur ein wenig. Es ist viel besser, rechtzeitig vorzusorgen, als später Wochen und Monate zu verlieren, weil Sie sich zu sehr angestrengt haben. Denken Sie daran, dass Sie verlorene Trainingszeit nicht nachholen können. Versuchen Sie nicht die Trainingstage, die Sie ausfallen lassen mussten, in Ihren Plan zu zwängen oder an mehreren Tagen hintereinander harte Trainingseinheiten durchzuziehen. Wenn Sie einen anstrengenden Tag ausfallen lassen müssen, können Sie am nächsten Tag einen

neuen Anlauf machen, aber nur, wenn danach ein paar leichtere Tage auf dem Programm stehen. Wenn nicht, lassen Sie diesen Tag einfach ganz ausfallen.

Wann Sie sich anstrengen sollten

Manche Trainer raten ihren Läufern, auch an Trainingstagen alles zu geben. Am Tage des Wettlaufes stehen sie vermutlich mit Läufern da, die nichts mehr geben können. *„Es gibt eine Wettkampfenergie und eine Trainings-*

Wann, wenn nicht jetzt, sollten Sie ...

- sich mit einem Team oder einer Gruppe von Freunden für ein anspruchsvolles Training zusammenschließen. Für die meisten Menschen ist ein intensives Training leichter und macht mehr Spaß, wenn sie mit anderen zusammen laufen. Ein kleiner freundschaftlicher Wettkampf kann Sie außerdem dazu bringen, sich mehr anzustrengen.

- mit einem Trainingstagebuch beginnen, wenn Sie nicht schon eines führen. Mit Hilfe dieser Trainingsprotokolle können Sie herausfinden, was Ihnen nützt und was nicht. Neben Trainingsprogramm, Puls und Ergebnissen können Sie auch aufschreiben, was Sie gegessen, wie Sie geschlafen, wann Sie Ihre Laufschuhe gekauft haben, ob Sie irgendwelchen Stress haben und alles andere, was Ihr Training beeinflussen könnte.

- einen Wettkampf auf Zeit laufen. Setzen Sie sich ein realistisches Ziel, das sich an dem orientiert, was Sie bisher erreicht haben. Suchen Sie sich einen Lauf aus, der frühestens in 2 Monaten stattfindet und führen Sie dann das Ihrer Leistungsstufe angemessene Trainingsprogramm durch. (Für eine optimale Leistung, die auf einem Programm basiert, dass auf Höchstleistungen zielt, benötigen Sie 4 bis 6 Monate. Wenn Sie schon eine ausreichende Grundlage von leicht gelaufenen Kilometern haben, können Sie mit dem Krafttraining beginnen, das in diesem Kapitel beschrieben wird.) *Ganz abgesehen davon, ob Sie Ihr Ziel dann erreichen oder nicht, sollten Sie eine positive Einstellung behalten und sich ein neues Ziel suchen. Analysieren Sie, was während des Wettkampfes gut und was weniger gut lief und wie Sie Ihr Training für das nächste Mal verbessern können.*

- überlegen, ob Sie die Hilfe einer Trainerin/eines Trainers in Anspruch nehmen sollten. Er oder sie kann Ihnen helfen, Ihre individuellen Stärken und Schwächen herauszufinden und ein Trainingsprogramm speziell für Sie zusammenstellen. Auf diesem Niveau kann es sehr vorteilhaft sein, jemanden zu haben, der einem Feedback geben kann.

- sich ruhig auch einmal teurere Laufschuhe leisten. Wenn Sie so hart trainieren, haben Sie im Wettkampf jeden Vorteil verdient.

energie", sagt Moller. *„Sie sollten Ihre Wettkampfenergie nicht während des Trainings verbrauchen. Es gibt nur einen Zeitpunkt, zu dem Sie diese Energie nutzen sollten und das ist der Wettkampf."* Obwohl es wichtig ist, hart zu trainieren, wenn Sie auf der Bahn sind oder Geschwindigkeitsläufe machen, sollten Sie nie bis zur Erschöpfung gehen. Ihre Energie ist begrenzt und sollte, wie Moller sagt, für den Wettkampf gespart werden. Eine gute Faustregel lautet: Sie sollten beim Training die letzte Bahn genauso schnell laufen können, wie die erste. Wenn

- *wieder einmal Ihre Ernährung kritisch unter die Lupe nehmen. Es ist besonders wichtig, dass Sie genug Kalorien von der richtigen Sorte zu sich nehmen. Wenn Frauen das Laufen als Leistungssport betreiben, fangen sie oft damit an, weniger zu essen, um ihr Gewicht so niedrig wie möglich zu halten. Fragen Sie eventuell auch einen Ernährungsberater, ob Ihre Ernährung Ihrem Trainingsniveau angemessen ist.*[1]

- *daran arbeiten, dass Sie genug Schlaf bekommen. Stress in anderen Lebensbereichen ist zu diesem Zeitpunkt besonders schlecht. Wenn Sie bei der Arbeit besonders viel zu tun haben oder Ihre Familie Sie ganz besonders in Anspruch nimmt, sollten Sie Ihr Training auf einen späteren Zeitpunkt verschieben.*

- *Sportmassagen genießen. Müde, schmerzende Muskeln können sich durch eine therapeutische Massage entspannen. Vielleicht lassen Sie sich regelmäßig einmal im Monat oder einmal in der Woche massieren.*

- *Ihren Laufstil analysieren lassen. Sportmedizinische Institute und Sportärzte bieten eine solche Untersuchung an, die Ihnen dabei helfen kann, so effizient wie möglich zu laufen. Wenn Sie nicht wissen, wo es eine solche Möglichkeit in Ihrer Umgebung gibt, kann Ihnen eventuell der lokale Lauftreff oder ein Sportfachgeschäft weiterhelfen. Sie können auch einfach eine Freundin bitten, Sie auf Video aufzunehmen, während Sie laufen. Achten Sie auf Ihre Füße, wenn Sie sich den Film später ansehen, und überprüfen Sie, dass sie nicht nach innen oder außen stehen. Achten Sie auch darauf, ob Sie Ihre Arme zu weit über dem Brustkorb kreuzen. Haben Sie Ihre Schultern hochgezogen? Strecken Sie Ihren Kopf zu weit nach vorne?*

---

[1] Einen Ernährungsberater kann Ihnen eventuell Ihr Trainer oder Arzt empfehlen. Einige Fitnessstudios, sportmedizinische Institute aber auch die Verbraucherberatung bieten einen solchen Service. Eine Beratung im Internet finden Sie unter www.sportmedizin.berlin-marathon.com.

Sie mit jedem Lauf langsamer werden, strengen Sie sich zu sehr an. Genauso sollten Sie nach einem Geschwindigkeitslauf das Gefühl haben, in dem gleichen Tempo weiterlaufen zu können, wenn Sie es müssten. Wenn Sie nach dem Training auf der Ziellinie zusammenklappen, haben Sie Ihre Wettkampfenergie verbraucht.

Eine mentale Herausforderung

Es ist wichtig, dass das Programm Ihre Selbstsicherheit stärkt und nicht schwächt. Einige Frauen blühen bei hartem Training auf, andere fühlen sich letztendlich demoralisiert und zweifeln immer mehr an Ihren Fähigkeiten. Um Ihr Potential auszuschöpfen, müssen Sie jedes Training und jeden Lauf mit der festen Überzeugung beginnen, dass das Programm effektiv ist.

Wenn Ihr Programm Sie nicht überzeugt, überlegen Sie, was Sie ändern können. Vielleicht brauchen Sie einen neuen Trainer, neue Trainingspartner oder einen Ortswechsel. Auch Kleinigkeiten sind wichtig. Während der anspruchsvollen Trainingstage, beim Intervalltraining, Geschwindigkeitsläufen, Fartlek und Langstreckenläufen sollten Sie in Ihrem eigenen Tempo laufen (so wie ich es in *Kapitel 6* beschrieben habe). Verausgaben Sie sich nicht, nur um mit einer Gruppe zu laufen, die sich auf einem fortgeschritteneren Trainingsniveau befindet als Sie selbst. Ruinieren Sie Ihr Training nicht dadurch, dass Sie zu schnell oder zu langsam laufen, weil Sie sich nach der Geschwindigkeit einer anderen Läuferin richten. Achten Sie darauf, dass Sie zwischen den anstrengenden Trainingstagen genug Erholung bekommen. All diese kleinen Dinge zusammen führen entweder zu einer Reihe von Erfolgen, die Ihnen genug Selbstvertrauen für den Wettkampf geben oder sie zerstören allmählich Ihr Vertrauen in die eigenen Fähigkeiten. Letzten Endes sind Sie selbst für diesen Prozess verantwortlich, also haben Sie keine Angst davor ihn zu steuern und Ihr Training, wenn nötig, zu verändern.

Freie Tage

Sie werden von absolut trainingsfreien Tagen profitieren. Solche Ruhetage legt man im Allgemeinen einmal pro Woche oder alle zehn Tage ein, damit Ihre Beine sich für die kommenden Anstrengungen besser erholen können. Außerdem wehren Sie damit Verletzungen ab, die vielleicht gerade im Entstehen sind. Wenn Sie besonders ehrgeizig sind, können Sie diesen freien Tag für einen Ausgleichssport nutzen, aber wählen Sie einen Sport wie Schwimmen, der Ihre Beine nicht so stark belastet.

Zweimal täglich trainieren

Wenn Sie zweimal am Tag trainieren, hat das den Vorteil, dass Sie mit einem Minimum an Belastung für Ihre Beine zusätzliche Kilometer laufen können. Angenommen, Sie laufen schon an sechs Nachmittagen in der Woche jeweils bis zu einer Stunde mit einem langen Lauf am Wochenende und möchten nun die Kilometerzahl schrittweise erhöhen. Statt jetzt noch länger als eine Stunde am Stück zu trainieren, machen Sie einfach am ersten Tag morgens einen kurzen Lauf zusätzlich. Fangen Sie mit 20 Minuten an und steigern Sie sich auf 30 Minuten. Sie werden sehen, dass diese Methode körperlich und mental viel einfacher ist als ein langer 90-minütiger Lauf in der Mitte der Woche. Sobald Sie mit diesem zusätzlichen Lauf an einem Tag gut klarkommen, können Sie Ihr „doppeltes Training" auf zwei oder drei Tage in der Woche ausdehnen. Nur professionelle Läufer brauchen regelmäßig durch die Woche hindurch zwei Trainingseinheiten pro Tag. Wenn Sie schon seit einigen Jahren auf der Stufe der fortgeschrittenen Läuferin trainieren und nun in der Lage sind, es mit zwei Trainingseinheiten am Tag zu probieren, dann legen Sie diese auf die anspruchsvolleren Trainingstage. Für die Erholungstage sind doppelte Einheiten zu anstrengend. Verlängern Sie Ihren zweiten Lauf um 20 bis 40 Minuten. Wählen Sie dafür eine leichte Strecke. Achten Sie darauf, dass zwischen Ihren Läufen mindestens sechs, besser mehr Stunden liegen. Achten Sie

außerdem darauf, an diesen Tagen genug zu essen, sonst geht Ihnen bei Ihrem zweiten Lauf die Energie aus. Nach Ihrem Morgenlauf sollten Sie sofort eine kräftige Mahlzeit zu sich nehmen. Das gibt Ihnen genug Zeit, das Essen vor Ihrem zweiten Lauf zu verdauen.

Anstrengung und Erholung

Je härter Sie trainieren, desto mehr Erholung benötigen Sie. Anstrengende Trainingstage sind für den erfahrenen Läufer das Salz in der Suppe. Dies sind die Tage, an denen das wirkliche Training stattfindet. Doch ohne Erholungstage ist ein hartes Training sinnlos: Man muss auch einfache Läufe machen, um zu sehen, was das Training bisher bewirkt hat.

Leistungssportler planen zwei oder drei anspruchsvolle Trainingstage pro Woche. Anfänger beginnen mit zwei harten Trainingstagen und ergänzen eventuell später einen dritten. Ältere Läufer gelangen für gewöhnlich irgendwann an den Punkt, dass sie Ihre Trainingstage von drei auf zwei reduzieren müssen. Letztendlich ist die Zahl der Trainingstage davon abhängig, wie viele Erholungstage Ihr Körper zwischen zwei anspruchsvollen Trainingstagen benötigt. Wenn Sie zum Beispiel am Dienstag auf dem Sportplatz trainieren und am Mittwoch einen einfachen Lauf machen, müssen Sie sich ausreichend erholen, um für einen Geschwindigkeitslauf am Donnerstag wieder fit zu sein. Wenn Sie sich bis dahin noch nicht genug erholt haben, brauchen Sie vielleicht zwei oder sogar drei Tage zwischen diesen Trainingstagen. Die Beispielprogramme in diesem Kapitel zeigen Ihnen, wie ein Trainingsprogramm zu Anfang und zum Ende dieser Leistungsstufe aussehen könnte.

Das Prinzip von Anstrengung und Erholung gilt nicht nur für einzelne Tage, sondern auch für einen längeren Zeitraum. Genau wie Sie Erholungstage benötigen, brauchen Sie auch Erholungswochen. Nach drei bis fünf Wochen harten Trainings sollten Sie regelmäßig die Kilometerzahl und Trainingsintensität für eine Woche zurückschrauben. Diese aktive Vorsichtsmaßnahme verhindert ein Übertraining und beugt Verletzungen und Erschöpfung vor.

Qualität versus Quantität

Obwohl ich es in diesem Buch schon häufig erwähnt habe, möchte ich es an dieser Stelle noch einmal speziell für die Läuferinnen betonen, die auf einem so fortgeschrittenen Niveau trainieren: Richtig zu trainieren ist wichtiger, als besonders viel zu trainieren. Die wöchentliche Kilometerzahl zu erhöhen, ist kein sicheres Erfolgsrezept. Es gibt Läuferinnen, die es schaffen, über längere Zeit 130 bis 150 Kilometer in der Woche zurückzulegen, doch das sind in der Regel Ausnahmeläuferinnen, die von Geburt an mit einer Resistenz gegenüber Verletzungen und Krankheiten gesegnet sind. Außerdem laufen Sie deswegen nicht automatisch schneller, es besteht sogar die Gefahr, dass Ihre Leistung durch chronische Ermüdung der Beine beeinträchtigt wird.

Läuferinnen, die nicht professionell an Wettkämpfen teilnehmen, können ihre Leistung am besten steigern, wenn sie etwa 65 bis 95 Kilometer in der Woche laufen. Selbst einige Spitzenläufer erzielen mit einer viel geringeren Zahl von Trainingskilometern mehr Erfolg als ihre Kollegen, die mit den gigantischen Kilometerzahlen ihres Trainingstagebuchs angeben. Fühlen Sie sich also nicht dazu genötigt, mehr Kilometer zu laufen, nur weil Ihre Freundin oder Trainingspartnerin es macht. Wenn Sie auch mit weniger Training Fortschritte erzielen, können Sie sich glücklich schätzen.

Kraft und Geschwindigkeit entwickeln

Die Intensiv-Trainingstage dieses Programms sollen Sie auf die Anstrengungen eines Wettkampfes vorbereiten. Der Schwerpunkt liegt hier sowohl auf Kraft als auch auf Tempo.

Die restlichen Läufe der Woche sind als Erholungstraining gedacht und sollten in gemäßigtem Tempo gelaufen werden. Das heißt, dass Sie sich bei diesen Läufen überhaupt nicht um Zeit zu kümmern brauchen. Strengen Sie sich nur so sehr an, dass Ihr Körper sich noch wohl fühlt.

Dauerläufe

Bevor Sie mit diesem Programm anfangen, sollten Ihre längeren Läufe schon mindestens eine Stunde dauern. Jetzt werden Sie daran arbeiten, diese Zeitspanne und Strecke zu verlängern. Wenn Sie für einen 5- oder 10-km-Lauf oder auch einen Halbmarathon trainieren, brauchen Sie für diesen Trainingsabschnitt maximal 90 Minuten. (Zum Marathontraining lesen Sie bitte *Kapitel 9.*) Verlängern Sie Ihr Lauftraining um 5 bis 10 Minuten pro Woche, bis Sie 90 Minuten erreicht haben.

Wenn Sie mit dieser Laufzeit keine Probleme mehr haben, bauen Sie einige intensive Passagen ein. Steigern Sie das Tempo des Dauerlaufs nur schrittweise und laufen Sie innerhalb einer intensiven Passage den Kilometer zwischen 20 bis 40 Sekunden schneller als vorher. Sie wollen ja nicht sprinten, wenn Sie noch 45 Minuten zu laufen haben. Hier sind einige Trainingsvarianten, die Sie ausprobieren können:

- **Wellen:** Sie werden für kurze Zeit in der Mitte Ihres Lauftrainings etwas schneller. Wärmen Sie sich zunächst auf, indem Sie mindestens die ersten 20 Minuten locker laufen. Dann werden Sie langsam schneller und laufen 15 bis 20 Minuten besonders intensiv. Diese „Wellen" können spontan bestimmt werden *("So laufe ich bis zum nächsten großen Baum.")* oder auch Laufphasen von einer bestimmten Dauer sein. Zwischen den „Wellen" sollten Sie dann wieder Ihr normales Tempo laufen. Fangen Sie beim ersten Versuch mit kürzeren „Wellen" an und steigern Sie sich auf einige Minuten. Variieren Sie ein wenig, laufen Sie zum Beispiel verschieden lange Wellen hintereinander – etwa 2 Min., 4 Min., 6 Min., 4 Min. und 2 Min. (Das nennt man Pyramide.)

- **Abschnitte:** Sie teilen Ihren Dauerlauf in längere Abschnitte ein und laufen dann im mittleren oder letzten Abschnitt schneller. Laufen Sie zum Beispiel 30 Minuten in Ihrer normalen Geschwindigkeit, 30 Minuten etwas schneller und dann wieder 30 Minuten in Ihrem normalen Tempo. Oder unterteilen Sie Ihren Lauf in Abschnitte von 20 Minuten und erhöhen Sie in jedem Abschnitt ein wenig Ihre Geschwindigkeit. Dabei sollten Sie Ihr Tempo jedes Mal nur gering steigern, sonst werden Sie Ihr Training wahrscheinlich nicht bis zum Ende durchhalten. Sie werden bald merken, dass Sie so nicht nur schneller werden, sondern auch etwas Wichtiges darüber erfahren, wie Ihr Körper mit verschiedenen Geschwindigkeiten klarkommt.

- **Der schnelle Dauerlauf:** Ein Weg, die Intensität des Dauerlaufes zu erhöhen, ist natürlich ihn insgesamt schneller zu laufen. So ein Training ist sehr anstrengend und sollte nicht jede Woche stattfinden. Fangen Sie vorsichtig an, um sicherzugehen, dass Sie auch am Ende des Trainings noch genug Energie haben, um die Geschwindigkeit eher noch zu erhöhen, als mit der Zeit langsamer zu werden.

Tempoläufe

Dieses Training wird auch Laktat- oder anaerobes Training genannt und kann die Bedingungen eines Wettkampfes so weit es geht simulieren. Über einen längeren Zeitraum laufen Sie ein bestimmtes Tempo, das nahe an Ihrer Wettkampfgeschwindigkeit liegt. Am besten laufen Sie leicht unter Ihrem anaeroben Grenzwert, das heißt knapp unter dem Punkt, an dem sich in Ihren Muskeln die Milchsäure schneller aufbaut, als Ihr Körper sie wieder abbauen kann.

Wenn Sie unter den gefürchteten „Bleibeinen" leiden oder sich fühlen, als würde Ihnen eine Tonne Steine auf dem Rücken lasten, weil Sie am Anfang zu schnell losgelaufen sind, wissen Sie, was es bedeutet, seinen anaeroben Grenzwert zu überschreiten. Wenn Sie knapp unter diesem Wert bleiben, entwickelt Ihr Körper die Fähigkeit Milchsäure effektiver abzubauen. Dadurch wird letztendlich Ihr individueller Grenzwert angehoben, sodass Sie noch schneller laufen können. Tempoläufe haben aber nicht nur eine positive Wirkung auf den Körper, sondern helfen Ihnen auch, ein Gespür für Geschwindigkeit zu entwickeln. Sie geben Ihnen das Selbstvertrauen, eine Geschwindigkeit auch über einen längeren Zeitraum halten zu können.

Bei einem Tempolauf legen Sie Zeit oder Geschwindigkeit vorher fest. Es ist besser, mit einer kurzen Zeitspanne oder Distanz anzufangen und darauf aufzubauen. Wenn Sie für einen 5- oder 10-Kilometer-Lauf trainieren, sollten Sie Ihren Geschwindigkeitslauf mit der Zeit auf 5 bis 6 Kilometer verlängern. Wenn Sie einen Halbmarathon anstreben, sollte Ihr Geschwindigkeitslauf am Ende etwa 10 Kilometer lang sein. Wärmen Sie sich vor jedem Tempolauf mit einem lockeren 15-minütigen oder 3 Kilometer langen Jogging auf und beenden Sie das Training auch damit. Suchen Sie ein relativ flaches Gelände für dieses Training, Höhenunterschiede hindern Sie daran, eine kontinuierliche Geschwindigkeit zu laufen. Leichte Hügel sind in Ordnung, besonders wenn Sie wissen, dass der Wettkampf auch über Hügel gehen wird.

Laufen Sie jede Woche die gleiche Strecke, damit Sie Ihre Zeit messen können.

Ihr Tempo sollte etwas unter dem Ihres 10-km-Laufs liegen. Laufen Sie flott, aber verausgaben Sie sich nicht. Willie Rios aus Boulder in Colorado, der sich darauf spezialisiert hat, Langstreckenläuferinnen zu trainieren,

beschreibt dieses Tempo gerne als „frisch": Ein Tempo, bei dem Sie sich zur Not noch unterhalten könnten, bei dem Sie das aber nicht unbedingt gerne tun würden. Am besten halten Sie Ihre Geschwindigkeit während des gesamten Tempolaufs konstant. Seien Sie nicht überrascht, dass Ihre Geschwindigkeit sich entsprechend verringert, wenn Sie die Strecke für den Tempolauf verlängern. Wenn Sie fitter werden, sollten Sie jedoch in der Lage sein, auch auf längeren Strecken das gewünschte Tempo beizubehalten.

Training auf der Bahn

Das Training auf der Bahn ähnelt dem Fartlek darin, dass sich anstrengendes und erholsames Tempo abwechseln. Das Training auf der Bahn ist aber etwas systematischer, da Sie auf einem absolut flachen und ausgemessenen Untergrund laufen. Darum ist dieses Training so wichtig, um ein Gespür für die Geschwindigkeit zu entwickeln. Außerdem können Sie Ihre Trainingszeiten leichter miteinander vergleichen und so dafür sorgen, dass Sie während jeder Trainingsstunde gleich intensiv trainieren und ungefähr auf der gleichen Fitness- und Leistungsstufe bleiben.

Man betreibt auf der Bahn meistens Intervalltraining. Es besteht aus mehreren intensiven Läufen von einer bestimmten Länge (den sogenannten *Wiederholungen* oder *Repeats*), die von Erholungspausen (*Intervallen*) unterbrochen werden. Die Dauer der Wiederholungen und Intervalle variiert und richtet sich danach, mit welchem Ziel Sie trainieren und wie weit Sie in Ihrem Trainingsprogramm sind. Das Intervalltraining im Programm dieses Kapitels sieht Strecken von 200 bis 1.000 m Länge vor (also bis zu 2 $\frac{1}{2}$ Runden auf einer normalen 400-m-Bahn). Laufen Sie Ihre Wiederholungen in dem Tempo, das Sie bei einem 5-Kilometer-Wettlauf laufen würden oder etwas schneller. Sie werden sich an dieses Tempo gewöhnen und mit der Anstrengung vertraut werden, damit Sie es auch während des Wettkampfes laufen können. Joggen Sie sehr langsam oder gehen Sie während der Pausen, aber setzen oder legen Sie sich nicht hin, denn sonst werden Sie bis zu Ihrer nächsten Wiederholung nur steif und Ihr Körper kann die Milchsäure nicht effizient abbauen. Wenn Sie in den Pausen 400 m locker joggen, sollten Sie für Wiederholungen von 400 m oder mehr genug ausgeruht sein. Wenn Sie nur 200 m Wiederholungen laufen, müssten 200 m Joggen ausreichen.

Es kommt bei diesem Training nicht darauf an, sich genauso anzustrengen wie bei einem Wettkampf. *„Sobald die Leute ihren Fuß auf die Laufbahn setzen, glauben sie, dass sie so schnell wie möglich laufen müssen, am besten bis sie kotzen"*, scherzt Maureen Roben, Mitbegründerin von Frauenlaufcamps. Sie gibt zu bedenken, dass es den meisten Läuferinnen gut tun würde, wenn sie dieses Training etwas vorsichtiger angehen, besonders denen, die immer damit kämpfen müssen, ihr Training bis zum Ende durchzuhalten. Sie sollten sich immer bemühen, Ihre letzte Wiederholung genauso oder schneller zu laufen als die erste. Wenn Sie merken, dass Ihre Leistung während des Trainings abfällt, haben Sie zu schnell angefangen.

Beginnen Sie das Training auf der Bahn mit einem 3-Kilometer-Jogging zum Aufwärmen. Dehnen Sie sich gründlich, dann laufen Sie ein paar Schritte, um Ihren Körper darauf vorzubereiten, sich etwas schneller zu bewegen. Eine gute Methode ist es, sich eine gerade Strecke zu suchen und zu beschleunigen. Fangen Sie langsam an und werden Sie schrittweise schneller, bis Sie am Ende der 100-m-Strecke Ihr 5-Kilometer-Lauftempo erreicht haben. Dann werden Sie langsamer, halten an, ruhen sich aus und wiederholen das Ganze. Bevor Sie mit dem Intervalltraining beginnen, sollten Sie sechs bis acht dieser Läufe machen. Beenden Sie das Training auf der Bahn immer mit einem ausreichenden Cooldown. Nach Ihrem Training sollten Sie 3 Kilometer locker joggen. Das beugt einem eventuellen Muskelkater am nächsten Tag vor.

Vorbereitungen auf den Wettkampf

Die ersten beiden Trainingsprogramme in diesem Kapitel bereiten Sie auf einen 5- oder 10-Kilometer-Wettkampf vor.

Trainieren Sie nach dem Programm für Wettkampfanfängerinnen, wenn Sie ernsthafter trainieren wollen, aber erst seit ungefähr einem Jahr auf der Stufe der fortgeschrittenen Anfängerin laufen. Dieses Programm ermöglicht Ihnen, die Intensität des Trainings schrittweise zu erhöhen. Wenn Sie im Winter ein Grundlagentraining für Fortgeschrittene gemacht haben, können Sie sich im Frühling mit diesem Programm auf Ihren ersten richtigen 5- oder 10-Kilometer-Wettlauf vorbereiten.

Trainingsprogramm für Wettkampfanfängerinnen

	Mo	Di	Mi	Do	Fr	Sa	So
1. Woche	—	30 min L	10 min 20 min F 10 min	40 min L	—	40 min L	75 min *mit* 2 x 8 min S
2. Woche	—	30 min L	Intervall 4 x 400 m + je 400 m J	40 min L	—	40 min L	30 min 15 min S 30 min
3. Woche	—	30 min L	10 min 20 min F 10 min	40 min L	—	40 min L	25 min 20–25 min S 25 min
4. Woche	—	30 min L	Intervall 4 x 400 m + je 400 m J; 4 x 200 m + je 200 m J	40 min L	—	40 min L	25 min 25–30 min S 25 min
5. Woche	—	30 min L	Intervall 10 x 200 m + je 200 m J	40 min L	—	40 min L	27 min 20 min 27 min
6. Woche	—	30 min L	40 min L	30 min L	—	20 min L mit Spurts	Wettkampf 5 km oder 10 km

Legende: **F** = Fartlek; **J** = Jogging; **L** = leichter Lauf; **S** = schnelleres Tempo

Trainingsprogramm für fortgeschrittene Wettkämpferinnen

	Mo	Di	Mi	Do	Fr	Sa	So
1. Woche	—	60 min 10 x 2 min F	45 min L	3 km A 3 km T 3 km C	45 min L	30–60 min L	15 min L 45 min S 15 min L
2. Woche	—	Intervall 6 x 800 m + je 400 m J	45 min L	3 km A 3 km T 3 km C	45 min L	30–60 min L	90 min L + W
3. Woche	—	Intervall 6 x 800 m + je 400 m J	45 min L	3 km A 5 km T 3 km C	45 min L	30–60 min L	75 min etw. schneller als L
4. Woche	—	15 min L 30 min L, F 15 min L	45 min L	—	45 min L	45 min L	60 min L oder Z
5. Woche	—	Intervall 2 x 800 m 2 x 400 m 2 x 800 m + je 400 m J	45 min L	3 km A 5 km T 3 km C	45 min L	30–60 min L	90 min L + 10 W
6. Woche	—	Intervall 4 x 400 m + je 400 m J; 8 x 200 m + je 200 m J; 2 x 400 m + je 400 m J	45 min L	3 km A 5 km T 3 km C	45 min L	30–60 min L	75 min etwas schneller als L
7. Woche	—	Intervall 4 x 400 m + je 400 m J; 8 x 200 m + je 200 m J	45 min L	60 min *mit* 15 x 1 min F	45 min L	30–60 min L	80 min L
8. Woche	—	Intervall 4 x 400 m WT + je 400 m J	45 min L	30 min L *mit* 10 x 100 m Spurts	—	15–20 min L *mit* leichten Spurts	Wettkampf 5 km oder 10 km

Legende: **A** = Aufwärmen; **C** = Cooldown; **F** = Fartlek; **J** = Jogging; **L** = leichter Lauf;
S = schnelleres Tempo; **T** = Tempolauf; **W** = Wellen; **WT** = Wettkampftempo;
Z = Zwischenwettkampf

Trainingsprogramm für den Halbmarathon

	Mo	Di	Mi	Do	Fr	Sa	So
1. Woche	—	60 min 6 x 4 min F	45 min L	3 km A 5 km T 3 km C	45 min L	30–60 min L	15 min L 45 min S 15 min L
2. Woche	—	Intervall 3 x 1000 m + je 400 m J	45 min L	2,5 km A 6,5 km T 2,5 km C	45 min L	30–60 min L	90 min L + W
3. Woche	—	60 min 8 x 3 min F	45 min L	1,5 km A 8 km T 1,5 km C	45 min L	30–60 min L	90 min L
4. Woche *Erholungs-* *woche*	—	15 min L 30 min L, F 15 min L	45 min L	—	45 min L	45 min L	60 min L oder 10 km Z
5. Woche	—	Intervall 6 x 800 m + je 400 m J	45 min L	2,5 km A 6,5 km T 2,5 km C	45 min L	30–60 min L	90 min L + 10 W in der Mitte
6. Woche	—	Intervall 2 x 800 m 2 x 400 m 2 x 800 m + je 400 m J	45 min L	3 km A 4,5 km T 3 km C	45 min L	30–60 min L	75 min S
7. Woche	—	Intervall 8 x 400 m + je 400 m J;	30 min L	60 min *mit* 15 x 1 min F	30 min L	30 min L	60 min L
8. Woche	—	Intervall 6x400 m WT + je 400 m J;	30 min L	30 min L *mit* 10 x 100 m Spurts	—	15–20 min L *mit* leichten Spurts	Wettkampf (Halb- marathon)

Legende: **A** = Aufwärmen; **C** = Cooldown; **F** = Fartlek; **J** = Jogging; **L** = leichter Lauf; **S** = schnelleres Tempo; **T** = Tempolauf; **W** = Wellen; **WT** = Wettkampftempo; **Z** = Zwischenwettkampf

Nach dem Programm für fortgeschrittene Wettkämpferinnen können Sie trainieren, sobald Sie schon eine gesamte Laufsaison nach dem Programm für Wettkampfanfänger trainiert haben. Bauen Sie Ihre Grundlagen über den Winter neu auf und fangen Sie mit dem Programm für Fortgeschrittene im Frühling an. Mit dem letzten Programm kann man sich auf einen Halbmarathon vorbereiten. Sie sollten erst an ein paar 5- oder 10-Kilometer-Läufen teilgenommen haben, bevor Sie es mit dieser Distanz versuchen.

Der nächste Schritt

Je weiter Sie vorankommen, desto mehr wollen Sie vielleicht auch aus Ihrem Training herausholen. Denken Sie in diesem Fall aber immer an die Punkte, die ich zu Anfang dieses Kapitels angesprochen habe. Auf diesem Niveau erfordert Fortschritt sehr viel Anstrengung. Das Risiko von Verletzungen oder Übertraining wird größer. Vergessen Sie nicht Ihren Körper jederzeit genau zu beobachten und schonen Sie sich, sobald die ersten Warnsignale auftauchen.

Die Grundlagen des Trainings werden sich im Laufe der Zeit nicht sehr verändern. Sie können nach dem hier beschriebenen Programm trainieren, egal ob Sie erst seit ein paar Jahren oder schon seit 10 Jahren trainieren. Der einzige Unterschied besteht darin, dass Ihre Geschwindigkeit sich mit Ihrer Fitness verändern wird. Die Anstrengung sollte aber die gleiche bleiben.

Wenn Sie weiterhin an Wettkämpfen dieser Größenordnung (vom 5-Kilometer-Lauf bis zum Halbmarathon) teilnehmen wollen, brauchen Sie Ihre Gesamtkilometerzahl nicht beträchtlich zu erhöhen. Vielleicht trainieren Sie an manchen Tagen zweimal und verlängern an intensiveren Tagen (Intervalltraining oder Tempolauf) Ihren zweiten Lauf um ein paar leichte Kilometer. Sie können auch zusätzliche Wiederholungen in Ihr Intervalltraining einbauen, doch im Großen und Ganzen sollte der Anteil dieser Trainingseinheiten nie mehr als 10% der Kilometer ausmachen, die Sie insgesamt in der Woche laufen. Legen Sie den Schwerpunkt eher auf Qualität als auf Quantität und versuchen Sie mit dem gleichen Training schneller zu werden als im Jahr zuvor. Denken Sie

daran, dass mehr nicht unbedingt besser ist. Viele Weltklasseläufer trainieren Jahr für Jahr mit guten Ergebnissen nach dem gleichen Programm.

Aus meinem Trainingstagebuch

Eines Tages unterhielt ich mich im Büro mit einer Frau, die neugierig auf mein Laufen war. Sie bat mich, ihr meine (damalige) Unterwürfigkeit in Bezug auf meinen Trainingsplan und meine Wettkampfbesessenheit zu erklären. Nachdem ich etwa eine Minute über den Gewinn gesprochen hatte, den ich meiner Meinung nach aus diesen Dingen ziehen konnte, antwortete sie: „Also ich laufe, weil ich diesen Sport gerne mag." In diesem Seitenhieb steckte eine selbstgefällige Aussage: Ihre Art zu laufen war eine reinere Version des Sports, die nichts mit der harten Welt der Zeiten, Kilometer und Ziele zu tun hatte. Wettkampf, so ließ sie durchblicken, war ein schmutziges Wort.

Wie seltsam, dachte ich. Denn auch ich lief aus Freude an dem Sport. Also versuchte ich zu erklären, was ich so schön fand an einem einfachen Wettlauf, dem ältesten Spiel der Welt. Ich versuchte zu erklären, womit meine Liebe zum Laufen zu diesem Zeitpunkt zu tun hatte: Mit dem Wunsch auszuprobieren, wie weit ich aus eigenem Antrieb kommen konnte. Das war genau genommen das, was ich in diesem Sport suchte: Zu wissen, dass ich bis an meine äußersten Grenzen gegangen war. Ich suchte Zuflucht in einer Ecke meines Lebens, die geordnet war: eine Zeit auf einer Uhr, eine Nummer auf einer Seite. So einfach, so sicher, verglichen mit dem ganzen Hokuspokus meines restlichen Lebens.

Jetzt, da ich nicht mehr länger auf diesem Level trainiere, vermisse ich das Gefühl, in Topform zu sein. Ich vermisse das Gefühl, Berge versetzen zu können, denn ich weiß, dass ich einmal in Topform war. Ich mag mein Laufen auch heute noch, aber auf eine völlig andere Weise, so wie eine Mutter jedes ihrer Kinder mit seinen besonderen Eigenheiten bedingungslos liebt. Das ist der schöne Aspekt dieses Sports: Er ist das, wozu wir ihn machen. Die Freizeitläuferin ist nicht besser oder schlechter als die Wettkampfläuferin und andersherum. Niemand muss sich für sein Laufen entschuldigen.

8. Wettkämpfe

Manche Läuferinnen sind hervorragende Wettkämpferinnen. Ihre Leistung ist kontinuierlich und selbst bei hohen Anforderungen und unter Druck erzielen sie gute Ergebnisse. Andere, ebenso talentierte Läuferinnen scheinen niemals so gut zu laufen, wie sie eigentlich könnten. Viel versprechende Trainingserfolge lösen sich in Enttäuschung auf, wenn sie im Wettkampf immer wieder hinter ihren eigenen Erwartungen zurückbleiben.

Manchmal liegen die Ursachen für die unterschiedlichen Erfolge der beiden Läufertypen auf der Hand: Zu hartes Training bringt zwar manchmal beeindruckende Trainingserfolge, kann aber dazu führen, dass Sie am Wettkampftag selbst erschöpft sind. Eine zu kurze Entspannungsphase kann Ihre Reserven ebenso aufbrauchen.

Ob ein Lauf hervorragend oder nur mittelmäßig ist, kann aber auch an weniger greifbaren Faktoren liegen. Das beste Training der Welt wird keine Ergebnisse bringen, wenn Sie sich nicht mental auf den Lauf vorbereiten. Sie müssen auch die scheinbar gegensätzlichen Künste der Konzentration und Entspannung beherrschen. Sie müssen lernen sich anzustrengen und schnell zu laufen. Sie brauchen Selbstvertrauen. Sie müssen den Wettkampf planen, sich körperlich darauf vorbereiten, eine positive Einstellung entwickeln, Selbstbeherrschung beweisen, richtige Entscheidungen treffen und Sie brauchen einfach auch ein Quäntchen Glück.

Die gute Nachricht ist, dass Sie all das lernen können – abgesehen vom Glück. *„Wettkampf kann man lernen"*, sagt Lorraine Moller aus Boulder Colorado, die viermal am olympischen Marathon teilgenommen hat. *„Damit ist es, wie mit allem anderen beim Laufen: Sie können es trainieren."*

Mentale Bereitschaft

Das Einzige, was Sie in einem Wettlauf steuern können, ist Ihre Leistung. Das scheint selbstverständlich zu sein, aber viele Frauen werfen diesen Gedanken über Bord, sobald sie auf den Parkplatz am Wettkampfstart fahren. *„Manche Frauen sehen sich vor Ort um und entscheiden schon bevor*

das Rennen beginnt, auf welchem Platz sie einlaufen werden", sagt Ann Boyd, Spitzenläuferin und Trainerin. *"Sie sagen: ‚Soundso ist hier und sie kann mich schlagen und die da auch, aber ich bin besser als die und die. Wahrscheinlich werde ich ... dritte in meiner Altersklasse.' Und damit tun sie sich selber wahrhaftig keinen Gefallen."*

Halten Sie sich an die folgenden Tipps, um sich mental so vorzubereiten, dass Sie Ihr bestmögliches Rennen laufen.

Kümmern Sie sich nur um sich selbst. Weil es nicht in Ihrer Hand liegt, wer am Lauf teilnimmt oder wer gut laufen wird, sollten Sie keine Energie darauf verschwenden, sich darüber Gedanken zu machen, wie andere Leute abschneiden werden. Sarah, eine Bekannte von mir, erinnert sich an einen Wettlauf, den sie in der Hoffnung antrat zu gewinnen. Als sie sich aufwärmte, sah sie eine große, schlanke Frau, die sich auf den Lauf vorbereitete. Sie trug das neueste knallige Outfit. Sie sah fit aus. Sie sah schnell aus. „Sogar ihre Sonnenbräune machte mir Angst, weil ich dachte, dass sie bestimmt viel im Freien trainiert hat!", witzelte Sarah. Wie sich herausstellte, lief die „Bedrohung" als eine der letzten ins Ziel. Sarah beendete den Wettkampf als zweite, nach einer Frau in einem einfachen alten T-Shirt.

Je entspannter und selbstbewusster Sie sind, desto wahrscheinlicher werden Sie Ihre volle Leistung bringen, aus Ihren Fehlern lernen und, ganz allgemein gesagt, die positiveren Wettkampferfahrungen machen. Selbst wenn Sie zu denen gehören, die bei allen möglichen Gelegenheiten – seien es Vorstellungsgespräche oder Reden – mit Schlaflosigkeit, trockenem Mund, Magenschmerzen oder bloßem Nervenflattern zu kämpfen haben, können Sie lernen Wettkämpfe gut zu bestehen. So wie Ihr Training bestimmt, in welcher körperlichen Kondition Sie antreten, prägt es auch Ihren emotionalen Zustand und Ihre mentalen Fähigkeiten. Während des Trainings sollten Sie üben, sich auf einen Punkt zu konzentrieren. Das wird Ihnen in einem Wettkampf helfen.

Stellen Sie sich Ihren Ängsten. Moller spürt bei ihren Läuferinnen mentale Blockaden auf und stellt ihnen ein Trainingsprogramm zusammen, das genau an diesen Schwächen arbeitet. *„Eine Sportlerin sollte die Situationen trainieren, die ihr Angst machen"*, sagt sie. *„Einige Läuferinnen werden zum Beispiel nicht damit fertig, wenn sie überholt werden. Das ist etwas, was sie im Training leicht mit ihren Laufpartnern durchspielen können."* Andere Blockaden sind zum Beispiel die Angst davor, bei einem Lauf zu führen oder nicht bei den Vorderen mitzulaufen oder besonders weit hinter einer anderen Läuferin zurückzubleiben. Jede dieser Situationen kann während des Trainings simuliert werden. Eine Läuferin kann zum Beispiel in erster Position starten und dann überholt werden. Oder die Läuferinnen können abwechselnd die Führungsarbeit übernehmen und Verfolger spielen. Sie können auch bewusst später starten, um zu trainieren eine Läuferin mit großem Vorsprung einzuholen.

Hören Sie Ihrem Körper objektiv zu. Die besten Wettläufer lernen „negative" Wahrnehmungen (schweres Atmen, ein leichtes Brennen in den Beinen) sachlich als Informationen ihres Körpers und ihres Gehirns anzunehmen, statt daraus zu deuten, dass dies alles Vorboten eines kommenden Problems sind. Müdigkeit etwa ist Bestandteil eines Wettkampfes. Natürlich werden Sie sich müde fühlen. Häufig werden Sie sich schon wieder sehr viel frischer fühlen, wenn Sie einen anstrengenden Teil des Laufes oder Wettkampfes hinter sich gebracht haben. Tatsache ist, dass Sie während eines Wettkampfes durch viele Höhen und Tiefen „laufen". Wenn Sie Ihren Elan ständig mit negativen Gedanken zerstören (*„Das war's. Ich hab es vermasselt. Das Rennen ist für mich vorbei. Da kommen*

sie und überholen mich ..."), werden Sie nie den toten Punkt überwinden. Wenn Sie sich aber an das Gefühl der Müdigkeit gewöhnen und trotzdem zuversichtlich bleiben *("Okay, ich wusste, dass es mir so gehen wird, ich muss einfach nur am Ball bleiben und das Gefühl wird vorübergehen. Es ist gar nicht so schlimm ..."),* können Sie sich selbst darauf trainieren, einfach durch eine schwierige Phase hindurchzulaufen. Benutzen Sie Intervalltraining oder Geschwindigkeitslauf, um ganz bewusst eine zuversichtliche Einstellung zu trainieren. Ihr Ziel sollte es sein, das Training selbstsicher und selbstbeherrscht zu beenden. Stellen sich am Start vor, es wäre ein Wettkampf. Wenn Nervosität oder Unsicherheit wegen der bevorstehenden Belastung aufkommen sollten, verscheuchen Sie diese Gedanken und erinnern Sie sich daran, dass Sie nicht mehr tun können, als Ihr Bestes zu geben. Überzeugen Sie sich selbst, ruhig und sicher zu sein. Denken Sie daran, dass es meistens äußere Einflüsse sind, über die Sie sowieso keine Kontrolle haben, die Ihre Nerven belasten.

Nutzen Sie Ihre Vorstellungskraft. Vorstellungskraft ist ein mächtiges Werkzeug, das Ihnen helfen kann Ihr Verhalten zu ändern. Wenn Sie sich während der anstrengenden Trainingsstunden selbst testen, dann stellen Sie sich vor, dass Sie mit einer positiven Einstellung an der Startlinie stehen, mit dem Bewusstsein, dass Sie genau so dorthin gehören wie all die anderen guten Wettläuferinnen. Treiben Sie sich weiter sanft an, wenn Sie im Laufe des Trainings müde werden. Gewöhnen Sie sich an das Gefühl von müden Beinen. Stellen Sie sich gegen Ende einer Trainingsstunde vor,

---

Tipps und Tricks

Wettkämpfe speziell für Frauen sind in den letzten zehn Jahren immer beliebter geworden, weil sich immer mehr Frauen für den Laufsport begeistern. Bei diesen Veranstaltungen wird Wert darauf gelegt, Läuferinnen aller Leistungsstufen anzusprechen, oft bieten die Veranstalter deswegen zusätzliche Anreize an.

Die Idaho Women's Fitness Celebration ist zum Beispiel dafür bekannt, dass die Veranstalter nach dem Wettkampf für alle ein sehr gesundes Essen – Müsli, Jogurt und Früchte – kostenlos anbieten. Allen älteren Teilnehmerinnen werden auf dem Siegerpodest Rosen überreicht. Mit jährlich steigender Zahl der Teilnehmerinnen ist diese Veranstaltung ein Beweis für die Attraktivität von Wettkämpfen speziell für Frauen. Hinweise auf spezielle Veranstaltungen nur für Frauen finden Sie in unserem **Serviceteil.**

dass Sie voller Energie und erfolgreich ins Ziel laufen. Tun Sie so, als wäre der Rest der Trainingsstunde Ihr Zieleinlauf beim Wettkampf.

Achten Sie während des Trainings auf körperliche und emotionale Reaktionen. Arbeiten Sie bei den intensiven Trainingsstunden mit Ihren Laufpartnern zusammen, indem Sie abwechselnd das Laufen an der Spitze oder am Ende des Felds üben. Gewöhnen Sie sich in der Trainingssituation an ruhig und positiv zu reagieren, dann wird Ihnen dies auch im Wettkampf gelingen.

Sie haben die Wahl

Wenn Sie in der Hoffnung laufen, Ihre persönliche Bestzeit zu erreichen, sollten Sie sich einen Wettkampf aussuchen, der Ihnen dazu optimale Chancen bietet. Normalerweise ist eine ebene Strecke dafür besser geeignet als eine hügelige. Viele können im Flachland schneller laufen als in Höhenlagen. Auch andere Faktoren kommen ins Spiel. Versuchen Sie die Durchschnittstemperatur und Luftfeuchtigkeit am Tag des Wettkampfes herauszufinden. Suchen Sie nach einem Lauf, der Ihnen in Bezug auf diese Faktoren entgegenkommt. Manche Läuferinnen kommen bei Hitze besonders gut klar, während andere gerade dann schlapp machen. Wenn Sie in einer Höhenlage wohnen, laufen Sie vielleicht besser in den Bergen als auf Meereshöhe, wo die Luft feuchter ist. Beachten Sie auch die Anzahl der Teilnehmer. Die meisten Läuferinnen finden es leichter, eine gute Zeit zu laufen, wenn sie an einem Wettkampf mit einigen hundert anderen teilnehmen. Sie wissen, dass sie dort auf jubelnde Zuschauermengen, Gesellschaft und Konkurrenz zählen können, während sie sich bei einem kleineren Rennen vielleicht zu alleine vorkommen.

Tapering

Ein oder zwei Wochen vor dem Wettkampf sollten Sie Ihre Trainingsintensität verringern (Tapering). Für kürzere, weniger entscheidende Wettkämpfe, reicht ein 1-wöchiges Tapering aus. Für längere oder wichtigere Läufe

werden Sie Ihr anstrengendes Training vielleicht schrittweise für etwa zwei Wochen zurückschrauben. Manche Läuferinnen lassen diese Trainingsphase auch ganz ausfallen, wenn sie vor einem kleinen, lokalen Lauf stehen, den sie mehr als Training denn als ernsthaften Wettkampf betrachten. Das ist in Ordnung, aber denken Sie daran, von diesem Wettkampf nicht allzu viel zu erwarten.

Viele Läuferinnen haben mit dieser Phase Schwierigkeiten. Sie fürchten, dass ihre Kondition nachlässt, wenn sie die Intensität Ihres Trainings verringern. Das tut sie nicht. Tatsache ist, dass Ihr Körper während dieser Erholungsphase kräftiger wird. Er erholt sich von Muskelschäden, lädt Ihre Batterien neu auf und gibt Ihnen neue Energie. Tapering hilft Ihnen, am Tag des Wettkampfes Ihre Topform zu erreichen.

Das heißt natürlich umgekehrt, dass Trainingseinheiten, die Sie auf den letzten Drücker noch in die Woche vor dem Wettlauf zwängen, Ihnen nicht helfen werden. Viele Läuferinnen können dieser Versuchung nicht widerstehen, wenn sie zuvor ein paar Trainingsstunden wegen Verletzung oder Krankheit verpasst haben. Vergessen Sie nicht, dass es eine Weile dauert, fit zu werden. Wenn Sie zu kurz vor einem Wettkampf zu hart trainieren,

Läuferinnen erzählen

Warum nehmen Sie an Wettkämpfen teil?

99 Ich laufe bei Wettkämpfen, um mich selbst herauszufordern, mir Ziele zu setzen, Leute zu treffen und gemeinsam mit anderen Sportlern zu laufen, die dieselben Interessen haben wie ich. 66
— Liz, 37

99 Ich liebe es, wenn die Energie und der Enthusiasmus der anderen mich auch anstecken. Das motiviert mich unheimlich. 66
— Gwen, 40

99 Ich strenge mich gerne an. Ich möchte einfach sehen, wie gut ich sein kann, und bei Wettkämpfen kann man das gut herausfinden. 66
— Alexis, 26

99 Ich mag das Gefühl etwas geleistet zu haben und den Zusammenhalt, der entsteht, wenn man sich gemeinsam einer Herausforderung stellt. 66
— Betsy, 33

schadet Ihnen das nur, weil es Sie auslaugt ohne Ihnen ausreichend Zeit zu geben sich wieder zu erholen. Wenn Sie bei der Zeitplanung unsicher sind, denken Sie daran, dass die meisten Läuferinnen besser damit fahren, wenn Sie sich vor einem anstrengenden Wettkampf eher zu lange als zu kurz erholen.

Obwohl es für das Tapering allgemeine Grundsätze gibt, reagiert jede Läuferin anders. Sie werden über mehrere Wettkämpfe hinweg experimentieren müssen, um herauszufinden, was für Sie am besten ist. Im Allgemeinen sollten Sie aber folgende Ratschläge berücksichtigen:

Laufen Sie weniger Kilometer. Während der Woche vor einem 5- oder 10-km-Lauf sollten Sie Ihre Kilometerzahl um die Hälfte reduzieren. Wenn Sie für einen Halbmarathon trainieren, sollten Sie Ihre Kilometerzahl schon 10 Tage vorher halbieren. Das Tapering vor einem Marathon sollte drei Wochen dauern. Reduzieren Sie dabei die Anzahl der gelaufenen Kilometer jede Woche um $1/4$. Wenn Sie zum Beispiel im Durchschnitt 60 km in der Woche gelaufen sind, reduzieren Sie drei Wochen vor dem Rennen auf 45 km, zwei Wochen vorher auf 30 km und in der Woche vor dem Wettkampf auf 15 km.

99 *Wenn ich mir Wettkämpfe als Trainingsziel setze, ziehe ich mein Trainingsprogramm durch.* 66
— Linda, 49

99 *Ich versuche gerne meine persönliche Bestzeit noch zu verbessern. Es ist toll, ein Ziel zu haben, für das man fit sein muss.* 66
— Lisa, 33

99 *Es ist ein tolles Gefühl, von motivierten Leuten umgeben zu sein.* 66
— Jennie, 32

99 *Es ist gut, etwas zu haben, auf das ich mich während des Trainings freuen kann.* 66
— Kelly, 39

99 *Ich laufe Wettkämpfe, um tief in mich hineinzuhorchen und herauszufinden, was ich wirklich leisten kann.* 66
— Maggie, 46

Hören Sie aber nicht auf zu laufen. Mehrere Studien haben gezeigt, dass der Verzicht auf jegliche körperliche Aktivität in den Tagen vor einem Wettkampf dazu führt, dass die Läufer am Wettkampftag selbst schlapp und träge statt voller Energie sind. Findet das Rennen am Wochenende statt, sollten Sie am Dienstag ein kurzes leicht geändertes Fartlek oder Bahntraining machen, um Ihr Tempo und Ihr Gespür für Geschwindigkeit nicht zu verlieren. Eine Serie von vier 400m Wiederholungen in Wettkampfgeschwindigkeit oder bis zu zehn 200m Wiederholungen werden ausreichen. Vergessen Sie den Tempolauf am Donnerstag und versuchen Sie es lieber mit einem leichten Lauf und ein paar schnelleren Spurts. Am Freitag und Samstag sollten 20 bis 30 Minuten leichtes Laufen genügen. Dazu kommt viel Dehnung und der ein oder andere Spurt, damit Sie Ihre Form halten. Studien zeigen, dass es besser ist, sich zwei Tage vor dem Wettkampf einen Tag frei zu nehmen, als unmittelbar am Tag vorher.

Bleiben Sie standhaft. Einige Läuferinnen reagieren gereizt durch die überschüssige Energie, die dadurch entsteht, dass sie ihr gewohntes Laufpensum reduzieren. Andere werden durch die Veränderung träge. Geben Sie der Versuchung nicht nach, diesen Trainingsabschnitt deswegen zu verändern. Ihr Körper speichert Energie für den Wettkampf und Sie werden sich dann natürlich anders fühlen. Ein anstrengender Lauf mag bewirken, dass Sie sich kurzfristig besser fühlen, aber Sie werden dabei genau die Energie verbrauchen, die Sie eigentlich speichern sollten.

Besonders Frauen berichten davon, dass sie sich während dieser Phase „fett" fühlen, und viele haben Angst vor dem Wettlauf zuzunehmen. Das ist in der Regel nur ein psychisches Problem. (Eine minimale Gewichtszunahme hat vielleicht damit zu tun, dass Ihr Wasserhaushalt sich reguliert. Das ist normal, wenn Sie Ihr Training reduzieren.) Sie sollten ruhig etwas weniger essen, weil Sie jetzt auch weniger Kalorien verbrauchen. Aber fasten Sie nicht, lassen Sie keine Mahlzeit aus und ergreifen Sie auch keine anderen drastischen Maßnahmen. Es ist äußerst wichtig, dass Sie genug essen, um gesund zu bleiben und Energie zu speichern. Sie werden Ihre Leistung viel stärker beeinträchtigen, wenn Sie zu wenig essen, als wenn Sie vor dem Wettkampf ein oder zwei Pfund zunehmen.

Zu den Wettkämpfen reisen

Anderswo als zu Hause zu laufen ist aufregend und macht Spaß. Es ist eine schöne Gelegenheit, neue Orte kennen zu lernen, sich mit anderen Wettkämpferinnen zu messen und neue Strecken zu entdecken. Doch wenn der Lauf außerhalb Ihrer Stadt stattfindet, können eine ganze Reihe von Schwierigkeiten auftauchen, die Ihre Leistungen möglicherweise beeinträchtigen. Auch wenn Sie versuchen sich auf das Laufen zu konzentrieren, kann die neue Umgebung für Ablenkung sorgen. Diese Ablenkungen können einfach nur verlockend, aber auch sehr ärgerlich sein. Der Trick dabei ist, sich so weit wie möglich an die Routine zu halten, die Sie von zu Hause gewöhnt sind. Im Folgenden einige spezielle Tipps, wie Sie auf dem richtigen Weg bleiben:

- Verschieben Sie Sightseeing und Bekanntschaft-Schließen auf die Zeit nach dem Wettkampf. Mehr als ein Sonntagslauf wurde dadurch ruiniert, dass die neue Stadt am Samstag zu Fuß erkundet wurde. Halten Sie sich aus dem gleichen Grunde auch von größeren Ausstellungen (Ausflügen) vor dem Wettlauf fern. Es ist in Ordnung, wenn Sie sich ungefähr eine Stunde lang etwas umsehen, aber den ganzen Tag auf Asphalt herumzulaufen, kann Ihre Beine entkräften.
- Sehen Sie sich die Laufstrecke vor der Veranstaltung einmal an. Indem Sie sich mit der Strecke vertraut machen, können Sie sich auf Steigungen vorbereiten, eine grobe Übersicht über Entfernungen bekommen und sich einige Stellen nahe dem Ziel merken, sodass Sie rechtzeitig entscheiden können, wann Sie mit Ihrem Endspurt beginnen. Sehen Sie sich die Strecke am besten zu Fuß an, dann bemerken Sie selbst die kleinsten Veränderungen des Geländes. Wenn Sie zu spät anreisen oder die Strecke zum Joggen zu lang ist, dann fahren Sie sie zumindest mit dem Auto ab.
- Trinken, trinken, trinken! Wenn Sie mit dem Flugzeug anreisen, kann es passieren, dass Ihr Körper dehydriert. Jede Art zu reisen kann Sie von Ihren normalen, gesunden Gewohnheiten abbringen, wie z.B. ausreichend zu trinken. Nehmen Sie eine Wasserflasche, vorzugsweise mit einem verdünnten Sportgetränk, mit und trinken Sie während der Reise und in den Tagen vor dem Rennen regelmäßig.

◈ Geraten Sie nicht in die Versuchung vor dem Wettkampf in ein exotisches Restaurant zu gehen. Wählen Sie Mahlzeiten, die Sie von zu Hause gewohnt sind – je einfacher, desto besser – um jede Möglichkeit von Magenproblemen auszuschalten. Gehen Sie auf Nummer Sicher, wenn Sie nach einer Speisekarte bestellen: Pasta ist meistens eine gute und sichere Wahl.

◈ Bringen Sie sich eine Auswahl kleinerer Snacks für den Tag vor dem Lauf und den Morgen des Wettkampfes mit. Ansonsten wird es Ihnen womöglich Leid tun, wenn der Supermarkt um die Ecke keine Brötchen, Bananen und Energieriegel mehr anbietet.

◈ Bringen Sie rechtzeitig in Erfahrung, wo Sie die für den Wettkampf nötigen Dinge bekommen können. Fragen Sie im Hotel, wo Sie morgens um 5 Uhr eine Tasse Kaffee trinken können. Suchen Sie sich die Buslinie heraus, mit der Sie zum Wettkampf fahren können. Erkundigen Sie sich, wo Sie Ihre Startnummer abholen müssen.

Ihr erster Wettkampf

Bei Ihrem ersten Wettkampf lassen Sie sich möglicherweise durch die vielen schnellen und erfahrenen Läuferinnen einschüchtern. Aber machen Sie sich keine Sorgen: Die heutigen Veranstaltungen sind für Läuferinnen jeder Leistungsstufe gedacht. Sie werden jede Menge Teilnehmerinnen finden, die genau wie Sie Laufanfängerinnen sind oder zum ersten Mal an so einer Veranstaltung teilnehmen. Denken Sie positiv und nehmen Sie sich einfach vor Spaß zu haben und Ihr Wettkampf wird gut laufen. Hier ist ein 5 Stufen Plan für den perfekten Wettkampf.

1. Die Nacht vor dem Lauf: *Legen Sie alles bereit, was Sie am nächsten Tag brauchen, inklusive Ihrer Laufkleidung, Ausrüstung für schlechtes Wetter, Schuhe, Chip für die Zeitmessung, Startnummer, Sonnenbrille und Wasserflasche. Jetzt ist nicht der richtige Zeitpunkt, um neue Kleidung auszuprobieren. Um sicher zu gehen, dass nichts scheuern oder Blasen verursachen wird, sollten Sie Schuhe, Strümpfe, Hose und BH tragen, in denen Sie schon ein paarmal gelaufen sind. Denken Sie auch an ein wenig Klopapier oder bei längeren Läufen an einen Tampon für alle Fälle.*

◈ Ruhen Sie sich in den Tagen vor dem Lauf ausgiebig aus. Versuchen Sie zur gewohnten Zeit ins Bett zu gehen. Wenn Sie sich in einer anderen Zeitzone befinden und Schwierigkeiten haben am Tag vor dem Wettlauf früh genug einzuschlafen, verzweifeln Sie nicht. Allgemein gut ausgeruht zu sein ist wichtiger als nur in der letzten Nacht vor dem Lauf gut zu schlafen.

◈ Bitten Sie nicht nur darum, geweckt zu werden, stellen Sie sich zur Sicherheit auch den Wecker. Sie werden besser schlafen, wenn Sie genau wissen, dass Sie rechtzeitig aufstehen werden.

Der Countdown zum Start

Mit guten Aufwärmübungen bereiten Sie Ihren Körper für eine optimale Leistung vor. Am Ende der Aufwärmphase sollten Sie das Gefühl haben, dass Ihre Muskeln und Ihr Geist locker und entspannt sind. Die Übungen dürfen Sie nicht zu müde machen. Mit der Zeit werden Sie wahrscheinlich

---

2. Der Morgen des Wettkampfes: *Stehen Sie mindestens zwei Stunden vor dem Wettkampf auf, das wird Ihrem Körper viel Zeit geben, richtig fit zu werden. Nehmen Sie sofort eine einfache und leichte Mahlzeit ein, dann bleibt Ihnen genug Zeit ausreichend zu verdauen. Essen Sie etwas, von dem Sie wissen, dass Sie damit keine Schwierigkeiten bekommen werden: Viele Läuferinnen essen am liebsten eine Banane oder ein halbes Brötchen. Trinken Sie jetzt viel Wasser oder ein verdünntes Sportgetränk. Wenn Sie damit bis kurz vor dem Lauf warten, müssen Sie vielleicht in letzter Minute zur Toilette.*

3. Machen Sie sich auf den Weg: *Planen Sie den Weg so, dass Sie mindestens 45 min oder 1 Stunde vor dem Start da sind. So haben Sie noch genug Zeit zum Aufwärmen, auch wenn Sie im Verkehr stecken bleiben oder weit weg parken müssen.*

4. Wärmen Sie sich auf: *Passen Sie Ihre Aufwärmphase an die Art des Wettkampfes und Ihre persönlichen Vorlieben an.*

5. Starten Sie: *Starten Sie in einer Position, die Ihrem Tempo angemessen ist. Im Allgemeinen starten die schnellsten Läuferinnen in den ersten Reihen, die langsamsten laufen im hinteren Feld. Jogger sollten sich am Ende des Felds einordnen. Widerstehen Sie der Versuchung, sich zu weit vorne aufzustellen. Sie „verlieren" zwar ein paar Sekunden oder Minuten, weil Sie warten müssen, bis die Leute vor Ihnen die Startlinie überquert haben, dafür können Sie aber in einem vernünftigen Tempo starten und werden nicht von den schnelleren Läuferinnen hinter Ihnen überrannt.*

Ihre persönliche Aufwärmstrategie entwickeln, von der Sie wissen, dass Sie Ihnen am meisten bringt.

Das Aufwärmen hängt von der Länge des Wettlaufs, dem Wetter und Ihren persönlichen Vorlieben ab. Der folgende Countdown ist als allgemeine Richtschnur gedacht.

45 min vor dem Start: Joggen Sie locker 3 km oder 15 min.

30 min vor dem Start: Dehnen Sie alle Muskelgruppen. Stellen Sie fest, ob Sie irgendwo Verspannungen spüren und massieren Sie sie wenn nötig. Gehen Sie jetzt zur Toilette, warten Sie nicht bis zur letzten Minute, wenn die Schlange sehr lang sein kann.

15 min vor dem Start: Ziehen Sie Ihre Laufschuhe an.

10 min vor dem Start: Joggen Sie noch ein bisschen und machen Sie ein paar 100-m-Spurts im Wettkampftempo oder etwas schneller. Dehnen Sie alle Stellen, die immer noch verspannt sind.

5 min vor dem Start: Gehen Sie zum Start und hören Sie, ob irgendwelche letzten Anweisungen gegeben werden. Bleiben Sie locker in Bewegung, joggen Sie langsam oder dehnen Sie sich leicht, bis Sie aufgefordert werden sich an den Start zu begeben.

Bei längeren Läufen, Halbmarathon oder länger, kommt es darauf an, Energie zu sparen. Für diese Distanzen brauchen Sie sich nicht so intensiv aufzuwärmen, weil das Tempo am Start geringer ist. Auf Spurts können Sie wahrscheinlich ganz verzichten, weil Sie auch während des Laufs nicht so schnell laufen werden. Beim Marathon können Sie ein paar Minuten vor dem

Start locker joggen und sich dehnen. Im Grunde genommen wärmen Sie sich während des ersten Kilometers auf, wenn Sie sich an das Tempo gewöhnen. So sparen Sie nicht nur wertvolle Energie, die verkürzte Aufwärmphase hat auch den Vorteil Sie davon abzuhalten, dass Sie zu schnell laufen.

Kürzere Läufe, wie der 5-km-Lauf, erfordern einen viel konzentrierteren Energieausstoß. Für diese Läufe müssen Sie in allerbester Verfassung sein und bereit sein sofort nach dem Startschuss loszulegen. Nehmen Sie sich für einen solchen Wettkampf 30 bis 50 Minuten zum Aufwärmen. Achten Sie darauf, sich gründlich zu dehnen und machen Sie einige Spurts im Wettkampftempo oder etwas schneller. Nehmen Sie sich danach noch etwas Zeit, um am Start nicht außer Atem zu sein.

Wenn das Wetter außergewöhnlich heiß ist, können Sie eventuell Ihre Aufwärmphase verkürzen. So sparen Sie Energie und verhindern die vorzeitige Dehydrierung. Bei sehr heißem, schwülem Wetter werden Sie sich wahrscheinlich sehr träge fühlen, darum sollten Sie in erster Linie darauf achten, sich kühl zu halten, bis das Rennen beginnt. Bei kaltem Wetter ist im Gegensatz dazu eine intensive Aufwärmphase wichtig. Beginnen Sie mit leichtem Jogging, um Ihre Muskeln zu lockern. Lassen Sie sich viel Zeit zum Dehnen und bleiben Sie in Bewegung, bis der Wettkampf beginnt, um zu verhindern, dass Sie sich erneut verspannen. Behalten Sie warme Kleidungsstücke so lange wie möglich an.

Nutzen Sie die Aufwärmphase, um sich in die bestmögliche mentale und körperliche Verfassung zu bringen. Macht der Anblick der anderen Läuferinnen Sie vor dem Rennen nervös? Dann joggen und dehnen Sie sich auf einer Straße abseits von der Rennstrecke, wo sonst niemand ist. Müssen Sie sich vor dem Lauf selbst Mut machen? Nutzen Sie die Zeit, um sich zu beruhigen und Ihre Wettkampfstrategie noch einmal durchzugehen. Macht es Sie noch nervöser, wenn Sie sich auf den bevorstehenden Lauf konzentrieren? Manche Läuferinnen kommen besser damit klar, wenn Sie sich mit anderen unterhalten und mit Freunden Witze reißen, bis das Startsignal ertönt, um so ihre mentale Energie für den eigentlichen Wettkampf zu sparen. Es gibt hier kein falsch oder richtig; jede Läuferin hat ihre eigene Methode.

Obwohl es gut ist, sich an eine bestimmte Aufwärmstrategie zu halten, sollten Sie sich auf keinen Fall abergläubisch oder ängstlich daran klammern. Viele Läuferinnen machen vor dem Lauf alles in einer bestimmten

Reihenfolge, die ihnen Glück bringen soll. Vielleicht sind sie einmal ganz besonders gut gelaufen, als sie ein bestimmtes Paar Schuhe getragen oder vorher eine ganz besondere Sorte von Brötchen gegessen haben, und darum glauben sie, dass sie es nun jedes Mal so machen sollten. Doch was passiert, wenn Sie auf dem Weg zum Wettkampf diese Schuhe verlieren, oder wenn Sie nicht rechtzeitig ankommen, sodass keine Zeit mehr für Ihr „Ritual" bleibt? Was tun Sie, wenn im Laden Ihr Rosinenbrötchen nicht mehr zu kriegen ist? Heißt das, dass das Rennen für Sie gelaufen ist? Passen Sie auf, das Sie nicht einem solchen Aberglauben verfallen. Es kann dazu führen, dass Sie scheitern.

Chris McNamara, eine professionelle Läuferin aus Boulder, Colorado, die 1997 die US-Frauenmeisterschaft im 10-Meilen-Lauf trotz unerträglicher Luftfeuchtigkeit gewonnen hat, rät allen Läufern dringend: *„Rechnen Sie immer damit, überrascht zu werden. Es ist gut, eine Routine zu haben, aber seien Sie dabei nicht zu genau"*, sagt sie. *„Sie müssen innerhalb dieser Routine flexibel bleiben. Wenn Sie wirklich etwas brauchen, wie ein bestimmtes Getränk, bringen Sie es mit. Überlassen Sie nichts dem Zufall."*

Geraten Sie nicht in Panik, wenn vor dem Wettkampf nicht alles so läuft, wie Sie es geplant haben. Hervorragende Wettkämpfe wurden von Läufern bestritten, die vor oder sogar während des Laufs mit allen möglichen verrückten Pannen und Ablenkungen zu kämpfen hatten. Das vielleicht wichtigste Element beim Aufwärmen ist, sich immer daran zu erinnern, dass Sie nichts davon abhalten wird, ein gutes Rennen zu laufen: nicht Hitze, nicht Wind, kein schlechter Kaffee, nicht einmal verlorene Laufschuhe. Es ist viel besser, darauf zu vertrauen, dass Sie eine Frau sind, die immer gut läuft, egal unter welchen Umständen, als zu glauben, dass Sie nur unter ganz bestimmten Bedingungen gut laufen können.

Seien Sie eine Schnecke

Keine Frage, der sicherste Weg einen Wettkampf in den Sand zu setzen ist, zu schnell zu starten. Wenn der Startschuss ertönt und die anderen Läuferinnen schnell losspurten, brauchen Sie viel Selbstvertrauen, um Ihre Wettkampfstrategie und Ihr Tempo beizubehalten. Sie müssen sich streng selbst kontrollieren, wenn Sie nicht riskieren wollen, dass Sie nur wegen einer überstürzten Entscheidung in den ersten aufregenden Minuten schließlich die Kontrolle über den Wettkampf verlieren. Denken Sie daran: Wenn Sie sich frisch und hochmotiviert fühlen, empfinden Sie Ihr Tempo täuschend langsam. Vielleicht fühlen Sie sich so gut, dass Sie sicher sind schneller laufen zu können. Seien Sie vorsichtig: Wahrscheinlich laufen Sie jetzt schon schneller, als Ihre innere Uhr Ihnen mitteilt.

Vergessen Sie nicht, dass Sie Ihren eigenen Wettkampf laufen. Einige Läuferinnen lassen sich buchstäblich dazu hinreißen, mit schnelleren Läuferinnen Schritt zu halten (oder sie sogar zu überholen!), nur weil ihnen deren Tempo plötzlich als das „richtige" erscheint. Die meisten dieser Lemminge zahlen schließlich den Preis dafür und werden nach 1 oder 2 km langsamer, wenn sie merken, dass sie schneller gelaufen sind, als sie eigentlich können. Sie können nicht gewinnen, wenn Sie der Wettkampfstrategie einer anderen Läuferin folgen. Es ist bei weitem besser, 10 bis 15 Sekunden zu Beginn eines Laufes zu verlieren als eine oder zwei Minuten – oder sogar fünf – am Ende, wenn Sie unter starkem Sauerstoffmangel leiden.

Der zu schnelle Start ist eine schlechte Angewohnheit, die man nur schwer wieder ablegen kann. Hier sind ein paar Tipps, wie Sie diesem Drang widerstehen können:

Legen Sie sich geistige Scheuklappen an: Achten Sie nur auf sich selbst und lassen Sie sich nicht davon ablenken, was andere Läuferinnen machen. Sagen Sie sich selbst immer wieder, dass der einzige Fehler, den Sie machen können darin besteht, zu schnell zu starten. Zwingen Sie sich dazu, sich auf den ersten 400 Metern zurückzuhalten. Danach wird der Adrenalinrausch, den Sie beim Start erleben, verflogen sein und Sie können nun objektiv beurteilen, welche Geschwindigkeit Sie laufen wollen und ob Sie mit den anderen mithalten wollen.

Laufen Sie zusammen mit einer anderen Läuferin: Suchen Sie sich eine Freundin oder Trainingspartnerin aus, die genauso schnell läuft wie Sie und die auch ihre eigene Geschwindigkeit gut einschätzen kann. Umso besser ist es, wenn sie dann auch noch eine erfahrene Läuferin ist.

Überprüfen Sie Ihre Zeiten: Vor dem Wettkampf sollten Sie mit dem Auto oder dem Fahrrad die ersten 250 oder 500 Meter der Strecke abmessen. Rechnen Sie auf der Grundlage Ihres geplanten Renntempos

aus, wann Sie diese Markierungen erreichen müssten. Achten Sie dann beim Wettkampf auf Ihre Zeiten. Der Aufwand lohnt sich. Bei den meisten Wettkämpfen ist der erste Kilometer markiert. Wenn Sie aber zu schnell gestartet sind, ist es dann womöglich schon zu spät.

◎ *Laufen Sie mit einer konstanten Geschwindigkeit*

In den letzten Jahren haben immer mehr Studien gezeigt, dass die Läufe, die in einem gleichmäßigen Tempo gelaufen wurden, normalerweise auch die schnellsten sind. Das bedeutet, dass Sie die größte Chance haben Ihren besten Wettkampf zu laufen, wenn Sie die zweite Hälfte in derselben Zeit laufen können wie die erste (oder schneller). Läuferinnen, die zu schnell starten um „Zeit zu sparen", werden normalerweise langsamer und verlieren letztendlich mehr Zeit, als sie gewonnen haben.

Ziel ist also, ein Tempo zu laufen, das Sie bis zum Ende des Wettlaufs konstant beibehalten können. Tempoläufe und Intervalltraining können Ihnen dabei helfen, dieses Tempo zu bestimmen. Doch Kilometer-Zwischenzeiten sind nur scheinbar objektiv und können in die Irre führen, weil Steigungen, Wetter und Untergrund das Tempo auf einer bestimmten Strecke beeinflussen können. Es ist immer noch am sinnvollsten, sich darauf zu verlassen, was Ihnen Ihr Körper mitteilt. Durch das Training entwickeln Sie ein Gespür für Tempo und finden heraus, wie lange Sie eine Anstrengung aushalten können. Am wichtigsten ist immer das, was Ihr Körper Ihnen mitteilen will. Achten Sie auch dann darauf, wenn Sie immer wieder auf die Uhr gucken, um eine bestimmte Geschwindigkeit zu laufen. Wenn das Tempo, das Sie vorher optimal fanden, dann doch zu anstrengend ist, sollten Sie langsamer werden. Fühlen Sie sich dagegen nach der Hälfte des Laufes so fit, als könnten Sie sämtliche Rekorde brechen, dann lassen Sie sich durch den Blick auf die Uhr nicht bremsen.

Selbst wenn Ihr Tempo während des Wettkampfes konstant bleibt, ihre Anstrengung bleibt nicht gleich. Verglichen mit dem Ende des Wettkampfes kommt Ihnen das gleiche Tempo am Anfang wie ein Spaziergang vor. Vergessen Sie das nicht, während Sie die Strecke laufen. *„Wenn Sie müder* werden, wird Ihnen das gleiche Tempo schwerer und schwerer fallen", sagt Willie Rios aus Boulder, Colorado, der sich darauf spezialisiert hat, Langstreckenläuferinnen zu trainieren. *„Das heißt, wenn Ihnen das Tempo am Ende des Laufes leicht fällt, haben Sie wahrscheinlich Ihre Konzentration verloren und sind langsamer geworden."*

Sie können kontrollieren, ob Sie das gewünschte Tempo beibehalten, indem Sie in regelmäßigen Abständen darauf achten, wie Sie sich fühlen. Wenn Sie merken, dass Sie unkonzentriert waren und langsamer geworden sind, strengen Sie sich ein wenig mehr an.

Wie man durchhält

Häufig fordern Trainer und Zuschauer einfach „Durchhalten". Doch wie macht man das? Was während des Laufes im Kopf einer Läuferin vorgeht, ist eine sehr individuelle Sache. Jede Läuferin hat ihr eigenes Erfolgsrezept, wenn das Rennen schwierig wird. Hier sind einige Tricks, die Ihnen helfen können, durchzuhalten:

Konzentrieren Sie sich auf das, was vor Ihnen liegt. Wenn Sie merken, dass Sie kämpfen müssen, schadet es Ihnen nur, sich vorzustellen, dass Sie dasselbe Tempo noch mehrere Kilometer halten müssen. Konzentrieren Sie sich stattdessen darauf, das Tempo nur noch einen Kilometer lang zu halten. Gegen Ende der Strecke können Sie noch kurzfristigere Ziele setzen: Setzen Sie sich das Ziel, nur noch bis zur nächsten Querstraße in diesem Tempo zu laufen oder sogar nur bis zur nächsten Straßenlaterne. Sobald Sie Ihr Ziel erreicht haben, setzen Sie sich ein neues.

Diese Strategie funktioniert, obwohl Sie glauben, dass Sie nicht bis zum Ziel durchhalten können, denn Sie wissen, dass Sie die nächsten paar Meter auf jeden Fall noch schaffen. Wenn Sie diese paar Meter aneinander reihen, sind Sie am Ziel.

Zählen Sie bis 10. Das ist eine Möglichkeit die Strecke in kleinere Abschnitte einzuteilen. So können Sie das Tempo für einen Zeitraum halten, der Ihnen weniger Angst macht. Zählen Sie immer wieder 10 Schritte oder mehr ab, um sich auf das zu konzentrieren, was Sie gerade tun.

Überprüfen Sie Ihre Körperhaltung. Überprüfen Sie Ihren Körper von Kopf bis Fuß und achten Sie darauf, wie Sie sich fühlen. Entspannen Sie

bewusst Augen, Kiefer, Nacken, Schultern, Arme und Füße. Korrigieren Sie Ihre Haltung. Achten Sie darauf, wie Sie Ihre Füße aufsetzen. Statt sich mit Ihrer Müdigkeit zu beschäftigen, vergewissern Sie sich, dass Sie so effektiv wie möglich laufen. Wenn Sie bei Ihren Zehen angelangt sind, gehen Sie, wenn nötig, alles noch einmal durch.

Reden Sie mit sich selbst. Wenn Sie sich einreden können, dass Sie nicht länger durchhalten, dann können Sie sich ganz bestimmt auch davon überzeugen, dass Sie es doch können. Denken Sie an das harte Training, das Sie hinter sich haben. Sagen Sie sich, dass Sie Hitze, Steigungen, Wind oder was immer Sie gerade stört, lieben. Sie können sich sogar sagen, dass Sie das Gefühl der Müdigkeit lieben, weil Sie sich durch Herausforderungen weiterentwickeln und weil Sie wissen, dass Sie die Müdigkeit überwinden können. Versuchen Sie alles Mögliche, auch wenn

Tipps und Tricks

Professionelle Läuferinnen müssen auch Experten für Wettkämpfe sein. Ihre Karriere hängt von ihrer Fähigkeit ab, kontinuierlich Leistung zu erbringen. Hier verraten Ihnen Spitzensportlerinnen ihre Tricks.

- „Setzen Sie bei Ihren Wettkämpfen Prioritäten und konzentrieren Sie sich auf ein paar Läufe. Sowohl mental als auch physisch können Sie nicht alle mit der gleichen Intensität angehen. Ich setze mich mit meinem Trainer zusammen, dann entscheiden wir, was im nächsten Jahr am wichtigsten ist: nationale Läufe oder größere. In der Zwischenzeit wird es auch andere Wettkämpfe geben, aber die sind mir nicht so wichtig."
  — *Shelly Steely, viermalige Teilnehmerin an der Crosslaufweltmeisterschaft*

- „Manchmal lese ich vor einem Lauf mein Trainingsprotokoll und erinnere mich. Das kann helfen, wenn Sie daran zweifeln, ob Sie auch wirklich bereit sind. Sie erkennen, dass Sie trainiert und etwas geleistet haben und fit sind. Danach können Sie sagen: ‚Okay, ich bin bereit, an den Start zu gehen.'"
  — *Jane Welzel, fünfmalige Qualifizierung für den olympischen Marathon*

- „Ich sage mir, dass ich mich nicht mit anderen vergleichen kann. Ein Wettkampf hilft mir, meine eigenen Grenzen zu überschreiten, aber ich denke daran, dass ich letzten Endes dafür kämpfe, mich selbst zu übertreffen und nicht andere. Beim Laufen ist es wichtig, andere zu respektieren und den Wettkampf nicht zu unterschätzen, aber Sie sollten sich selbst genau so respektieren!"
  — *Nadia Prasad, Französische Meisterin 1995 im 10.000-m-Lauf*

es Ihnen blöd vorkommt. Manche Läuferinnen reden sich selber ein, sie wären Indianer, die keinen Schmerz kennen, andere stellen sich vor, dass Sie Vögel wären, die schwerelos dahingleiten. Andere sagen sich einfach, dass Sie an diesem Tag die allerbeste Läuferin auf der Strecke sind.

Werden Sie zäh. Um in einem Wettkampf gut abzuschneiden, müssen Sie letztendlich „*fähig sein Anstrengungen, Strapazen und harte Arbeit zu ertragen*". Das ist übrigens die Definition des Wortes „zäh". Es gibt keine Möglichkeit, dies zu umgehen. Für manche Läuferinnen ist es besser, auf das mentale Training zu verzichten und das Problem direkt anzugehen. Es tut weh, wenn Sie an den Grenzen Ihrer Fähigkeiten laufen. Der Schmerz, den Sie dabei spüren, erinnert Sie an die Aufgabe, die Sie in Angriff genommen haben. Geben Sie nicht auf, dann werden Sie mit dem Wissen belohnt, dass Sie Ihr Bestes gegeben haben.

„Mir hilft es, die Strecke in verschiedene Abschnitte einzuteilen. Bei einem 10-km-Lauf können diese Abschnitte einen oder mehrere Kilometer lang sein. Den ersten Abschnitt kann man als Aufwärmen betrachten. Im mittleren Abschnitt muss man damit rechnen, dass man mal schnell, mal langsam, mal gut, mal schlecht läuft. Genau wie bei einem Intervalltraining, bei dem man sich auch bald ekelhaft, bald wieder besser fühlt. Auf dem letzten Kilometer sind Sie dann schon fast am Ziel, mental dürften Sie jetzt keine Schwierigkeiten mehr bekommen; aber körperlich müssen Sie sich jetzt anstrengen. Es kommt darauf an, zu wissen, dass Sie sich zwischendurch mal besser, mal schlechter fühlen werden. Wenn Sie sich das vorher klarmachen, wird es ein starker Lauf."
— *Chris McNamara, Siegerin der USA-10-Meilen-Frauenmeisterschaft 1997*

„Gegen Ende des Laufs ziehe ich mich ganz in mich selbst zurück und ignoriere jegliche Ablenkung. Das heißt, anstatt zu sagen ‚Oh Gott, jemand will mich überholen!', konzentriere ich mich auf mich selbst und nutze die Zeit dazu, meine Schultern zu entspannen, meine Fußgelenke zu lockern – alle Teile meines Körpers. Wenn ich mich dann anstrenge, richtet sich meine Konzentration ganz auf mich selbst und ich kann meine ganze Energie darauf verwenden, so schnell wie möglich zu laufen. Es ist einfach zu sagen „Leg dich vor dem Ziel noch mal ins Zeug", aber mit meiner Methode kann ich Ablenkungen ignorieren und Kraft sammeln, um alles erreichen zu können."
— *Libbie Hickman, 1997 Siegerin im 5-km-Lauf der USA Leichtathletikmeisterschaft*

 # Warum Sie nicht verlieren können

Was tun Sie, wenn Sie trotz aller Anstrengung Ihr Ziel nicht erreicht haben? Vielleicht sind Sie nicht Ihre persönliche Bestzeit gelaufen, obwohl Sie das eigentlich für möglich gehalten hatten; vielleicht sind Sie daran gescheitert, dass Sie zu schnell gestartet sind oder vielleicht waren Sie nicht, wie erhofft, unter den ersten Dreien. Ein Ziel nicht zu erreichen kann enttäuschend sein, ja sogar vernichtend, je

Aus meinem Trainingstagebuch

Die Wettkämpfe, auf die ich am meisten stolz bin, sind nicht unbedingt meine schnellsten oder diejenigen, die ich gewonnen habe. Der Triumph nach einem Wettkampf kann so verschiedenartig sein wie die Enttäuschung. Tatsächlich ist es ein siebter Platz in einer kleinen lokalen Veranstaltung, der zu meinem liebsten Wettkampf geworden ist. Es war das erste Mal, dass der Pearl Street Mile Lauf in meiner neuen Heimatstadt Boulder, Colorado, stattfand und genau darin lag der Reiz. Viele nationale und internationale Spitzensportler leben hier, weil sie hier unter optimalen Bedingungen trainieren können. Dementsprechend waren unter den führenden Läufern zahlreiche Sportskanonen, ehemalige Größen und Möchtegerns.

Mein Trainer hatte mich dazu ermutigt, ganz vorne mitzulaufen. Ich hatte ein Jahr Pause gemacht und erst seit 2 Monaten in meiner neuen Heimat mit einem neuen Trainer hart trainiert. Obwohl ich darauf brannte, herauszufinden, wo meine Grenzen lagen, rechnete ich damit, dass ich am Start, wie immer, sehr nervös werden würde. Zu meiner eigenen Überraschung wurde ich das nicht.

Während ich mich aufwärmte, sah ich viel starke Konkurrenz. Unter anderem ein ganzes Team japanischer Läuferinnen. Ich versuchte die aufkommende Angst in Begeisterung zu verwandeln: Die Freude, an einem solchen Wettkampf teilnehmen zu dürfen, gab mir neue Energie. Ich dachte daran, was ich 8 Wochen lang im Training geleistet hatte, um mich auf die Veranstaltung vorzubereiten. Ich war voller Selbstvertrauen. Noch wichtiger aber war das Gefühl beim Start, dass ich zu diesen Sportlern dazugehörte.

Während des Wettkampfes blieb ich bei meiner Strategie. Ich spürte im ganzen Körper, dass ich das Tempo perfekt halten konnte, das während so vieler Trainingsstunden meinen Muskeln eingeimpft worden war. Das gesamte Rennen hindurch glaubte ich fest daran, gewinnen zu können, ganz egal, wie stark die Konkurrenz

nachdem welches Trainingspensum Sie hinter sich haben. Sie haben aber nicht versagt.

Wettkämpfe zeigen Ihnen nur, in welcher Verfassung Sie an einem Tag sind. Am besten betrachten Sie das nur als Information. Sicher gefällt Ihnen die positive Information durch einen guten Lauf besser, Sie lernen aber mehr aus einem Wettkampf, der nicht ganz so gut gelaufen ist wie geplant. Haben Sie bei den Steigungen schlappgemacht? Dann fehlt Ihnen vielleicht noch etwas Krafttraining. Wurden Sie schon

auch war. So hatte ich noch nie zuvor einen Wettkampf erlebt: Ich machte mir über die anderen kaum Gedanken, ich war absolut selbstsicher und davon überzeugt, meinen besten Wettkampf zu laufen. Ich habe nicht gewonnen, aber ich habe auch nie aufgegeben. Nach dem Wendepunkt auf halber Strecke kam der schwierige Teil, da der Weg leicht bergauf führte. Als die Blocks vor dem Ziel vorüberzogen, holte ich das Letzte aus jedem einzelnen Schritt heraus, wie noch in keinem Rennen vorher. Weil ich vom Start an nach meinen eigenen Spielregeln gelaufen war, konnte ich alles geben und mein Tempo beibehalten. Während des letzten halben Kilometers überholte ich einige Läuferinnen und lief mit 5:17 ins Ziel, gut genug für den siebten Platz und meine persönliche Bestzeit in Höhenlagen.

Diese Zeit wird wirklich nicht in die Annalen der Laufgeschichte eingehen, aber ich fühlte mich großartig. Noch lange nach dem Wettkampf verspürte ich das Gefühl, etwas geleistet zu haben, viel mehr als bei anderen Wettkämpfen – selbst solchen, die ich gewonnen hatte.

Ich wusste endlich, was es bedeutet, jeden Schritt in einem Wettkampf bewusst zu machen; ich wusste wirklich, dass ich mein Bestes getan hatte und fragte mich nicht: „Was wäre wenn ...?" Ich dachte nicht „Vielleicht hätte ich ..." oder „Ich hätte lieber ...".

In keinem anderen Wettkampf habe ich so etwas noch einmal erlebt. Schließlich bin ich zu der Überzeugung gekommen, dass es dumm war, zu glauben, es könne sich wiederholen. Aber dieser Wettlauf ist zu meinem Maßstab geworden, zum Prüfstein, der mir gezeigt hat, wozu ich fähig bin. Warum passte damals alles so gut zusammen? Es läuft alles auf das unbeschreibliche und geheimnisvolle Zusammenspiel von Körper und Geist hinaus. Der kurze Eintrag in meinem Trainingstagebuch am Tag vor dem Wettkampf gibt allerdings einen deutlichen Hinweis: „Fühle mich sicher genug, um am Wettkampf teilzunehmen".

vor dem Lauf so nervös, dass sich Ihre Beine wie Wackelpudding anfühlten? Dann brauchen Sie etwas mentales Training. Haben Sie Ihr Tempo falsch eingeschätzt? Intervalltraining kann Ihnen helfen ein Gefühl für Geschwindigkeit zu entwickeln.

Widerstehen Sie der Versuchung, als Reaktion auf einen schlechten Wettlauf Ihr Trainingspensum blind zu erhöhen. *„Es ist sehr typisch, dass Läuferinnen Ihre Erwartungen zu hoch schrauben und nach dem Lauf enttäuscht sind"*, sagt die erfahrene Wettkämpferin Shelly Steely. *„Sie haben sich vielleicht nicht genug ausgeruht oder sich ein unrealistisches Ziel gesetzt. Dann versuchen sie mehr zu trainieren, auch wenn sie in Wirklichkeit eher weniger tun müssten oder ihr Training anders angehen sollten."* Steely weiß, wovon sie spricht. Nachdem sie in den frühen 90ern Wettkämpfe auf Weltklasseniveau bestritten hat und 1992 bei dem olympischen 3.000-m-Lauf als Siebte ins Ziel lief, geriet sie ins Trudeln und lief weit unter ihren Fähigkeiten. Nachdem sie dem Problem auf den Grund gegangen war (eine hormonelle Störung), verbrachte sie Jahre damit, ihr Training geduldig abzuändern, um eine Strategie zu finden, die funktioniert. Trotz eines vollen Tagesplans, der ihr nicht so viel Zeit zum Trainieren ließ wie ihren Mitstreiterinnen, erbrachte sie 1997 wieder Ergebnisse, mit denen sie sich zu den besten Straßenläuferinnen in den Vereinigten Staaten zählen durfte. 1998 gewann sie das USA Track and Field Grand Prix Straßenrennen.

Aus jedem Wettkampf können Sie etwas lernen, wenn Sie wollen. Diese Einstellung lässt Sie nicht nur mit den Ergebnissen des letzten Laufes besser klarkommen, sondern nimmt auch dem nächsten etwas von seinem Schrecken. Wenn Sie sich den positiven Blick auf die Zukunft bewahren, kommen Sie aus jedem Wettkampf mit dem Gefühl etwas gewonnen zu haben.

9. Die Marathonstrecke besiegen

Ein griechischer Soldat namens Pheidippides lief im Jahre 490 vor Christus 42 Kilometer von Marathon nach Athen, um die Nachricht vom Sieg der Griechen über die eindringenden Perser zu überbringen. Nachdem er die Worte: *„Freut euch, wir haben gesiegt!"* herausgebracht hatte, brach er tot zusammen. Es gibt einige Zweifel am Wahrheitsgehalt dieser Geschichte; Sie wurde zur Legende, aus der schließlich der Marathon entstand. Seit die Olympischen Spiele 1896 wiederaufgenommen wurden, gilt die 42,195 km (1908 entstand die krumme Strecke, ab 1924 wurde sie verbindlich) lange Odyssee als ultimativer Test für Machos – eine rituelle Bewährungsprobe für ein paar wenige, besonders verbissene Kämpfer. Und das waren natürlich nur Männer. Erst 1984 wurde der Frauenmarathon zu einer olympischen Disziplin.

Doch dann haben die Frauen den Marathon neu definiert. In den 90ern schufen sie eine wunderbare, scheinbar paradoxe Kombination: den sanfteren, freundlicheren Marathon. Nicht länger Testosteronfest für dünne, quirlige Männer, wurde der Marathon fröhlich von Frauen aller Altersklassen und Fähigkeiten überrannt – und nach deren Vorstellung umgeformt. Die größte Marathonpremiere bleibt bis heute der Suzuki Rock 'n' Roll Marathon, der 1998 in San Diego mit 20.000 Teilnehmern stattfand. Er schrieb auch aus einem anderen Grund Geschichte: Zum ersten Mal waren bei einem Marathon mehr als die Hälfte der Teilnehmer Frauen.

Wer sind diese neuen Marathonläuferinnen,

die die Teilnehmerzahlen in die Höhe treiben? Viele sind Anfängerinnen, die die Faszination eines Marathons erleben möchten; eine schnelle Zeit ist ihnen meist nicht wichtig. Diese Teilnehmerinnen kombinieren Laufen und Gehen, um irgendwie ins Ziel zu gelangen. Einige Frauen laufen, um auf diese Weise Geld für gemeinnützige Zwecke zu sammeln. Andere betrachten den Marathon als gemeinsame Unternehmung mit einer Gruppe von Freunden. Manche suchen sich einen Wettkampf aus, der irgendwo stattfindet, wo sie immer schon mal hinwollten und hängen noch einen Miniurlaub an. Wieder andere möchten einfach ausprobieren, ob sie „den Großen" schaffen können. Doch eines haben sie alle gemeinsam: Das faszinierende Erlebnis eines Marathons steht für sie an erster Stelle. Und mittlerweile haben diese Frauen bewiesen, dass man einen Marathon relativ bequem bewältigen kann.

Das bedeutet nicht, dass Frauen immer ganz hinten im Feld laufen, auch auf den vorderen Plätzen haben sie für frischen Wind gesorgt. Der legendäre Boston-Marathon mit seinen verbindlichen Qualifikationszeiten lockt die Elite der Marathonläufer der USA an. 1993 nahmen 1854 Frauen, 21% aller Läufer, an dem Wettkampf teil. 1998, nur fünf Jahre später, hatte sich die Zahl der Teilnehmerinnen mit 3549 (31% aller Teilnehmer) fast verdoppelt.

Das ist ein phänomenaler Fortschritt, wenn man bedenkt, dass nur eine Generation vorher die Amateur Athletic Union Frauen verboten hatte diese Distanz zu laufen.

Als erste Frau nahm 1966 Roberta Gibb am Boston-Marathon teil – allerdings inoffiziell, denn man hatte sich geweigert ihr ein Anmeldeformular zu geben. Sie versteckte sich einen Großteil der Strecke unter einem Kapuzenshirt und lief die Strecke in phänomenalen 3 Stunden und 20 Minuten. Auch im folgenden Jahr wurden Frauen noch nicht zugelassen. Dennoch schrieb Katherine Switzer Geschichte als die erste Frau, die offiziell am Marathon teilnahm: Sie hatte sich als K.V. Switzer eintragen lassen. Nach 6km versuchte ein Organisator des Laufes, ihr die Wettkampfnummer mit Gewalt abzureißen, trotzdem lief sie bis ins Ziel. Der berühmte Zwischenfall wurde auf Fotos festgehalten, die am nächsten Tag die Titelseiten von Zeitungen auf der ganzen Welt schmückten. Er half Läuferinnen die Tür zu öffnen.

„Laufen gab mir das Gefühl, etwas geleistet zu haben und schenkte mir Selbstvertrauen", sagt Switzer. *„Ich habe mich immer als die Heldin in meinem eigenen Leben gefühlt. Ich kann verstehen, dass so viele Frauen die Faszination entdeckt haben, immer wieder über sich selbst hinauszuwachsen."*

Heute ist der Marathon praktisch zum doppelten Ereignis geworden. Für diejenigen, die ihn in einer bestimmten Zeit laufen wollen, bleibt er die größte Herausforderung des Laufsports, aber für diejenigen, die einfach nur ins Ziel kommen wollen, ist er das größte Straßenfest der Sportwelt. Aber beide Motivationen erfordern eine schweißtreibende Vorbereitung.

In diesem Kapitel finden Sie Trainingsprogramme und Tipps, wie man einen Marathon bequem durchhalten, aber auch wie man ihn schnell laufen kann. Die Trainingsprogramme wurden in Zusammenarbeit mit Maureen Roben entwickelt, Mitgründerin und -leiterin von Frauenlaufcamps in Denver und fünfmalige Teilnehmerin an den Qualifikationsläufen für den olympischen Marathon.

Wenn Ihr Ziel ist anzukommen

„Ich werde einen Marathon laufen." Mit dieser Botschaft überraschen Freizeitläuferinnen ihre Familie, Freunde, Arbeitskollegen und manchmal sogar sich selbst. Heather, 27, ist ein typisches Beispiel. Nachdem sie jahrelang überhaupt nicht aktiv gewesen war, schloss sie sich einer Laufgruppe an und schaffte in ihrem ersten Training fast 2 km. Zwei Monate später hatte sie sich auf 20 km gesteigert und war damit auf dem Weg zu ihrem ersten Marathon. *„Ich hatte schon immer mit der Idee gespielt einen Marathon zu laufen, aber das war auch schon alles"*, sagt Heather. *„Es hörte und hört sich auch immer noch nach einer unüberwindlichen Herausforderung an. Ich dachte, Leute, die einen Marathon laufen, müssten wahre Athleten sein; schnelle Rennpferde mit einem anderen genetischen Code. Ich halte mich immer noch nicht für eine geborene Athletin. Als ich mich*

der Laufgruppe anschloss, flackerte der Gedanke wieder auf, dass ich es vielleicht versuchen könnte. Die Fortschritte, die ich machte, waren verlockend. Die Herausforderung reizte mich, und meine Gruppe hat mich sehr unterstützt. Im hintersten Winkel meiner Gedanken fürchte ich immer noch Woche für Woche, jetzt wird es sich herausstellen, dass ich gar keine Marathonläuferin bin. Bis dato ist das nicht passiert."

Für Frauen wie Heather ist der Marathon nicht mit der einmaligen Anstrengung eines 42-km-Laufs erledigt. Er ist eine Herausforderung, die zum Vorschein bringt, wie viel Kraft in ihnen steckt. Wie bei so vielen Dingen im Leben, hängt auch beim Marathon das, was Sie für sich dabei

Wann, wenn nicht jetzt, sollten Sie ...

- sich darin üben, während des Laufens zu essen und zu trinken. Wenn Sie während des Laufens Flüssigkeit und Kalorien aufnehmen, gibt Ihnen das neue Energie, doch Ihr Körper muss sich erst daran gewöhnen, dass während des Laufens Flüssigkeit in den Magen gelangt und der Blutzuckerspiegel steigt. Das können Sie bei Ihren langen Läufen gut üben. Stecken Sie sich einen Energieriegel in die Hosentasche oder befestigen Sie ihn an Ihren Shorts. Sie können Wasser oder ein Sportgetränk in eine Flasche füllen oder eines der speziellen Trinksysteme benutzen, die angeboten werden. Sie können die Strecke auch vor dem Lauf abfahren und ungefähr alle 5 Kilometer eine kleine Flasche deponieren. Idealerweise sollten Sie während des Laufens, ob im Training oder im Wettkampf, am besten 100 bis 300 Kalorien pro Stunde zu sich nehmen.

- üben, während des Laufens einen Becher zu greifen und zu trinken, während Sie weiterlaufen. Lachen Sie nicht: Das kann überraschend schwierig sein. Manchmal können Sie sich glücklich schätzen, wenn Sie einen kleinen Schluck bekommen, bevor der Rest Ihnen noch in die Nase und runter über die Brust läuft. Stellen Sie einen Tisch in Ihre Hauseinfahrt und platzieren Sie darauf Pappbecher mit einem Sportgetränk. Üben Sie daran vorbeizulaufen und sich einen Becher zu holen. Damit Sie nichts verschütten, sollten Sie, sobald Sie den Becher haben, die Becheröffnung zu einem Ausguss (V-Form) zusammendrücken, um halbwegs bequem trinken zu können.

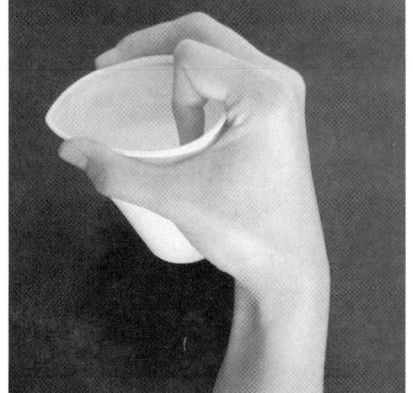

herausholen können, von dem ab, was Sie investieren. Je intensiver und umfassender Sie sich vorbereiten, desto schöner wird das Erlebnis des Marathons sein. Hier sind einige Tipps für Ihr Training.

Konzentrieren Sie sich auf die langen Läufe. Der wichtigste Teil des Marathontrainings sind die langen Läufe. Er kräftigt Ihre Beine und Ihren Körper und bereitet das Herz-Kreislauf-System auf die hohe Belastung während eines Marathons vor. Achten Sie darauf, dass Sie die Mehrzahl dieser im Trainingsprogramm vorgesehenen Läufe auch wirklich machen. Können Sie einmal einen Tag lang nicht trainieren, dann streichen Sie lieber einen der kurzen Läufe aus dem Programm.

- *Laufpartner finden.* Selbst Läuferinnen, die lieber alleine laufen, haben gerne etwas Gesellschaft auf den langen Trainingsläufen für den Marathon. Drei oder mehr Stunden alleine auf der Straße zu verbringen ist eine lange Zeit. Wenn keiner Ihrer Freunde ein ähnliches Trainingsprogramm hat, dann planen Sie Ihr Training so, dass eine Freundin zumindest eine Teilstrecke mit Ihnen zusammen laufen kann. Manche Läuferinnen planen ihr Training sogar so, dass mehrere Freunde sie abwechselnd ein Stück begleiten können.

- *sich ein zweites Paar Laufschuhe kaufen.* Zusätzliche Kilometer zu laufen, bedeutet mehr Belastung für Ihre Schuhe und Beine. Wenn Sie bei jedem Lauf die Schuhe wechseln (möglichst unterschiedliche Modelle), wird jedes Paar länger halten, weil Sie der weicheren Zwischensohle Zeit geben, wieder zu ihrer Form zurückzufinden. Sie senken dabei auch Ihr Verletzungsrisiko, weil Sie Ihre Füße nicht mehr durch die immer gleiche Bewegung über viele Kilometer in demselben Schuhtyp belasten.

- *die Kleidung und Schuhe testen, in denen Sie laufen werden.* Was immer Sie während des Wettkampfes tragen, sollte in den langen Läufen Ihres Trainingsprogramms zuvor getestet werden. Ein BH, der Ihnen auf einem kurzen Lauf bequem erscheint, kann nach einer Stunde vielleicht schrecklich scheuern, und Sie wollen das bestimmt nicht erst beim Wettkampf herausfinden. Probieren Sie nie irgendetwas, das Sie nicht auf einem längeren Lauf getestet haben – Kleidung, Essen usw. – erst während eines Marathons aus.

- *das Richtige essen, sich mit einem Multivitaminpräparat versorgen und sich gründlich ausschlafen.* Marathontraining verlangt viel von Ihrem Körper. Verschiedene Studien haben gezeigt, dass lange Läufe das Immunsystem für kurze Zeit schwächen können und Marathonläufer so anfälliger für Grippe und Erkältung machen. Passen Sie in der Zeit vor dem Marathon gut auf sich auf, damit Sie beim Wettkampf vollkommen gesund sind.

Ihnen wird auffallen, dass die langen Läufe dieses Trainingsprogramms sich langsam bis auf 2 Stunden steigern. Danach sind wieder ein paar „kürzere" Dauerläufe eingebaut. Der Grund dafür ist, dass Läufe dieser Dauer für Ihren Körper sehr anstrengend sein können. Das Programm steigert Ihr Trainingspensum, aber lässt Ihnen ab und zu auch eine Pause, um Sie vor Erschöpfung und Verletzung zu schützen. Wenn Sie die folgenden Hinweise berücksichtigen, werden Ihre langen Läufe zum Erfolg führen:

◈ Um die gesamte Strecke zu schaffen, sollten Sie von Beginn an immer wieder für kurze Zeit gehen. Wenn hier von der Dauer dieser Trainingseinheiten gesprochen wird, ist damit nicht die Zeit gemeint, die Sie tatsächlich laufen, sondern die Sie „auf den Beinen sind". Höchstwahrscheinlich werden Sie einen Teil der Zeit gehen. Gehen Sie alle 10 Minuten oder alle 2 Kilometer für etwa 1 Minute.

◈ Suchen Sie sich eine ungefährliche, schöne Strecke. Der Untergrund sollte weich sein und die Strecke weit ab vom Verkehr liegen. Ein Feldweg oder eine Rasenfläche in einem großen Park sind ideal. Wenn Sie nicht wissen, wo Sie eine geeignete Laufstrecke finden, fragen Sie in einem Laufladen oder Lauftreff nach.

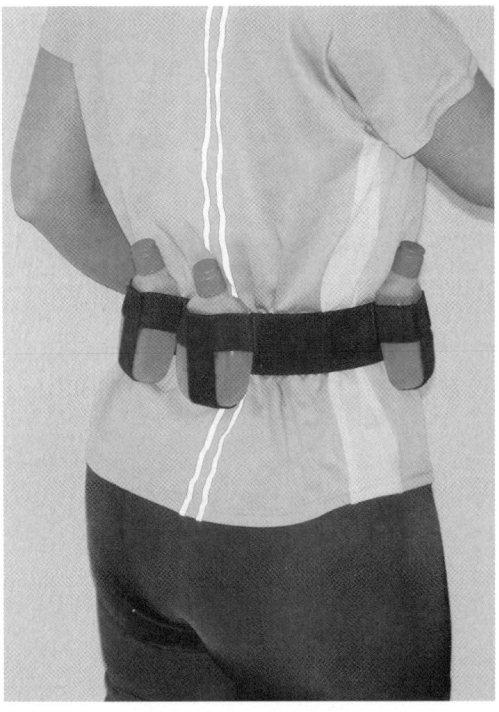

◈ Organisieren Sie ein Sportgetränk. Das Training über mehrere Stunden ist anstrengend, stellen Sie deshalb sicher, dass der Flüssigkeitshaushalt ausgeglichen bleibt. Ein Sportgetränk kann den benötigten Vorrat an Kohlenhydraten und Elektrolyten viel besser wieder auffüllen als einfaches Wasser. Verstecken Sie ein oder zwei Flaschen am Rand der Strecke, bevor Sie loslaufen (oder nehmen Sie einen speziellen Gürtel mit Trinkflaschen mit).

Achten Sie auf die Zeit, nicht auf Kilometer. Wie schon beim Training für Anfängerinnen und Fortgeschrittene kommt es auch hier darauf an, lange zu laufen, nicht unbedingt weit. Sich beim Laufen an der Zeit zu orientieren, ist für die meisten Frauen einfacher und bequemer, weil die Trainingsstrecken oft nicht ausgemessen sind. Das ist für Marathonanfängerinnen auch nicht so abschreckend wie ein 30-km-Trainingslauf, den sie vielleicht für nicht machbar halten. Natürlich läuft jede Frau im Training ihr eigenes Tempo, sodass einige Frauen mehr Kilometer zurücklegen als andere. Machen Sie sich bei diesem Trainingsprogramm keine Sorgen über die Anzahl der gelaufenen Kilometer.

Viele Anfängerinnen glauben, dass sie an mindestens einem Trainingstag vor dem Wettkampf einen 42-km-Lauf durchstehen müssen, um sicher zu sein, dass sie den Marathon auch wirklich schaffen. Doch das kann mehr schaden als nützen. Der längste Lauf dieses Programms dauert 3,5 Stunden. Eine Frau, die um die 7 Minuten pro Kilometer braucht, schafft in dieser Zeit 30 km. Das ist die längste Strecke, die eine Läuferin zurücklegen muss, bevor Sie einen Marathon in Angriff nimmt. Doch selbst, wenn Sie keine Zeit von 7 Minuten pro Kilometer schaffen, brauchen Sie nicht länger zu laufen. Der längste Trainingslauf sollte auf keinen Fall länger als dreieinhalb Stunden dauern, egal, wie viel Kilometer Sie dabei zurücklegen. Wenn Sie länger laufen, riskieren Sie sich vor dem Wettkampf zu verletzen oder krank zu werden. Verlassen Sie sich darauf, dass ein mehrstündiger Trainingslauf, der Gesamterfolg Ihres Trainings, die Spannung am Wettkampftag und ein ausreichend ausgeruhter Körper dafür sorgen werden, dass Sie den Rest der Strecke schaffen, wenn es darauf ankommt.

Seien Sie flexibel. Wenn Sie sich zu streng an das Trainingsprogramm halten, können Sie schnell krank werden oder sich verletzen. Passen Sie das Programm an Ihre eigenen Bedürfnisse und sonstigen Verpflichtungen an. Wenn das Wetter schlecht ist oder Sie am Mittwoch lange arbeiten müssen, laufen Sie am Donnerstag. Wenn Sie Tage tauschen müssen, sollten Sie zwischen den Trainingstagen Platz lassen, damit Sie nicht an 3 oder 4 Tagen hintereinander trainieren und dann wieder 3 Tage überhaupt nicht. Der Plan sieht längere Läufe für die Wochenenden vor, weil die meisten dann Zeit haben. Beachten Sie, dass die Tage vor und nach dem langen Lauf trainingsfrei sind. Versuchen Sie diesen Wechsel beizubehal-

ten, wenn Sie den Plan ändern. Wenn Sie einen Tag ausfallen lassen müssen, dann verzichten Sie lieber auf einen kürzeren Lauf aus dem Wochenprogramm statt auf einen langen Lauf.

Planen Sie Erholungsphasen ein. Die Wochen 8, 11 und 14 sind Erholungswochen. Sie stellen das Training zwar nicht ganz ein, reduzieren die Trainingszeit aber deutlich, indem Sie die langen Läufe

Marathon Checkliste

Während eines 42,2-km-Laufs kann viel passieren. Je besser Sie darauf vorbereitet sind, desto weniger überlassen Sie dem Zufall. Benutzen Sie diese Checkliste, damit Ihr Marathon so glatt wie möglich läuft.

Am Tag vor dem Rennen

- *Besorgen Sie sich Ihre Startnummer und ein paar Informationen über das Rennen. Sie bekommen beides normalerweise auf der Marathonmesse. Dort präsentieren Organisationen und Fachhändler alles rund um den Laufsport. Informationen dazu gibt es auf dem Anmeldeformular.*
- *Packen Sie eine Tasche mit Kleidung, Schuhen, Ihrer Startnummer und allem anderen, was Sie am Morgen des Wettkampfes benötigen. Dazu gehört vielleicht Vaseline für Zehen, Achseln und mögliche Scheuerstellen Ihres BHs unterhalb Ihrer Brust; Energieriegel, eine Wasserflasche, Sonnencreme, eine Mütze oder Kappe und zusätzliche warme Kleidung.*
  - *Befestigen Sie Ihre Wettkampfnummer an dem Kleidungsstück (z.B. Top oder Jacke), das Sie während des Laufs tragen werden. Packen Sie in einen Beutel alles hinein, was Sie zum Rennen mitnehmen wollen, z.B. Toilettenpapier und Energieriegel, oder befestigen Sie diese Sachen an Ihrer Kleidung.*
  - *Bewahren Sie ein paar „überflüssige", warme Kleidungsstücke auf, die Sie am Start tragen können. Ein altes T-Shirt und ein paar Socken für die Hände halten Sie am Start warm, und Sie können sie wegwerfen, sobald der Wettkampf beginnt oder auch erst nach ein paar Kilometern, nachdem Sie sich aufgewärmt haben. Wenn es regnet, wird ein großer Müllsack, in den Sie ein Loch für den Kopf geschnitten haben, Sie bis zum Start trocken halten.*
  - *Informieren Sie sich über die örtlichen Gegebenheiten. Wo können Sie parken? Wo können Sie Ihre Freunde nach dem Wettkampf treffen? Wie kommen Sie zurück zum Start? Denken Sie daran, dass viele Straßen am Morgen des Wettkampfs gesperrt sein werden, also informieren Sie sich in Ihren Startunterlagen und planen Sie dementsprechend.*

verkürzen. Das gibt Ihrem Körper die Möglichkeit, sich vom Training zu erholen und dient als „Sicherheitsventil", um Verletzungen und Erschöpfung vorzubeugen. Dieses Prinzip können Sie natürlich wieder so in Ihren Zeitplan übernehmen, wie es für Sie am besten passt. Wenn Sie wissen, dass Ihnen eine schwere Arbeitswoche bevorsteht oder dass Sie eine Woche in Urlaub sein werden,

- *Nehmen Sie am Abend vorher viel Kohlenhydrate und wenig Ballaststoffe zu sich. Essen Sie nichts, das Sie nicht gewöhnt sind.*
- *Trinken Sie viel, damit Sie wohl hydriert an den Start gehen.*
- *Versuchen Sie, sich zu entspannen. Übrigens werden ein paar Schluck Bier Ihnen nicht schaden. Sie helfen Ihnen eventuell sogar zu schlafen.*

Der Morgen des Wettkampfes

- *Geraten Sie nicht in Panik, wenn Sie schlecht geschlafen haben (fast niemand schläft vorher gut). Die Nacht vor dem Wettkampf ist nicht so wichtig wie Ihre Schlafgewohnheiten in der Woche vor dem Lauf.*
- *Stehen Sie mindestens 2 Stunden vor dem Wettkampf auf. Nehmen Sie eine leichte Mahlzeit zu sich, z.B. eine Banane oder ein Brötchen mit Marmelade. Essen Sie nichts, an das Sie nicht gewöhnt sind. Vermeiden Sie ballaststoffreiches Essen, sonst müssen Sie während des Laufs „Boxenstopps" einlegen.*
- *Trinken Sie etwas Wasser oder ein Sportgetränk, aber trinken Sie eine halbe Stunde vor dem Lauf nichts mehr. So haben Sie Zeit, noch vor dem Start zur Toilette zu gehen.*
- *Tragen Sie eine dünne Schicht Vaseline auf alle Stellen auf, wo etwas scheuern könnte. Typische Problemzonen sind die Achseln, die Innenseite der Oberschenkel, dort wo der BH unter Ihrer Brust anliegt und die Zehen. Seien Sie vorsichtig bei den Zehen. Zu viel Vaseline kann sie glitschig machen und so erst recht Blasen verursachen.*
- *Joggen Sie ein paar Minuten langsam und dehnen Sie sich vor dem Start um sich aufzulockern. Freizeitläuferinnen benötigen keine lange Aufwärmphase, sie können den ersten Kilometer dazu nutzen, sich einzulaufen. Aber auch Leistungssportlerinnen sollten sich nicht zu lange aufwärmen. Ein halber Kilometer Jogging, ein paar Spurts und etwas Stretchen reichen den meisten Frauen. Alles was darüber hinausgeht, ist Energieverschwendung.*
- *Versuchen Sie am Start eine Position zu wählen, die Ihrer vermutlichen Geschwindigkeit entspricht. Bei größeren Wettkämpfen stehen manchmal Schilder am Start, die die verschiedenen Abschnitte kennzeichnen: „4 min/km", „5 min/km" usw.*

können Sie diese Zeit gut für die Erholungsphase nutzen. Tauschen Sie diese Woche einfach mit der Trainingswoche davor oder danach.

Suchen Sie sich einen Laufpartner oder eine Laufgruppe. Viele Frauen laufen gern allein. Einen Marathon sollten Sie allerdings nicht isoliert angehen. Sie können immer noch viel für sich allein trainieren, doch Laufpartner und Laufgruppen machen die Dauerläufe sehr viel erträglicher. Schauen Sie in Ihre Lokalzeitung oder erkundigen Sie sich beim örtlichen Lauftreff, Sportverein, Laufladen oder Arbeitskollegen, wenn Sie Trainingspartner suchen.

Überlegen Sie gut, welchen Marathon Sie laufen wollen. Einen Marathon zu schaffen gibt einer normalen Läuferin das Gefühl eine Heldin zu sein. Die Strecke wird gesäumt von Menschen und Musikgruppen. Die Bewohner ganzer Städte feuern die Teilnehmer über Kilometer hinweg an. Essen, Getränke, Musik und die begehrte Finishermedaille warten am Ziel auf die Läufer. Dazu kommt das tolle Gefühl etwas geschafft zu haben. Doch ehrlich gesagt sind nicht alle Läufe gleich. Wenn Sie Ihren ersten Marathon laufen wollen und es Ihnen dabei vor allem um den Spaß daran geht, dann erkundigen Sie sich gründlich vor Ihrer Wahl. Der Marathon um die Ecke ist nicht unbedingt immer am besten geeignet. Bedenken Sie bei Ihrer Entscheidung folgende Punkte:

- **Größe.** Normalerweise ist es so, dass das Rahmenprogramm umso größer ist, je mehr Läufer an einem Wettkampf teilnehmen. Mehr Läufer bedeuten auch mehr Gesellschaft auf der Strecke (42 Kilometer können schrecklich einsam sein, wenn sich nur 500 andere Läufer über eine so lange Strecke verteilen).
- **Die Strecke.** Bei Stadtläufen gibt es mehr Zuschauer, die Sie anfeuern. Unterschätzen Sie nicht die Wirkung tausender jubelnder Zuschauer, wenn das Durchhalten wirklich schwer wird. Läufe über Land sind viel ruhiger, aber oft sehr schön. Überlegen Sie, was Ihnen wahrscheinlich besser gefällt.
- **Steigungen und Berge.** Beides kann es für Sie schwieriger machen, das Ziel zu erreichen. Eine Streckenbeschreibung mit Höhenprofil finden Sie oft in den Anmeldeunterlagen oder Sie wenden sich an den Veranstalter, um nähere Informationen zu erhalten.

◈ **Die durchschnittliche Temperatur am Wettkampftag.** Je heißer und feuchter die Luft ist, desto anstrengender wird der Marathon. Ideal ist ein Marathon mit geringer Luftfeuchtigkeit und Temperaturen um 15°C.

*Nähere Informationen über Laufveranstaltungen finden Sie in Fachzeitschriften oder im Internet unter **www.lauftreff.de**.*

Lassen Sie sich viel Zeit für die Vorbereitung. Je nachdem, wie viel Sie schon trainiert haben, sind 5 bis 6 Monate ein vernünftiger Zeitraum, um sich auf einen Marathon vorzubereiten. Das hier vorgeschlagene Trainingsprogramm geht davon aus, dass Sie ohne Probleme viermal in der Woche 30 Minuten laufen können. Darauf sollten Sie – wenn nötig – zunächst hinarbeiten, bevor Sie sich einen Marathon aussuchen, der dann in frühestens 5 Monaten stattfindet.

Marathontraining für Anfängerinnen

	Mo	Di	Mi	Do	Fr	Sa	So
1. Woche	—	30 min	30 min	—	30 min	—	40 min
2. Woche	—	30 min	35 min	—	30 min	—	50 min
3. Woche	—	30 min	35 min	—	30 min	—	1 h
4. Woche	—	30 min	35 min	—	30 min	—	1 h 15 min
5. Woche	—	20 min	40 min	—	30 min	—	1 h 30 min
6. Woche	—	20 min	40 min	—	30 min	—	1 h 45 min
7. Woche	—	20 min	40 min	—	30 min	—	2 h
8. Woche	—	20 min	—	—	20 min	—	1 h
9. Woche	—	20 min	40 min	—	30 min	—	2 h 15 min
10. Woche	—	20 min	45 min	—	30 min	—	2 h 30 min
11. Woche	—	20 min	45 min	—	30 min	—	1 h
12. Woche	—	20 min	45 min	—	30 min	—	2 h 45 min
13. Woche	—	20 min	45 min	—	30 min	—	3 h
14. Woche	—	30 min	45 min	—	30 min	—	1 h
15. Woche	—	30 min	45 min	—	30 min	—	3 h 15 min
16. Woche	—	30 min	45 min	—	30 min	—	3 h 30 min
17. Woche	—	30 min	45 min	—	30 min	—	1 h
18. Woche	—	20 min	30 min	—	30 min	—	45 min
19. Woche	—	20 min	20 min	—	20 min	—	Wettkampf

Wenn Sie ein paar Zusatz-Wochen einplanen, sind Sie für Rückschläge gerüstet. Ein alter Spruch lautet: *„Die einzige Garantie, die es beim Marathon gibt, ist, dass es keine Garantie gibt."* Das gilt sowohl für das Training als auch für den Marathon selbst. Rückschläge sind jedoch nicht so tragisch, wenn Sie sich für die Vorbereitung auf den Marathon viel Zeit lassen. So kann eine trainingsfreie Woche wegen einer Erkältung, einer unerwarteten Geschäftsreise oder einem Notfall in der Familie nicht Ihr ganzes Trainingsprogramm zunichte machen.

Wenn Sie einige Trainingstage ausfallen lassen müssen, versuchen Sie nicht die verlorenen Kilometer wieder wettzumachen, indem Sie Ihren Plan voll stopfen und mehr laufen. Wenn Sie einen langen Lauf ausfallen lassen mussten, sollten Sie nicht gleich zur nächsten Stufe springen. Fangen Sie lieber wieder dort an, wo Sie aufgehört haben. Wenn Sie wegen einer Krankheit aussetzen mussten, brauchen Sie vielleicht eine Woche mit kürzeren Läufen, um langsam wieder ins Programm einzusteigen. Dann können Sie wieder an dem Punkt weiter machen, den Sie zuletzt erreicht haben. Wenn Sie ein bisschen Extra-Zeit eingeplant haben, sind Sie auch jetzt noch im Zeitrahmen. Haben Sie mehrere Wochen oder einen Monat Trainingszeit verloren, sollten Sie sich vielleicht einen Marathon aussuchen, der zu einem späteren Zeitpunkt stattfindet.

Hören Sie auf Ihren Körper und behandeln Sie ihn gut. Gesund zu bleiben ist vielleicht das Schwierigste beim Marathontraining. Sie müssen genug trainieren, um ausreichend Kondition zu gewinnen. Sie dürfen aber nicht so viel trainieren, dass die Belastung zu Erschöpfung, Verletzung oder Krankheit führt. Das ist ein Balanceakt. Besonders Anfängerinnen sind in der Gefahr zu viel zu trainieren, weil sie die Anzeichen für Übertraining häufig nicht erkennen. Ungewöhnliche Schmerzen, Schlafstörungen, Halsschmerzen, ein überhöhter Ruhepuls – das alles sind Warnhinweise. Im Zweifelsfall sollten Sie lieber einen Trainingslauf ausfallen lassen, als sich zum Training zu zwingen und anschließend krank, erschöpft und mutlos zu sein.

Dieser Punkt ist wichtig genug, um ihn zu wiederholen: Es ist typisch für Frauen, dass sie ihre eigenen Bedürfnisse vernachlässigen, selbst wenn Überbelastungssymptome offensichtlich sind. Bevor sie sich um sich selbst Sorgen machen, kümmern sie sich um ihre Familie, ihre Arbeit und ihre Freunde. Wenn Sie bis zur Startlinie kommen wollen, müssen Sie sich

während des Trainings dazu verpflichten auf sich selbst aufzupassen. Das bedeutet gut zu essen, sich genügend auszuruhen und sich auch einmal die Zeit für ein heißes Bad oder eine Massage zu nehmen, wenn es wirklich schwer wird. Das sollte sowieso jede Frau lernen.

Wenn Sie schnell sein wollen

Ein Marathon ist nicht mit irgendeiner anderen Distanz zu vergleichen. Ein kleiner Fehler bei der Einschätzung des Tempos zu Beginn Ihres Laufes kann sich wegen der Länge der Strecke am Ende potenzieren. Selbst nachdem man viele Kilometer wie auf Wolken geschwebt ist, können plötzlich

---

Tipps und Tricks für den Lauf

Wenn Sie diesen Tipps folgen, haben Sie Ihren Spaß und laufen noch ein gutes Rennen:

- *Laufen Sie am Anfang konservativ. Wenn Sie glauben das richtige Tempo gefunden zu haben, sollten Sie noch ein kleines bisschen langsamer werden. Weil Sie Ihr Training seit ein paar Wochen zurückgeschraubt haben und bestimmt etwas aufgeregt sind, werden Sie so voller Energie sein, dass Sie den ersten Kilometer wahrscheinlich „fliegen" werden. Der größte Fehler, den Sie in einem Marathon machen können, ist zu schnell zu starten. Ein Marathon ist ein Geduldsspiel. Sehen Sie es doch mal so: Wenn Sie 10, 20 oder sogar 30 Sekunden pro Kilometer langsamer starten als geplant, ist das tausendmal besser, als am Ende mehrere Minuten pro Kilometer zu verlieren.*

- *Trinken Sie früh und oft. Warten Sie nicht, bis Sie durstig werden. Trinken Sie schon beim ersten Wasserstand an der Strecke, auch wenn Sie dann nur einen oder zwei Schluck nehmen können. Ein Fehler, den Marathonläuferinnen häufig machen, ist zu wenig Flüssigkeit und zu wenig Kalorien aufzunehmen.*

- *Achten Sie auf Ihre Haltung. Jeder Körper hat eine natürliche Tendenz dazu, auf die eine oder andere Weise zu ermüden. Einige Frauen verkrampfen ihre Schultern, andere beugen ihren Oberkörper nach vorne, wieder andere machen kleinere Schritte. Je mehr Sie von einer guten Haltung abkommen, desto schwieriger wird die Vorwärtsbewegung für Ihren Körper. Versuchen Sie, bei jeder Kilometermarkierung Ihre Haltung zu überprüfen. Nutzen Sie diese Zeit dafür, jede Partie Ihres Körpers zu entspannen und den richtigen Laufstil wiederzufinden.*

Schmerzen und Beschwerden auftreten. Nach 30 Kilometern kann alles, von einer leichten Brise bis zu einer Falte in Ihren Socken, monströs werden. *„Selbst wenn das Rennen läuft wie geplant, werden Sie in einem Marathon an den Punkt kommen, wo Sie Ihre eigene Existenz in Frage stellen"*, sagt Willie Rios aus Boulder, Colorado, der sich darauf spezialisiert hat Langstreckenläuferinnen zu trainieren. *„Was Sie dann tun, hängt von Ihnen ab und von dem Training, das Sie hinter sich haben."*

Wenn Sie herausfinden wollen, wie schnell Sie einen Marathon laufen können, betreten Sie Neuland. Um es unverblümt zu sagen, Sie bereiten sich auf den großen Hammer vor.

Viele Läufer können Ihnen Geschichten darüber erzählen, wie sie leicht und locker gelaufen sind bis sie ungefähr beim 30. Kilometer plötzlich nicht mehr konnten und dann auf jedem Kilometer mehrere Minuten verloren haben. Darum ist das größte Problem beim Marathon, das richtige Tempo zu finden. Es erfordert viel Geduld, am Anfang langsamer zu laufen, als Sie eigentlich zu schaffen glauben. Und dann erfordert es dennoch viel

Tipps und Tricks nach dem Lauf

Wenn Sie diesen Tipps folgen, werden Sie sich schnell und vollständig erholen.

- *Nach dem Lauf sollten Sie sofort viel trinken und etwas essen. Je früher Sie wieder etwas zu sich nehmen, desto besser ist es für Ihr Immunsystem und Ihre Muskeln. Wenn Sie sich nach dem Lauf wegen der großen Anstrengung nicht hungrig fühlen, nehmen Sie sich etwas, dass Sie leicht hinunterbringen, z. B. ein Früchtemus oder einen Milchshake. Dieses eine Mal sollten Sie nicht auf Ihren Körper hören und mehr essen, als Sie eigentlich mögen.*

- *Ziehen Sie warme Kleidung an oder nehmen Sie eine der Decken, die von den Freiwilligen verteilt werden.*

- *Wenn möglich, sollten Sie ein wenig schwimmen, um bei schmerzenden Muskeln für Abhilfe zu sorgen. Das geht auch im Meer oder in einem See. Auch wenn sich eine heiße Wanne verlockend anhören mag, ein kaltes Bad – sogar Eis darin – ist besser für Ihre Beine.*

- *Laufen Sie ein paar Wochen lang nicht. Sie haben eine Pause verdient. Geben Sie Ihrem Körper Zeit sich zu erholen.*

Kraft, dieses Tempo bis zum Ende des Marathons durchzuhalten. Sie müssen sich vor allem wirklich gut selbst kennen, um herauszufinden, welches Tempo Sie sich zum Ziel setzen sollten.

„Der Schlüssel zu einem erfolgreichen Marathon ist genau zu wissen, in welcher Form Sie sind und mit gleichmäßigem Tempo zu laufen", sagt Jane Welzel aus Fort Collins, Colorado, die sich fünfmal für die olympischen Vorentscheidungsläufe qualifiziert hat und sogar unter den Spitzenläuferinnen eine Ausnahme ist, weil sie schon 50 Marathons hinter sich hat. Sie meint, dass sowohl Praxis als auch Intuition nötig sind, um das richtige Renntempo zu bestimmen. „Der Tag des Wettkampfes kann alles über den Haufen werfen. Vielleicht ist es heiß, kalt oder windig oder Sie sind einfach nicht ‚gut drauf'. Also muss sich nun alles danach richten, wie Sie sich fühlen. Dies zu erkennen, lernen Sie nur durch Übung. Während des Trainings achte ich auf das Gefühl in meinem Körper, zum Beispiel, wenn ich weiß, dass ich ein bestimmtes Tempo über eine bestimmte Distanz halten kann. Vielleicht ist das nicht ganz so schnell, wie ich gedacht hatte oder wie ich möchte, aber darum geht es nicht."

Unser Trainingsprogramm geht davon aus, dass Sie bereits eine fortgeschrittene Läuferin sind, die mindestens ein Jahr lang 3- bis 5-mal in der Woche trainiert hat und einige Erfahrung mit Intervalltraining und Tempoläufen gemacht hat. Sonst ist das Trainingsprogramm wahrscheinlich zu schwierig. Es ist sehr anstrengend, auf Schnelligkeit zu trainieren, wenn Sie gleichzeitig Ihre Distanzen verlängern. Wenn Sie auf dieses Programm noch nicht genügend vorbereitet sind, Ihre Leistung aber trotzdem steigern möchten, kombinieren Sie es mit dem Trainingsprogramm aus der ersten Hälfte dieses Kapitels. Ersetzen Sie dabei jede Woche einen der leichten Läufe durch einen Tempolauf oder ein Intervalltraining aus diesem Programm.

Achten Sie auf Qualität, nicht auf Quantität. Viele Frauen denken, wenn sie einen Marathon laufen möchten, müssen sie 100, 120 oder 130 km in der Woche laufen. Das ist nicht nur falsch, sondern auch riskant. Wenn man zu viele Kilometer läuft, kann das zu Verletzungen und Krankheiten führen. „Das große Ziel beim Training, besonders beim Marathontraining, ist mit möglichst wenig Aufwand ein Optimum zu erreichen", sagt Roben. „Die Leute sind so begeistert von ihrer Gesamtkilometerzahl, dabei sollte es doch eigentlich darauf ankommen, mit wie wenig Training

man auskommt – insbesondere wenn es neben dem Laufen noch etwas anderes in Ihrem Leben gibt."

5 Trainingstage pro Woche sind eine ausgezeichnete Vorbereitung; 6 Tage sind für die meisten Frauen das Maximum. Ein oder zwei trainingsfreie Tage geben Ihrem Körper Gelegenheit sich besser zu erholen und neue Kraft für das nächste Training zu tanken. *„Ich rate fanatischen Läuferinnen, die unbedingt an jedem Tag etwas machen müssen, zu Wanderungen oder schwimmen"*, sagt Roben. *„Diese alternativen Beschäftigungen dürfen aber nicht anstrengend sein. Sich die Lunge aus dem Hals zu trainieren, ist nicht das, was Sie mit dem Training erreichen wollen."*

Konzentrieren Sie sich auf Ihre langen Läufe. Genau darum geht es. Wenn Schnelligkeit Ihr Ziel ist, sollten Sie – anders als die Läuferinnen, die die Strecke nur durchhalten wollen – die langen Läufe nicht einfach ansehen *„als Zeit, die Sie auf den Beinen verbringen"*. *„In den langen Lauf*

Aus meinem Trainingstagebuch

Das Wort „Marathon" gelangte nur deshalb in mein Laufvokabular, weil 1996 viele meiner Freunde zum 100. Boston-Marathon fahren wollten. Es sollte ein Riesenspektakel werden, eine große Geburtstagsfeier des wichtigsten Wettlaufs im Lande – kurz gesagt, eine Party, die man nicht verpassen sollte. Es gab nur ein Problem. Anders als bei den meisten anderen Marathons in den USA, reichten ein Anmeldeformular und ein Scheck nicht aus, um daran teilzunehmen. In Boston gab es Qualifizierungsstandards, die sich nach Alter und Geschlecht richteten. Das bedeutete, dass ich in einem anderen Wettkampf erst einmal 3:40 laufen musste. In Ordnung! Ich fing an zu trainieren.

Doch dabei passierte etwas Seltsames. Mir machte es Spaß, am Wochenende lange Läufe zu machen. Je härter desto besser. Ich fühlte mich großartig, hielt mich beim zusätzlichen Training gut und wurde kräftiger und schneller. Ich hatte ein „Inselchen" gefunden. Ein Freund ließ mal im Scherz fallen, dass ich in die olympischen Vorläufe kommen würde, wenn ich einen Marathon in 2 Stunden und 50 Minuten lief. Und so schlich sich leise ein Traum in mein Herz zurück, den ich schon vor Jahren aufgegeben hatte. Verstehen Sie mich nicht falsch. Ich habe nie daran geglaubt, dass ich mich für die Olympiamannschaft qualifizieren könnte. Aber vielleicht, vielleicht konnte ich mich ja für die Vorentscheidung qualifizieren, die auch im Frühling 1996 stattfinden sollte.

sollten Sie wirklich mentale Energie stecken", sagt Welzel. *„Auch wenn Sie nicht alle Dauerläufe im Wettkampftempo zurücklegen, sind sie die Gelegenheit überhaupt Ihren Körper kennen zu lernen und etwas darüber zu erfahren, wie er während eines langen Wettkampfes reagieren wird."*

Das hier vorgeschlagene Trainingsprogramm kombiniert zwei Ansätze für den langen Lauf – schnell und langsam – weil diese Kombination eine ganze Reihe von Vorteilen bietet. Ihnen wird eine Besonderheit beim Trainingsprogramm für die Wochenenden auffallen: Sobald die langen Läufe über 23 km gehen, verlängert sich die Trainingsstrecke nur noch an jedem zweiten Wochenende um jeweils weitere 3 km. An den Wochenenden dazwischen verkürzt sie sich wieder auf 16–19 km. Damit sollen vor allem Verletzungen und Übertraining vermieden werden, Sie können so aber auch von den verschiedenen Trainingsschwerpunkten profitieren. Der

Mein damaliger Trainer warnte mich vor einer möglichen Enttäuschung. Er sagte, es wäre nicht genug Zeit, mein Training an dieses Ziel anzupassen. Ich lief nur 60 km in der Woche. Natürlich würde ich mich ganz gut machen, aber warum sollte ich nicht 3 Stunden anpeilen, ein Ziel, das ich sicher erreichen konnte? Mhmm – ich nickte. Einsichtig. Doch als ich im Herbst 1995 am Twin City Marathon teilnahm, startete ich mit der Absicht, mich für die Vorentscheidung für den olympischen Marathon zu qualifizieren. Ich wollte mir nie die Frage stellen müssen: Was wäre, wenn ...?

32 km lang lief ich genau meine 2:50. Dann, einfach so, und ohne dass ich dagegen etwas machen konnte, hatte ich nichts mehr zuzusetzen. Ich lief mit 2:55 ins Ziel und brach in Tränen aus. Ich war schneller, als ich mir je erträumt hatte und doch nicht schnell genug. Mein Trainer, der am Ziel auf mich wartete, konnte mein Schluchzen nicht verstehen. „Freude oder Enttäuschung?", fragte er in dem Versuch, seiner atemlosen, heulenden Sportlerin zu helfen.

Freude oder Enttäuschung? Beides. Ich empfand so Widersprüchliches und so viele verschiedene Emotionen gleichzeitig, wie noch nie zuvor in meinem Leben. Willkommen beim Marathon.

lange Lauf von 23 km und mehr sollte in einem Tempo gelaufen werden, das Ihnen ermöglicht, ohne Probleme durchzuhalten. Laufen Sie so langsam wie Sie wollen, dieses Training soll Ihren Körper an lange Distanzen gewöhnen. Die 16- bis 19-km-Läufe an den übrigen Wochenenden sollten Sie schneller laufen, etwa 20 bis

Marathontraining für Fortgeschrittene

	Mo	Di	Mi	Do	Fr	Sa	So
1. Woche	6 km L	1 h mit F	—	3 km A 3 km T 3 km C	5 km L	— oder ein paar km L	13 km
2. Woche	6 km L	Intervall 4 x 800 m	—	3 km A 3 km T 3 km C	6 km L	— oder ein paar km L	15 km
3. Woche	6 km L	1 h mit F	—	3 km A 5 km T 3 km C	6 km L	— oder ein paar km L	17 km
4. Woche	6 km L	Intervall 4 x 1000 m	—	5 km A 5 km T 3 km C	6 km L	— oder ein paar km L	20 km
5. Woche	6 km L	1 h mit F	—	5 km A 5 km T 5 km C	8 km L	— oder ein paar km L	23 km
6. Woche	6 km L	Intervall 5 x 800 m	—	5 km A 6 km T 5 km C	8 km L	— oder ein paar km L	16 km
7. Woche	6 km L	1 h mit F	—	5 km A 5 km T 5 km C	8 km L	— oder ein paar km L	26 km
8. Woche	6 km L	Intervall 5 x 1000 m	—	5 km A 6 km T 5 km C	8 km L	— oder ein paar km L	16–19 km
9. Woche	6 km L	1 h mit F	—	5 km A 5 km T 5 km C	10 km L	— oder ein paar km L	29 km

30 Sekunden pro Kilometer langsamer als das Tempo, das Sie für den Marathon anstreben. Ziel dieses Trainings ist, Ihren Körper einerseits an die Beanspruchung über einen längeren Zeitraum hinweg zu gewöhnen und ihn andererseits auf das Wettkampftempo vorzubereiten. Der längste Lauf dieses Trainingsprogramms geht

	Marathontraining für Fortgeschrittene – *Fortsetzung*						
	Mo	Di	Mi	Do	Fr	Sa	So
10. Woche	6 km L	Intervall 6 x 800 m	—	3 km A 8 km T 3 km C	10 km L	— oder ein paar km L	16–19 km
11. Woche	6 km L	1 h mit F	—	5 km A 5 km T 5 km C	10 km L	— oder ein paar km L	32 km
12. Woche	6 km L	Intervall 5 x 1000 m	—	3 km A 8 km T 3 km C	10 km L	— oder ein paar km L	16–19 km
13. Woche	6 km L	1 h mit F	—	5 km A 5 km T 5 km C	6 km L	— oder ein paar km L	32–35 km
14. Woche	5 km L	Intervall 8 x 400 m	—	3 km A 3 km T 3 km C	6 km L	— oder ein paar km L	16–19 km
15. Woche	5 km L	3 km WT	—	8 km *mit* 10 x 100 m Spurts	6 km L	— oder ein paar km L	11 km
16. Woche	5 km L	Intervall 4 x 400 m WT *mit* 10 x 100 m Spurts	—	6 km *mit* 10 x 100 m Spurts	8 km L	— oder ein paar km L	16–19 km

Legende: **A** = Aufwärmen; **C** = Cooldown; **F** = Fartlek; **J** = Jogging; **L** = leichter Lauf; **S** = schnelleres Tempo; **T** = Tempolauf; **W** = Wellen; **WT** = Wettkampftempo; **Z** = Zwischenwettkampf

Hinweis: *Wenn Sie sich während des Trainings besonders müde fühlen, können Sie eine Woche zur Regenerationswoche machen. Nehmen Sie dazu eine Woche mit einem langen Lauf von nur 16–19 km, damit Sie die längeren Trainingsläufe nicht auslassen. Laufen Sie für den Rest der Trainingswoche nur leichte Strecken.*

über 32 bis 35 km. Auch wenn einige Wettkämpferinnen gerne im Voraus wissen möchten, dass sie den ganzen Marathon schaffen werden, ist es besser, wenn Sie Ihre Beine noch für den Rest des Trainings und den Wettkampf schonen.

Bestimmen Sie Ihr Wettkampftempo auf Grund Ihres Trainings. Das hört sich vielleicht einfach und selbstverständlich an, aber viele Marathonläuferinnen machen den Fehler, bereits vor dem Training eine Geschwindigkeit festzulegen, die sie dann auch ohne Rücksicht auf die Konsequenzen laufen.

Solche Vorstellungen sind unrealistisch. Wenn Sie schneller laufen wollen als Sie verkraften, kann Ihr Marathon zu einem Desaster werden.

Es ist vernünftiger, erst mit dem Training zu beginnen und dann abzuwarten, wie Ihr Körper reagiert. Wenn Sie die Hälfte des Trainingsprogramms erreicht haben (etwa in der 8. Woche), können Sie einen ersten Test wagen. Roben empfiehlt als Wettkampftest einen der 16- oder 19-km-Läufe zu nehmen oder an einem lokalen Halbmarathon teilzunehmen, um Ihr Wettkampftempo zu bestimmen. Das Tempo, das Sie jetzt laufen können, wird ungefähr das sein, das Sie auch beim Marathon in 2 Monaten schaffen können.

Trainieren Sie in Ihrem Wettkampftempo. Viele Läuferinnen vernachlässigen diesen sehr wichtigen Teil des Trainings. *„Ich habe schon so viele Frauen gesehen, die auf dem Platz im 3:45-min-Tempo trainieren und die langen Läufe im 5-min-Tempo zurücklegen und dann treten sie am Wettkampftag an und sagen: Ich laufe 4 Minuten. Dabei haben sie keine Ahnung, was für ein Gefühl das ist!",* sagt Welzel. *„Sie sollten dieses Tempo jeden Tag, zu jedem Zeitpunkt laufen können, ob Sie nun fit oder müde* *sind. Sie müssen dieses Tempo ohne Probleme halten können, denn Sie werden von Ihrem Körper verlangen, es 42 km lang zu halten."*

Planen Sie Training im Wettkampftempo mit ein. Wenn Sie auf einer ausgemessenen Strecke trainieren, können Sie in der Mitte oder am Ende Ihrer langen Läufe zwei oder drei Kilometer im Wettkampftempo laufen. Oder beginnen Sie einen Ihrer leichten Läufe auf der Bahn, nehmen Sie beim ersten Kilometer die Zeit und versuchen Sie Ihr Wettkampftempo zu treffen. Laufen Sie dann den Rest der Strecke. Wenn Sie zurückkommen, versuchen Sie den letzten Kilometer wieder genau in Ihrem Wettkampftempo zu laufen.

Roben lässt ihre Läuferinnen ein paar Wochen vor dem Wettkampf bei 3 Kilometern auf der Bahn ihr Zeitgefühl trainieren. Die Läuferinnen sehen alle 400 m auf die Uhr und laufen so exakt und gleichmäßig wie möglich, selbst im Sekundenbereich, ihr Wettkampftempo. Dieses Training finden Sie in der 15. Woche des Trainingsprogramms.

Trainieren Sie auch etwas schneller als im Wettkampftempo. Ihr Training auf der Laufbahn, das Fartlek und die Tempoläufe sollten Sie schneller als den Marathon, aber nicht schneller als einen 5-km-Lauf laufen. Für einen Marathon müssen Sie kein Sprinttempo trainieren, aber Sie müssen trainieren schnell zu laufen, damit Ihnen Ihr Marathontempo leicht fällt. Beachten Sie dabei die folgenden Richtlinien *(Für Informationen zum Training auf dem Sportplatz, Fartlek und Tempoläufen, vgl. Kap. 6 und Kap. 7).*

- **Training auf dem Sportplatz.** Wärmen Sie sich mit 2 bis 3 km auf. Lockern Sie sich mit acht sehr intensiven 100-m-Sprints. Beginnen Sie dann mit 800- und 1000-m-Wiederholungen in Ihrem 5-km-Wettkampftempo. Joggen Sie 3 bis 4 Minuten zwischen jeder Wiederholung. Beenden Sie das Training mit einem Cooldown von 2 bis 3 km.

- **Fartlek (Fahrtspiel).** Fartlek integriert schnelleres und langsameres Tempo in einem kontinuierlichen Lauf. Wärmen Sie sich mit 10 bis 15 Minuten lockerem Laufen auf. Laufen Sie dann abwechselnd 3- bis 6-Minuten-Abschnitte schnellen Laufens und Abschnitte langsamen Joggings von 2 bis 3 Minuten. Sie sollten insgesamt 18 bis 24 Minuten in schnellem Tempo trainieren, etwa in Ihrem 10-km-Wettkampftempo oder etwas langsamer. Sie können z.B. sechsmal 3 Minuten oder viermal 6 Minuten laufen. Kühlen Sie sich mit 10 bis 15 Minuten lockerem Laufen ab.

◈ **Tempoläufe.** Wärmen Sie sich ein paar Kilometer auf, wie im Trainingsplan. Wenn Sie mit den 3-km-Tempoläufen anfangen, steigern Sie das Tempo auf Ihre 10-km-Geschwindigkeit. Dieses Tempo sollte sich verringern, wenn die Laufstrecke länger wird. Versuchen Sie während des Laufens stets eine gleichmäßige Geschwindigkeit zu halten. Beenden Sie die Tempoläufe so wie im Plan beschrieben mit einem Cooldown.

Seien Sie klug und flexibel. Vielleicht mehr als jedes andere Training ist Marathontraining ein Balanceakt zwischen hartem Training und Übertraining. Studien zeigen, dass Läufer nach langen Läufen und zu Zeiten, in denen Sie hart trainieren, anfälliger für Grippe und Erkältung sind. Darum ist es umso wichtiger, auf Ihren Körper zu hören, wenn Sie für einen Marathon trainieren. Werden Sie nicht zum Sklaven Ihres Trainingsprogramms. Wenn Sie sich erschöpft fühlen, nehmen Sie sich einen Tag frei. Wenn das Wetter schlecht ist und Sie einen anstrengenden Trainingstag geplant haben, trainieren Sie nur leicht und verschieben Sie das harte Training auf den nächsten Tag. Seien Sie klug. Sie können den Plan ruhig verändern. Es ist kein Dogma, dass Sie ein bestimmtes Training an einem ganz bestimmten Wochentag durchführen müssen.

Starten Sie den Wettkampf gut ausgeruht. Während der letzten drei Trainingswochen werden Sie Ihr Pensum schrittweise verringern. Während ein paar schnellere Läufe Ihre Beine in Spannung halten, wird die Gesamtkilometerzahl geringer. Ihr Körper braucht in diesen 3 Wochen Ruhe. Vermasseln Sie jetzt nichts! Einige Frauen werden unruhig, andere träge, wenn sie ihr Training reduzieren. Einige trauen ihren Fähigkeiten nicht und meinen, mehr laufen zu müssen. Andere haben Angst zuzunehmen, weil sie weniger trainieren. Solche Gefühle sind ganz natürlich, aber Sie sollten nicht den Fehler machen, deshalb einen langen Lauf zu machen. Ihr Körper speichert Energie für den Marathon. Machen Sie ihm das möglich.

10. Allein oder zu mehreren

Für einige Frauen bedeutet Laufen eine kostbare, ja fast heilige Zeit für sich alleine, in der sie einfach ihrem Atem und dem Geräusch ihrer Schritte lauschen können. Eine Zeit, in der sie über alles nachdenken können und sich an den Vögeln, über den Wind und an allem, was die Natur ihnen unterwegs noch so bietet, erfreuen.

Für andere wird das Laufen zum Dreh- und Angelpunkt ihres gesellschaftlichen Lebens. Beim Laufen führen sie teils wichtige, teils aber auch so verrückte oder alberne Gespräche, dass sie manchmal vor Lachen kaum weiterlaufen können. Die Aussicht, dass am Ende der Strecke eine Tasse Kaffee und ein paar Croissants auf sie warten, ist Motivation genug. Die meisten Frauen mischen beides und passen ihre Läufe der jeweiligen Laune an. Mal laufen sie vielleicht nur locker mit ein paar Freundinnen – dann ist ihnen die Gesellschaft wichtiger als das Training. Ein anderes Mal möchten sie hart trainieren und laufen darum lieber alleine oder mit einer vertrauten Laufpartnerin. Keines von beiden ist besser oder schlechter, es ist eine Frage der persönlichen Vorlieben. Letztendlich ist es am wichtigsten, dass Sie Ihren Bedürfnissen gerecht werden.

Alleine laufen

Laufen ist im Grunde genommen eine Solosportart. Niemand kann Ihre Beine für Sie bewegen. Wenn Sie völlig fertig sind und einfach „streiken", kann auch die beste Freundin Sie nicht zum Weiterlaufen animieren. Im Grunde genommen kommt es beim Laufen auf Sie ganz alleine an. Vielleicht zieht dieser Sport auch darum so viele Einzelgänger an. Nichtläufer fragen schon mal: *„Wie kannst du das nur aushalten, so lange da draußen allein zu sein?"* Doch für viele Läuferinnen liegt genau darin der Reiz dieses Sports. Die Zeit, die sie alleine verbringen, ist ihnen genauso wichtig wie ein gesundes Herz und kräftige, durchtrainierte Beine.

Es ist wahr, dass nicht jede Frau für längere Zeit mit ihren Gedanken allein sein will. Doch für alle, die das wollen, kann diese Zeit zu einer Gelegenheit der Meditation und der Entspannung werden, zu einer Gelegenheit einmal richtig abzuschalten. Weil die Entspannung beim Laufen den Gedankenfluss und die Kreativität in Schwung bringt, nutzen viele Frauen diese Zeit auch zum Lösen von Problemen. Mehr als ein Problem am Arbeitsplatz wurde durch einen Lauf in der Mittagspause und der dabei entstehenden Gedankenströme gelöst.

Allein zu laufen, hat auch Vorteile für das Training. Da Sie das Tempo bestimmen, können Sie sicher sein, dass die Läufe, die eher der Regene-

Läuferinnen erzählen

Laufen Sie lieber allein oder mit anderen?

Ich laufe lieber allein, weil Laufen für mich ein Weg ist, etwas für mich zu tun.
— Kristyn, 20

Ich laufe lieber mit ein paar guten Freundinnen. Das bringt mich dazu, weiterzulaufen und motiviert mich, besonders wenn ich mal einen schlechten Tag habe oder aussetze.
— Carolyn, 42

Allein, weil ich es als billige Therapie nutze!
— Ann, 36

Beides – ich liebe Gesellschaft, aber ich laufe auch gerne einmal allein, gerade wegen der Einsamkeit.
— Patty, 35

Wenn ich alleine laufe, muss ich mir keine Sorgen darüber machen, ob mein Tempo dem des anderen angepasst ist. Ich kann intensiv und schnell oder langsam und locker laufen, ganz so, wie ich mich gerade fühle.
— Gwen, 40

Ich brauche beides. Meine Laufpartner helfen mir durchzuhalten, wenn ich Schwierigkeiten habe und sie geben unseren Erfolgen eine Bedeutung. Sie sind großartig und verstehen auch, wenn ich allein sein muss. Eigentlich laufe ich gar nicht wirklich allein, denn mein Hund ist immer dabei. Er ist so glücklich, wenn wir zusammen draußen sind; das baut mich jedes Mal auf, wenn es mir schlecht geht.
— Betsy, 33

ration dienen sollen, auch einfach bleiben und dass ein härterer Trainingstag genau Ihren Bedürfnissen angepasst ist. Wenn Sie allein laufen, müssen Sie sich keine Sorgen machen, dass Sie bei einem Lauf mitziehen müssen, der zu lang, zu schnell, zu langsam oder zu kurz für Sie ist. Außerdem können Sie Ihr Training auch zeitlich einfacher planen: Sie können loslaufen, wenn Sie Zeit haben und müssen sich nicht danach richten, wann es anderen passt.

Wenn Frauen nicht gern alleine laufen, dann vor allem aus Sicherheitsgründen. Auch wenn Sicherheit zum großen Teil von der Gegend abhängt, in der sie laufen, sind manche Frauen grundsätzlich nicht gern allein unterwegs. Andere dagegen fühlen sich auch sicher, wenn sie nachts alleine in der Nachbarschaft laufen. Letzten Endes müssen Sie selbst herausfinden, wie Sie sich am wohlsten fühlen und sich danach richten. *(Mehr Informationen über Sicherheit beim Laufen finden Sie in Kap. 17)*

Andere Läuferinnen können sich viel schwerer motivieren, wenn sie die Rolle der Einzelkämpferin spielen. Wenn sie allein entscheiden, wann und ob sie loslaufen, lassen sie sich durch Ablenkung und Ausreden viel leichter von ihrem Vorhaben abbringen. Doch meist sind die Läuferinnen, die gerne alleine laufen, hoch motiviert und lassen nicht zu, dass irgendetwas ihnen diese Zeit für sich selbst nimmt.

Mit Laufpartnerinnen trainieren

Wenn Ihnen sonst nichts den Anstoß gibt zu laufen, kann eine Trainingspartnerin das tun. Allein zu wissen, dass jemand im Park wartet oder dass die Gruppe gleich loslaufen wird, kann Sie motivieren, wenn Sie sich schlapp und antriebslos fühlen. Viele Frauen finden auch, dass die Zeit schneller und schöner vergeht, wenn sie sich während des Laufens unterhalten. Einige Gruppen treffen sich anfangs vor allem, um zu laufen, aber schließlich wird es ihnen genauso wichtig, sich überhaupt mit den anderen zu treffen.

Wenn Sie mit anderen laufen möchten, kommt es darauf an, die richtigen Leute zu finden, mit denen Sie trainieren können. Nur weil jemand Ihre beste Freundin ist, heißt das nicht, dass sie die geeignete Lauf-

partnerin für Sie ist. Vielleicht ist sie, sobald Sie beide länger als 30 Minuten allein unterwegs sind, zu schnell, vielleicht zu langsam, vielleicht redet sie zu viel oder zu wenig, vielleicht ist sie zu pessimistisch, zu ... – einfach alles Mögliche. Wenn Sie mit einer Freundin laufen, die zuvor nicht gelaufen ist und es funktioniert gut, dann haben Sie einen Glückstreffer gelandet.

Am besten sollten Laufpartnerinnen sich auf einer ähnlichen Leistungsstufe befinden. Wenn Sie Anfängerin sind, kann es tröstlich sein, mit jemandem zu laufen, der Ihre Probleme versteht und Ihre Erfolge teilt. Wenn Sie schon etwas länger laufen, werden Sie vielleicht eine Partnerin zu schätzen wissen, die Sie fordert und Ihnen Rückmeldungen geben kann. Das gemeinsame Training von zwei unterschiedlich leistungsstarken Läuferinnen mag funktionieren, ist jedoch auch kompliziert. *(Die schnellere Läuferin kann z.B. einen leichten Regenerationslauf machen, während derselbe Lauf für die andere ein anstrengendes Training bedeutet.)* Andererseits bevorzugen einige Frauen eine erfahrenere Partnerin, von der sie etwas lernen können.

Die beste Laufpartnerin ist diejenige, die Ihre Ziele und Ihren Enthusiasmus teilt oder zumindest anerkennt. Dies gilt für Anfängerinnen und erfahrene Läuferinnen gleichermaßen. *„Die Leute, mit denen Sie trainieren, bestimmen Ihre nächste Leistungsstufe"*, sagt Ann Boyd, eine Spitzenläuferin und Trainerin. *„Und wenn die Leute, mit denen Sie trainieren, Sie frusten, tun Sie etwas, um das zu ändern."*

Eine Gefahr beim Laufen in der Gruppe liegt darin, dass Sie mit der Einstellung der anderen konfrontiert werden – positiv wie negativ. Ebenso wie manche Menschen inspirierend und positiv auf Sie wirken, können andere Sie ganz schön runterbringen. Negatives Denken kann vielerlei Formen annehmen. Es kann sich in einer subtilen (fast unmerklichen) Entmutigung, in langsam schwindendem Selbstvertrauen oder sogar in regelrechter Missbilligung des Laufens äußern. Eine solche negative Einstellung kann auch von jemandem geschürt werden, von dem Sie es überhaupt nicht erwarten: z.B. einer engen Freundin, die auf Ihren hohen Gewichtsverlust neidisch ist oder einem Ehemann, der plötzlich feststellt, dass seine Frau ihn ohne weiteres in einem 5-km-Lauf schlagen kann. All diese Formen des Neids haben denselben zerstörerischen Effekt: Sie untergraben Ihr Selbstvertrauen.

„Sie müssen daran glauben, dass Sie das erreichen können, was Sie erreichen möchten", sagt Boyd. Wenn Ihnen jemand erzählt, dass Sie es nicht können oder dass Sie es nicht einmal versuchen sollten, ist das ein sicheres Hindernis auf dem Weg zum Erfolg. Wenn Sie bemerken, dass Ihre Trainingspartnerinnen demotivierend reagieren, trauen Sie sich einfach, neue zu suchen. Wie Boyd es ausdrückt: *„Umgeben Sie sich selbst mit Leuten, die die gleichen Ziele haben oder die Ihnen diese Ziele zumindest nicht nehmen wollen."*

Laufvereine

Laufvereine und Lauftreffs bieten Läuferinnen jeder Leistungsstufe eine gute Möglichkeit, Laufpartnerinnen zu finden. Es gibt sowohl strukturierte Vereine als auch informelle Gruppen, die sich regelmäßig zum Training treffen. Lauftreffs sind eine wunderbare Möglichkeit, mit Gleichgesinnten zusammen Ihre Interessen zu verfolgen. Hier treffen sich die unterschiedlichsten

NRZ, 4.11.2000

LäuferInnen – von jung bis alt, von schnell bis langsam. Sie werden mit ziemlicher Sicherheit eine passende Partnerin finden.

„Diese Gruppen heißen Neuankömmlinge stets sehr willkommen", sagt Henley Gabeau, leitende Direktorin des Road Runners Club of America, und das ist auch in Deutschland so. *„Gerade Frauen, die versuchsweise mit dem Laufsport anfangen, kann ein solcher Verein hervorragende Unterstützung bieten."* Sie können sich so weit auf die Gruppe einlassen, wie es Ihren Laufbedürfnissen entspricht. Die meisten Vereine oder Lauftreffs veranstalten ein- bis zweimal in der Woche organisierte Läufe. Darüber hinaus finden sich jedoch oft noch kleinere Gruppen zusammen, die auch zu anderen Zeiten laufen. Einige treffen sich außer zu den üblichen Langstreckenläufen auch zum Bahntraining oder zu härteren Trainingseinheiten. In jedem Fall können Sie Ihr eigenes Tempo laufen, denn Sie finden normalerweise eine Laufpartnerin mit vergleichbarer Kondition. Vereine oder Lauftreffs bieten auch den Vorteil, dass sie oft auf ein gemeinsames Ziel hin trainieren. Das kann ein Wettkampf in der Nähe oder eine größere Veranstaltung sein, zu der man gemeinsam fahren möchte. Ein Trainingsprogramm wird ausgearbeitet und man trainiert mehrere Monate auf dieses Ziel hin. Der Verein bietet Ihnen vielleicht sogar die Hilfe eines Trainers, Ratschläge und sogar ein speziell auf Sie zugeschnittenes Trainingsprogramm an.

Unter www.lauftreff.de finden Sie Lauftreffs nach Postleitzahlen sortiert. Auskunft geben auch die Landesverbände des DLV. Die Adressen finden Sie im *Serviceteil auf S. 355 ff.*

Trainer

Früher nahmen nur jugendliche und professionelle Sportler die Hilfe eines Trainers in Anspruch. Mit dem letzten Laufboom hat sich das geändert. Heute wollen alle möglichen Läuferinnen von fachlicher Anleitung und Beratung profitieren. Ein Trainer kann Ihnen in ganz unterschiedlichen Situationen Ihres Läuferinnendaseins helfen: Wenn Sie mit einem Laufprogramm beginnen, wenn Sie hoffen, Ihre Fitness noch steigern zu können und ganz bestimmt dann, wenn Sie Ihr Potential noch weiter ausschöpfen möchten. Jeder Trainer hat seine bzw. ihre eigene Philosophie und Trainingsmethode. Es ist wichtig, den für Sie passenden Trainer zu finden, damit die Trainer-Läuferinnen-Beziehung stimmt. Das bezieht sich nicht nur auf die Vorliebe für bestimmte Trainingsprogramme – auch ansonsten sollten Sie beide auf einer Wellenlänge sein. Wenn Sie nichts von einem autoritären Trainingsstil halten, sollten Sie keinen Vertrag mit einem Trainer unterzeichnen, der Sie im Kasernenhofton herumkommandiert. Wenn Sie Ihre Grenzen austesten möchten, sollten Sie sich keinen Trainer suchen, der sich vor allem

Tipps und Tricks
So können Sie einen Trainer in Ihrer Nähe finden

- *Erkundigen Sie sich bei Laufvereinen und Laufläden nach Namen von Trainern in Ihrer Gegend.*

- *Rufen Sie den Trainer an oder treffen Sie sich mit ihm, um mit ihm über seine Lauferfahrung und seinen Trainingsansatz zu sprechen.*

- *Fragen Sie, ob Sie sich einen Mustertrainingsplan für Ihre Leistungsstufe ansehen dürfen.*

- *Wenn der Trainer Gruppen trainiert, sollten Sie eine Trainingseinheit besuchen. Fühlen Sie sich dort wohl? Sprechen Sie mit anderen Läufern und fragen Sie nach Vor- und Nachteilen der Trainingsgruppe.*

- *Die Kosten für ein Training können stark variieren. Die Preise der Personal-Trainer sind für Einzelberatungen sehr unterschiedlich. Die Spanne beginnt ungefähr bei 50 € pro Stunde und endet, je nach Inhalt, bei ungefähr 260 € pro Nachmittag. (Die Preise spiegeln nicht unbedingt die Erfahrung eines Trainers wieder, und sehr viele gute Trainer nehmen nicht so ungeheure Summen.) Unter www.personalfitness.de finden Sie einen professionellen Personal-Trainer in Ihrer Nähe.*

- *Einige Trainer verlangen, dass Sie wie bei einem Fitnesscenter einen Vertrag für 6 Monate oder ein Jahr unterschreiben. Wenn ein Trainer einen langfristigen Vertrag mit Ihnen schließen möchte, sollten Sie nach einer Probezeit fragen oder erst einmal nur für einen kleineren Zeitraum bezahlen.*

- *Wenn Sie via Internet trainiert werden möchten, sollten Sie Ihren Trainer nach den Namen anderer Läufer fragen, damit Sie sich untereinander austauschen können. (Internet-Trainer sind eher etwas für erfahrene Läuferinnen. Anfängerinnen sind besser beraten, wenn sie einen Trainer in ihrer Nähe haben. Der kann ihr Training besser beobachten und entsprechend mehr Feedback geben.)*

als Leiter einer Freizeitgruppe versteht. Die besten Trainer gehen nicht nach dem Motto „ein Training für alle" vor, sondern passen die Trainingsprogramme individuell an jede ihrer Läuferinnen an.

Je leistungsorientierter Sie sind, desto wichtiger ist es, dass Sie von Ihrem Trainer absolut überzeugt sind. Ein falscher Trainingsplan kann dazu führen, dass Sie an sich selbst zweifeln: Habe ich mich genug angestrengt? Zu sehr angestrengt? Habe ich lange genug trainiert? Oder zu lange? Ihr Trainer sollte willens und in der Lage sein, Ihnen Fragen über die Grundprinzipien Ihres Trainings zu beantworten. Er oder sie sollte Ihnen sowohl ein langfristiges als auch ein kurzfristiges Programm anbieten können.

Machen Sie sich klar, dass es auch möglich ist, „über einen Trainer hinauszuwachsen". Während einige Trainer-Läufer-Beziehungen wirklich ein Leben lang halten, erreichen andere ganz natürlich einen Punkt, an dem

Mit Hunden laufen

Hunde jammern oder beschweren sich nie, sie verpassen niemals ein Training und machen keine höhnischen Bemerkungen über Ihr Tempo. Hunde sind hervorragende Laufpartner, besonders für Frauen, denn sie sorgen für zusätzliche Sicherheit. Wenn Sie sich dazu entscheiden, mit Ihrem Hund zu laufen, sollten Sie sich zunächst versichern, dass Bello dieser Aufgabe gewachsen ist. *„Was für Menschen gilt, gilt auch für Hunde"*, sagt die Tierärztin Leslie Sinclair. (Sie arbeitet für die Humane Society, einer Tierschutzorganisation in den USA, und ist dort verantwortlich für veterinärmedizinische Fragen bei Begleittieren). *„Ebenso wenig wie sich selbst, können Sie es Ihrem Hund zumuten, von einem auf den anderen Tag mit einem harten Trainingsprogramm zu beginnen."*

Dr. Sinclair empfiehlt zur Sicherheit Ihres Hundes auf die folgenden Punkte zu achten:

- *Lassen Sie Ihren Hund von einem Tierarzt untersuchen. Neben einer Standarduntersuchung sollte der Arzt auch auf Erkrankungen des Bewegungsapparates wie Arthritis oder einer Hüftdysplasie und auf Herz- und Atembeschwerden achten.*

- *Geben Sie dem Hund genau so viel Zeit, sich an das Training zu gewöhnen, wie Sie selbst für Ihr Anfangstraining brauchen würden.*

- *Wenn Ihr Hund noch ein Welpe ist, sollten Sie intensives Training vermeiden. Einige Rassen können Probleme mit Ihren Gelenken bekommen, wenn diese noch in der Entwicklung sind. Fragen Sie Ihren Tierarzt, wann Ihr Hund ausgewachsen ist.*

sie keine Fortschritte mehr machen. Das kann von vielen Dingen abhängen – vielleicht haben Sie etwas mehr Lebenserfahrung gewonnen oder Ihr Körper hat sich so verändert, dass Sie jetzt andere Ansprüche an Ihr Training stellen. Ein guter Trainer wird Ihre Entwicklung nicht behindern, sondern Ihnen hoffentlich konstruktive Ratschläge geben, wenn Sie darüber nachdenken, Ihren Kurs zu ändern.

Personal-Trainer

Personal-Trainer sind ideal für Laufanfängerinnen und für Frauen, die das Laufen in ein allgemeines Fitnessprogramm integrieren möchten. Sie können besonders für übergewichtige oder ältere Frauen eine Hilfe sein oder für Frauen, die aus anderen Gründen eine besonders intensive Betreuung ihres Fitnessprogramms benötigen. Personal-Trainer können Ihnen einen

---

- *Nehmen Sie Rücksicht auf den Charakter der Hunderasse. Einige Hunde, wie z.B. Jagdhunde, wurden dazu gezüchtet, besonders ausdauernd zu sein, andere, wie z.B. Möpse, sind ganz bestimmt keine Sportler.*

- *Denken Sie daran, dass Ihr Hund nicht sagen kann: „Ich bin müde", und wahrscheinlich bis zu Erschöpfung versuchen wird, mit Ihnen mitzuhalten. „Nur weil ein Hund weiterläuft, heißt das nicht, dass er auch weiterlaufen sollte", sagt Dr. Sinclair. Beobachten Sie Ihren Hund genau und achten Sie auf übermäßiges Hecheln. Wenn der Hund nicht mehr voller Energie neben Ihnen herläuft, sondern zurückbleibt, ist das das Zeichen, anzuhalten.*

- *Bieten Sie Ihrem Hund während des Laufens oft etwas Wasser an. Bei einigen Wasserflaschen ist ein Becher dabei, der sich gut dafür eignet. Sie können Ihrem Hund auch beibringen, aus einer Sportflasche zu trinken.*

- *Achten Sie auf die Pfoten Ihres Hundes. Sie sollten sich vor dem Start vergewissern, dass sie keine abgebrochenen Nägel oder kleine Schnitte haben. An heißen Tagen ist es besser, auf Gras statt auf Asphalt zu laufen – oder morgens oder abends, wenn es kühler ist. Im Winter sollten Sie darauf achten, dass sich Schnee und Eis nicht zwischen den Krallen Ihres Hundes ansammeln.*

- *Frischen Sie das Gehorsamstraining auf. Sie werden nicht so viel Kontrolle über Ihren Hund haben wie sonst, weil Ihr Hund ständig mal vor, mal hinter Ihnen läuft und andere Hunde und Menschen um Sie herum sind. Sie sollten sicher sein, dass Ihr Hund Ihren Befehlen gehorcht.*

Trainingsplan zusammenstellen, der Laufen und andere aerobe Sportarten mit Übungen für Kraft und Beweglichkeit kombiniert.

Auch wenn Sie eine erfahrene Läuferin sind, können Sie für bestimmte Einheiten Ihres Trainingsplans die Hilfe eines Personal-Trainers in Anspruch nehmen. Er kann Ihnen hilfreiche Tipps für Kraft- und Beweglichkeitsübungen geben. *(Erklären Sie ihr oder ihm, dass Sie ein Programm möchten, das Ihr Laufen ergänzt und mehr auf Ausdauer als auf Kraft zielt.)* Auch wenn Personal-Trainer sich in allgemeiner Fitness gut auskennen, sind sie normalerweise keine Experten, was das Laufen betrifft. Darum werden sie bei Leistungsläuferinnen auch nicht so schnell Anzeichen von Verletzung oder Übertraining erkennen.

In den meisten Fitnessstudios finden Sie heutzutage solche Trainer. Um einen Personal-Trainer zu finden, der einen Trainingsansatz und eine Einstellung vertritt, die Ihnen entgegenkommen, sollten Sie vorab ein ausführliches Gespräch mit ihm oder ihr führen. Einige bieten vor Vertragsunterzeichnung eine kostenlose Beratung an.

Laufseminare/Workshops

Genau wie Trainer sind auch Laufseminare heute nicht mehr länger nur etwas für die ganz besonders Schnellen. Heutzutage wird ein breites Spektrum an Laufseminaren für Läuferinnen auf den verschiedensten Trainingsstufen angeboten. Laufseminare sind eine hervorragende Möglichkeit, mehr über das Laufen zu erfahren und neue Freunde zu gewinnen. Die Seminare bieten organisierte Läufe, Vorträge über Laufstil, Ernährung, Stretching, Training usw., aber auch Unterhaltung und Entspannung. Noch Monate, nachdem Sie wieder zu Hause sind, zehren Sie von ein paar Tagen, die Sie mit gleichgesinnten Läuferinnen und gesunder Bewegung verbracht haben.

Laufseminare werden vielerorts angeboten. Vielleicht finden Sie ein Angebot in Ihrer Nähe. Sie können aber auch weiter wegfahren – in die Berge, an einen See oder in ein anderes Land – um wirklich einmal alles hinter sich zu lassen. Wenn es Ihnen wichtig ist, dass die anderen Läufer einen ähnlichen Trainingsstand haben wie Sie, erkundigen Sie sich vorher nach der Lauferfahrung der Seminarteilnehmer. Die Unterkünfte sind so unterschiedlich wie die Preise. Wenn Sie also den Luxus eines Hotels einem kargen Schlafsaal vorziehen, suchen Sie sich Ihr Seminar dementsprechend aus. Überlegen Sie, ob Sie lieber nur mit Frauen oder auch mit Männern zusammen sein möchten. Wenn Sie sich für ein Seminar mit Männern und Frauen entscheiden, fragen Sie den Trainer, ob vor allem Paare oder Singles teilnehmen, da sich dies auf die gesamte Atmosphäre auswirken kann.

Links zu qualitativ hochwertigen Angeboten und Seminaren finden Sie im *Serviceteil auf S. 355 ff.*

Mit Männern laufen

Laufen ist eine der wenigen Sportarten, bei denen Männer und Frauen wirklich auf der gleichen Stufe miteinander konkurrieren. Sie trainieren auf die gleiche Art und Weise und laufen normalerweise auch bei den gleichen Wettkämpfen. Anders als bei anderen Sportarten finden sich darum Männer und Frauen häufiger als Laufpartner auf der Strecke wieder. Glücklicherweise sind schlechte Erfahrungen von Frauen beim Laufen mit Männern eher die Ausnahme als die Regel. Es gab jedoch eine Zeit – vor einigen Jahrzehnten – als die Laufwelt ein Tummelfeld für Machos war. Damals mussten sich Frauen von einigen Männern abfällige Bemerkungen und schlechtes Benehmen gefallen lassen. Doch selbst in den Anfangstagen des Laufens unterstützten die meisten Männer ihre Laufkolleginnen.

Gabeau erinnert sich noch, wie es war, als sie ihrem ersten Laufverein beitrat. Das war Mitte der 70er und sie war eine von nur fünf Frauen in einer Gruppe von 75 Männern.

„Es war ein bunt gemischter Haufen vom Schreiner bis zum Richter. Sie nahmen Frauen

genauso fraglos auf wie jeden anderen", erinnert sie sich. In den meisten Laufvereinen und Lauftreffs gibt es heute ein gesundes Gemisch beider Geschlechter, es gibt keinen so ausgeprägten Männerüberschuss mehr wie vor 20–30 Jahren. Beim Laufen bilden sich Gruppen eher auf der Basis von Geschwindigkeit als von Chromosomen. *„Die Frauen sind heute längst nicht mehr so zögerlich, wenn es darum geht, mit Männern zu laufen"*, sagt Gabeau. *„Sie lassen sich nicht einschüchtern, und viele der Jüngeren laufen lieber in gemischten Gruppen. Dann wird der Lauf noch mehr zu einem Ort für soziale Kontakte oder*

Aus meinem Trainingstagebuch

Als ich aufwuchs, war ich immer „einer von den Jungs". In der High School lief ich mit den Jungen, weil es bei den Mädchen kein Crosslaufteam gab. In den 70ern konnte das jede Menge hässlicher, unangenehmer Erfahrungen bedeuten, doch ich hatte Glück. Mein älterer Bruder, der auch im Team war, und seine Freunde hatten mich so gut wie adoptiert. Sie sorgten dafür, dass es mir immer gut ging. Das Ergebnis war, dass ich mich bei der lockeren Konkurrenz und den kleinen Neckereien der Jungen mehr zu Hause fühlte als später im Mädchenteam, das die Schule schließlich doch noch aufstellte. Ich hielt die Mädchen für dumme Klatschtanten und vor allem waren sie zickig und bösartig, wenn man mit ihnen konkurrierte.

Ja, ich war voreingenommen. Ein eklatanter Fall von umgekehrter Diskriminierung. Doch sobald ich auf das College kam, änderte sich meine feindliche Einstellung und ich fand enge Trainingspartnerinnen. Bis zum heutigen Tage aber genieße ich – auch aus nostalgischen Gründen – das Training mit Männern. Und natürlich habe ich mit der Zeit herausgefunden, dass nicht alle Männer so problemlose Trainingspartner sind wie die Jungen auf der High School.

Da gibt es die Männer, die darauf bestehen, auf lockeren Läufen schneller zu werden, nur weil sie beweisen möchten, dass eine Frau es niemals mit ihnen aufnehmen könnte. (Sie werden dann vor die Wahl gestellt, Ihren „lockeren" Lauf zu Ende zu bringen oder den Männern die selbstgefällige Genugtuung zu lassen, dass sie ihren Standpunkt bewiesen haben.) Da war zum Beispiel dieser Mann aus dem Laufverein, der sich darüber ausließ, wie beeindruckend Spitzenläuferinnen doch seien: Die könnten doch tatsächlich schneller laufen als er! (Himmel! Was für ein Maßstab, dachte ich.) Es gab auch diese erste Verabredung, bei der ich erwähnte, dass ich mir für den nächsten Tag einen 24-km-Lauf vorgenommen hatte. Der Mann lud

sogar zu einem Weg, einen Mann – oder umgekehrt eine Frau – kennen zu lernen."

Dennoch, wenn es darum geht, Laufpartner zu finden, bevorzugen einige Frauen, insbesondere ältere Frauen und Laufanfängerinnen, die unbeschwertere Gesellschaft einer anderen Frau. Sie haben weniger Hemmungen sich über ihr Training, ihren Körper oder ihre Trainingspläne zu unterhalten, denn die Partnerin hat ja auch einen persönlichen Bezug zu diesen Problemen. Auch wenn Sie so empfinden, sollten Sie Laufvereine nicht gleich ganz abhaken: Sie können trotzdem

sich kurzerhand selbst ein mitzulaufen. Als ich ihn hinter mit zurückließ, war er verägert. Dabei hatte ich ihm genau gesagt, wie schnell ich laufen wollte und er hatte gesagt: Perfekt, kein Problem! Nach ungefähr 16 km lag er in den letzten Zügen und ich sah mich im Geiste schon mit ihm vorwärts kriechen. Doch stattdessen setzte ich meinen Lauf lieber ohne ihn fort (und sah ihn nie wieder).

Doch meine liebste „Mit-Männern-laufen"-Geschichte erlebte ich auf einer Geschäftsreise. Ein führender Laufschuhhersteller plante am frühen Morgen einen Volkslauf. Es gab keine Tempovorgabe, doch als ich ankam, sagte mir der Veranstalter, dass fast alle Läufer Anfänger seien und es vermutlich nur ein geselliger Ausflug werde. Als ich ihm sagte, dass ich für diesen Tag ein anstrengenderes Training geplant hatte, empfahl er mir zu einem Hotel in der Nähe zu laufen, von dem aus ein paar erfahrene Läufer starten wollten. Als ich (joggend) dort ankam, wollte eine Gruppe von sieben Männern gerade loslaufen. Ich fragte, ob ich mich ihnen anschließen dürfe. „Klar, wenn es sein muss ...", murmelte einer von Ihnen vor sich hin.

Wir liefen los. Sie führten ihre Männergespräche und ignorierten mich im Großen und Ganzen – was ich nicht weiter schlimm fand. Ich war sowieso nur wegen des Trainings da. Nach ein paar Kilometern wurde das Tempo schneller, dann noch ein bisschen, dann noch ein wenig. Bald spurteten wir durch einen hügeligen Park in einem solchen Tempo, dass erst ein Mann zurückblieb, dann zwei. Das Gespräch war verstummt. Als wir auf der Hälfte des Laufes umdrehten, war klar, dass noch zwei Läufer zurückfallen würden. „Hey, die hat es euch ganz schön gezeigt!", rief einer der Männer an der Spitze. Wir hatten noch einen Kilometer vor uns und ich lief mit zwei Männern vornweg. Erst jetzt wurde ich zum ersten Mal wahrgenommen: „He, wer bist du denn überhaupt?", fragte einer. Süßer Triumph. Ich war wieder „einer von den Jungs" geworden.

die Gemeinschaft mit anderen genießen – bilden Sie doch einfach bei den Läufen mit anderen Frauen zusammen eine Gruppe.

Wenn der in Frage kommende Laufpartner Ihr Ehemann oder Lebenspartner ist, wird es etwas komplizierter, weil nun komplexere emotionale Faktoren ins Spiel kommen. Natürlich können Sie sich glücklich schätzen, wenn Sie beide Läufer sind. Paare, bei denen beide Partner gerne Sport treiben, bleiben länger dabei und leben gesünder. Es gibt auch weniger Missverständnisse oder Eifersucht, wenn es darum geht, Ihre Zeit für diesen Sport einzuplanen.

Einige Paare, besonders wenn beide in etwa die gleiche Kondition haben, können ohne Probleme miteinander trainieren und Ihre Läufe als wertvolle gemeinsame Zeit empfinden. Doch die Beziehungen zwischen Läufern sind nicht immer so rosig. Bei einigen Paaren führt das Laufen zu Spannungen, besonders wenn beide über unterschiedliche Lauferfahrung verfügen. Wenn Ihr Mann ungeduldig ist oder sogar spöttische Bemerkungen über Ihr Tempo macht, ist es vermutlich besser, alleine zu trainieren. Das Gleiche gilt für eine schnelle Frau mit einem Partner, der sich bedroht fühlt und wütend wird, wenn er von seinem „Schatz" überholt wird.

Wenn Ihnen diese Situationen bekannt vorkommen, Sie Ihre Trainingszeit aber trotzdem gerne miteinander verbringen möchten, gibt es Lösungen. Zum Beispiel: Versuchen Sie das Haus gemeinsam zu verlassen oder miteinander zu Ihrer Laufstrecke zu fahren. Sie machen zusammen Ihr Aufwärm- und Dehnprogramm, laufen dann aber unabhängig voneinander los. Wenn Sie eigentlich gerne miteinander laufen, der Tempounterschied das aber erschwert, können Sie Ihr Training einmal in der Woche so planen, dass es für Sie beide passt. Wenn er zum Beispiel schneller ist, können Sie den anstrengendsten Lauf Ihrer Trainingswoche auf einen Tag legen, an dem er einen leichten Lauf plant.

Lassen Sie nicht zu, dass „laufender Ärger" Ihre Beziehung vergiftet. Einige Paare sind einfach nicht für ein gemeinsames Training geschaffen. Es ist besser, alleine oder mit anderen zu trainieren als zuzulassen, dass dieser Stress Ihre Beziehung oder Ihr Laufen beeinträchtigt. Sehen Sie das Training dann als Zeit an, die Sie ohne Ihren Partner verbringen und geben Sie sich damit zufrieden, Ihre Erfahrungen auszutauschen, wenn Sie von Ihren jeweiligen Trainingseinheiten nach Hause kommen.

11. Das richtige Gleichgewicht finden

Es gibt einen Namen für Frauen, die versuchen Beruf, Familie und gesellschaftliches Leben unter einen Hut zu bringen – und auch noch schaffen etwas für Körper und Geist zu tun: Powerfrauen. Doch wenn man danach geht, welche Frau ist dann keine Powerfrau? Heutzutage stellt der Alltag an uns immer mehr und unterschiedlichere Anforderungen. Da uns täglich aber nur 24 Stunden zur Verfügung stehen, wird jeder Tag zum Balanceakt zwischen verschiedenen Prioritäten. Während Sie an manchen Tagen alles mit links erledigen, müssen sie sich an anderen fast zerteilen, um allen Anforderungen gerecht zu werden. Laufen trägt sowohl zur Lösung als auch zur Verschlimmerung dieses Problems bei. An einem Tag, der bereits mit Terminen überladen ist, bedeutet Laufen noch einen zusätzlichen Eintrag im ohnehin vollen Terminkalender. Dennoch ist das Laufen für viele Frauen eher eine Rettungstat, ihr Schlüssel zu körperlichem und seelischem Wohlbefinden. Damit ist die Zeit, die Sie sich zum Laufen nehmen, mehr als gerechtfertigt.

⊚ Warum Sie sich die Zeit nehmen sollten

„Trainieren zu wollen ist nicht selbstsüchtig", sagt Susan Kalish, leitende Direktorin der American Running Association. *„Sie werden eine stärkere Persönlichkeit und das kommt letzten Endes Ihrer Familie, Ihrem Beruf und allem anderen zu Gute. Training hält Sie jung. Es hilft Ihnen dabei, in Ihrem Leben die zu bleiben, die Sie sein möchten."* Kalish, Mutter von zwei Kindern, weiß schon seit Jahren, dass das Laufen aus ihr einen gesünderen, selbstbewussteren und optimistischeren Menschen gemacht hat.
„Ich nehme mir die Zeit zum Laufen, denn so kann ich meiner Familie eine tatkräftige Mutter sein, von der sie noch lange etwas haben." Tatsächlich haben Studien gezeigt, dass regelmäßiges Laufen oder Walken Angst, Stress und Depressionen reduziert, während das Wohlgefühl und die Selbstachtung steigen. Und das äußert sich wiederum in einem gesünde-

ren Lebensstil, der Ihnen mehr Energie gibt, sich positiv auf Ihre Beziehung zu anderen Menschen und Ihre gesamte Lebenseinstellung auswirkt. Ihre Fitness macht Sie zu einem guten Vorbild für die Kinder. Laufen erhöht die Selbstachtung und gibt Ihnen in allen Lebenslagen das nötige Selbstvertrauen. *„Wenn Sie eine starke Frau sind, werden Sie auch wie eine starke Frau behandelt"*, sagt Kalish. *„Wenn Sie irgendwo hingehen und sagen, dass Sie nach den Sternen greifen wollen, dann glauben Ihnen die Menschen auch, dass sie das können".*

⊚ *Wenn der Partner dagegen ist*

Manche Lebenspartner oder Ehemänner freuen sich nicht direkt über alle Segnungen des Laufens. Die möglichen Reaktionen eines Partners reichen von ziemlich blöd (ihm ist es peinlich, wenn sich herausstellt, dass Sie schneller sind als er) bis eingeschüchtert (er fühlt sich von Ihrem neu entdeckten Selbstvertrauen bedroht und versucht Sie vom Laufen abzuhalten). Wenn Ihr Partner Ihr Laufen alles andere als unterstützt, versuchen Sie, den Grund dafür herauszufinden. Wenn er selber nicht läuft, ist er vielleicht eifersüchtig, weil Sie Zeit ohne ihn verbringen, oder er ist neidisch auf Ihre neu gewonnene Fitness. In diesem Falle sollten Sie ihn einfach immer wieder zum Mitmachen einladen. Sonst wird die Lücke zwischen Ihnen und Ihrem Schatz durch die unterschiedliche Fitness, den anderen Lebensstil und die Zeit, die Sie mit dem Sport verbringen, immer größer.

Wenn er selbst läuft und trotzdem nicht viel von Ihren sportlichen Ambitionen hält, gefällt es ihm vielleicht nicht, dass Sie beim Laufen mit ihm Schritt halten oder ihn gar überholen könnten. Es ist wirklich wahr: Es gibt immer noch einige Männer, die meinen, dass sie Frauen in jeder Sportart schlagen müssen. Wenn Sie mit so einem Mann zusammen sind, können sie diesen Affront gegen seine Männlichkeit umgehen, indem Sie immer getrennt laufen. Auf lange Sicht (und zum Wohle aller Frauen) ist es vielleicht besser, wenn er mit diesem Problem irgendwie auf seine Weise zurechtkommt. Sie sollten ihm auf jeden Fall sagen, dass die besten Läuferinnen im Grunde genommen jeden Mann schlagen können – er ist also in guter Gesellschaft.

Frauen, deren Partner das Laufen einfach nicht akzeptieren wollen, haben vielleicht ein weitaus größeres Problem, als der Streit um das Training vermuten lässt. Wenn Ihr Mann sich beschwert, weil Sie zu viel Zeit mit dem Laufen verbringen, kann das auch bedeuten, dass er einen Machtverlust fürchtet. Wenn eine gesunde Beschäftigung wie das Laufen sich zu einem ernsten Streitpunkt in der Partnerschaft entwickelt, ist es vielleicht angesagt, diesen Konflikt (mit Hilfe eines Therapeuten) zu analysieren. Mehr als eine Frau hat mit dem Laufen angefangen und dadurch die Kraft gefunden, aus einer unglücklichen Beziehung „herauszulaufen".

Die Zeit zum Laufen finden

Selbst wenn Sie schon davon überzeugt sind, dass Ihre Gesundheit – und damit Ihr Laufen – Priorität hat, kann es dennoch schwierig sein, an einem arbeitsreichen Tag Zeit dafür zu finden. Sie fragen sich vielleicht oft: Wann soll mir dafür noch Zeit bleiben? Der erste Schritt zur Beantwortung Ihrer Frage ist einfach: Ändern Sie die Frage. Fragen Sie einfach: Wie nehme ich mir die Zeit? Um sich erfolgreich einem Trainingsprogramm widmen zu können, müssen Sie Ihrem Training die gleiche Priorität beimessen, wie Ihrem Beruf, Ihrer Familie und Ihren anderen Verpflichtungen. Sie werden keine halbe Stunde oder länger zum Laufen finden, wenn Sie ihre Zeitplanung dem Zufall überlassen. Wenn Sie aber einen Lauf genau so wenig

ausfallen lassen, wie Sie an einem Arbeitstag einfach blaumachen würden, werden Sie fast immer Zeit finden.

Hier die besten Läufertricks, mit denen Sie Planungsdebakel vermeiden:

Laufen Sie morgens, bevor Sie irgendetwas anderes tun. Viele Frauen laufen schon um 4 oder 5 Uhr los, weil Ablenkungen und Termine zu dieser Zeit am wenigsten wahrscheinlich sind. Wenn Sie der Versuchung noch ein Stündchen länger schlafen zu wollen nur schwer widerstehen können, legen Sie Ihre Laufsachen neben Ihr Bett. Das erinnert Sie an Ihr Vorhaben für den nächsten Morgen. Lassen Sie die Vorhänge auf, dann kann die Sonne Sie morgens aus dem Bett holen. Gewöhnen Sie sich an, früher ins Bett zu gehen.

Läuferinnen erzählen

 Wie man Zeit findet

99 *Ich nehme mir die Zeit. Laufen ist für mich ebenso wichtig wie das tägliche Zähneputzen. Ich notiere meine Läufe in meinem Kalender, genau so wie ich es mit einer Verabredung machen würde.* 66
— Ann, 46

99 *Ich laufe, bevor der Rest der Familie aufwacht, von 5.45 bis 7.00 Uhr. Für die langen Läufe am Wochenende habe ich mit meinem Mann ausgehandelt, dass er 3 bis 4 Stunden auf die Kinder aufpasst. Dafür geht er Golf spielen, sobald ich zu Hause bin. (Na gut, ich laufe vielleicht 3 Stunden – danach quatsche ich noch ein bisschen bei Kuchen und Milchkaffee mit ein paar Freundinnen.)* 66
— Gyll, 29

99 *Ich laufe direkt nach der Arbeit ungefähr eine Stunde. Wenn ich nicht sofort loslaufe, sobald ich zu Hause bin, laufe ich gar nicht.* 66
— Deborah, 30

99 *Planen Sie voraus. Ich versuche meine Läufe genau zu planen und schreibe sie mir in den Kalender. Es ist wie eine Verabredung, die man nicht verpassen darf.* 66
— Mary, 46

99 *Ich treffe mich mit einer Gruppe von Leuten. Das hilft mir dabei, wirklich loszulaufen.* 66
— Karen, 36

Laufen Sie direkt nach der Arbeit. Ein Lauf kann Ihnen dabei helfen, den Arbeitsstress abzuschütteln und den Tag entspannt ausklingen zu lassen. Doch hüten Sie sich vor Motivationskillern wie dem Sofa und dem Fernseher. Anstatt erst einmal zu Hause vorbeizuschauen, sollten Sie direkt von der Arbeit zu Ihrem Trainingsort fahren. Auf diese Weise werden Sie nicht so leicht von anderen Dingen abgelenkt. Wenn Sie von zu Hause aus laufen, ziehen Sie die Laufsachen an und laufen Sie dann sofort los. Widmen Sie sich Anrufbeantworter, Post und E-Mails erst, wenn Sie von Ihrem Lauf zurück sind.

Nutzen Sie flexible Arbeitszeiten. Fangen Sie früher an zu arbeiten oder bleiben Sie abends länger, um mittags eine Pause machen zu können.

Machen Sie aus Ihren Läufen mehr als nur Training. Anstatt sich mit Ihren Freunden zum Essen zu treffen, können Sie vorschlagen zusammen laufen zu gehen. Eine Nichtläuferin kann Sie vielleicht auf dem Fahrrad begleiten. Wenn einige Ihrer Arbeitskollegen auch Läufer oder Läuferinnen sind, können Sie anregen, dass Sie zusammen laufen gehen, um beispielsweise Schwierigkeiten zu besprechen.

Wohin mit dem Kind

Wenn sie ein Baby oder ein Kleinkind haben, mögen Sie zwar viel Zeit haben – einen Großteil dieser Zeit sitzen Sie aber zu Hause fest und müssen darauf achten, dass Junior nichts anstellt. Einige der folgenden Vorschläge werden Ihnen helfen, Training und Familie unter einen Hut zu bringen. Das funktioniert besonders gut bei vielbeschäftigten Frauen mit einem anstrengenden Tagesprogramm.

Kinderwagen. Heutzutage ist es einfach mit einem Baby (oder sogar zweien) im Kinderwagen zu laufen. Entscheiden

Foto: „Zwei plus zwei", Köln

Foto: „Zwei plus zwei", Köln

Sie sich für einen Wagen, der speziell für diesen Zweck entwickelt worden ist und den Abnutzungserscheinungen durch Straße und Gelände standhält.

Diese sogenannten Babyjogger können Sie in Laufläden, Sportgeschäften, Babyfachgeschäften und über Laufkataloge bekommen.

Laufband. In ein Laufband zu investieren ist eine absolut kinderfreundliche Lösung, die sich jahrelang auszahlen wird. Sie können zu Hause laufen und gleichzeitig auf Ihr Kind aufpassen. (Ein weiterer Bonus: Wenn das Wetter schlecht ist, werden Sie froh sein, diese Maschine im Haus zu haben).

Aquajogging. Sie können Ihr Kind mitnehmen, wenn Sie im Schwimmbecken trainieren wollen. Für das Aquajogging brauchen Sie eine spezielle Auftriebshilfe, einen Gürtel, den Sie in Sportgeschäften kaufen oder im

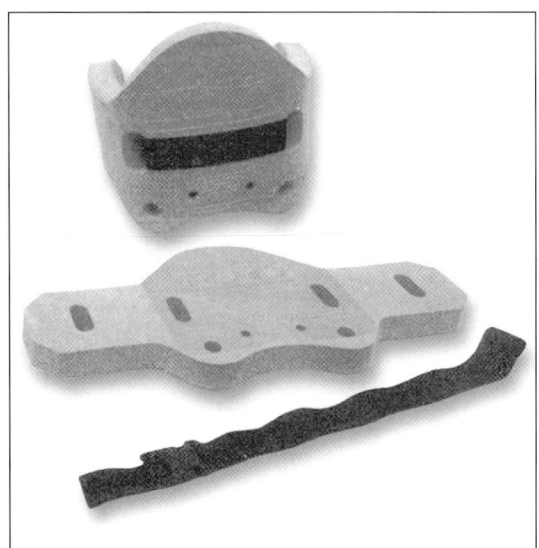

Schwimmbad leihen können. Ihr Baby kann im Kinderwagen schlafen, während Sie es im Auge behalten. Ein älteres Kind kann unter dem wachsamen Blick einer Freundin im Kinderbecken spielen.

Babysitting-Netzwerk. Finden oder gründen Sie eine Gruppe von laufenden Müttern, die kleinere Kinder haben. Jede Frau kann abwechselnd einen

Tag auf die Kinder aufpassen, während die anderen laufen. Die Anzahl der Tage, an denen Sie in der Woche laufen können, hängt dann von der Größe Ihrer Gruppe ab.

Sportplätze und Parks. Wenn die Kinder alt genug sind alleine zu spielen, können Sie sie zum Sportplatz, einem kleineren Park oder ähnlich übersichtlichen Orten mitnehmen. Während die Kinder spielen, können Sie z.B. in einer großen Runde um sie herumlaufen, sodass Sie sie immer im Auge behalten können.

Fitness für die ganze Familie. Lassen Sie die Kinder mit dem Fahrrad neben Ihnen herfahren, während Sie laufen.

Unterwegs

Ganz egal wie diszipliniert Sie als Läuferin sind, auf Reisen werden Sie fast immer auf Schwierigkeiten treffen, wenn Sie Ihren Trainingsplan einhalten möchten. Ein gestörtes Zeitgefühl, ein vollgestopftes Reiseprogramm; reichliches Essen und ein ausgiebiges Nachtleben – das alles kann die besten Absichten sabotieren.

Wenn Sie selten verreisen, sollten Sie sich über ein paar verpasste Läufe keine Sorgen machen. Manchmal kann eine Pause von der Routine ganz willkommen und wohltuend sein. Wenn Sie irgendwohin fahren, wo man gut laufen kann, nehmen Sie Ihre Schuhe mit. Anstatt das Laufen während des Urlaubs als eine lästige Pflicht zu betrachten, können Sie es als Möglichkeit nutzen, Ihren Urlaubsort auf diese Weise kennen zu lernen. Es kann spannend sein, früh am Morgen einen fremden Ort gleich nach dem Aufwachen zu Fuß zu erkunden, während die anderen noch schlafen. Dabei können Sie sich orientieren, nach Plätzen Ausschau halten, die Sie tagsüber noch genauer ansehen wollen und versteckte Kleinode entdecken, an denen Sie mit dem Mietwagen glatt vorbeigefahren wären.

Geschäftsreisen sind da etwas komplizierter. Wenn Sie beruflich viel unterwegs sind, müssen Sie Wege finden, wie Sie Ihr Training mit Ihren Geschäftsreisen vereinbaren können. JoAnn Behm Scott, Spitzenläuferin und Flugbegleiterin, versteht die Probleme, die durch das Reisen entstehen besser als die meisten anderen. *„Manchmal muss man auch trainieren, wenn man müde ist"*, sagt Scott. *„Sie laufen vielleicht nicht die Zeit, die*

Sie laufen möchten – und dennoch: Schrauben Sie Ihre Erwartungen runter, gehen Sie raus und tun es einfach." Ihre Tipps für das Laufen auf Reisen sind unter anderem:

Seien Sie diszipliniert aber vernünftig. Begeben Sie sich nicht in gefährliche Situationen. Wenn Sie in einer fremden Stadt sind, in der Sie nicht sofort eine Laufstrecke finden, können Sie vielleicht im Hotel auf dem Laufband trainieren. Wenn Ihr Hotel so etwas nicht anbietet, fragen Sie, wo Sie trainieren können. Vielleicht gibt es in der Nähe ein Fitnessstudio, das ein spezielles Angebot für Hotelgäste hat.

Trinken, trinken und noch mal trinken. Reisen kann Sie austrocknen. Sie sollten weniger Kaffee und Tee, dafür aber viel mehr Wasser, Säfte und Sportgetränke trinken.

Versuchen Sie vernünftig zu essen. Kaufen Sie Obst, das Sie im Hotelzimmer aufbewahren können. Nehmen Sie Energieriegel mit, damit Sie bei Geschäftsterminen Ihren Hunger bekämpfen können. Wenn Sie sich tagsüber gesund ernähren, sind Sie abends nicht so ausgehungert und gegen fettes Essen und Desserts immun.

Respektieren Sie Ihren Jetlag, aber lassen Sie sich nicht allzu sehr davon behindern. Wenn Sie in Tokio sind, aber Ihre Beine immer noch glauben, sie wären zu Hause, sollten Sie das in Ihrem Trainingsplan berücksichtigen. Passen Sie Ihre Kilometerzahl und Ihr Tempo so an, dass Ihr Training nicht zu anstrengend wird.

Geben Sie sich genug Zeit zum Erholen und schränken Sie Ihr Nachtleben ein. Scott hat einen effektiven Weg gefunden, um Arbeitskollegen zu begegnen, die Sie abends zum Ausgehen drängen wollen: „Ich komme mit und trinke heute Abend ein Glas Wein mit euch, wenn ihr morgen aufsteht und mit mir lauft!"

Veränderungen akzeptieren

Um das richtige Gleichgewicht zu finden, müssen Sie nicht nur während des Tages oder der Woche einen Platz für das Laufen finden, sondern auch in Ihrem Leben. Die Rolle, die das Laufen in Ihrem Leben spielt, wird sich mit der Zeit unweigerlich ändern. Ihre sportlichen Ziele können leicht nebensächlich werden, wenn das Leben Ihnen in Form von Arbeit, Kindern,

Heirat oder ähnlich zeit- und energieaufwendigen Dingen dazwischenfunkt. Wenn das Laufen Ihnen immer wichtiger geworden ist, und ganz besonders, wenn Sie an Wettkämpfen teilnehmen möchten, kann es schwer sein, solche Veränderungen zu akzeptieren. *„Sie müssen die Dinge nehmen, wie sie kommen"*, sagt Kalish. *„Sie können tun, was Sie können und Ihre Prioritäten setzen, aber manchmal müssen Sie sich selbst auch mal eine Pause gönnen."* Für Kalish waren es ihre Kinder, die ihre Prioritäten verschoben haben. *„Meine Arbeit konnte nichts an meinem Laufverhalten ändern, meine Ehe auch nicht – die Kinder aber um so mehr!"*, sagt sie. Vor der Geburt ihres ersten Kindes war sie in vielen Wettkämpfen gelaufen und hatte geglaubt schnell wieder dort anfangen zu können, wo sie aufgehört hatte. *„Wenn Sie mich vorher gefragt hätten, hätte ich nie gesagt, dass mein Training unter der Schwangerschaft und dem Kind leiden könnte. Doch dann, 4 Monate nach der Geburt, sah ich ein, dass ich meine Erwartungen ändern musste."*

Es dauerte noch Jahre bis Kalish über die Wut und die Enttäuschung hinwegkam, dass Sie nicht mehr auf dem gleichen Niveau weiterlaufen konnte. *„Letztendlich habe ich erkannt, dass ich in einem neuen Lebensabschnitt angelangt bin, aber trotz allem noch Spaß am Laufen haben kann. Ich konzentriere mich jetzt darauf, meine Familie fit und gesund zu halten."*

"Sie wissen einfach nie, zu welcher Kategorie Sie gehören werden, ob Sie trotz Kindern und Job ohne weiteres weiterlaufen können oder ob es Ihnen unmöglich sein wird. Und das kann sich auch von einem Lebensabschnitt zum nächsten ändern. Wenn Sie lange genug leben, finden Sie vielleicht irgendwann das richtige Gleichgewicht", sagt Kalish.

Viele Frauen sind genau so enttäuscht wie Kalish, wenn sie dazu gezwungen sind, ihr Training zu reduzieren. Sie vermissen das Gefühl topfit zu sein und das Selbstvertrauen, das entsteht, wenn man an seine Grenzen geht. Sie mögen ihren untrainierten Körper und ihr Aussehen nicht. In einer solchen Situation ist es hilfreich, sich auf die positiven Aspekte zu konzentrieren. Beim Laufen können Sie immer noch Stress abbauen, Freunde treffen und Ihre Freizeit auf gesunde Art an der frischen Luft verbringen. Aus all diesen Gründen ist es besser, ein bisschen zu laufen als gar nicht. Manchmal kann es Monate oder Jahre dauern, bis Sie sich

daran gewöhnt haben, aber all die positiven Seiten des Laufens bleiben Ihnen erhalten, auch wenn Sie nicht mehr die Schnellste sein können.

Wenn die Dinge nicht so laufen, wie geplant, kann es schwer fallen, sich neue Perspektiven zu schaffen. Doch das Laufen selbst lehrt uns, wie wichtig Geduld, Ausdauer und eine langfristige Zielsetzung sind. *„Von Zeit zu Zeit habe ich zugelassen, dass das Laufen mein Leben bestimmt"*, sagt Betsy Roberts aus Boise, Idaho, die seit fast 20 Jahren läuft. *„Während dieser Zeit war Laufen kein Spaß mehr und wurde eher zum Stressverursacher als zur Möglichkeit Stress abzubauen. Doch heute weiß ich, dass ich sogar daran noch gewachsen bin. Inzwischen merke ich, wenn es wieder soweit ist und habe gelernt, nicht immer der Verlockung einer neuen Herausforderung nachzugeben, sondern einfach nur Spaß am Laufen zu haben. Das ist eine wichtige Erkenntnis für mich, weil ich weiß, dass sich das Laufen wie ein roter Faden durch mein gesamtes Leben ziehen wird."*

⊚ *Wenn genug noch lange nicht genug ist*

Während die meisten Frauen Schwierigkeiten haben, genug Zeit für ihr Training zu finden, gibt es eine kleinere Zahl von Frauen, die Schwierigkeiten haben, auch mal Zeit ohne Training zu verbringen. Für diese Frauen kann das Laufen zum absoluten Mittelpunkt ihres Lebens werden und andere Dinge, sogar die Familie und die Arbeit, an den Rand drängen. *„Ich nenne es die große Besessenheit"*, sagt Dr. David Martin, Trainingsphysiologe und sportwissenschaftlicher Leiter des staatlichen Leichtathletikverbandes der USA.

Sie müssen nicht in der obersten Spitze laufen, um dieser Besessenheit zum Opfer zu fallen. Der Verlust des richtigen Maßstabs kann bei Läuferinnen jeglicher Leistungsstufe vorkommen. Laut Dr. Martin steckt die Forschung zu diesem Thema noch in den Kinderschuhen. Dennoch sind sich viele Experten darüber einig, dass der Erfolg ein auslösender Faktor ist. *„Wenn eine Frau einen Marathon beendet, von dem sie nicht gedacht hätte, dass sie ihn durchhält oder einen Preis in ihrer Altersklasse gewinnt, dann ist das eine gewaltige Bestätigung"*, sagt er. *„Dieses Gefühl der Befriedigung ist sehr reizvoll."* So ist es zum Beispiel verführerisch, wenn an-

dere Ihnen zu Ihren Erfolgen gratulieren, oder Sie sich körperlich wohl fühlen; wenn sich Ihre Leistungen verbessern und Ihre körperlichen Fähigkeiten steigern. *„Die Besessenheit fängt da an, wo das ‚normale' Verhalten aufhört",* erklärt Dr. Martin. *„Je mehr Erfolg Sie haben, desto mehr strengen Sie sich an. Daraufhin haben Sie noch mehr Erfolg, also strengen Sie sich noch mehr an. Sie treiben sich buchstäblich an Ihre Grenzen und unglücklicherweise werden Sie Ihre Grenzen erst erkennen, wenn Sie sie überschritten haben."* Einige Trainer glauben, dass Frauen eher zur Laufbesessenheit neigen als Männer, aber es gibt dafür keinen Beweis. Dr. Martin glaubt, dass dieser Eindruck entsteht, weil ein solches Verhalten sich bei Frauen anders äußert als bei Männern. Vielleicht fühlen Frauen den Zwang, sich selbst etwas beweisen zu müssen. Oder sie setzen sich unter Druck, weil jahrelang von ihnen erwartet wurde, dass sie alles

Aus meinem Trainingstagebuch

Einer der schwierigsten, aber auch befriedigendsten Lebensabschnitte in meinem Leben war, als ich als hauptverantwortliche Herausgeberin eines Magazins arbeitete und gleichzeitig versuchte festzustellen, wie schnell ich laufen konnte. Ich trainierte zweimal am Tag – davon konnte mich nichts abhalten. Dafür opferte ich Restaurantbesuche, Kino, Partys, Verabredungen und Ferien. Alles. Ich hatte mir geschworen, dass ich niemals ein Training ausfallen lassen würde, höchstens wegen einer Krankheit oder einer Verletzung – und ich tat es auch nie. Einmal, als ich wegen einer Geschäftsreise um 7 Uhr morgens fliegen musste, schleppte ich mich um 4 Uhr auf den Sportplatz. Es war noch stockdunkel und mein Körper schlief noch, aber ich lief mein Training.

Hierbei sind heute zwei Punkte bemerkenswert. Der erste ist – ach, wie schön ist die späte Einsicht – ich hatte mein Gleichgewicht verloren. Ich hatte mich nicht, wie erhofft, für die olympischen Vorläufe in jenem Jahr qualifizieren können. Stattdessen fing ich mir eine Woche vor dem entscheidenden Wettkampf eine Grippe ein. Ich war eigentlich fit genug, doch ich hatte mich völlig verausgabt. Nun gut, so hatte ich gelernt, dass man auch zu diszipliniert sein kann.

Doch bedaure ich, was ich in diesem Jahr alles aufgegeben habe? Kein bisschen. Ich bin die Sache einfach falsch angegangen – weil ich nicht ausreichend

schaffen. Vielleicht sind sie auch zu sehr in der traditionellen Rolle der Frau verhaftet, die immer nur auf andere achtet, nur nicht auf sich selbst. All diese Faktoren können dazu beitragen, dass Frauen im vorauseilenden Gehorsam überhöhte Forderungen an sich selbst stellen, als einmal ihren Trainer zu fragen, was in einem Training wirklich erwartet wird. Einige Frauen berichten, dass sie das Laufen als Lückenbüßer oder Betäubungsmittel nutzen. Dadurch, dass sie sich auf das Laufen konzentrieren, können sie andere Probleme in ihrem Leben ignorieren. Wenn sie vom Training müde sind, haben sie einfach keine Energie mehr für andere Gefühle. Wenn Ihr Laufen diesen Punkt erreicht hat, ist es nicht mehr länger ein positiver Faktor in Ihrem Leben. Gewinnen Sie ein wenig Abstand zum Laufen, um herauszufinden, ob Sie es nicht nur als Betäubungsmittel nutzen. Wenn Sie glauben, Ihr Verhalten

informiert war und weil ich nicht merkte, wann es genug war. Mein Fehler war nicht, es überhaupt zu versuchen.

Ich habe mein Lehrgeld bezahlt. Tief in meinem Innern weiß ich, dass ich kein bisschen mehr hätte geben können. Auf diese Weise habe ich aber auch erfahren, dass ich viel mehr leisten konnte, als ich je für möglich gehalten hatte. Wenn ich es nie versucht hätte, würde ich mich immer noch fragen, ob ich es nicht doch hätte schaffen können.

Außerdem war es der richtige Zeitpunkt in meinem Leben. Ich hatte keine Kinder, ich war in keiner Beziehung. Ich konnte mir die Freiheit leisten selbstsüchtig zu sein.

Das richtige Gleichgewicht zu halten bedeutet nicht zu jeder Zeit das Gleiche. Jemand, der mich in diesem Jahr beobachtet hätte (ich bin kein einziges Mal ins Kino gegangen, nicht ein Mal!), hätte gesagt, dass ich aus dem Gleichgewicht geraten sei. Aber ich weiß, dass ich diese Chance habe nutzen müssen. Eine solche Gelegenheit gibt es nicht oft im Leben. Gleichgewicht? Ich kann dieses intensive Trainingsjahr mit den jetzt kommenden Jahren ausgleichen. In den nächsten Jahren ist das Laufen die Entspannung, die mein Leben zusätzlich bereichert und erfüllt.

nicht mehr kontrollieren zu können, sollten Sie die professionelle Hilfe eines Therapeuten oder Sportpsychiaters in Anspruch nehmen, der sich auf solche Probleme spezialisiert hat.

Wie immer ist das richtige Gleichgewicht der Schlüssel zum Erfolg. *„Es ist nicht schlecht, eine gute Leistung anzustreben",* sagt Dr. Martin. *„Einige Menschen sagen, dass man nie von etwas besessen sein sollte, aber nur so wird man wirklich gut. Ich bin sicher, dass Beethoven besessen war. Doch es gibt einen feinen Unterschied zwischen Besessenheit und dem Gefühl, dass das Leben keine andere Bedeutung mehr hat."*

12. Motivation und mehr: Die mentalen Aspekte des Laufens

Je länger Sie laufen, desto leichter wird es Ihnen fallen, am Ball zu bleiben. Tatsächlich behaupten die meisten Läuferinnen nach ein paar Jahren, dass sie sich nicht richtig wohl fühlen, wenn sie mal eine Weile nicht aktiv waren – ein Gefühl, das sowohl seelische als auch körperliche Ursachen hat. Wenn sie dies Stadium des sogenannten Entlastungssyndroms erreicht haben, ist Motivation kaum noch ein Problem: Ein Lauf ist oft das Highlight Ihres Tages.

Doch bis sie so weit sind, werden die meisten Läufer an manchen Tagen aufwachen, an denen das Bett einladender scheint als Dunkelheit, Hitze, Kälte, der Wind oder was immer sie draußen erwartet. Für diese Tage ist es entscheidend, dass Sie wissen, wie Sie sich motivieren können.

Mangelnde Motivation kann verschiedene Gründe haben: Langeweile, mangelnder Erfolg, Stress und Zeitmangel stehen an erster Stelle. Manche Menschen scheinen natürliche Experten für Motivation auch unter solch schwierigen Umständen zu sein. Aber auch wenn Sie eher dazu neigen, zu kneifen statt zu kämpfen: Ihre Motivation kann ebenso trainiert werden wie Ihre Muskeln.

Wenn Sie merken, dass Sie sich vor einem Lauf eher fürchten als sich darauf zu freuen, sollten Sie als erstes herausfinden, woher Ihre Gefühle kommen: Liegt es daran, dass Sie faul und gelangweilt sind, oder sind diese Gefühle stattdessen ein Zeichen von Erschöpfung oder ein Vorzeichen einer Krankheit? Wenn Letzteres zutrifft, seien Sie so klug, auf Ihren Körper zu hören, modifizieren Sie Ihr Programm oder pausieren Sie.

Wenn Sie aber gesund sind, sollten Sie auf die klassischen Merkmale eines Motivationsmangels achten: Ausreden suchen, um nicht laufen zu müssen; Zeit schinden mit anderen Beschäftigungen; ein Gefühl der Langeweile oder Lustlosigkeit. Wenn Sie in eine derartige Trägheit verfallen sind, probieren Sie es mit einigen der Tipps aus diesem Kapitel. Und

selbst, wenn Sie an einem Tag wirklich dem Sofa nicht widerstehen können, werfen Sie nicht gleich das Handtuch. Sorgen Sie stattdessen dafür, dass aus diesem einen schwachen Tag nicht eine ganze Phase von Inaktivität wird. Jeder Tag ist ein neuer Anfang. Messen Sie sich nicht an den Problemen von gestern und denken Sie daran, dass Sie sich nach dem Laufen viel besser fühlen werden – ganz egal was Ihnen vorher gefehlt hat.

Wehren Sie sich gegen die Langeweile! Wenn Sie mit Langeweile zu kämpfen haben, kann das ein Hinweis darauf sein, dass Sie beim Laufen etwas mehr Abwechslung und neue Herausforderungen brauchen. Laufen Sie immer die gleiche Strecke? Im gleichen Tempo? Die gleiche Distanz? Dann ist es nicht erstaunlich, dass Ihre Motivation nachlässt.

Aus irgendeinem Grund werden viele Läufer zum Gewohnheitstier. Sie laufen immer und immer wieder dieselben drei oder vier Runden. Geben Sie sich einen Ruck, wenn Sie merken, dass Sie in den immer gleichen Trott verfallen sind. Es gibt keine Spielregeln für das Laufen. Tun Sie also, was Ihnen Spaß macht: Lassen Sie Ihre Uhr zu Hause und laufen Sie nur nach Gefühl. Fahren Sie zu einer neuen Strecke, um einmal etwas anderes zu sehen. Laufen Sie mit ein paar Freunden zu einem Café in der Nachbarstadt *(stellen Sie vorher dort ein Auto ab)*. Wenn Sie genug Zeit haben, stürzen Sie sich in eine Abenteuertour und entscheiden Sie an jeder Weggabelung neu, wohin Sie laufen möchten. Wahrscheinlich wird die neue Strecke Ihnen beim Laufen wieder die Augen für die Umgebung öffnen.

Machen Sie den ersten Schritt. Sie können Ihre Antriebslosigkeit oft schon dadurch besiegen, dass Sie sich nur darauf konzentrieren, überhaupt anzufangen und erstmal gar nicht an das gesamte Trainingsprogramm denken. Man sagt, der erste Schritt aus der Tür sei immer der schwierigste. Das kann jede Läuferin bestätigen. Wenn die Trägheit Sie befällt, handeln Sie mit sich selbst aus, dem Lauf wenigstens eine Chance zu geben. Also ziehen Sie sich um, gehen Sie raus und setzen Sie sich in Bewegung. Meistens haben frische Luft und angeregter Kreislauf einen stimulierenden Effekt, der ausreicht, um bis zum Schluss durchzuhalten. Wenn Sie nach etwa 10 Minuten immer noch mühsam herumtrotten, versuchen Sie zu walken oder lassen Sie es für diesen Tag einfach sein. Wahrscheinlich sind Sie übermüdet und Ihr Körper will Ihnen mitteilen, dass Sie eher Ruhe als Training nötig haben.

Hilfreich mag der Trost sein, dass selbst die weltbesten Läuferinnen an manchen Tagen lieber zur nächsten Eisdiele als zum Training laufen würden. Jackie Joyner-Kersee, die als die größte Athletin der Geschichte gilt, gibt zu, dass sie das „Nur-ein-paar-Schritte"-Spielchen auch gespielt hat, als sie für Wettkämpfe trainiert hat. *„Ich habe gesagt, ich fange einfach mal an"*, sagt sie. *„Selbst wenn ich dann nicht alles geschafft habe, hatte ich wenigstens etwas getan."*

Geben Sie dem Laufen höchste Priorität. Niemand wundert sich, dass Sie jeden Tag zur Arbeit gehen, weil das einfach von Ihnen erwartet wird. Versuchen Sie dem Laufen die gleiche Priorität in Ihrem Zeitplan einzuräumen. Wenn Sie das erschreckt, versuchen Sie es einfach mal 2 Wochen lang – genug Zeit, um eine neue Routine zu entwickeln. Sehen Sie das als Investition in sich selbst.

Nutzen Sie Kontakte. Verabreden Sie sich mit einer Laufpartnerin. Wenn Sie wissen, dass sich jemand auf Sie verlässt, wird es Ihnen schwerer fallen, einen Lauf einfach ausfallen zu lassen.

Frischen Sie Erinnerungen auf. Denken Sie an frühere Läufe zurück und daran, wie gut Sie sich dabei und danach gefühlt haben. Wenn Sie sich nicht motiviert fühlen, brauchen Sie vielleicht nur eine kleine Starthilfe für Ihre Energie, und die bekommen Sie durch das Laufen selbst.

Legen Sie alles für Ihren Lauf bereit. Stellen Sie Ihre Laufschuhe vor das Bett und legen Sie auch Ihre Kleidung bereit, wenn Sie morgens laufen möchten. Wenn Sie gleich nach der Arbeit laufen möchten, stellen Sie sich Ihre Sachen direkt neben Ihren Schreibtisch. Allein die physische Präsenz Ihrer Laufausrüstung wird Ihnen helfen sich zu motivieren.

Setzen Sie sich ein Ziel.
Wenn Sie kein Ziel haben, für das Sie trainieren, kann Ihr Training Ihnen sinn- und zwecklos erscheinen. Einige Läuferinnen empfinden es als schwierig, überhaupt zu trainieren, wenn sie kein richtiges Ziel, wie zum Beispiel einen Wettkampf oder eine andere Veranstaltung

haben. Jeder kann sich ein Ziel setzen, es muss nicht eine gute Zeit in einem Wettkampf sein. Anfängerinnen können sich zum Ziel setzen, 30 Minuten ohne Pause zu laufen oder einen Monat lang 5 Tage in der Woche zu trainieren.

Behalten Sie eine positive Einstellung. Alle Läuferinnen kennen Tage, an denen sich ihre Beine wie Blei anfühlen. Sie fühlen sich lahm und sind einfach „platt", ganz egal, wie sehr sie sich auch anstrengen, sie kommen einfach nicht in die Gänge. Einige Frauen verkrampfen sich, wenn ihr Körper nicht das tut, was sie von ihm erwarten. Je höher ihre Erwartungen sind und je mehr sie sich verkrampfen, desto schwieriger wird das Laufen. Darunter leidet möglicherweise auch die Motivation. Dieser Teufelskreis kann Tage oder sogar Wochen andauern und zu Enttäuschung, Wut und sogar zu Depressionen führen. Professionelle Läufer wissen, dass es diese „gewissen Tage" einfach gibt. Diese Weisheit sollten Sie immer im Kopf behalten, ganz egal auf welchem Niveau Sie trainieren.

Willie Rios aus Boulder, Colorado, der sich darauf spezialisiert hat, Langstreckenläuferinnen zu trainieren, bläut seinen Läuferinnen immer wieder ein, wie wichtig positives Denken ist. Rios erzählt deshalb gerne die Geschichte einer Läuferin, die an einem Tag besonders frustriert war. *„Sie wurde wütend, weil sie viel schlechtere Zeiten lief als vorher"*, sagte er. *„Sie konzentrierte sich dann einfach auf einen anderen Aspekt des Laufens: auf den Triumph, an einem Tag durchgehalten zu haben, an dem sie auch einfach hätte abhauen können. So hatte sie etwas über sich selbst gelernt und hatte einen persönlichen Erfolg eingeheimst anstatt einer Niederlage."*

In jedem Lauf gibt es Erfolg und Niederlage. Als erfahrene Läuferin lernen Sie, dass Sie sich bewusst dafür entscheiden können, ob Sie eher das Positive oder das Negative sehen wollen. Irgendetwas Negatives werden Sie immer finden: Sie sind nicht so schnell gelaufen wie Sie gehofft hatten; das Laufen fiel Ihnen schwer; Sie hatten nicht genug Zeit, so weit zu laufen, wie Sie eigentlich wollten. Genauso lassen sich aber auch immer Erfolge finden: Es gibt Tage, an denen Sie weiter gelaufen sind oder sich mehr angestrengt haben als bisher. An anderen Tagen ist es schon positiv, dass Sie den Schritt aus der Tür geschafft haben. An den wirklich schweren Tagen kann es sogar ein Erfolg sein, dass Sie Ihre positive Einstellung behalten und sich sagen: Morgen ist ein neuer Tag, dann fühle ich mich schon wieder besser. Wenn Sie diese Lektion erst einmal beim Laufen gelernt haben, wird sie sich auch in anderen Lebensbereichen als unschätzbar wertvoll erweisen.

Rios ist dafür bekannt, dass er Frauen Vorhaltungen macht, die ihre eigenen Leistungen herunterspielen und an jedem Training etwas auszusetzen haben. *„Wenn Sie sich selbst auf diese Weise fertig machen, machen Sie sich offen für die Erinnerung an alle Menschen, die Sie irgendwann einmal beleidigt haben. Sie verstärken jede negative Kritik, die Sie jemals von Ihrem Chef, Ihrem Partner oder Ihrem Ehemann zu hören bekommen haben. Sie wollen doch nicht, dass andere Leute Sie so behandeln. Warum tun Sie es dann selber?"*

Aus jedem Lauf sollten Sie mindestens ein Erfolgserlebnis ziehen.
Vielleicht haben Sie sich die Zeit genommen, um sich zu entspannen und die Wolken zu beobachten. Oder vielleicht waren Sie müde, sind aber trotzdem weitergelaufen. Je mehr erfolgreiche Aspekte Sie finden, desto zufriedener werden Sie mit Ihrem Lauftraining sein.

Positive Bestätigungen sollten Sie jedes Mal aufschreiben oder aufsagen. Negatives Denken entsteht oft, wenn Sie die Differenz zwischen dem wahrnehmen, was Sie eigentlich erreichen wollten, und dem, was Sie tatsächlich erreicht haben. Anstatt sich mit Selbstkritik aufzuhalten, sollten Sie sich lieber positiv bestätigen. Wenn Sie sich zum Beispiel bei dem Gedanken ertappen: „Ich kann nicht fassen, dass ich so langsam gelaufen bin!", sollten Sie sich besser immer wieder sagen: *„Ich kann froh sein, dass ich mit kräftigen, gesunden Beinen gesegnet bin."*

Umgeben Sie sich mit Menschen, die Sie positiv unterstützen.
Es ist wichtig, sich mit Leuten zu umgeben, die wollen, dass Sie erfolgreich sind. (Das gilt für jeden Bereich Ihres Lebens.) Professionelle Läufer sind Experten, wenn es darum geht, ein Netzwerk aufzubauen, das sie unterstützt und zu persönlichen Bestleistungen anspornt. Befreien Sie sich von Laufpartnerinnen, „Freunden" und Trainern, die Ihre Leistungen herunterspielen, Ihre Ziele in Frage stellen, über Ihr Gewicht spotten oder dafür sorgen, dass Sie sich irgendwie elend fühlen. Suchen Sie Leute, die Ihrem Selbstvertrauen auf die Sprünge helfen und Sie ermutigen.

Beim Laufen die Perspektive nicht verlieren. Ebenso wie jede Frau verschiedene Phasen ihres Arbeits- und Privatlebens kennt, muss sie auch damit rechnen, dass es beim Laufen verschiedene Phasen gibt. Diese Erkenntnis macht Frustrationen schwächer und verstärkt die positiven Auswirkungen des Laufsports.

Warum laufen Sie?

Wenn Frauen gefragt werden, warum sie laufen, nennen sie ebenso oft mentale und emotionale Gründe wie den Aspekt Fitness. Während eines Frauenlaufcamps in Colorado sprachen 30 Frauen von überall aus den USA darüber, was ihnen das Laufen bedeutet. Sie waren von zwanzigundetwas bis über 50 Jahre alt. Einige liefen erst seit zwei Monaten, andere seit über 30 Jahren. Als sie gefragt wurden, warum sie laufen, gaben viele von ihnen mehrere Gründe an. Hier Ihre Antworten in der Reihenfolge ihrer Häufigkeit:

Gesundheit und Fitness: 11
Stressbewältigung: 11
„Wegen dem Gefühl, das mir das Laufen gibt": 6
Zeit für mich alleine: 5
Freunde treffen: 4
Um abzunehmen: 4
„Weil es mein Ding ist": 4
Herausforderung/Wettkampf: 4
„Es liegt mir im Blut": 1

Wenn Sie sich daran gewöhnt haben, dass Ihnen ein Lauf jeden Tag neue Energie bringt, kann eine Unterbrechung der Routine eine verheerende Wirkung haben. Ein neuer Job, eine Weiterbildung, ein Baby – es gibt vieles, das Ihre Prioritäten verschieben kann. Das Laufen erscheint Ihnen dann eher als lästige Pflicht und nicht wie eine Verjüngungskur. Ein Teufelskreis aus nicht erfüllten Erwartungen ist die Folge und kann Selbstzweifel und Pessimismus fördern.

Susan Kalish, Geschäftsführerin der American Running Association, machte nach der Geburt ihres ersten Kindes so eine Phase durch. *„Ich kam mir plump und fett vor und schämte mich"*, erinnert sie sich. *„Ich war längst nicht so schnell wieder in Form, wie ich gedacht hatte, und ich hatte das Gefühl, dass das Laufen, das ein guter Freund gewesen war, mich nun demütigte."*

Nach der Geburt ihres zweiten Kindes entschied sich Kalish, die Sache anders anzugehen. Sie gab einfach die Erwartung auf, zu einem bestimmten Zeitpunkt wieder die alte Leistung erbringen zu müssen. Das funktionierte, und sie erntete von neuem das Positive aus den Trainings, das sie im Kopf hatte. *„Ich dachte, das Laufen hätte mich im Stich gelassen, aber es hatte sich nur verändert"*, sagt sie.

Gerade für Frauen, die so vielen anderen Menschen gegenüber in Verantwortung stehen, ist es wichtig, beim Laufen die Perspektive zu beachten. Denken Sie daran, dass das Laufen nicht einfach nur zu einer weiteren Quelle von Stress oder Erwartungsdruck werden darf. Sehen Sie Ihr Lauftraining einfach als Zeit an, die Sie für sich haben und in der Sie meditieren, entspannen, genießen und nachdenken können, und Sie werden ganz sicher die Motivation für diese Zeitspannen in Ihrem Tag aufbringen.

Mentale Fitness hat viele Vorteile

Motiviert zu bleiben ist ein Aspekt des Laufens, an dem Sie ständig arbeiten und den Sie weiterentwickeln müssen. Ihre mentalen Fähigkeiten zu trainieren bedeutet aber noch mehr: Die geistige Kraft, die Sie zum Laufen benötigen und die Sie andererseits auch wieder daraus gewinnen können, hat positive Auswirkungen, die weit über das Körperliche hinausgehen. In gewisser Hinsicht gewinnen Sie durch das Laufen ebenso viel – oder sogar

mehr – als Sie darin investiert haben. Wenn Sie an Ihrer Motivation arbeiten und Fortschritte beim Laufen machen, sollten Sie sich nicht wundern, dass das Training sich auch auf andere Lebensbereiche positiv auswirkt. Ein Beispiel: Als ein paar Läuferinnen am Tag vor einem Wettkampf gemeinsam frühstückten, unterhielten sie sich darüber, warum sie laufen. *„Da habe ich Zeit für mich"*, sagten einige. Neue Kraft, Gesundheit. Dann war die Reihe an einer Frau, die zunächst die üblichen Gründe nannte: Stressbewältigung und Fitness. Aber dann erzählte sie Folgendes: Vor kurzem hatte ihr Mann sie zum ersten Mal geschlagen. Indem sie lief, konnte sie etwas tun, bei dem sie sich stark fühlte und die Kontrolle behielt. Die Frauen am Tisch nickten verständnisvoll. Niemand schien sich darüber zu wundern, dass eine Fremde ihnen so ihr Herz ausschüttete. Auf verschiedene Weisen hatten sie selbst schon Ähnliches erlebt. Sie waren nicht unbedingt Opfer von körperlicher Gewalt geworden, aber auch sie hatten das Gefühl von Stärke und Kontrollvermögen in ihrem Leben gebraucht. Vielleicht als sie gerade einen neuen Job angefangen hatten; oder als eines ihrer Kinder in Schwierigkeiten geriet; oder als sie sich einsam fühlten. Irgendwie gab das Laufen ihnen Kraft.

Darüber sind sogar die Läuferinnen selbst immer wieder erstaunt. Wenn sich mehrere Frauen über ihr Training unterhalten, geht es irgendwie bald automatisch um viel mehr als nur um Zwischenzeiten und Taillenumfang. Für die meisten Läuferinnen ist der Laufsport mehr als nur ein gutes aerobes Training. Auf eine gewisse Weise erfüllt es ein Eckchen ihrer Seele. Frauen nennen das Laufen auch Meditation, Therapie, Zeit der Ruhe, ein Ventil für ihre Gefühle, einen Katalysator für ihre Entwicklung, einen Mikrokosmos ihrer Persönlichkeit. Das Laufen übernimmt diese und noch mehr Rollen – oft mit starken Auswirkungen auf ihr gesamtes Leben.

Anne Audain aus Boise, Idaho, eine der ersten professionellen Läuferinnen und Mitbegründerin des Idaho Women's Fitness Festivals, sagt, dass sie das Wesen und die Auswirkungen des Laufens in einem Wort zusammenfassen kann: Bewegung. Es ist ein Wort, das immer wieder auftaucht, wenn man mit Frauen darüber spricht, welche Wirkung das Laufen auf sie hat.

„Mit Bewegung meine ich Reinigung", sagt Audain. *„Wenn Sie Ihren Körper bewegen, bewegen Sie nicht nur Luft, Nährstoffe und Blut. Sie bringen auch Ihre Gedanken buchstäblich in Bewegung. Die Dinge dort zu*

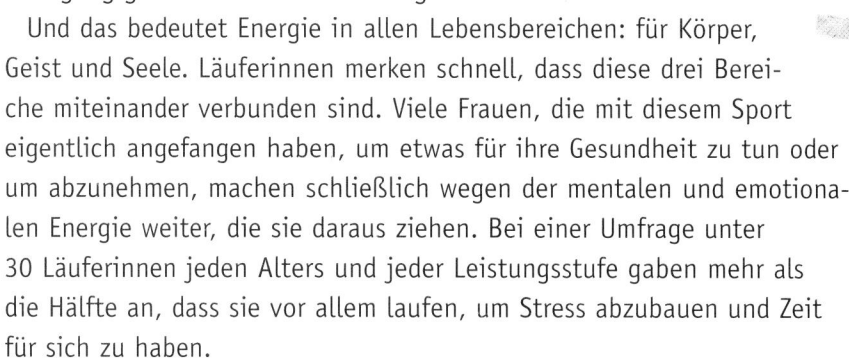

lassen, wo sie sind, führt nur zu komplizierten Verstrickungen. Bewegung gibt Ihnen viel mehr Energie."

Und das bedeutet Energie in allen Lebensbereichen: für Körper, Geist und Seele. Läuferinnen merken schnell, dass diese drei Bereiche miteinander verbunden sind. Viele Frauen, die mit diesem Sport eigentlich angefangen haben, um etwas für ihre Gesundheit zu tun oder um abzunehmen, machen schließlich wegen der mentalen und emotionalen Energie weiter, die sie daraus ziehen. Bei einer Umfrage unter 30 Läuferinnen jeden Alters und jeder Leistungsstufe gaben mehr als die Hälfte an, dass sie vor allem laufen, um Stress abzubauen und Zeit für sich zu haben.

Der Marathonläufer Dr. Jerry Lynch, einer der besten Sportpsychologen in den USA, drückt es so aus: *„Eine Frau, die sich auf ein Laufprogramm und die damit verbundene Bewegung einlässt, gewinnt eine symbolische Abbildung der Bewegung in ihrem gesamten Leben."* Dr. Lynch glaubt, dass viele Frauen, die in ihrem Leben vor einer wichtigen Entscheidung stehen, bereit dafür sind, das Zusammenspiel zwischen Körper, Geist und Seele zu entdecken, den das Laufen uns bietet. Auch wenn diese Frauen anfangs durch das Laufen vor allem ihren Körper verändern wollen, durchdringen die positiven Veränderungen mit der Zeit automatisch andere Bereiche ihres Lebens. Mary, 52, ist ein gutes Beispiel. Nach nur 3 Monaten Lauftraining entschied sie, einen Marathon zu laufen. *„Ich befinde mich an einem Wendepunkt in meinem Leben"*, erklärte sie. *„Ich brauche eine Veränderung. Ich gehe wieder zur Schule und das alles steht für mich in einem Zusammenhang. Wenn ich diesen Schritt beim Laufen schaffen kann, kann ich auch alles andere schaffen."* Genau das ist Motivation.

Wie das Laufen Frauen helfen kann

Fast jede körperliche Aktivität verbessert die geistige Verfassung. Zahlreiche Untersuchungen haben gezeigt, dass Bewegung, insbesondere Ausdauertraining, bei Männern und Frauen die Stimmung hebt und Stress abbaut. Unterhalten Sie sich aber mit Läuferinnen, stellen Sie fest, dass hier noch mehr passiert als der einfache Ausstoß von Endorphinen. Die positiven Auswirkungen gehen über die Naturwissenschaft oder das

Magische, was sich in den Zellen abspielt, hinaus.

Vielleicht verstehen Sie, was ich meine, wenn Sie die folgenden Kommentare von Läuferinnen lesen:

❝ „Das Laufen hat eine sehr beruhigende Wirkung auf mich. Es ist eine Zeit, in der ich meditiere, offene Probleme löse und besonders kreative Gedanken entwickele."

❝ „Ich fühle mich nach einem Lauf unheimlich gut und finde mein Leben toll."

❝ „Es gibt mir neue Energie, wenn ich mich stark fühle und die Ausdauer besitze, für einige Stunden nur über mich selbst nachzudenken."

❝ „Das Laufen macht mich glücklich und optimistisch, es hilft mir, Probleme zu lösen und die Dinge positiv zu sehen."

❝ „Das Laufen gibt mir Selbstvertrauen und inneren Frieden. Ich bin stärker und fühle mich wieder sicherer auf dem Weg, den ich im Leben eingeschlagen habe."

❝ „Es gibt meinem Selbstbewusstsein einen Kick – ich fange an zu glauben, dass ich auch andere Dinge schaffen kann."

❝ „Ich habe jetzt ein Vertrauen in mich selbst und meine Fähigkeiten, das mein gesamtes Leben erfüllt."

Wie kommt es, dass es so gewinnbringend ist einfach einen Fuß vor den anderen zu setzen? Der Schlüssel liegt vielleicht in der Einfachheit des Laufens. Dieser Sport eignet sich viel besser zum Meditieren als viele andere Aktivitäten. Dadurch, dass sie sich nur aus eigener Kraft bewegen, auf festem Boden laufen und weder abhängig noch abgelenkt von irgendeiner Ausrüstung sind, können die Läuferinnen entweder ihren Gedanken einfach freien Lauf lassen oder sich auf etwas Bestimmtes konzentrieren.

❞ „Das ist etwas, was es nur beim Laufsport gibt. Sie werden Ähnliches auch bei anderen Individualsportarten finden, aber ganz besonders beim Laufen, weil Erfolge dort so leicht messbar sind", sagt Diane Palmason. Diane Palmason, 61, hält Rekorde ihrer Altersgruppe über Distanzen von 200 m bis 50 Meilen. „Wenn Sie beim Laufen etwas leisten, ist es so offensichtlich, dass Sie, und nur Sie allein, es geschafft haben. In anderen Lebensbereichen ist das oft schwieriger zu erkennen. Wenn Sie beim Laufen ein bestimmtes Ziel erreichen, haben Sie das Recht, sich gut zu fühlen."

Sobald Frauen ihre Ziele beim Laufen erreichen, ob es nun darum geht, 20 Pfund abzunehmen oder einen 5-km-Lauf schneller als 20 Minuten zu laufen, entwickeln sie sich auf eine Weise weiter, die weit über diese messbaren Werte hinausgeht, und manchmal auch über die Erfahrungen hinaus, die Männer in vergleichbaren Situationen machen würden.

Während es für Männer selbstverständlich ist, dass sie durch Sport ein positives Selbstbild entwickeln können, müssen die meisten älteren Frauen und Frauen mittleren Alters diese Erfahrung erst noch machen. Für Frauen, die erst relativ spät anfangen, Sport zu

Der Weg zur Selbsterkenntnis

Viele Frauen merken, dass Laufen ihr Leben im Kleinen oder Großen positiv verändert. Die folgenden Statements stammen von Frauen, für die die Vorteile durch das Laufen so groß sind, dass sie sich Laufen zur Lebensaufgabe gemacht haben.

❞ Ich habe mich durch das Laufen von einer Raupe in einen Schmetterling verwandelt, auch wenn es vielleicht niemand außer mir bemerkt hat. Alles fing damit an, dass meine 12-jährige Tochter die ganze Schule im 500-m-Lauf schlug – auch die Jungen. Wir sahen, dass sie Talent hatte, und um sie zum Laufen zu ermutigen, ging ich mit ihr auf den Sportplatz. Ich saß den ganzen Sommer lang dabei und beobachtete sie. Schließlich fingen meine Freundin und ich selbst langsam an Runden zu drehen. Im Alter von 32 Jahren merkte ich, dass ich laufen konnte, und das sogar schnell. Durch dieses neue Selbstbewusstsein habe ich eine ganz neue Einstellung zum Leben gewonnen. Ich bin richtig aufgeblüht. ❝
— Henley Gabeau, 54, Geschäftsführerin, Road Runners Club of America

❞ Als ich mit dem Laufen anfing, war ich verheiratet und Mutter von vier Kindern. Und so sah ich mich auch selbst: zuerst einmal als Mutter und Ehefrau und erst in zweiter Linie als Individuum. – Doch als ich anfing zu laufen, stellte ich überrascht fest, dass die Leute, mit denen ich lief, sich nicht um diese Sachen kümmerten. Sie sprachen zu mir als Diane. Es gab mir ein starkes Gefühl dafür, wer ich eigentlich war, neben all den anderen Rollen, die ich hatte. Letzten Endes gab es mir den Mut, auch ansonsten mein Leben zu verändern. Dazu gehörte auch, mich nach Leuten umzuschauen, die mich mehr unterstützten. ❝
— Diane Palmason, 61, Gründerin und Leiterin von Frauenlaufseminaren

❞ Ich wurde mit Knochendeformationen geboren und mit 13 an beiden Füßen operiert. Im Rahmen meiner Rehabilitation trat ich als Kind zum ersten Mal einem Laufverein bei. Frauen durften damals nicht besonders weit laufen, nur 400m und 800m, aber es gefiel mir sofort. Obwohl ich auch Wettkämpfe lief, habe ich das Laufen in all diesen Jahren immer auch als Meditation genutzt. Bis heute gehe ich raus und laufe, wenn ich eine geschäftliche Entscheidung treffen muss, Stress habe oder wenn mich irgendetwas ärgert. Wenn die Sache nach dem Laufen abgehakt ist, denke ich: Okay, es ist also nicht so wichtig. Wenn es mich immer noch ärgert, weiß ich, dass ich mich damit auseinander setzen muss. Es ist meine Art der Stressbewältigung und Meditation. ❝
— Anne Audain, 42, Mitgründerin des Idaho Women's Fitness Festivals und eine der ersten professionellen Läuferinnen

treiben, ist Laufen ein Spielplatz, auf dem sie Selbstvertrauen und Kontrollvermögen entwickeln können. Da Mädchen heute schon früh dazu ermuntert werden, Sport zu treiben, werden künftige Generationen von Frauen wohl nicht mehr warten müssen, bis sie die Lebensmitte erreicht haben, um diese Gewinne auch für sich verbuchen zu können. Laufen kann einen so positiven Effekt auf das Leben einer Frau haben, dass der klinische Psychologe Dr. Leon J. Hoffman den Laufsport in seiner Praxis in Chicago in seine Behandlung integriert. „Leider wird in der modernen Welt Anerkennung immer wichtiger", sagt Dr. Hoffman,

Aus meinem Trainingstagebuch

Ich erinnere mich an einen Lauf an einem frischen Dezembertag in New Mexico. Während der Arbeit hatte ich einen Anruf erhalten: Das Ergebnis einer Untersuchung war ein positiver Befund. Nun fragte man mich, ob ich einen Termin für die Operation festsetzen könnte? Das Bedürfnis danach, jetzt getröstet zu werden, brachte mir schlagartig die Endgültigkeit der Ereignisse des vorangegangenen Tages zu Bewusstsein: Ich war geschieden worden. Die Papiere waren soeben mit der Post gekommen. Als ich so am Schreibtisch saß, den Telefonhörer noch immer in der Hand, fühlte ich mich entsetzlich einsam.

Ich verließ meine Arbeit und lief los – es war ein wilder Urschrei als Lauf. Ich lief, bis mir die Tränen kamen in der scherzenden Schönheit eines frostigen, rosa Sonnenuntergangs in Santa Fe. Ich lief, so lange ich konnte, und als ich nicht mehr konnte, hielt ich an.

Ich erinnere mich an einen schöneren Lauf anderthalb Jahre später. Ein neuer Start in einer neuen Stadt, ein neuer Job, der mir gefiel, ein Frühlingstag mit unglaublich warmen Regenschauern, zwischen denen immer wieder die Sonne aufblitzte. In der Ferne zuckten hin und wieder Blitze auf. Ich lief einen Pfad in den Canyon hinunter und konnte das Lächeln nicht unterdrücken, ebenso wenig wie die neu gewonnene Lebensfreude.

Diese Ereignisse sind Vergangenheit, doch als Erinnerung an diese Läufe sind sie klarer als alle anderen Erinnerungen. Ich erinnere mich an den darauf folgenden Arzttermin oder den Einzug in meine neue Wohnung nicht annähernd mit der gleichen Schärfe wie an die Gefühle während dieser Läufe. Sie sind das Fotoalbum, das Vergrößerungsglas, ein Verpuppungsstadium, mit dessen Hilfe man sich an die Veränderungen in seinem Leben erinnert. Sie sind so viel mehr als bloß Läufe.

Mitglied der American Running Association. *„Einige Frauen haben Probleme, weil sie dazu erzogen wurden, immer auf andere zu achten statt auf sich selbst. Wenn diese Frauen nicht ständig gelobt werden, fallen sie schnell in Depressionen. Laufen kann hier eine Leere füllen. Eine Frau kann in ihrem eigenen Tempo laufen, über sich selbst bestimmen, verschiedene Dinge ausprobieren, etwas damit ausdrücken, Freude an ihrem Körper haben. Sie kann sich selber etwas Gutes tun. Sie ist dabei nicht auf jemand anderen angewiesen und tut es nicht, um einem Mann zu gefallen."*

Der Sportpsychologe Dr. Lynch sagt, dass der Laufsport und die Frauen wie füreinander geschaffen sind. Für den Laufsport muss man wie Wasser sein oder anders ausgedrückt „weich aber stark" – Charakterzüge, die er für ureigenste weibliche Eigenschaften hält. *„Frauen neigen eher dazu, die tiefere, spirituelle Seite des Laufens zu entdecken. Eine Frau identifiziert sich ganz von selbst mit den Handlungsmustern Mut, Zusammenhalt und Zusammenarbeit. Ob Frauen nun gewinnen oder verlieren, am Ende eines Wettkampfes umarmen sie sich, gratulieren einander und unterhalten sich dann darüber, wie sie sich beim nächsten Mal verbessern können. Sie lernen immer etwas und erreichen so ihre Ziele."*

13. Richtig essen heißt besser laufen

„7 Pfund in 7 Tagen!" „Mehr Power!" „Gut aussehen!" Jeden Tag werden Frauen von einer Vielzahl an Verheißungen über richtig Essen und Schlankwerden überrollt. Jede Woche taucht eine neue Diät auf und mit ihr ein neuer Guru. Wir werden von einer Armada an fettarmen und fettreichen Diäten geradezu bombadiert, mal proteinreich, mal proteinarm. Das Ganze wird dann zusammen mit den neuesten Nahrungsergänzungsmitteln und Kräutermixturen hinuntergespült. Sobald Sie ein „Wunder" ausprobiert haben, hält der Markt schon ein neues für Sie bereit.

Wann, wenn nicht jetzt, sollten Sie ...

- einen ehrlichen Blick auf Ihre Ernährungsgewohnheiten werfen. Versuchen Sie drei Tage lang über alles, was Sie essen und trinken, eine Liste zu führen. Sie werden von dem Ergebnis vielleicht überrascht sein. Sehr oft überschätzen Frauen die Menge an Eiweiß oder Gemüse, die sie zu sich nehmen und unterschätzen den Anteil von Süßigkeiten und Junk-Food.

- die Hilfe eines Ernährungsexperten in Anspruch nehmen. Die Verbraucherberatung und das Gesundheitsamt bieten eine Ernährungsberatung an oder können Ihnen einen Ernährungsberater empfehlen.

- Ihren Vorratsschrank auffüllen. Für den Fall, das Sie unter Zeitdruck stehen und schnell etwas essen müssen, sollten Sie immer einige gesunde und praktische Lebensmittel im Haus haben. Bohnenkonserven, Thunfisch, Nudeln, tiefgekühltes Gemüse, Nüsse und Trockenfrüchte eignen sich alle gut zur Vorratshaltung.

- langsam Veränderungen vornehmen. Wenn Sie merken, dass Sie sich nicht ausgewogen ernähren, versuchen Sie nicht, Ihre Gewohnheit über Nacht zu ändern. Sie sollten jede Woche ein paar kleine Schritte hin zu einer gesünderen Ernährung machen, damit Ihr Körper sich ohne Probleme anpassen kann.

Angesichts dieser Flut von Werbebotschaften ist es kein Wunder, dass viele Läuferinnen nicht wissen, wo sie anfangen sollen, wenn es um Ernährung geht. Das heißt, wenn sie überhaupt die Zeit dafür finden, über ihre Ernährung nachzudenken. Morgens scheuchen sie die Kinder aus dem Haus, während der Mittagspause machen sie Besorgungen und abends klappen sie zusammen. Bei so viel Stress ordnet sich richtiges Essen normalerweise der Bequemlichkeit unter. Sie können vielleicht durch den Tag kommen, wenn sie zum Frühstück ein Brötchen und zum Mittagessen einen Salat essen. Aber spätestens wenn der Abend heran bricht, schreit ihr Körper so nach Fett und Eiweiß, dass sie einer fettigen Pizza vom Pizza-Taxi machtlos gegenüberstehen.

Die Ironie dabei ist: Je mehr Informationen über Ernährung uns überrollen, desto schlechter werden unsere Ernährungsgewohnheiten und desto härter wird der Kampf mit unserem Gewicht. Der einfache Akt des Essens ist so kompliziert geworden, dass viele Frauen beim Essen extrem eintönige und selbstquälerische Gewohnheiten entwickelt haben. Oder sie kapitulieren gleich und sagen: *„Was soll's, her mit dem Kuchen!"*

Die Ernährung der aktiven Frau

Laufen verlangt Ihrem Körper viel ab, darum sollten Sie größeren Wert auf eine gesunde Ernährung legen. Weil das Laufen Ihren Energiebedarf steigert, müssen Sie mehr und wertvollere Kalorien und Nährstoffe aufnehmen. *„Wenn Sie regelmäßig trainieren, wird Ihr Körper zu einer fein abgestimmten Maschine"*, erklärt Dr. Tammy Baker, Sprecherin der American Dietetic Association. Sie ist Spezialistin für Sporternährung und die spezifischen Probleme von Frauen. *„Es ist der gleiche Unterschied wie zwischen einem Formel-1-Wagen und einem normalen Auto. Läuferinnen reagieren empfindlicher auf eine unausgewogene Ernährung, weil sie sich viel mehr anstrengen. Viele Probleme von Läuferinnen unterscheiden sich nicht von denen*

von Frauen, die sich nur wenig bewegen. Eine sportliche Frau spürt die Auswirkungen einer falscher Ernährung jedoch viel deutlicher."

Als Läuferin müssen Sie auf Ihre Ernährung achten und darum ist es gut, dass wir automatisch nach gesünderen Lebensmitteln verlangen, wenn wir laufen. Mit diesem schönen Nebeneffekt mag Mutter Natur sicherstellen wollen, dass Sie gut auf sich Acht geben. Die nächste gute Nachricht ist: Richtige Ernährung muss nicht kompliziert sein. Sie müssen nicht zusätzliche Stunden in der Küche oder auf dem Wochenmarkt verbringen. Wenn Sie verstehen, was Ihr Körper braucht, können Sie ihn optimal mit den Nährstoffen versorgen, die Sie fit machen und Ihr Gewicht reduzieren. Während Diäten kommen und gehen, bleiben die Grundlagen der gesunden Ernährung konstant und einfach. Als ersten Schritt ignorieren Sie alle Diätbücher und Gurus. Vergessen Sie Extreme und streben Sie eine ausgewogene Ernährung an. Ihr oberstes Ziel sollte sein, Ihre Kalorienaufnahme und Ihren Energieverbrauch aufeinander abzustimmen und Ihre Mahlzeiten gesund zusammenzustellen.

Gesunde und ausgewogene Ernährung

Einige Läuferinnen ernähren sich fast ausschließlich von Nudeln, Brot und Bananen. Sie glauben, die Aufnahme von Unmengen an Kohlenhydraten sei der Schlüssel zum Erfolg. Deswegen meiden sie kalorienreiches Essen, das oft viel Eiweiß und Fett enthält. Andere Läuferinnen hingegen schwören auf Eiweiß: Sie essen viel mageres Fleisch und meiden die Kohlenhydrate von Brot und Müsli.

Wer hat nun Recht? Darüber wird viel diskutiert. Fast jedes vorstellbare Mischungsverhältnis von Kohlenhydraten, Eiweiß und Fett wird von irgendjemandem befürwortet. Mal wird die eine, dann wieder die andere Zusammensetzung empfohlen. Früher aßen Läuferinnen vor einem Wettkampf ein herzhaftes Steak mit Eiern. In den 70ern und 80ern war es üblich, vor einem Rennen entweder gar keine Kohlenhydrate zu sich zu nehmen oder beim Gegenkonzept gerade besonders viele. In letzter Zeit sind eiweißreiche Mahlzeiten in Mode.

Vergessen Sie alles, was gerade hip und modern ist: Was Sie als Läuferin essen sollten, ist in etwa das Gleiche, was jeder andere auch essen sollte.

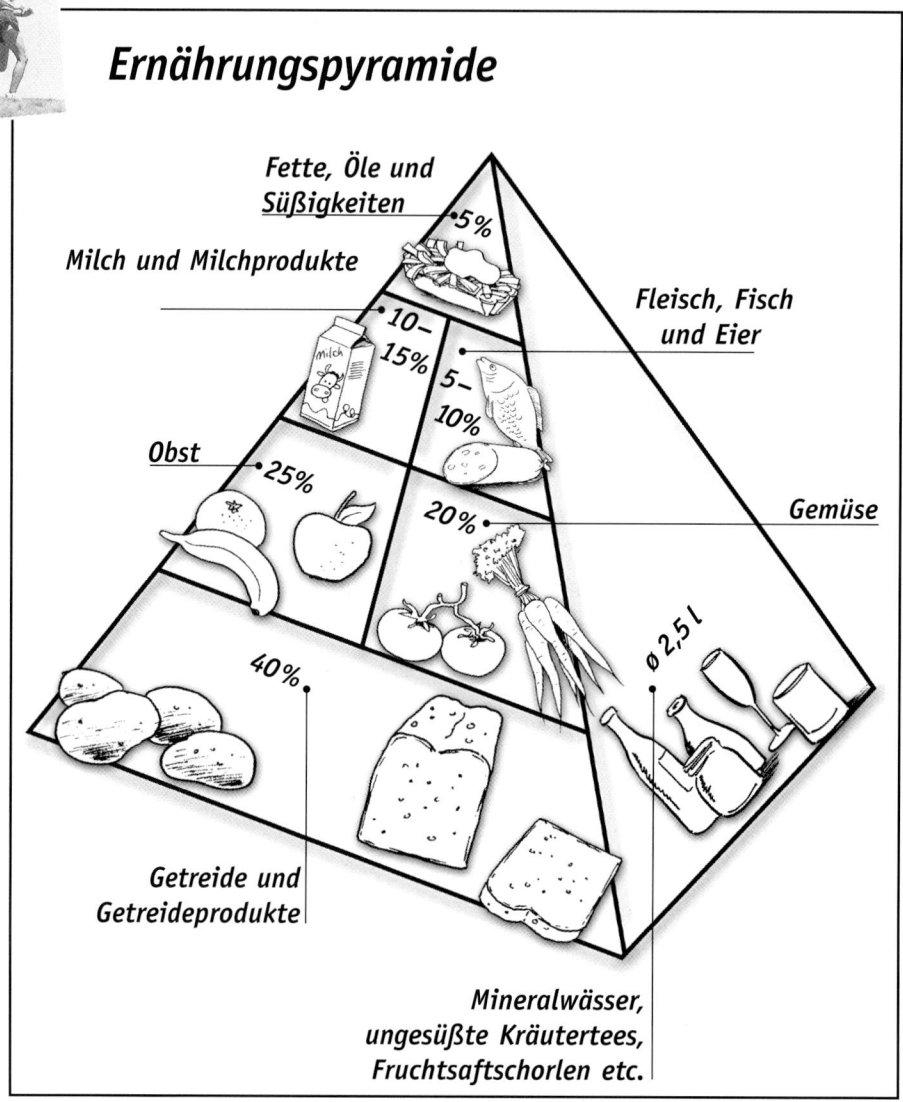

Ernährungspyramide

Fette, Öle und Süßigkeiten •5%
Milch und Milchprodukte •10–15%
Fleisch, Fisch und Eier •5–10%
Obst •25%
Gemüse •20%
ø 2,5 l
Getreide und Getreideprodukte •40%
Mineralwässer, ungesüßte Kräutertees, Fruchtsaftschorlen etc.

„Im Grunde genommen wollen Sie vom Essen nicht zu dick und nicht zu dünn werden", sagt Dr. Susan Kundrat, eine Sport- Ökotrophologin. „Bei Laufanfängerinnen ist es jetzt gerade groß in Mode, sich proteinreich zu ernähren, aber das kann schädlich sein. Wenn Sie sich so ernähren, steht Ihnen beim Laufen womöglich nicht sofort genug Energie in Form von Kohlenhydraten zur Verfügung. Gerade wenn Sie anfangen zu laufen, ist es ganz besonders wichtig, in puncto Ernährung keiner Mode zu folgen. Sie

gehen sonst das Risiko ein, dem Laufen die Schuld daran zu geben, dass Sie sich nicht gut fühlen. Womöglich glauben Sie, dass Sie einfach nicht genug Energie zum Laufen haben, dabei liegt es an einer falschen Ernährung."

Die meisten Ernährungswissenschaftler raten Läuferinnen, ungefähr 65% Ihrer Kalorien in Form von Kohlenhydraten, 25% in Form von Fett und 10% in Form von Eiweiß zu sich zu nehmen. Dazu halten Sie sich am besten an die von der Deutschen Gesellschaft für Ernährung empfohlene Nahrungspyramide. Demnach sollten Getreide und Getreideprodukte die Basis Ihrer Ernährung bilden: Brot, Reis, Müsli und Nudeln – je unbehandelter, desto besser. An zweiter Stelle stehen Früchte und Gemüse. Sie sollten dabei auf Abwechslung achten, denn die unterschiedlichen Sorten enthalten verschiedene Vitamine und pflanzliche Wirkstoffe. In Pflanzen sind viele bioaktive Substanzen enthalten. Sie helfen gegen Krebs, Herzkrankheiten und Schlaganfälle vorzubeugen. Essen Sie Fleisch, Eier, Nüsse, Bohnen und Milchprodukte nur in kleineren Portionen. Diese Nahrungsmittel sollten Ihre Mahlzeiten lediglich ergänzen. Sparen Sie bei Fett und Süßem.

Nur wenige Frauen – übrigens insbesondere nur wenige Amerikanerinnen – ernähren sich so ausgewogen und gesund. Frauen lassen sich tendenziell zwei Lagern zuordnen: Die einen essen zu viel Kohlenhydrate und zu wenig Fett und Eiweiß. Die anderen essen zu viel Fett und industriell verarbeitete Lebensmittel, dafür aber keine gesunden komplexen Kohlenhydrate. Viele dieser Ernährungsgewohnheiten resultieren aus dem Irrglauben, dass bestimmte Lebensmittel gut und andere schlecht sind. Fleisch, Eier und Milchprodukte sind nur einige der Lebensmittel, die in letzter Zeit in Verruf geraten sind. Tatsache aber ist, alle haben ihren Platz in der Ernährung einer Läuferin.

Heute glauben Ernährungswissenschaftler, dass es bei einer gesunden Ernährung unter anderem darauf ankommt, eine möglichst große Bandbreite von Lebensmitteln zu sich zu nehmen. Einige Studien haben gezeigt, dass Menschen mit einer reichhaltigen Speisekarte mehr Vitamine und Mineralien aufnehmen als Menschen, die Tag für Tag nur eine begrenzte Zahl verschiedener Lebensmittel essen. Wenn Sie manches nicht essen oder sogar ganze Nahrungsgruppen aus Ihrem Speiseplan streichen, kann das zu Mangelernährung oder umgekehrt zu Fressanfällen führen.

⟲ Spezielle Fragen zur Ernährung von Läuferinnen

Wenn Sie sich an diesen groben Leitfaden halten, sind Sie schon auf dem besten Weg zu einer ausgewogenen Ernährung. Werfen wir nun einen detaillierteren Blick auf spezielle Fragen, die besonders für Frauen wichtig sind.

Koffein

Seinen schlechten Ruf hat Koffein nicht völlig verdient. Klar, einerseits können schon kleine Mengen Koffein zu Nervosität führen und die Aufnahme von Eisen verhindern. Koffein kann auch an Flüssigkeitsdefiziten und Magenproblemen schuld sein. Andererseits aber haben sich Theorien über einen eventuellen Zusammenhang zwischen Koffeinkonsum und Krebs, Herzerkrankungen oder Osteoporose als falsch erwiesen. Am Ende bleibt: Sie können Ihrem Verlangen ganz beruhigt nachgeben; aber be-

---

Tipps und Tricks

Sich gesund und ausgewogen zu ernähren, muss nicht umständlich sein. Sie müssen keine Küchenwaage mit sich herumschleppen oder die auf den Verpackungen angegebenen Kalorien zusammenrechnen. Versuchen Sie einfach jeden Tag etwas gesundes Fett und Eiweiß aufzunehmen und essen Sie zu jeder Mahlzeit eine größere Portion komplexer Kohlenhydrate (Getreide, Früchte und Gemüse). Das können Sie erreichen, indem Sie alte Lieblingsspeisen sinnvoll ergänzen. Solche kleinen Veränderungen – über den ganzen Tag verteilt – rechnen sich. Hier sind einige Tipps, die Ihnen den Anfang erleichtern können. Sobald Sie die Grundidee drin haben, fällt Ihnen mit Sicherheit noch viel mehr ein.

- *Bestreichen Sie Ihr Brot statt mit Butter dünn mit Erdnussbutter oder Margarine. Butter enthält fast keine Vitamine und Mineralien, aber sehr viel gesättigte Fettsäuren, die die Arterien verstopfen können. Erdnussbutter oder Margarine dagegen liefern einfach ungesättigte Fettsäuren für ein gesundes Herz und eine gute Portion Vitamin E.*
- *Essen Sie frische Früchte und Jogurt zu Ihrem Müsli. Die Früchte liefern viele pflanzliche Wirkstoffe, die Herzbeschwerden und Muskelkater entgegenwirken können. Der Jogurt enthält Appetit reduzierendes Eiweiß und eine gute Portion knochenstärkendes Calcium.*

grenzen Sie Ihren täglichen Verbrauch auf 3 bis 4 Tassen Tee oder Kaffee.

Abgesehen von diesem gesundheitlichen Aspekt ist Koffein nachweislich ein leistungssteigerndes Mittel, dessen Einnahme in hohen Dosen vom Internationalen Olympischen Komitee verboten ist. Laut Dr. Nancy Clark, Autorin von Nancy Clark's Sports Nutrition Guidebook, weisen die neuesten Forschungen darauf hin, dass die energiesteigernde Wirkung des Koffeins in erster Linie im Gehirn und nicht an anderen Stellen des Körpers ansetzt. Mit anderen Worten: Das Training mag Ihnen nach einer Dosis Koffein leichter erscheinen, Ihre Physis ändert sich in Wirklichkeit aber gar nicht. Andere Forschungen zeigen, dass Koffein die Fettverbrennung fördert. Dies führt wiederum dazu, dass die Glykogenreserven Ihres Körpers während des Laufens nicht so schnell aufgebraucht werden. Doch bevor Sie nun morgens vor dem Laufen zuerst das nächste Café aufsuchen, sollten Sie wissen, dass Koffein von Person zu Person ganz unterschiedlich wirkt. Einige Läuferinnen würden niemals loslaufen, ohne vorher eine Tasse Kaffee hinunterzuschütten. Andere

- *Geben Sie gedünstetes Gemüse zu Ihren Nudeln. Nudeln alleine enthalten nur wenig Nährstoffe. Das Gemüse gibt Ihnen viel von den Vitaminen, die Sie benötigen.*
- *Wenn Sie Reis kochen, geben Sie ein wenig Tiefkühlgemüse oder pürierte Tomaten dazu. Reis liefert Ihnen viel energiereiche Kohlenhydrate, aber genau wie Nudeln hat er kaum Nährstoffe.*
- *Krümeln Sie etwas Tofu in Ihre Nudelsoße. Sojaprodukte enthalten Isoflavonoide, die in der Menopause Beschwerden mindern und für gesunde Knochen sorgen. Außerdem senken sie das Risiko von Herzerkrankungen und beugen Brustkrebs vor.*
- *Tun Sie Dosenbohnen und grünes Gemüse in Ihre Suppe. Die in beiden Lebensmitteln enthaltenen Ballaststoffe wirken appetitreduzierend.*
- *Verfeinern Sie Ihre Salate mit Thunfisch, Nüssen, Kichererbsen oder Bohnen. Das sind alles qualitativ hochwertige Eiweißlieferanten, die kein Fett enthalten, das Ihre Arterien verstopfen könnte.*

hingegen machen um dieselbe Tasse einen großen Bogen, weil sie davon Herzrasen bekommen, ihnen schlecht oder schwindelig wird, sie zu viel Flüssigkeit verlieren oder gar Durchfall bekommen.

Einige Läuferinnen sind sich unsicher, ob sie Kaffee wegen seiner harntreibenden Wirkung vor einem Wettkampf meiden sollten. Wenn Sie regelmäßig Kaffee trinken, kann Ihnen der plötzliche Verzicht aber eher schaden als nützen, da es zu Entzugserscheinungen kommen kann, wie z.B. Kopfschmerzen oder Zittern. Trinken Sie einfach weniger als eine Tasse vor dem Wettlauf oder vor einem harten Training, um Verdauungsprobleme zu vermeiden.

Calcium

Calcium ist eines der wichtigsten Mineralien in der Ernährung einer Frau. Die meisten Frauen nehmen nur die Hälfte des benötigten Tagesbedarfes auf. Calcium ist für Frauen jeden Alters unentbehrlich, um ihre Knochen gesund zu erhalten. Festigkeit und Belastbarkeit der Knochen sind im 30. Lebensjahr am größten. Danach sollten Sie auf eine optimale Calciumversorgung achten, damit Ihre Knochen nicht porös werden. Calcium kann auch hohen Blutdruck und Dickdarmkrebs verhindern. Es gibt im übrigen einige Hinweise darauf, dass es Ihnen auch beim Abnehmen helfen kann. Läuferinnen, die nicht genug Calcium aufnehmen, neigen eher zu Muskelkrämpfen.

Ihren Calciumbedarf decken Sie am einfachsten mit Milchprodukten, die einen besonders hohen Calciumanteil haben. Insbesondere fettarme Milch und Jogurt sind hier eine gute Wahl. Andere Lebensmittel wie z.B. Gemüse und Fisch enthalten ebenfalls Calcium, aber Sie müssten schon große Mengen davon essen, um auf die nötige Tagesdosis zu kommen. Wenn Sie Veganerin sind oder auf Milchprodukte allergisch reagieren, können Sie zu Produkten greifen, denen Calcium zugesetzt wurde, z.B. einige Orangensaftsorten oder Sojamilch.

Sind Sie jünger als 50 Jahre, sollten Sie täglich insgesamt 1.000 mg Calcium aufnehmen. Ab dem 50. Lebensjahr sollte die Tagesmenge 1.500 mg nicht unterschreiten. Weil Ihr Körper nur ungefähr 500 mg auf einmal aufnehmen kann, ist es ratsam, zwei oder drei kleine calciumreiche Mahlzeiten über den Tag verteilt zu essen.

Fett

Die bloße Erwähnung dieses Wortes lässt fast jede Frau zurückschrecken. Die meisten Frauen sehen Fett als Feind, als etwas, das um jeden Preis aus ihren Körpern und Mahlzeiten eliminiert werden muss. Doch auf jede Frau, die rigoros jedes Gramm Fett aus ihrem Speiseplan streicht, kommt auch eine, die sich fröhlich einen weiteren Cheeseburger mit Pommes bestellt. Keine dieser Verhaltensweisen ist optimal für Gesundheit und Fitness.

Zu viel von einem falschen Fett kann zu Herzbeschwerden und Überfettung führen. Wenn Sie aber alle Fette einfach weglassen, wird auch das gesundheitliche Konsequenzen haben. Es gibt einige Fette, die Sie für Ihr Wohlbefinden brauchen, besonders wenn Sie laufen. Wenn Sie sich dieser guten Fette berauben, kann das Ihre Haut und Ihr Haar schädigen. Sie fühlen sich ständig hungrig.

„Wenn Frauen das Fett in ihrer Ernährung ernsthaft reduzieren, tendieren sie oft zu Fressanfällen und entwickeln so Ess-Störungen", sagt Kundrat. *„Frauen, die eine richtige Fettphobie haben, wollten zunächst vermutlich vor allem Kalorien sparen. Letzten Endes aber essen sie so auch kein Eiweiß, Calcium, Magnesi-*

um, Zink und viele andere wichtige Nährstoffe. Viele Nahrungsmittel, die Fett enthalten, sind nämlich auch gute Quellen für andere Nährstoffe. Was als gut gemeinte fettarme Diät beginnt, kann sich so unbeabsichtigt zu einer Ess-Störung hochschaukeln!"

Im Folgenden werden die Unterschiede zwischen „guten" und „schlechten" Fetten erklärt:

Einfach ungesättigte Fettsäuren. Diese finden sich z.B. in Avocados, Nüssen und Olivenöl. Sie sollten den Hauptteil der Fette in Ihrer Ernährung bilden.

Omega-3-Fettsäuren befinden sich in Fisch, wie z. B. Lachs und Makrelen, genauso wie in Leinsamen. Dieses Fett kann gegen Herzkrankheiten und Krebs vorbeugen; es kann Ihnen helfen, Gewicht zu verlieren und sogar Muskelschmerzen reduzieren. Versuchen Sie ein- oder zweimal in der

Energieriegel und Energiegels

Energieriegel sind ursprünglich dazu erfunden worden, Sportlern während und nach einem harten Training leicht verdauliche Nahrung zur Verfügung zu stellen. Seit sie von jedermann und jederfrau, von der vielbeschäftigten Geschäftsführerin bis zur Wochenendsportlerin genutzt werden, sind sie zu einem gutem Geschäft mit hohen Wachstumsraten geworden.

Diese Produkte sind nicht schädlich. Trotzdem weisen Ernährungswissenschaftler darauf hin, dass sie nichts enthalten, was Sie nicht auch mit gewöhnlichem Essen und zudem viel billiger zu sich nehmen können. Eine Läuferin, die nur wenige Kilometer und weniger als eine Stunde am Tag trainiert, braucht so eine Ersatznahrung überhaupt nicht. Doch Energieriegel sind bequem. „Wenn man die Wahl hat, einen Riegel zu essen oder überhaupt nichts, dann ist er eine gute Alternative", sagt Dr. Tammy Baker, Sprecherin der American Dietetic Association, die sich auf Sporternährung und Frauenfragen spezialisiert hat. „Es kommt auf Ihren Lebensstil an. Für einen Fast-Food-Junkie kann ein solcher Riegel das Gesündeste sein, das er am ganzen Tag isst." Ernährungswissenschaftler empfehlen, sich die Liste der Inhaltsstoffe genau anzusehen. Sie sollten sich vergewissern, dass das, was im Energieriegel enthalten ist, in Ihren allgemeinen Speiseplan für diesen Tag passt. Ursprünglich enthielten Energieriegel in erster Linie Kohlenhydrate mit einer kleineren Menge an Eiweiß. Diese Art von Riegeln können Sie am besten vor oder während des Laufs essen. Viele neuere Varianten enthalten aus Geschmacksgründen oft

Woche Fisch zu essen. Benutzen Sie Leinsamenöl für Salate und verfeinern Sie Ihre Lieblingsgerichte mit gemahlenen Leinsamen.

Mehrfach ungesättigte Fettsäuren. Diese Fette kommen in den meisten zum Kochen verwendeten Ölen vor und sind als neutral anzusehen: Sie schaden Ihrer Gesundheit nicht, sind aber auch nicht besonders nützlich.

Trans-Fettsäuren sind in Margarine, vielen Backwaren und vielen weiterverarbeiteten (behandelten) Lebensmitteln (inklusive *Chips und ähnlichem Knabbergebäck*) enthalten. Diese Fette sind genauso schädlich wie die gesättigten Fette in Schinken und Butter. Reduzieren Sie diese Fette in Ihrer Ernährung so weit es geht.

Gesättigte Fettsäuren. Gesättigte Fette sind in den meisten Tierprodukten enthalten und können Herzkrankheiten verursachen. Essen Sie so wenig wie möglich davon.

---

eine enorme Menge von Kalorien aus Zucker und Fett. Um Geld aus dem Fitnessboom zu schlagen, sind einige Riegel hundsgemeine, als Sportlernahrung getarnte Süßigkeiten. Wenn Sie etwas naschen möchten, sind diese Riegel in Ordnung. Es gibt aber auch Riegel, die eine Menge Nährstoffe, Kohlenhydrate, Eiweiß und Fett liefern. Da sie oft sehr kalorienreich sind, können sie schon in kleineren Portionen eine ganze Mahlzeit ersetzen. Zu allen Energieriegeln sollten Sie Wasser trinken, damit Sie diese besser verdauen können.

Gels sind die neueste Sportlernahrung. Die darin enthaltenen Nährstoffe werden vom Körper gut und schnell aufgenommen. So wenig appetitanregend die Namen dieser Gels sind, so wenig appetitlich sehen sie auch aus. Und dennoch, sie schmecken ungefähr wie Zuckerguss und rutschen leicht runter. Sie bestehen in erster Linie aus Kohlenhydraten und werden vom Verdauungssystem schnell aufgenommen. Für eine Läuferin, die sehr viele Kilometer läuft, können Gels während des Trainings ein wahrer Segen sein. Viele Marathonis zählen heute auf sie und nehmen stets welche mit auf ihre langen Läufe. Wenn Sie noch nie zuvor ein solches Gel probiert haben, sollten Sie es zuerst auf einem Ihrer längeren Trainingsläufe testen, bevor Sie es während eines Wettkampfs benutzen. Versuchen Sie nach ungefähr einer Stunde das erste Päckchen zu essen und danach alle halbe Stunde ein weiteres. Bei Wettkämpfen sollten Sie das Gel kurz vor einer Verpflegungsstation essen, da es am besten verdaut wird, wenn Sie anschließend einen kräftigen Schluck Wasser nehmen.

Wenn Sie insgesamt weniger Fett essen müssen, sollten Sie nicht versuchen, Ihre Ernährungsgewohnheiten von einem auf den anderen Tag drastisch umzustellen. Passen Sie Ihre Ernährung lieber schrittweise an, damit Ihr Körper und Ihr Appetit nicht gegen die Veränderung rebellieren. Versuchen Sie – Woche für Woche – kleine Veränderungen vorzunehmen. Ersetzen Sie Pommes Frites durch eine gebackene Kartoffel. Legen Sie fettarmen Käse auf Ihr Brötchen.

Und, genauso wichtig: Gehen Sie dazu über, mehr von den gesünderen Fetten zu verwenden. Nehmen Sie Olivenöl an Stelle von Butter, und Fisch an Stelle von Rindfleisch. Denken Sie daran: Maßhalten ist der Schlüssel zum Erfolg. Wenn Sie Ihren Toast gerne mit Butter essen, müssen Sie das nicht ändern. Passen Sie nur auf, dass Sie nicht noch mehr gesättigtes Fett am Tag essen. Wenn Sie andererseits aber eine Fettphobie haben, sollten Sie nährstoffreiche Fettlieferanten in Ihr tägliches Essen mischen. Werfen Sie z.B. einfach ein paar Walnüsse oder Mandeln in Ihr Müsli oder in die Nudelsoße. Oder sautieren Sie das Gemüse leicht in Olivenöl.

Eisen

Die wenigsten Frauen nehmen genug Eisen auf, manche werden sogar anämisch. Eine Anämie bleibt leicht unentdeckt, weil die Symptome denen der Erschöpfung ähneln: extreme Müdigkeit, Schwindel und Kurzatmigkeit. Um einer Anämie vorzubeugen, müssen Sie täglich 15 mg Eisen aufnehmen. Läuferinnen brauchen zwar nicht mehr Eisen, aber für sie ist es besonders wichtig, diesen täglichen Grundbedarf zu decken. Baker erklärt, dass Eisen dem vermehrten Abbau roter Blutkörperchen durch das Training entgegenwirkt.

Auch wenn viele Lebensmittel heute mit Eisen angereichert sind, wird diese Form von Eisen vom Körper oft schlecht aufgenommen. Mageres rotes Fleisch ist immer noch der beste verfügbare Eisenlieferant. Wenn Sie also kein rotes Fleisch essen, werden Sie nur sehr schwer genügend Eisen zu sich nehmen können, sagt Dr. Kristine Clark, von der Pennsylvania State University. Clark empfiehlt Läuferinnen täglich eine Vitamin- und Mineraltablette zu nehmen und keinen Bogen um rotes Fleisch zu machen. *„Wenn Sportlerinnen rotes Fleisch meiden, ist das völlig übertrieben"*, sagt sie. *„Sie können heute nicht nur sehr mageres rotes Fleisch kaufen, es ist in einigen Fällen sogar magerer und fettärmer als Geflügel."*

Trockenfrüchte, Bohnen, Mangold und Kohl sind ebenfalls gute Eisenlieferanten. Sie können auch eine Multivitamintablette nehmen, die 100% Ihres Tagesbedarfs an Eisen deckt. Lassen Sie aber regelmäßig Ihr Blut untersuchen (vor allen Dingen den Ferritin-Wert). Sollten Sie nämlich an der gar nicht so seltenen Hämachromatose, einer Eisenspeicherkrankheit, leiden, haben Sie zu viel Eisen im Körper und diese Ratschläge sind völlig falsch für Sie.

Eiweiß

Viele gute Eiweißlieferanten sind auch reich an Fett. Darum haben viele Läuferinnen Rindfleisch, Käse und Nüsse von ihrer Einkaufsliste gestri-

---

Timing ist alles

Je mehr Sie laufen, desto mehr werden Sie sich mit dem Zusammenhang zwischen Training und Ernährung beschäftigen.

Wenn Sie ein paarmal in der Woche etwa eine halbe Stunde laufen, ist das eine ziemlich einfache Sache. Essen Sie kurz vor dem Laufen einen kohlenhydratreichen Snack wie z.B. eine Banane und trinken Sie dazu ein Glas Wasser. So vermeiden Sie Hunger, Flüssigkeitsmangel und ernährungsbedingte Müdigkeit.

Bei einem Leistungssportler werden die Dinge ein wenig komplizierter. Es kann einen Tag oder mehr dauern, bis Sie den Flüssigkeitsverlust eines sehr intensiven Trainings wieder ausgeglichen haben. Die Regulierung des eigenen Wasserhaushaltes wird da schnell zur Vollzeitbeschäftigung. Sie sollten über den Tag verteilt und vor jedem Lauf etwas trinken. Essen Sie etwa eine Stunde, bevor Sie loslaufen, eine kleine Zwischenmahlzeit z.B. eine Banane und ein Brötchen. Das bringt Sie dann durch ein längeres Training.

Nach einem harten Lauf müssen Sie die verbrauchte Energie so schnell wie möglich wieder ergänzen. Mehrere Forschungsprojekte haben bewiesen, dass der Körper seine Glycogenvorräte innerhalb von 30 Minuten – also unmittelbar nach dem Training – am besten wiederaufbauen kann. Wenn Sie also direkt im Anschluss an Ihren Lauf etwas essen, halten Sie das Risiko von schmerzenden und steifen Muskeln so niedrig wie möglich.

In erster Linie sollten Sie Kohlenhydrate zu sich nehmen, die Ihr Körper schnell aufnehmen kann, wie z.B. Früchte. Vergessen Sie auch nicht, genügend Eiweiß zu essen. Laut Nancy Clark, der Autorin von Nancy Clark's Sports Nutrition Guidebook, sorgt die Kombination von Eiweiß und Kohlenhydraten dafür, dass mehr Glukose zu den Muskeln transportiert wird. Sie empfiehlt ein Verhältnis von einem Gramm Eiweiß zu drei Gramm Kohlenhydraten. Essen Sie z.B. ein Brötchen mit Erdnussbutter oder Margarine. Oder trinken Sie einen Jogurtshake mit Früchten.

chen. Aber Sie brauchen diese Lebensmittel, um die vom Training verursachten Muskelschäden reparieren zu können.

Experten für Sporternährung empfehlen zwei bis drei Portionen eiweißreicher Nahrung am Tag. Eiweiß ist in vielen gesunden Lebensmitteln enthalten, dazu gehören Bohnen, Fisch, Sojaprodukte und fettarme Milchprodukte. Vergessen Sie nicht, wie wichtig es ist, sich vielseitig und maßvoll zu ernähren. Wenn Sie körperlich aktiv sind, können Sie ruhig Rindfleisch, Käse und Nüsse essen, so lange diese Nahrungsmittel nicht die Basis Ihrer Ernährung bilden.

Vitamin- und Mineraltabletten

Ernährungsberater predigen immer: Versuchen Sie alle Nährstoffe, die Sie benötigen, über die Nahrung aufzunehmen und nicht durch Tabletten. *„Der Körper nimmt Nährstoffe aus natürlichen Lebensmitteln besser auf, als*

Aus meinem Trainingstagebuch

Bücher und Zeitschriften zu lesen ist eine Möglichkeit, etwas über die Bedeutung von richtiger Ernährung zu lernen. Sich während eines nachmittäglichen Laufs plötzlich mit angeschlagenem Kopf auf dem Pflaster wiederzufinden, ist eine andere. Auch wenn eine so drastische Demonstration durchschlagenden Erfolg hat, rate ich Ihnen, aus den Fehlern anderer – okay, aus meinen Fehlern – zu lernen.

Es passierte, als ich mein Training in Vorbereitung auf einen Marathon intensivierte. Ich lief meist zweimal täglich. Außerdem arbeitete ich 10 Stunden am Tag, was mir ziemlich wenig Zeit für solchen Luxus wie etwa essen ließ. Morgens habe ich eine lange Einheit auf der 400-m-Bahn gemacht, aß dann ein Brötchen und trank auf der Arbeit einen Kaffee.

Nun ist es nicht so, dass ich nicht auf meine Ernährung achtete. Ich war sogar ziemlich stolz auf mich selbst: Ich hatte ein Glas Erdnussbutter in mein Büro gestellt, damit ich zusammen mit dem Brötchen auch genug Eiweiß und Fett aufnahm. Und an dem besagten Tage hatte ich mir, bevor ich das Haus verließ, noch obendrein eine Banane geschnappt. So aß ich am Schreibtisch mein Brötchen mit Erdnussbutter und die Banane, arbeitete fast den ganzen Tag und

aus Vitamintabletten." So, und jetzt: Nehmen Sie ruhig eine Multivitamintablette.

Läuferinnen haben einen weit größeren Bedarf an Vitaminen und Mineralien. Betrachten Sie die Vitamintabletten als „Versicherungspolice" und als „Beruhigungsmittel". Realität ist, dass nur wenige von uns sich tagtäglich optimal ernähren können. Multivitamintabletten können Ihre gesunde Ernährung ergänzen – sie sind aber keine Lizenz zum Mogeln, was den Rest Ihres Essens betrifft.

Wasser

Auch wenn es keine wesentliche Quelle für Nährstoffe ist, ist es für Läuferinnen doch von immenser Bedeutung. Selbst Menschen, die sich nur wenig bewegen, leiden oft unter chronischem Flüssigkeitsmangel, ohne es zu bemerken. Sie haben vielleicht Kopfschmerzen oder fühlen sich er-

machte mich am frühen Nachmittag, in meiner Mittagspause, auf den Weg zu meinem zweiten Lauf, der eine Stunde dauern sollte.

Die ersten zehn Minuten des Laufs ging es mir gut. Nach 20 Minuten fühlte ich mich benommen und schwach. Nach 25 Minuten drehte ich um, weil ich befürchtete, dass ich sonst zurück gehen müsste. Das nächste, an das ich mich erinnere, ist, dass ich mich hinsetzen musste. Den mühseligen Weg zurück zum Wagen schaffte ich nur mit äußerster Entschlossenheit. Unterwegs verfluchte ich meine eigene Blödheit. Schauen wir mal: ein Brötchen, 250 Kalorien, Erdnussbutter, 200 Kalorien, eine Banane, 100 Kalorien. Selbst an einem Tag, an dem ich nicht laufe, sollte ich mehr Kalorien zu mir nehmen. Und erst recht an einem Tag, an dem ich morgens schon über 16 Kilometer gelaufen bin. Als ich das Auto erreicht hatte, kramte ich im Handschuhfach herum und schlang zwei Päckchen Energiegel herunter, die ich dort verstaut hatte. Schon ein paar Minuten später ging es mir besser – abgesehen von einem Rest an Verlegenheit. Erstaunlich. Kalorien raus, Kalorien wieder rein. Energie raus, Energie wieder rein. Ein simples Prinzip. Ich habe es von diesem Tag an nicht mehr vergessen.

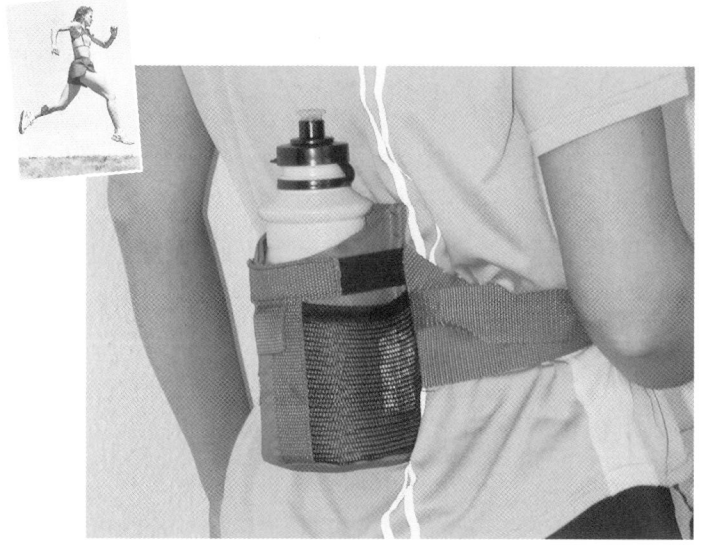

schöpft. Der Verlust von Flüssigkeit während des Trainings kann dieses Problem noch verstärken und zu Muskelkrämpfen, Schwindel und Magen-Darm-Beschwerden führen. In Extremfällen kann es zu dem lebensgefährlichen und lebensbedrohlichen Zustand kommen, dass Sie Ihre Körpertemperatur nicht mehr regulieren können. Machen Sie es sich zur Gewohnheit, vor und nach dem Laufen sowie über den ganzen Tag verteilt zu trinken. Warten Sie nicht, bis Sie durstig sind: Zu diesem Zeitpunkt leiden Sie schon an Flüssigkeitsmangel. Denken Sie auch daran, dass intensives Training das Durstgefühl verringern kann. In dem Fall sollten Sie sich sogar über Ihren Körper hinwegsetzen und auch gegen seinen Protest trinken.

Für die meisten Läuferinnen sind Wasser oder Saft adäquate Flüssigkeitsspender. Wenn Sie regelmäßig viele Kilometer laufen, können Sie auch zu den einschlägigen Elektrolytgetränken greifen. Für den durchschnittlichen Freizeitläufer sind diese Getränke eigentlich unnötig, aber sie können auch nicht schaden. *„Das Wichtigste ist, dass Sie überhaupt genug Flüssigkeit aufnehmen"*, sagt Kundrat. *„Wenn ein Sportgetränk Ihnen gut schmeckt und Sie deshalb mehr trinken, ist das gut."*

Kundrat empfiehlt zunächst zu notieren, wie viel Flüssigkeit Sie zu sich nehmen. So können Sie herausfinden, ob Sie ungefähr auf die empfohlene Menge von 2 Litern täglich kommen. Versuchen Sie dann möglichst noch einen Liter zusätzlich am Tag zu trinken, damit Sie die Flüssigkeit, die Sie während des Trainings verlieren, auch wieder aufnehmen. Am besten machen Sie es sich zur Gewohnheit, vor und nach dem Laufen ein Extraglas Wasser zu trinken.

14. Laufen und Abnehmen

Viele Frauen kommen zum Laufsport, um Gewicht zu verlieren. Das ist gut, denn Laufen ist eine der Sportarten, mit der Sie am effektivsten abnehmen können. Pro Kilometer verbrennen Sie etwa 65 Kalorien. *(Die genaue Zahl hängt von Ihrem Tempo und Ihrem Gewicht ab.)* Das Laufen zügelt außerdem Ihren Appetit und bringt Sie dazu, insgesamt gesünder zu leben.

Wenn Sie beim Laufen ein paar Pfunde verlieren möchten, sollten Sie die folgenden Tipps beachten, damit Sie vernünftig abnehmen und auch bei bester Gesundheit bleiben.

Richten Sie sich nach den Trainingsprogrammen dieses Buches. Wenn Sie abnehmen wollen, sollten Sie sich, je nach Lauferfahrung, an die Trainingsprogramme für Anfänger oder Fortgeschrittene in diesem Buch halten. Die gleichen Programme, mit denen Sie sich fit machen, können Ihnen auch helfen, Schritt für Schritt Ihre Pfunde loszuwerden. Wenn es ums Abnehmen geht, ist konsequentes Training besonders wichtig. Versuchen Sie drei- oder viermal in der Woche zu laufen bzw. ein Lauf/Walk-Training zu machen und führen Sie auch an trainingsfreien Tagen ein aktives Leben. Es ist zwar richtig, dass längeres oder schnelleres Laufen mehr Kalorien verbrennt, Sie sollten aber dennoch nicht mit einem anstrengenden Training beginnen, bevor Sie sich mit dem

Grundlagentraining darauf vorbereitet haben. Wenn Sie ein Extra-Training einlegen, um schneller Gewicht zu verlieren, machen Sie den gleichen Fehler, den Sie begehen, wenn Sie die Intensität Ihres Trainingsprogramms zu schnell steigern: Sie riskieren sich zu verletzen und zu erschöpfen.

Hungern Sie nicht! Da sie beim Laufen Kalorien verbrennen, glauben einige Frauen, dass sie noch mehr Gewicht verlieren können, wenn sie gleichzeitig weniger essen. Doch wenn eine Läuferin ihre Kalorienzahl drastisch reduziert, ist das keine Garantie für eine Gewichtsabnahme. Es kann sogar genau das Gegenteil bewirken. Je weniger Kalorien Sie aufnehmen, desto weniger Energie bleibt Ihnen zum Laufen. Wenn Sie weniger Kalorien zu sich nehmen, als Ihr Körper braucht, um richtig zu funktionieren, verlangsamt sich auch Ihr Stoffwechsel.

„Frauen, die sehr viel Kalorien sparen und gleichzeitig die Intensität ihres Trainings steigern, gehen das Risiko ein, sich zu verletzen und zu verausgaben. Sie profitieren nicht so schnell von den positiven Auswirkungen eines Laufprogramms", erklärt Susan Kundrat, eine Ernährungswissenschaftlerin.

Kundrat hat sich auf die Arbeit mit Sportlerinnen spezialisiert. Sie rät Frauen Veränderungen schrittweise durchzuführen. *„Viele Frauen, die mit einem Sportprogramm anfangen, möchten, weil sie sehr motiviert sind, gleichzeitig auch ihre Ernährung radikal umstellen. Es ist aber wichtig, nicht alle diese Veränderungen auf einmal durchzuführen"*, sagt sie. *„Sie sollten Ihrem Körper lieber Zeit geben, sich an die Veränderungen zu gewöhnen, die mit dem Training einhergehen. Achten Sie unbedingt auf eine ausreichende Ernährung. Sobald Sie sich bei den Laufeinheiten komfortabel fühlen, können Sie einschätzen, wie weit Sie gekommen sind und Ihre Ziele neu festlegen. Möchten Sie abnehmen oder wollen Sie einfach kräftiger werden? Erst jetzt können Sie Ihre Trainingsroutine langsam weiterausbauen."*

Wenn Sie hauptsächlich laufen, um Gewicht zu verlieren, wird das beim Training nach und nach von selbst passieren. Essen Sie bewusst, aber schränken Sie sich nicht zu sehr ein. Hören Sie auf Ihren Körper. Essen Sie, wenn Sie hungrig sind, hören Sie auf, wenn Sie satt sind. Suchen Sie sich die richtigen, gesunden Nahrungsmittel aus. Wenn Sie das tun, werden Sie genug Energie zum Laufen haben und die Chancen stehen gut, dass Sie Ihr Gewicht sicher und ohne Risiko Schritt für Schritt reduzieren können. Sie werden auch weniger schnell wieder zunehmen.

Achten Sie auf die Kalorien. Auch wenn ich Ihnen soeben dazu geraten habe, Ihre Ernährung nicht zu sehr einzuschränken, sollten Sie schon grundsätzlich auf Ihre Kalorienzufuhr achten. Vor allem die Gesamtkalorienzahl ist für Ihr Gewicht verantwortlich. Es gibt jede Menge langweiliger Diäten mit den verschiedensten Methoden um abzunehmen. Aber ob Sie nun im Einzelnen eine Grapefruit oder ein Steak essen: Ob Sie zu- oder abnehmen, hängt immer ganz schlicht davon ab, wie viel Kalorien Sie insgesamt zu sich nehmen.

Sie können Ihre Kalorienzufuhr ganz gut im Auge behalten, wenn Sie jeden Tag aufschreiben, was Sie essen. Verzichten Sie auf „Kalorienbomben" und riesige Portionen. Wenn Sie genau wissen wollen, wie viel Kalorien Sie täglich benötigen, schauen Sie im Kasten unten auf der Seite nach. Sie sollten es schaffen, Ihr Gewicht ungefähr zu halten, wenn Sie pro Tag nicht mehr als die dort angegebene Menge an Kalorien zu sich nehmen. Damit Sie beim Laufen gesund abnehmen, sollten Sie Ihre Kalorien nicht mehr als um 10 bis 20 Prozent dieser Zahl reduzieren.

Wie viel Kalorien verbrauchen Sie am Tag?

Nancy Clark, Autorin des Buches „Nancy Clark's Sports Nutrition Guidebook", hat folgende Formel entwickelt, mit der Sie ausrechnen können, wie viel Kalorien Ihr Körper am Tag verbraucht.

1. *Multiplizieren Sie Ihr Körpergewicht mit 10. So erhalten Sie den Grundumsatz, die Anzahl an Kalorien, die Ihr Körper braucht, um überhaupt zu funktionieren.*

2. *Berechnen Sie nun, wie viel zusätzliche Kalorien Ihr Körper am Tag verbraucht. Multiplizieren Sie dazu die Zahl, die Sie in Schritt 1 ermittelt haben, mit 20 bis 40 Prozent, wenn Sie wenig aktiv sind, mit 40 bis 60 Prozent, wenn Sie mäßig aktiv sind und mit 60 bis 80 Prozent, wenn Sie sehr aktiv sind.*

3. *Bestimmen Sie dann, wie viel zusätzliche Kalorien Sie durch das Laufen verbrauchen. Sie können ungefähr 1 Kalorie für jedes Kilogramm Körpergewicht pro Kilometer rechnen. Wenn Sie also z.B. 60 kg wiegen, verbrauchen Sie 60 Kalorien pro Kilometer.*

4. *Addieren Sie die Kalorien aus den Schritten 1, 2 und 3. Die Summe, die Sie erhalten, entspricht Ihrem täglichen Gesamtumsatz an Kalorien.*

Wenn Sie Ihr Wunschgewicht einmal erreicht haben, schaffen die beim Laufen verbrannten Kalorien den Ausgleich, wenn Sie beim Essen einmal „gesündigt" haben. Viele Läuferinnen, die schon seit Jahren trainieren, behaupten sogar, das Beste am Laufen sei, dass sie jetzt mehr essen können.

Essen Sie das Richtige. Mehr und mehr Ernährungswissenschaftler halten überhaupt nichts mehr von Diäten. Wenn Sie abnehmen wollen, ist eine gesunde Ernährung besonders wichtig. Im vorangehenden Kapitel *(S. 199 ff.)* finden Sie Tipps für eine gesunde Ernährung. Wenn Sie vernünftig essen, können Sie die Kalorien, die Sie aufnehmen, optimal nutzen. Das bedeutet: weniger Junk-Food, Fast-Food oder „leere" Kalorien aus Cola und ähnlichem.

Gönnen Sie sich hin und wieder etwas. Wenn Sie sich vernünftig ernähren, sollten Sie sich trotzdem noch ab und zu etwas gönnen. Wenn Sie hin und wieder Ihrem Verlangen nachgeben, bleibt Ihnen das Gefühl erspart, auf etwas verzichten zu müssen. Das schützt Sie auch vor möglichen Fressanfällen. Denken Sie daran, dass Sie keine Diät machen, sondern Ihre Ernährung langfristig umstellen wollen. Ist es realistisch, dass Sie für den Rest Ihres Lebens auf Käsekuchen verzichten werden? Also essen Sie ruhig

Aus meinem Trainingstagebuch

Auf sein Gewicht zu achten bedeutet nicht, dass man eine Entziehungskur macht. Es ist ein gutes Gefühl, ein Gewicht zu halten, solange das Ihrem Körpertyps entspricht. Das gibt Ihnen mehr Energie und macht Sie zu einem gesunden Menschen. Obwohl ich ganz bestimmt darauf achte, was ich esse, tue ich das eher aus Gesundheitsgründen und nicht zur Gewichtskontrolle. So kann ich frische, gesunde Lebensmittel wirklich genießen. Zum Beispiel im Sommer Blaubeeren in meinem Müsli oder ein herbstlicher Eintopf mit Kartoffeln und Karotten. Die Köstlichkeiten, die die Natur uns zu bieten hat, sind haargenau so sündhaft köstlich wie ein klebriges Dessert. Doch im Gegensatz dazu müssen Sie sich danach nicht schuldig fühlen. Sie können sich in dem Bewusstsein entspannen, dass Sie in einer besonderen Art von Luxus geschwelgt haben: Dem, sich selbst etwas Gutes zu tun.

ein kleines Stück, solange Sie es nicht bei jeder Mahlzeit oder jeden Tag tun. Folgen Sie der 90/10 Regel: Entscheiden Sie sich zu 90% für gesundes Essen. Bei den restlichen 10% dürfen Sie sich gehen lassen.

Gehen Sie nicht so häufig essen. Fast-Food und das Essen in Restaurants sind oft voll von versteckten Fetten und Kalorien. Zu Hause haben Sie eine bessere Kontrolle über das, was Sie essen und über die dafür verwendeten Zutaten. Außerdem lassen Sie sich zu Hause nicht so leicht von kalorienreichen Vorspeisen und Desserts verführen. Wenn Sie trotzdem einmal essen gehen, sollten Sie ruhig Sonderwünsche äußern, z.B. ein getrennt serviertes Salatdressing oder Gemüse ohne Butter.

Machen Sie zusätzlich auch Krafttraining. Muskelgewebe verbraucht mehr Kalorien als Fett. Das bedeutet, dass Sie durch Muskelaufbau Ihren Stoffwechsel ankurbeln können. So verbrennen Sie mehr Kalorien und können mehr Gewicht verlieren. Krafttraining kann Ihnen dabei helfen, Muskeln aufzubauen. Es ist außerdem eine gute Ergänzung zu jedem Laufprogramm. Ein weiterer Pluspunkt: Es bringt Ihren Körper sichtbar in Form.

15. Ein positives Körperbild

Wir leben in der besten und gleichzeitig in der schlechtesten aller Zeiten für den weiblichen Körper. Warum? Seit allgemein akzeptiert wird, dass auch Frauen Sport treiben und fit sein möchten, haben sich die Maßstäbe, an denen der weibliche Körper gemessen wird, verändert. Frauen müssen nicht länger dem Ideal der zerbrechlich und hilflos wirkenden Schönheit entsprechen. Stattdessen gelten heute muskulöse und sportliche Körper in allen Variationen als schön. Darin liegt aber auch das Negative: In den Medien werden uns unbarmherzig immer perfektere Körper präsentiert. So werden die Schönheitsstandards ständig weiter angehoben. Das momentan herrschende Ideal ist ein schlanker Körper mit großen Brüsten. Doch der ist für fast alle Frauen eine genetische Unmöglichkeit. Natürlich, Muskeln und Kraft werden akzeptiert, doch nur solange sie attraktiv verpackt sind. Tatsache ist: Die Fitnesswelle hat das alles nur noch verschlimmert – Frauen müssen heute nicht nur super gestylt, sondern auch noch in Top-Form sein. Fett ist natürlich, wie immer, tabu.

All das wird noch durch die aberwitzige Überzeugung verschlimmert, dass Frau in der Lage ist, sich genau den Körper formen zu können, den sie will. *„Hilf dir selbst"* wird hier zum Amoklauf. Um gut auszusehen, muss eine Frau also eigentlich nur hart genug trainieren und ausreichend Disziplin zeigen – oder genug Geld haben. Denn störrische Körperpartien, die sich allem Training widersetzen, kann man Dank der kosmetischen Chirurgie vergrößern oder verschwinden lassen. Die Botschaft für uns Frauen lautet also: Wenn Ihnen etwas nicht gefällt, können Sie es doch ändern!

Doch diese Botschaft ist gefährlich. Das Streben nach einem gesunden Körper und nach einem perfekten Aussehen sind zwei verschiedene Dinge. Wenn Sie den Unterschied zwischen beidem nicht realisieren, führt das zwangsläufig zur Frustration. Sicher, Sie bekommen von Sit-ups einen flacheren Bauch, vom Laufen schlankere Schenkel – und Fettabsaugung bringt auch den Rest in Form. Aber nichts kann Ihren grundlegenden Körperbau, Ihre Knochenstruktur oder Größe ändern.

🌀 Lieben Sie Ihren Körper!

Laufen macht fit und führt zu einem besseren Körperbewusstsein. Darum können die meisten Läuferinnen auch besser mit Kritik an ihrem Körper umgehen und entwickeln ein gesundes Selbstbild. *„Training hilft Frauen einen Körper zu entwickeln, in dem sie selbst die Kontrolle behalten: stark, kräftig und geschmeidig"*, sagt Dr. Carol Otis, die als Ärztin für die USA Track and Field und für die Laufteams der University of California in Los Angeles gearbeitet hat. Durch das Laufen erkennen Sie, was für ein fein gearbeiteter Mechanismus Ihr Körper ist. Sie lernen Ihre Kraft und körperlichen Fähigkeiten schätzen. Für viele Frauen ist Laufen die alternative Antwort auf ihren lebenslangen Kampf gegen den eigenen Körper, den sie erst durch das Laufen beenden konnten.

Sobald Sie Ihren Körper akzeptieren, fühlen Sie sich auch insgesamt wohler. Ein Vergleich zwischen Läuferinnen und ihren sitzenden Geschlechtsgenossinnen hat gezeigt, dass Läuferinnen im allgemeinen weniger depressiv und ängstlich sind. Sie haben mehr Energie und größere Selbstachtung, sagt Dr. David Brown, Verhaltensforscher. Tatsächlich bemerken Frauen, die erst relativ spät angefangen haben zu laufen, dass sich ihre Lebenseinstellung merklich geändert hat, als sie aktiver wurden.

Für einige wenige Frauen wird das Sporttreiben jedoch zum zweischneidigen Schwert. Sie tun zu viel des Guten und geraten durch unrealistische Erwartungen auf gefährliches Glatteis. *„Ich bin jetzt so fit, wie fit werde ich erst sein, wenn ich noch ein paar Pfund verliere oder wenn ich noch ein paar Kilometer mehr laufe?",* fragen sie sich. *„Guck mal",* sagen sie und zeigen auf ihre Schenkel, ihre Hüften und ihren Bauch. *„Ich hab da immer noch Fettpolster!"* Und so wird ein gesundes Hobby plötzlich zur Besessenheit, mit der sie ein besseres Selbst zurechtbasteln wollen.

„Wenn manche Frauen den Sport dazu nutzen, ihren Körper in Form zu bringen, kann das auch eine Art von Bestrafung sein", sagt Dr. Nancy Clark, die mit vielen verschiedenen Frauen zum Thema „Körperbilder" gearbeitet hat. *„Wenn Sie mehr als eine Stunde am Tag laufen, weil Sie für einen Wettkampf trainieren, ist das völlig in Ordnung. Wenn nicht, ist es vielleicht eine Form, sich für irgendetwas zu bestrafen."* Diese Frauen sehen ihren Körper als „Feind", als ein Objekt, das sie umgestalten müssen.

Wenn Sie zu diesen Frauen gehören, müssen Sie lernen zu erkennen, dass nicht Ihr Körper das Problem ist. Dr. Clark sagt: *„Ihr Körper ist perfekt, so wie er ist. Es ist Ihre Beziehung zu Ihrem Körper, die nicht stimmt. Sie sollten daran arbeiten, sich selbst voll und ganz zu akzeptieren."*

Frauen neigen eher als Männer dazu, mit Ihrem Körper unzufrieden zu sein und jüngere Frauen eher als ältere. Beim Sport tritt dieses Problem oft in Sportarten wie Kunstturnen oder Freeclimbing auf, weil hier ein bestimmtes Aussehen oder Gewicht wichtig für gute Leistungen sind. Darum vertreten manche auch die Meinung, dass bestimmte Sportarten selbstkritisches Denken und Verhalten noch fördern. Heute ist man jedoch weitgehend der Annahme, dass eine überzogen kritische Einstellung gegenüber dem eigenen Körper viel eher eine Frage der Persönlichkeit ist und nicht mit einer bestimmten Sportart in Zusammenhang steht. *„Wenn diese Frauen nicht laufen würden, würden sie sich auf irgendeine andere Art und Weise quälen",* sagt Clark. *„Es sind die Frauen, die sagen: ‚Mein Haar hat die falsche Farbe' oder ‚Ich bin nicht hübsch genug'."*

Frauen, die mit ihrem Körper absolut nicht zufrieden sind, trainieren entweder exzessiv oder sie essen sehr wenig. Die Überzeugung hässlich oder dick zu sein und das damit verbundene Verhalten gelten heute als Symptome eines psychischen Problems, das ganz andere Ursachen hat.

„*Ein solches Verhalten ist für uns ein Rauchsignal, das uns zeigt, dass irgendwo ein Feuer sein muss. Ein solches Verhalten ist nur die Spitze des Eisbergs, das eigentliche Problem liegt viel tiefer*", sagt Dr. Otis. „*Zwanghafte Läuferinnen oder Menschen, die sich mit hartem Training ‚bestrafen', haben oft familiäre Schwierigkeiten, Probleme in der Partnerschaft oder haben eine Missbrauchsgeschichte.*"

Läuferinnen erzählen

Durch den Spiegel hindurch

❞ *Als ich mit dem Laufen anfing, sagten mir eine Menge Leute, ich sei zu dick. Darum versuchte ich, den mir mitgegebenen Körper so zu ändern, dass er zum Sport passte. Glücklicherweise habe ich das nun aufgegeben und laufe schon seit vielen Jahren. Ich weiß meinen Körper jetzt zu schätzen. Mir hilft auch oft zu hören, dass ich schöne Beine habe – das kommt ganz bestimmt vom vielen Laufen.* ❞
— Jane, 44

❞ *Für mich als Kind war es ein schönes Gefühl, schnell zu laufen. Ich war sehr stolz auf das, was mein Körper konnte. Als ich dann auf die High School und aufs College ging, begann das Aussehen eine wichtige Rolle zu spielen und Laufen wurde zur psychologischen Herausforderung. Ich kam einfach gegen den Ehrgeiz, jedes Mal besser sein zu wollen, nicht an. Ich dachte nur daran, perfekt zu werden, anstatt zu würdigen, wozu ich körperlich in der Lage war. Jetzt habe ich mit meinem Körper und dem Laufen Frieden geschlossen. Das Gefühl, so laufen zu können, wie ich es gerade möchte, begeistert mich. Wenn mir danach ist, laufe ich schnell, wenn nicht, werde ich langsamer. Nach dem Laufen bin ich jedes Mal mit mir zufrieden.* ❞
— Erin, 24

❞ *Für meine Selbstwahrnehmung ist es von großer Bedeutung, ob ich in Form bin oder nicht. Ich weiß vom Verstand her, dass mein Körper schon viel geleistet hat: Er hat zwei Kinder geboren, hat vielen Stürmen des Lebens standgehalten und ist dabei relativ gesund und attraktiv geblieben. Doch sobald meine Waage etwas mehr anzeigt, werde ich sehr selbstkritisch. Umgekehrt fühle ich mich frech und sexy, wenn ich gut in Form bin. Ich bin dann kaum zu bremsen. Auch in meinem Alter sind mir diese Gefühle noch sehr wichtig.* ❞
— K.C., 51

Manche Frauen sind nur zeitweise mit ihrem Körper extrem unzufrieden und verhalten sich dementsprechend. Ein phasenweiser Selbsthass hängt eng mit der jeweiligen Lebenssituation der Frau zusammen. Großer Stress oder Beziehungsprobleme können die Unzufriedenheit mit dem eigenen Körper auslösen oder verschlimmern – ebenso wie extreme Lebenseinschnitte: die Pubertät, das Verlassen des Elternhauses oder bei älteren Frauen, wenn die Kinder von zu Hause ausziehen.

Ich hatte immer das Gefühl „groß" zu sein. Ich war nie übergewichtig, aber ich bin viel größer als die durchschnittliche Frau. Als Teenager wurde ich magersüchtig. Auch nachdem ich wieder an Gewicht zugelegt hatte, fühlte ich mich jahrelang in meinem Körper unwohl. Mit etwas über 30 fing ich an zu laufen. Dadurch veränderte sich mein Körper. Heute bin ich mit mir zufriedener als je zuvor. An manchen Tagen habe ich noch mit einem negativen Selbstbild zu kämpfen. Ich glaube aber, dass Menschen, die einmal magersüchtig waren, immer ein etwas verzerrtes Bild von ihrem eigenen Körper haben werden. Heute habe ich allerdings im Großen und Ganzen eine ganz gesunde Einstellung zu meinem Körper. Ich denke, das hat viel mit dem Laufen zu tun.
— Kelly, 39

Das Laufen hat mein Selbstbild positiv beeinflusst und auch meiner Gesundheit gut getan. Aber, wenn ich mit anderen zusammen laufe, nerven mich oft deren Kommentare über meine „Muskelpakete". Nichtläuferinnen reagieren auf meinen Körper sowieso meist mit Ehrfurcht.
— Ann, 36

Nachdem ich als Teenager mit einer Essstörung zu kämpfen hatte, kann ich heute sagen, dass mir das Laufen das Leben gerettet hat. Ohne meinen Wunsch zu laufen hätte mir der Antrieb gefehlt, wieder in meinen Körper hineinzuwachsen. Durch das Laufen habe ich wieder Freude an meinem Körper und Vertrauen in meine Kraft gewonnen. Der Sport hat mir gezeigt, dass Körper und Geist nicht einfach zu trennen sind.
— Renee, 36

Wenn ich einen steilen Bergpfad hinauflaufe, fühle ich, wie stark mein Körper ist, auch wenn er längst nicht perfekt aussieht. Mein „Spiegel" ist das Gefühl in meinen Beinen, wenn sie einen steilen Hügel erklimmen oder einen von Kiefern gesäumten Weg hinabspringen.
— Sharon, 46

Ein weiterer Faktor, der die Sache verschlimmern kann, ist das, was Dr. Otis „das Missverhältnis von Sportart und Körper" nennt. Besonders oft tritt dieses Phänomen bei Sportarten auf, bei denen besonderer Wert auf das Äußere gelegt wird, wie z.B. bei Ballett und Kunstturnen, aber es betrifft auch Läuferinnen. „Wenn eine Frau mit dem Körper einer Kugelstoßerin geboren wird, aber eine gute Langstreckenläuferin sein möchte, dann ist das ein ‚Missverhältnis von Sportart und Körper', denn sie hat den ‚falschen Körper für diesen Sport'. Für sie ist das Risiko, ein krankhaftes Körperbild zu entwickeln, ungleich größer."

Dr. Otis sagt, dass dieses Phänomen vor allem bei Läuferinnen verbreitet ist, die zwar sehr ehrgeizig sind, aber trotzdem nicht zur Spitzengruppe gehören, die sogenannte 2. Reihe. Freizeitläuferinnen haben damit kein Problem, weil es ihnen nicht so sehr auf ihre Leistung ankommt und Spitzenläuferinnen besitzen meist auch die körperlichen Voraussetzungen, die sie zum Erfolg führen. Einige Läuferinnen aus der 2. Reihe versuchen aber Höchstleistungen in einem Sport zu erbringen, für den Ihr Körper vielleicht ganz einfach nicht gemacht ist. Darum stehen ihre Chancen schlecht, in Wettkämpfen den Durchbruch bis ganz oben zu schaffen. Ehrgeiz vermengt sich dann mit Frustration und führt schließlich zur allgemeinen Frustration über den eigenen Körper. Dr. Brown bestätigt, dass das durch den Sport gewonnene Selbstwertgefühl bei hochtrainierten Wettkampfläuferinnen wieder abnimmt, da diese häufig unter Stimmungsschwankungen leiden. „*Eine Frau, die mit einer apfelähnlichen, untersetzten Statur geboren wird, kann so viel laufen, wie sie will und wird sich trotzdem nicht in eine Grete Waitz verwandeln*", sagt Dr. Otis. „*Sport kann einen gedrungenen und stämmigen Körperbau nicht verändern. Sie können aber Ihren Körper durch stetes Training soweit kräftigen und formen, wie es Ihre vererbten Anlagen zulassen. Frauen müssen ihre Vorstellungen von dem, was ‚normal' ist erweitern und sich aus diesem breiten Angebot Rollenbilder suchen.*"

Die perfekte Motivation? Motivation: Fettverbrennung

Nicht nur ehrgeizige Läuferinnen sind unglücklich mit ihrem Körper. Viele Freizeitjoggerinnen haben mit dem Sport angefangen, um abzunehmen oder um ihr Gewicht zu halten. Einige dieser Frauen kommen über diesen Ansatz nie hinaus. Körperliche Aktivität bedeutet für sie kaum mehr, als Kalorien zu verbrennen. Diese Frauen achten genauso sorgfältig wie Wettkampfläuferinnen darauf, was und wie viel sie essen. Auch sie berechnen exakt ihren Kalorienverbrauch beim Laufen.

Frauen, die ausschließlich aus diesem Grund laufen, geht aber mehr ab als vielleicht Gewicht. Da sie im Grunde negativ motiviert sind, entgehen ihnen die positiven „Nebeneffekte" des Laufens: Selbstbewusstsein, Entspannung und Stolz, etwas geleistet zu haben. Außerdem ist nicht einmal gesagt, dass sie ihr Ziel, Gewicht zu verlieren, erreichen. Einer Frau, die sich beim Essen stark einschränkt, fehlt die nötige Energie zum Laufen. Sie wird sich vermutlich während des Trainings scheußlich fühlen. Es kann auch sein, dass sie beim Training immer langsamer wird oder gar frühzeitig abbrechen muss. Ihr Stoffwechsel verlangsamt sich, weil ihr Körper versucht, wertvolle Energie zu sparen. Das bedeutet, dass sie insgesamt weniger Kalorien pro Tag verbraucht. Weil ihr Körper nicht so reagiert, wie sie gehofft hat, oder sie nicht so schnell abnimmt, wie geplant, fühlt sie sich als Versagerin. War der Wunsch abzunehmen ihre einzige Motivation, kann diese Enttäuschung das endgültige Ende einer Laufkarriere bedeuten.

Es ist völlig in Ordnung, Laufen zur Gewichtskontrolle zu nutzen, aber dies sollte nicht die einzige Motivation sein. Stattdessen sollten Sie sich bemühen eine positivere Einstellung zum eigenen Körper zu gewinnen. Motivieren Sie sich anders fürs Laufen und setzen Sie sich Ziele, die Ihrer Gesundheit förderlicher sind. Ähnliche Ziele, die aber einen gesundheitlichen Dreh haben, sind zum Beispiel:

◈ *möglichst gesund und kräftig werden*
◈ *Kontakte pflegen und dabei etwas für die Gesundheit tun*
◈ *einer Freizeitbeschäftigung nachgehen, einfach deshalb, weil Sie Spaß daran haben*
◈ *den Körper besser kennen lernen*
◈ *die mentale und emotionale Fitness verbessern*

Foto: Polar Electro

Wenn Sie das Laufen als ganzheitliche Aktivität betrachten, öffnen Sie sich für die ganzen Wohltaten, die dieser Sport mitbringt. Gesteigertes Selbstwertgefühl, mehr Disziplin und ein spürbar besseres Wohlbefinden werden mit der Zeit zu einem neuen Lebensstil, der es Ihnen ermöglicht, Ihr Gewicht auf gesunde Weise zu kontrollieren, ohne diese negative Selbstbekrittelei.

◎ Ess-Störungen

Auch wenn die Meldungen über Anorexie und Bulimie alarmierend sind, leiden insgesamt nur wenige Läuferinnen an einer krankhaften Essstörung. Besonders häufig sind jüngere Sportlerinnen um die 20 davon betroffen. Eine Essstörung ist eine ernst zu nehmende Krankheit, die schwere Folgen haben kann und professionell behandelt werden muss. Bleibt eine solche Störung unbehandelt, so kann sie zu lebensbedrohlicher

---

Schließen Sie Frieden mit Ihrem Körper

Wenn Sie glauben, dass Sie sich ungewöhnlich viel Sorgen um Ihren Körper machen, sollten Sie die folgenden Ratschläge von Carol Otis beherzigen:

- ◎ *Vergleichen Sie sich nicht mit anderen Frauen.*
- ◎ *Nehmen Sie Ihre Gesundheit wichtiger als Ihr Gewicht.*
- ◎ *Finden Sie heraus, welchen vererbbaren Körpertypus Sie haben. Schauen Sie sich in Ihrer Familie um, damit Sie sich selbst ein realistisches Ziel setzen.*
- ◎ *Versuchen Sie herauszufinden, was „gesund" für Ihren Körpertyp bedeutet, z.B.: Einige Frauen werden automatisch sehr schlank, sobald sie laufen, während andere immer etwas „molliger" bleiben. Beide können trotz unterschiedlichen Gewichtes optimal gesund sein.*
- ◎ *Suchen Sie sich ein Vorbild, das Ihrem Körpertyp entspricht. Wenn Sie etwas kräftiger gebaut sind, sollten Sie sich nicht ausgerechnet das Bild einer besonders dünnen Querfeldein-Läuferin an die Wand heften. Suchen Sie lieber nach dem Photo einer trainierten Frau, die einen ähnlichen Körperbau hat wie Sie.*
- ◎ *Sehen Sie das Positive: Haben Sie schon gemerkt, wie kräftig Ihre Oberschenkelmuskulatur geworden ist? Oder kneifen Sie wie früher Ihre Haut zusammen, um nach Cellulitis zu suchen?*
- ◎ *Kleiden Sie sich Ihrer Figur entsprechend und achten Sie auf Bequemlichkeit. Sie müssen keine Tights oder Radlerhosen tragen. Kaufen Sie sich ein paar weitere Hosen und längere Shorts.*
- ◎ *Machen Sie Yoga oder Stretching-Übungen. Es ist erwiesen, dass beides Frauen hilft, sich in ihrem Körper wohler zu fühlen.*
- ◎ *Nehmen Sie so früh wie möglich Hilfe von außen an. Wenn Sie glauben, dass Sie mit ein paar Pfunden weniger fitter und schneller sein können, sollten Sie sich an einen Ernährungsberater wenden. Auch in einigen Fitnessclubs und auf vielen Websites finden Sie Infos zur Ernährung. Sie können auch telefonisch einen Termin mit einem Facharzt in Ihrer Nähe vereinbaren.*

Mangelernährung, zu Herzproblemen und einer Verringerung der Knochendichte führen.

Menschen, die an Magersucht (Anorexia nervosa) leiden, haben extreme Angst davor, dick zu werden. Eine Anorexie liegt vor, wenn das Gewicht einer Patientin mehr als 15% unter dem ihrer Größe und ihrem Körperbau entsprechenden Normalgewicht liegt. Magersüchtige nehmen nur sehr wenige Kalorien zu sich und leiden an einer gestörten Körperwahrnehmung. Selbst wenn sie schon völlig abgemagert sind, finden sie sich noch zu dick. Irgendwann zeigen sie dann die gleichen Symptome wie verhungernde Menschen. Einher damit geht Lethargie und das Gefühl wertlos zu sein. So sind Betroffene oft gar nicht mehr in der Lage selbstständig Hilfe zu suchen.

Eine Frau, die an Bulimie leidet, hält einerseits eine strenge Diät oder trainiert exzessiv – andererseits überkommen sie aber auch Fressattacken, bei denen sie große Mengen von Nahrung schnell in sich hineinschlingt. Anschließend versucht sie, die Kalorien wieder loszuwerden, indem sie sich selbst zum Erbrechen bringt oder abführende Mittel nimmt. Bulimie wird von Freunden und Familienmitgliedern oft nicht erkannt oder bemerkt, weil die Frauen, die daran leiden, normalerweise nicht untergewichtig sind. Sie entsprechen darum nicht dem Bild, das man von einer essgestörten Persönlichkeit hat. Bulimie führt letztendlich aber zu verräterischen Symptomen, wie z.B. Schäden an Zahnschmelz und Zahnverfall, ein aufgedunsenes Gesicht und chronische Halsschmerzen.

Zwanghaftes Trainieren „reinigt" den Körper ebenso von Kalorien wie das Erbrechen. Auch exzessives Training wird deshalb als Symptom für Bulimie angesehen.

Frauen können viele Sportarten zwanghaft betreiben, doch Laufen ist besonders beliebt, weil dabei sehr viele Kalorien verbraucht werden. Frauen, die diese Form der „Reinigung" praktizieren, tun dies entweder, um Kalorien zu verbrennen oder um sich selbst für übermäßiges Essen oder den „falschen Körper" zu bestrafen.

„Familie und Trainer sollten unbedingt auf Signale achten", sagt der Sportpsychiater Dr. Steven Ungerleider. *„Menschen, die der Läuferin nahe stehen, vermuten oft, dass etwas nicht stimmt. Die Betroffenen streiten jedoch meist alles ab. Eltern erfahren oft nur gerüchteweise, dass mit ihren Kindern etwas nicht in Ordnung ist. Wenn ich beispielsweise Sätze höre wie:*

‚Mein Mädchen macht sich gut, aber sie ist immer so müde und sieht auch schlecht aus. Ihr Trainer erwartet eigentlich mehr von ihr', läuten bei mir die Alarmglocken."

Frauen, die an Essstörungen leiden, neigen zum Perfektionismus und kommen oft aus gestörten Familien. Ihr Verhalten beginnt häufig als Versuch, seelische Schmerzen durch körperliche zu betäuben oder zu kontrollieren. Viele leiden auch an Depressionen. *„Essstörungen und zwanghaftes Sporttreiben sind oft ein Selbstheilungsversuch, mit dem man Depressionen oder einem negativen Körperbild begegnen will"*, sagt Dr. Otis. *„Diese Menschen brauchen psychologische Hilfe, um damit klarzukommen."*

Heute sind sich viele Experten einig: Horrorgeschichten über Trainer, die ihre Läuferinnen durch verletzende Bemerkungen über deren Gewicht in eine Essstörung getrieben haben, sind meist nicht wahr. Auch wenn eine Sportlerin behauptet, dass ein solcher Kommentar der Auslöser für Ihre Essstörung war, ist laut Expertenmeinung meist ein psychisches Problem die eigentliche Ursache. Dennoch sollten Trainer, Eltern und andere der Sportlerin nahe stehende Personen vorsichtig sein. Wenn sie die Läuferin zusätzlich unter Leistungsdruck setzen, kann sich ein bereits bestehendes Problem verschlimmern.

Wenn Sie glauben, dass Sie selber oder jemand, den Sie kennen, an einer Essstörung leidet, wenden Sie sich an einen Arzt, der sich auf solche Probleme spezialisiert hat. Psychologen empfehlen eine Psychotherapie, um die Ursache einer Essstörung herauszufinden. Durch die Therapie kann auch eine gestörte Selbstwahrnehmung korrigiert und zwanghaftes Verhalten geändert werden. Um gesundes Essverhalten zu lernen, ist es auch ratsam, sich an eine Ernährungsberatung zu wenden. Ärzte können möglicherweise Antidepressiva oder andere Medikamente verschreiben, um Depressionen zu bekämpfen, Selbstbewusstsein aufzubauen und zwanghaftes Verhalten zu reduzieren.

◎ Gestörtes Essverhalten

Unter Sportlerinnen eher verbreitet als eine krankhafte Essstörung ist gestörtes Essverhalten. Dieser Begriff umfasst ein weites Spektrum falscher und womöglich schädlicher Essgewohnheiten. Clark erklärt es so: *„Ein normaler Esser isst, wenn er hungrig ist, und hört damit auf, sobald er satt ist.*

Hunger ist ein natürliches Bedürfnis nach Nahrung. Eine Person mit gestörtem Essverhalten reagiert auf Hungergefühle aber etwa so: ‚Oh nein, ich habe schon wieder Hunger. Ich werde viel zu fett.'"

Auch wenn diese Frauen nicht an Anorexie oder Bulimie leiden, beschäftigen sie sich doch übertrieben viel mit ihren Essgewohnheiten. Sie essen oft zu wenig, streichen bestimmte Lebensmittel ganz von ihrem Speiseplan, fasten zeitweise, wiegen sich oft und sorgen sich ständig um ihr Gewicht. Nicht nur ihr Essverhalten, sondern auch ihr Sozialverhalten werden von dieser Sorge bestimmt. Manchmal, jedoch nicht zwingend,

Aus meinem Trainingstagebuch

Es war an einem Samstagmorgen und wir hatten gerade einen 30-km-Lauf hinter uns. Unsere Gruppe – mein Trainer, zwei Läufer und drei Läuferinnen – setzte sich zu einem fröhlichen Frühstück zusammen, um die hungrigen Mägen zu füllen, sich auszuruhen und ein wenig zu unterhalten. Die Männer bestellten das Farmer Special: Eier, Kartoffeln, Gemüse, Käse und dazu noch eine ganze Reihe anderer guter Sachen. Eine der Frauen bestellte sich ein Brötchen – aber ohne Butter und Belag. Die anderen beiden bestellten sich ein paar einfache Pfannkuchen – aber ohne Butter. Nach 30km! Das veranlasste einen klugen jungen Mann zu folgendem Kommentar: „Was ist mit euch Frauen nur los?"

Ja, was ist nur mit uns los? Wir waren Frauen um die 20 und 30, die bei lokalen aber auch landesweiten Wettkämpfen liefen. Wir waren keine Spitzenläuferinnen, aber doch ziemlich leistungsorientiert. Keine von uns litt wirklich an Bulimie oder Magersucht. Wir aßen mehrmals am Tag, meist gesunde Sachen. Wir hatten keine Fressanfälle und benutzten auch keine Abführmittel.

Dennoch achteten wir ständig auf das, was wir aßen, versuchten dauernd Kalorien zu sparen. Wir beobachteten fortwährend unsere Oberschenkel und verglichen uns mit anderen Läuferinnen. (Vielleicht hatten wir auch deswegen fast ständig schlechte Laune.) Und damit waren wir nicht allein.

Eine professionelle Läuferin um die 40 erzählte mir einmal, dass sie nicht eine einzige Wettkämpferin kenne, die nicht schon einmal Probleme mit dem Essen gehabt hatte. Das glaubte ich sofort.

Meine eigenen Erfahrungen mit gestörtem Essverhalten dauerten nicht lang – ich esse viel zu gerne, um mich längere Zeit zurückzuhalten. Es gab jedoch eine

kann sich aus einem gestörtem Essverhalten eine behandlungsbedürftige Essstörung entwickeln.

In einigen Fällen liegt die Ursache für gestörtes Essverhalten in mangelndem Wissen über Ernährung. Clark sagt, dass sie oft Frauen trifft, die beim Frühstück und Mittagessen Diät halten – und sie abends völlig ausgehungert wieder brechen. Tag für Tag versuchen sie erneut auf diese Weise abzunehmen. „Diese Frauen wissen nicht, dass Frühstück und Mittagessen jeweils 600 Kalorien enthalten sollten. Sie essen eine Haferflocke zum Frühstück und ein Salatblatt zu Mittag und wissen nicht, dass ihr ‚Essproblem' einfach Hunger ist."

Zeit, in der sich auch bei mir Ansätze einer Essstörung bemerkbar machten. Ich war damals Mitte 30 und trainierte sehr hart. Rückblickend wird mir klar, dass nicht das Laufen mich zu einer besonders kargen Diät veranlasst hatte. Ich hatte einfach Probleme mit meinem Körper. Das hatte mit dem Schlankheitsideal zu tun, das wir Läuferinnen selbst verbreiteten und heimlich bewunderten. „Iss, iss!", ermunterten wir uns gegenseitig. „Du siehst so dünn aus." Doch wer so etwas sagte, hätte nie zugegeben, selber Probleme zu haben. Es war ein teuflisches Spiel, bei dem es darum ging, der anderen immer eine Nasenlänge voraus zu sein. Sie möchte bloß, dass ich fett und langsam werde, so dachten wir. Ich werd's ihr schon zeigen. Darum also das Brötchen – aber ohne Butter und Belag.

Jede Frau macht ihre eigenen Erfahrungen. Ich habe mir oft ein Dessert verwehrt und Höllenqualen gelitten, weil die Natur mich mit zwei üppigen Oberschenkeln gesegnet hat. Doch mindestens genau so oft habe ich mich auch über meinen Körper gefreut. Als Läuferin habe ich die Kraft und Ausdauer meines Körpers zu schätzen gelernt und im Großen und Ganzen mag ich auch die Hülle, in der diese Fähigkeiten verpackt sind. Als ich beschloss keine Wettkämpfe mehr zu laufen, sah ich die Dinge mit einem Mal klarer. Nachdem ich meine Kilometerzahl reduziert und ein wenig zugenommen hatte, machte es mir nichts aus, an manchen Stellen neue Rundungen zu entdecken. Ich war mehr als eine schnelle Maschine – ich war eine Frau, die dafür geschaffen war, ein Dutzend verschiedene Rollen und Herausforderungen anzunehmen. Als ich meinen Körper in diesem neuen Licht betrachtete, wurde mir klar, auf welchen Abwegen ich mich vorher – wenn auch nur für kurze Zeit – befunden hatte.

Gestörtes Essverhalten kann aber, genau wie eine krankhafte Essstörung, ein Hinweis auf psychische Probleme sein. *„Es ist nicht so, als wüssten diese Frauen nicht, wie man sich richtig ernährt. Sie haben in Wirklichkeit ganz andere Probleme, die sich auf diese Weise äußern"*, sagt Dr. Otis.

Der Grenzbereich zwischen einer gesunden, leistungssteigernden Ernährung und einem gestörten Essverhalten ist für eine Läuferin manchmal nur schwer auszumachen. Dr. Ungerleider hat selbst solche Erfahrungen gemacht. *„Als ich für Marathonläufe trainierte, kam es vor, dass ich von einem langen 30-km-Lauf zurückkam und immer noch übervorsichtig mit Essen war – und dabei wusste ich einiges über Sportpsychiatrie!"* Wenn Sie glauben, bei sich selbst Anzeichen für gestörtes Essverhalten zu entdecken, empfiehlt Dr. Ungerleider sich über Sporternährung zu informieren und die folgenden Ratschläge zu beachten:

- Schätzen Sie Ihre Situation ehrlich ein: Denken Sie mehr als früher ans Essen? Haben Sie Ihre Ernährungsgewohnheiten geändert? Haben Sie im Moment besonderes viel Stress?
- Überprüfen Sie Ihre Ziele hinsichtlich Training und Gewicht.
- Reden Sie mit jemandem, der Ihnen nahe steht: einem Trainer, einer Laufpartnerin, Ihren Eltern. Sprechen Sie über Ihre Befürchtungen und fragen Sie sie, ob sie irgendein Verhalten an Ihnen bemerkt haben, das möglicherweise schädlich ist.
- Suchen Sie einen Arzt oder einen auf Sport spezialisierten Ernährungsberater auf und vergewissern Sie sich, dass Sie sich Ihrem Training angemessen ernähren.

Unterm Strich bedeutet dies für jede Frau: Behandeln Sie Ihren Körper mit dem Respekt, den er verdient. Das bedeutet für einige Frauen, dass sie sich einfach besser über ihren Körper informieren sollten, und für andere, dass Sie Hilfe brauchen. Für uns alle heißt das, dass wir die Beine, die uns durch das Leben tragen, und die Lungen, die uns atmen lassen, lieben, pflegen und mit den nötigen Nährstoffen versorgen müssen.

16. Kümmern Sie sich um Ihren Körper

Ihr Körper redet ständig mit Ihnen. Während Sie laufen, flüstert er Ihnen bei jedem Schritt etwas zu. Er teilt Ihnen mit, ob der Boden uneben oder die Luft feucht ist und ob Sie Ihre Schienbeine ein wenig zu stark belasten. Wenn Sie lernen, auf diese leisen Botschaften zu hören – und viele Läufer tun das nicht – können Sie den meisten Laufbeschwerden aus dem Weg gehen.

Je länger Sie laufen, desto besser werden Sie solche Körpersignale interpretieren können. Die Erfahrung wird Sie lehren, den Unterschied zwischen einem alltäglichen Wehwehchen und einer drohenden Verletzung zu erkennen. *„Es ist nicht so, dass Ihr linker Arm blau wird, um Ihnen zu signalisieren, dass Sie es diesmal übertrieben haben"*, sagt der Sportphysiologe Dr. David Martin, sportmedizinischer Leiter des USA Track and Field. Ihr Körper sendet Ihnen subtilere Botschaften, wie z.B. ein Zwicken im Oberschenkel, einen Schmerz im Schienbein oder ein leichtes Brennen im dicken Zeh.

Wenn Sie solche Botschaften wahrnehmen und sofort reagieren, können Sie eine Verletzung schon im Entstehen stoppen. Eine Kombination von gezielten Kraft- und Dehnübungen, vernünftige Schuhe und korrigierende Einlagen können viele Probleme lösen. Unbehandelt können die gleichen Verletzungen zu ernsthaften Beschwerden und Verletzungen führen, sodass Sie schließlich vielleicht eine Trainingspause einlegen oder sogar operiert werden müssen.

Was können wir daraus lernen? Versuchen Sie niemals, eine Verletzung zu „überlaufen" und die Symptome zu ignorieren, bis sie wirklich zur Behinderung werden. Manchmal lassen die Schmerzen während des Laufens nach, weil die verletzte Stelle warm wird. Doch selbst das sollten Sie nicht als Freibrief dafür nehmen, den Hilferuf Ihres Körpers zu überhören. Lewis Maharam, Mannschaftsarzt des USA Track and Field, hält sich an die folgende Faustregel: Sie können eine Verletzung selbst behandeln, solange sie nicht Ihren Laufstil ändert. Sobald Sie vor Schmerzen humpeln, sollten Sie einen Arzt aufsuchen.

Wenn Sie schon einmal verletzt waren, wissen Sie, dass ein Arztbesuch gar nicht so einfach ist, wie es sich anhört. Laufverletzungen sind kompliziert. Viele Ärzte, besonders solche, die nicht laufen oder überhaupt keinen Sport treiben, sind nicht bereit die Zeit aufzuwenden, die nötig wäre, um Ihrem Problem auf den Grund zu gehen. Und so bekommen Sie schließlich nutzlose Ratschläge.

Damit kein Frust entsteht, sollten Sie einen Sportmediziner oder noch besser einen Arzt aufsuchen, der sich auf Laufen spezialisiert hat. Glücklicherweise sind solche Ärzte nicht mehr so schwer zu finden. Vielerorts gibt es mittlerweile Praxen oder Zentren für Sportmedizin *(s. Serviceteil)*. Um einen guten Spezialisten zu finden, fragen Sie erfahrene Läufer oder im nächsten Laufladen, wen sie empfehlen können.

Einige Sportverletzungen sind leicht zu diagnostizieren, andere nicht. Sie können die Chance einer richtigen Diagnose steigern, indem Sie dem Arzt ehrlich und genau über Ihr Training berichten. Wenn Sie mit den Ratschlägen oder der Ernsthaftigkeit Ihres Arztes nicht zufrieden sind, suchen Sie sich einen anderen.

Um zu verhindern, dass eine Verletzung erneut auftritt, sollten Sie unbedingt die Ursache herausfinden. Die meisten Verletzungen entstehen durch falsches Training. Genauer gesagt: Wenn Sie zu früh zu weit gelaufen sind und alte Schuhe tragen. Wenn Ihr Arzt Ihnen nur rät, mit dem Laufen aufzuhören, ohne Ihnen Trainingstipps zu geben, holen Sie noch eine andere Meinung ein. Wenn Sie aufhören zu laufen, verschwinden möglicherweise die Symptome, die Verletzung wird aber höchstwahrscheinlich erneut Probleme bereiten, sobald Sie wieder mit dem Laufen beginnen.

Bei einem Ermüdungsbruch zum Beispiel müssen Sie aufhören zu laufen oder sich auf Aquajogging beschränken, bis der Bruch geheilt ist. Sie sollten aber auch zum Arzt gehen, der Ihre Knochendichte überprüft und Ihre Ernährung und Ihren Hormonspiegel analysiert. Nur so werden Sie erfahren, wie es überhaupt zu dem Bruch kam. Bei allen Verletzungen sollten Sie die folgenden Vorsichtsmaßnahmen ergreifen.

Laufen Sie weniger Kilometer. Es gibt Verletzungen, mit denen Sie weiterlaufen können. Sie müssen Ihr Training allerdings drastisch reduzieren: Laufen Sie locker und nur die Hälfte oder ein Drittel Ihres normalen Pensums. Meiden Sie hügeliges Gelände, das biomechanische Probleme eher noch verstärkt. Meiden Sie auch extrem harte Untergründe wie Beton oder besonders weiche wie z.B. Sand.

Trainieren Sie mit Köpfchen. Bisher ist es vielleicht gut gegangen, trotzdem Sie sich nicht aufgewärmt haben und auch auf ein Cooldown verzichtet haben. Allerdings ist es jetzt allmählich Zeit, diese schlechte Gewohnheit abzulegen. Wärmen Sie sich vor jedem Lauf langsam auf und beenden Sie ihn mit einem Cooldown und ein paar Dehnübungen.

Leicht Dehnen. Passen Sie auf, dass Sie die verletzte Partie nicht überdehnen. Das ist ein weit verbreiteter Fehler, der eine Verletzung verschlimmern kann. Dehnen Sie sich nicht bis zur Schmerzgrenze und nicht ruckartig. Sie sollten die Spannung zunächst behutsam aufbauen und dann 15 bis 20 Sekunden halten.

Vorsicht im Umgang mit Schmerzmitteln. Entzündungshemmende Mittel können den Heilungsprozess häufig beschleunigen. Nehmen Sie diese aber niemals vor einem Lauf. Wenn Sie es dennoch tun, unterdrücken Sie wichtige Körpersignale und die Fähigkeit Ihres Körpers Ihnen mitzuteilen, dass Sie sich zu sehr belastet haben. Nehmen Sie entzündungshemmende Mittel nur nach dem Laufen.

Kühlen Sie! Eine Verletzung nach dem Laufen zu kühlen ist eine der einfachsten und besten Therapien, um eine Entzündung zu lindern. Ein

Eisbeutel ist dazu hervorragend geeignet. Befestigen Sie ihn mit einem elastischen Verband, dann haben Sie die Hände frei und können etwas anderes tun. Oder versuchen Sie es mit einem alten Läufertrick: mit einem Paket gefrorenem Gemüse, das sich Ihren Körperformen anpasst. Sie können auch einen (Weich-)Plastikbecher mit Wasser füllen und einfrieren. Dann reißen Sie so viel vom Becherrand ab wie nötig und können nun mit dem Eis Ihre belastete Muskulatur massieren. Weil der Becher gut isoliert ist, lässt sich das praktisch handhaben.

Gehen Sie zu einem Physiotherapeuten. Physiotherapie ist ein oft übersehener, aber wichtiger Teil bei der Behandlung der meisten Laufverletzungen, sagt Dr. Thomas Shonka. Er betont, dass gute Physiotherapeuten nicht nur Ultraschall- oder Reizstrom-Behandlungen abspulen. *„Physiotherapeuten können Ihnen den nötigen Anstoß geben und dafür sorgen, dass Sie die für Sie wichtigen Kraft- und Beweglichkeitsübungen auch wirklich machen"*, sagt er. *„Das ist alles nichts Glamouröses und viele Läuferinnen würden diese Übungen zu Hause allein nicht weiter machen. Aber sie sind wichtig, um Sie wieder auf die Beine zu bringen und Sie auch weiter gesund zu halten."*

Treiben Sie Ausgleichssport. Wenn Sie Ihr Lauftraining einschränken müssen (oder noch schlimmer ganz damit aufhören müssen), kann Ihre Laune leicht auf den Nullpunkt sacken. Es ist gar nicht so ungewöhnlich, dass verletzte Läuferinnen wütend oder depressiv werden. Eine positive Einstellung zu bewahren, kann der schwierigste Teil einer Rehabilitation sein. Damit Sie bei guter Laune bleiben, sollten Sie sich andere Trainingsformen suchen, die Sie fit halten. Welchen Sport Sie ohne Risiko betreiben können, hängt von der Art Ihrer Verletzung ab. Aquajogging, Radfahren oder Schwimmen sind zum Beispiel möglich. Sie können Ihre Auszeit auch zum Krafttraining nutzen, die vom Physiotherapeuten empfohlenen Übungen machen oder einfach nur entspannen.

Nehmen Sie Ihr Training langsam wieder auf. Nachdem Ihre Verletzung abgeheilt ist, können Sie mit dem Laufen langsam wieder anfangen. *(Das Letzte, was Sie tun sollten, ist, sich Hals über Kopf in ein intensives Training zu stürzen, das neuen Schaden anrichten kann.)* Nach einer ausgedehnten Pause müssen sich Ihre Muskeln, Sehnen und Knochen erst wieder an die sportliche Belastung gewöhnen. Achten Sie genau auf den Heilungsprozess. Sobald der Schmerz wieder auftritt, schrauben Sie Ihr

Training wieder zurück. Wenn Sie einen Ausgleichssport betreiben, können Sie Ihr Lauftraining wieder aufnehmen, indem Sie nun jeden zweiten Tag Lauftraining einbauen. So halten Sie die körperliche Belastung so gering wie möglich.

Wie viel Sie laufen können, wenn Sie Ihr Training wieder aufnehmen, hängt davon ab, wie lange Sie ausgesetzt haben. Hier eine Orientierungshilfe:

- *Ein Woche Pause:* Fangen Sie mit der gleichen Strecke wieder an, mit der Sie aufhört haben.
- *Zwei Wochen Pause:* Laufen Sie nur die Hälfte dieser Strecke.
- *Drei Wochen Pause:* Laufen Sie nur ein Viertel dieser Strecke.
- *Vier oder mehr Wochen Pause:* Fangen Sie wieder ganz von vorne an und wechseln Sie zwischen Joggen und Gehen, bis sich Ihr Körper wieder an die Belastung angepasst hat. Sie werden schneller Fortschritte machen als eine absolute Anfängerin, aber Sie werden sich Zeit nehmen müssen, bis Sie Ihr volles Trainingspensum wieder aufnehmen können.

Passen Sie Ihre Erwartungen an. Es kann sein, dass der große Wettkampf, für den Sie trainiert haben, warten muss. Die persönlichen Bestleistungen, auf die Sie gehofft haben, erreichen Sie vielleicht erst im nächsten Jahr. Stur an seinen Zielen festzuhalten und das Trainingsprogramm zu beschleunigen, um wieder „ins Rennen zu gehen", kann zu einem Teufelskreis von Enttäuschungen und weiteren Beschwerden führen. Aus Verletzungen sollte man ebenso lernen, wie aus einem Wettkampf, der nicht so lief wie geplant. Beherzigen Sie die Lektionen, dann werden Sie als Läuferin klüger und gesünder.

Die häufigsten Laufbeschwerden

In diesem Kapitel sind die häufigsten Laufprobleme und ihre Ursachen beschrieben, besonders solche, die vor allem Frauen betreffen.

Allergien

Wenn Niesen, Husten und tränende Augen, die mit einem Heuschnupfen einhergehen, Sie quälen, würden Sie bestimmt lieber ein Nickerchen machen als draußen zu laufen. Glücklicherweise gibt es viele neue Medi-

kamente, die die Symptome einer Allergie unterdrücken ohne Sie schläfrig zu machen oder Ihre Leistung zu beeinträchtigen.
Ursache: Bestimmte Reizstoffe – z. B. Pollen oder Hundehaare – lösen eine Überreaktion des Immunsystems aus. Dies führt zu allergischen Symptomen.

Behandlung: Vermeiden Sie Allergene so weit wie möglich. Laufen Sie frühmorgens oder spätabends, wenn der Pollenflug eher gering ist. Wetter und Pollenflug sind von Ort zu Ort unterschiedlich. Fragen Sie einen Facharzt vor Ort und achten Sie auf Pollenflugvorhersagen, um optimale Laufzeiten zu bestimmen. Wenn Sie Ihren Zeitplan entsprechend anpassen und trotzdem keine Verbesserung bemerken, sollten Sie sich in ärztliche Behandlung begeben. Die meisten Symptome lassen sich mit rezeptpflichtigen Medikamenten abschwächen. Sie sind deshalb den rezeptfreien Medikamenten vorzuziehen, da letztere oft müde machen.

Akne

Läuferinnen können unter Hautunreinheiten leiden. Häufig sind davon Gesicht, Haaransatz, Schulter- und Brustbereich, Oberarme und Po betroffen.

Ursache: Vermehrte Schweißproduktion in Verbindung mit Haarfollikeln oder Kleidung, die auf der Haut reibt, führt zu Akne. Eine erhöhte Temperatur und Feuchtigkeit verschlimmern das Problem ebenso wie Sonnencreme und Make-up. Diese vermischen sich mit dem Schweiß und verstopfen die Poren.

Behandlung: Um zu verhindern, dass durch das Training Akne entsteht, sollten Sie sich an die folgenden Ratschläge von Dr. Wilma F. Bergfeld halten. Sie ist die ehemalige Präsidentin der American Academy of Dermotology und leitet zur Zeit die dermatologische Forschungsabteilung in der Cleveland Clinic in Ohio.

◈ Verwenden Sie vor dem Laufen so wenig Make-up und Haarpflegeprodukte wie möglich. Auch wenn es speziell für Läuferinnen entwickelte Make-up-Produkte gibt, ist es am besten, überhaupt kein Make-up zu verwenden. Wenn es geht, sollten Sie vor dem Laufen Ihr Gesicht waschen. Waschen Sie nach dem Laufen Ihr Gesicht noch einmal, bevor Sie neues Make-up auflegen.

◈ Benutzen Sie eine Sonnencreme, die speziell für Gesicht und Hals entwickelt wurde. Nehmen Sie für die übrigen Körperpartien keine Creme, sondern besser ein Gel oder eine Lotion.

- Wischen Sie Akne gefährdete Stellen sofort nach dem Laufen mit einem adstringierenden Pad oder Erfrischungstuch ab. *(Sobald sich die körpereigenen Fette abgekühlt haben, verhärten sie und verstopfen die Poren.)*
- Ziehen Sie gleich nach dem Laufen die verschwitzte Kleidung aus und gehen Sie so schnell wie möglich unter die Dusche oder nehmen Sie ein Bad.
- Reinigen Sie die Akne gefährdeten Stellen gründlich. Ein sanftes Peeling kann helfen, aber rubbeln Sie nicht so sehr, dass es zu Hautreizungen kommt.
- Wenn Sie anfällig für Akne sind, sollten Sie sich von einem Hautarzt über die Möglichkeit einer medikamentösen Behandlung beraten lassen.

Asthma

Training vergrößert die Lungenkapazität und kann deshalb die Symptome von Asthma reduzieren. Doch weil Laufen und andere anstrengende Sportarten auch einen Asthmaanfall auslösen können, müssen Sie während des Trainings ein paar Vorsichtsmaßnahmen treffen.

Ursache: Wenn eine Person, die an Asthma leidet, kalte Luft, Rauch, verschmutzte Luft oder andere Reizstoffe einatmet, krampfen sich die Bronchien zusammen.

Behandlung: Wärmen Sie sich vor jedem Lauf gründlich auf und lassen Sie sich genügend Zeit für ein Cooldown. Das rät Dr. Stuart Stoloff, der sich auf Erkrankungen der Atemwege spezialisiert hat. Joggen Sie vor und nach dem Training 5 bis 10 Minuten sehr langsam. Wenn die Luft sehr kalt ist, sollten Sie Ihr Gesicht mit einem Halstuch oder Schal schützen, um die Luft vor dem Einatmen anzuwärmen und zu befeuchten. Außerdem sollten Sie auf jeden Fall Ihren Arzt bitten, Ihnen Medikamente zu verschreiben. Auch hier gilt, dass Sie besser verschriebene Medikamente nehmen als rezeptfreie.

Blasen

Auch wenn die Neigung zu Blasen wohl nicht genetisch bestimmt ist, gibt es doch einige unglückliche Läuferinnen, die von Blasen geplagt werden. Andere laufen Kilometer um Kilometer fröhlich vor sich hin, ohne auch nur einen roten Fleck am Fuß zu bekommen.

Ursache: Reibung, meist zwischen Haut und Socken.

Behandlung: Kaufen Sie Schuhe, die gut sitzen und spezielle Laufsocken. Socken aus Synthetikfasern wie z.B. Teflon oder CoolMax transportieren die Feuchtigkeit von Ihren Füßen weg und werfen keine Falten, sodass keine Blasen entstehen können. Achten Sie darauf, dass die Socken nahtlos sind und eine glatte Oberfläche haben. Einige Läuferinnen ziehen zweilagige Socken an, die speziell dafür entwickelt wurden, Blasen zu verhindern. *(Dahinter steckt der Gedanke, dass Reibung zwischen den beiden Lagen stattfindet und nicht mehr zwischen Ihrer Haut und den Socken.)* Frauen, die zu Blasen neigen, können die Problembereiche mit Vaseline oder einem speziell für Läufer angebotenen Gel einreiben. Nehmen Sie nur nicht zu viel, damit Sie nicht in den Schuhen herumrutschen.

Wenn es schon zu spät ist und eine Blase Ihnen übel mitspielt, sollten Sie folgendermaßen vorgehen: Entfernen Sie nicht die Haut über der Blase. Sie dient als Schutz. Besonders schmerzvolle Blasen können Sie aber aufstechen, um den Druck zu vermindern. Ein spezielles Blasenpflaster aus der Apotheke oder Drogerie können Sie auf die Blase kleben, um Infektionen zu verhindern und die Stelle abzupolstern. So kann die Blase außerdem schneller heilen. Laufen Sie, wenn es geht, in anderen Schuhen, bis sich die Blase einigermaßen zurückgebildet hat, damit die Stelle nicht noch weiter gereizt wird.

Brustprobleme

Laufen, oder genauer gesagt die Hüpfbewegungen während des Laufens verletzen Ihre Brüste nicht. Diese ständige Bewegung kann aber dazu führen, dass die Brust stärker hängt, wenn Sie nichts dagegen tun.

Ursache: Die Haut, die Ihre Brust stützt, wird im Laufe der Zeit schlaffer infolge von Schwerkraft und Bewegung. Laufen verstärkt diese Dehnung, aber nur, wenn Sie Ihre Brust nicht ausreichend stützen. Für Dr. LaJean Lawson ist das lediglich ein kosmetisches Problem. Sie ist Professorin für Trainings- und Sportwissenschaften und berät Dessous-Hersteller. Laufen schade den Milchdrüsen der Brust nicht.

Behandlung: Tragen Sie einen gut sitzenden Sport-BH. Je größer Ihre Brüste sind, desto mehr Halt brauchen sie. *(Wenn Sie mehr darüber wissen möchten, wie man einen guten Sport-BH findet, lesen Sie Kapitel 2 und schauen Sie in den Serviceteil.)*

Durchfall

Machen Sie sich keine übertriebenen Sorgen, wenn Sie während des Laufens immer wieder einen Boxenstop einlegen müssen. Es ist nicht ungewöhnlich, dass Läuferinnen von Durchfall und anderen Magen-Darm-Problemen geplagt werden.

Ursache: Das Problem tritt oft während langer oder anstrengender Trainingseinheiten auf. Das Blut wird zu den Muskeln gepumpt und der Darm bleibt dadurch unterversorgt. Dieses Problem betrifft mehr untrainierte Läuferinnen und weniger die hochtrainierte Athletin. Die schlechte Nachricht: Forschungen haben ergeben, dass Frauen öfter davon betroffen sind als Männer. Die gute Nachricht: Mit ein paar kleinen vorbeugenden Maßnahmen können Sie die meisten Probleme verhindern.

Behandlung: Trinken Sie viel. Dehydration verschlechtert den Blutfluss. Wenn Sie einen Marathon oder einen Lauf von mehreren Stunden vor sich haben, sollten Sie Elektrolytgetränke zu sich nehmen, um den Mineralstoffhaushalt stabil zu halten. Essen Sie vor dem Training nichts Ballaststoffreiches: Obst, Gemüse, Hülsenfrüchte und Vollkornprodukte können Schwierigkeiten machen. Wenn Sie unbedingt einen Kaffee oder Tee trinken möchten – beide wirken harntreibend und abführend – trinken Sie ihn mindestens eine halbe Stunde vor dem Laufen. Dann haben Sie noch ausreichend Zeit, vor dem Lauf zur Toilette zu gehen. Vermeiden Sie außerdem entzündungshemmende Mittel, sogenannte Antiphlogistika (z.B. Aspirin und Ibuprofen). Sie können ebenfalls den Blutfluss zum Darm verändern.

Erkältung und Grippe

Mehrere Studien haben ergeben, dass Läuferinnen anfälliger für Erkältungen und Grippe sind, wenn sie intensiv trainieren und besonders nach einem anstrengenden Langstreckenrennen, wie z.B. einem Marathon.

Ursache: Ein geschwächtes Immunsystem ist eine leichte Beute für die gewöhnliche Erkältung oder Grippe. Beide entstehen dadurch, dass Sie den Virus einatmen oder mit ihm in Kontakt kommen.

Behandlung: Ob Sie mit Ihrer Erkältung laufen können, hängt davon ab, wie ernst Ihre Symptome sind und wie Sie sich selbst fühlen. Wenn Nase und Kopf „zu" sind, kann ein leichter Lauf helfen, den Schleim zu lösen.

Wenn Sie Fieber haben, Ihre Muskeln schmerzen oder die Bronchien betroffen sind, sollten Sie besser eine Pause einlegen, bis es Ihnen wieder besser geht. Ärzte sprechen vom „Vom Hals ab aufwärts"-Test, das heißt, solange sich die Erkältung nur im Kopfbereich bemerkbar macht, können Sie weiterlaufen. Wenn sich aber auch im Brustbereich oder am ganzen Körper Symptome zeigen, sollten Sie sich ausruhen. Am wichtigsten ist, dass Sie sich selbst einschätzen können. Wenn Sie krank sind, wurde Ihr Immunsystem vielleicht durch Stress oder Erschöpfung geschwächt. Dann wird Ihnen der Arzt ein oder zwei Tage Ruhe empfehlen.

Ermüdungsbrüche

Ermüdungsbrüche treten bei Läuferinnen meist im Unterschenkel oder Fuß auf. Meistens ist der Mittelfußknochen betroffen, aber alle Knochen im Fuß und im Schienbeinbereich sind anfällig.

Ursache: Ermüdungsbrüche treten meist dann auf, wenn die Trainingsintensität zu schnell gesteigert wird. *„Der Knochen passt sich konstant den an ihn gestellten Belastungen an"*, erklärt Dr. Shonka. *„Wenn eine Läuferin Ihre Kilometerzahl langsam erhöht, werden Ihre Knochen als Reaktion auf diese Belastung immer stärker. Wenn sie aber zu schnell zu viel trainiert, können sich ihre Knochen dieser zunehmenden Belastung nicht schnell genug anpassen."* Frauen mit einer niedrigen Knochendichte auf Grund einer unzureichenden Ernährung oder eines unregelmäßigen Monatszyklus sind anfälliger für Ermüdungsbrüche.

Behandlung: In den meisten Fällen beginnt ein Ermüdungsbruch mit einem Riss in der Knochenhaut. Unbehandelt kann er sich ausweiten und schließlich zu einem kompletten Bruch des Knochens führen. Darum ist es wichtig, einen Ermüdungsbruch so früh wie möglich zu erkennen. Bei einem Ermüdungsbruch spüren Sie gewöhnlich einen sich langsam steigernden Schmerz. Bei den ersten Anzeichen sollten Sie sofort einen Orthopäden aufsuchen, damit er feststellen kann, ob es sich um einen Bruch handelt. Der Bruch ist auf Röntgenbildern selten sofort zu erkennen, doch nach 10 bis 14 Tagen ist an der betroffenen Stelle Knochenwachstum als Hinweis zu sehen. Spezielle bildgebende Untersuchungsmethoden (Knochenszintigraphie) können einen Ermüdungsbruch früher bestätigen, aber dieses teure Verfahren kann nicht überall angewandt werden und ist wohl eher etwas für professionelle Leistungssportlerinnen.

Das einzige Heilmittel für einen Ermüdungsbruch ist Zeit und Ruhe. Doch das bedeutet nicht, dass Sie passiv herumsitzen und Ihre Form verlieren müssen. Sie können Ihre Fitness mit Ausgleichssportarten erhalten, solange Sie dabei die verletzte Stelle nicht bewegen oder belasten müssen. (Aquajogging ist meist gut geeignet, weil es die Knochen nicht belastet.) Achten Sie auf eine gute Ernährung. Eine unausgewogene Ernährung, insbesondere zu wenig Calcium, kann den Heilungsprozess verlangsamen.

Falten und Hautalterung

Wenn man Umwelteinflüssen und physikalischen Faktoren ihren Lauf lässt, hinterlassen sie deutlich sichtbare Spuren auf Ihrer Haut.

Ursache: In erster Linie tragen Sonne und Wind zum Alterungsprozess Ihrer Haut bei.

Behandlung: Sie können negative Wirkungen gering halten, wenn Sie diese Hautpflegetipps befolgen:

◈ Tragen Sie vor dem Laufen immer Sonnencreme auf. Nehmen Sie ein Produkt mit Schutzfaktor 15 oder höher, das UVA und UVB Strahlen abblockt. Eine wasserfeste Creme verhindert, dass die Creme vom Schweiß weggespült wird. Wenn Sie zu Akne neigen, sollten Sie ein Gel oder eine Lotion benutzen, da Cremes mehr Öl enthalten.
◈ Pflegen Sie Ihre Haut nach dem Laufen und Baden mit einer feuchtigkeitsspendenden Lotion. Neuere Produkte, die Alpha-Hydroxydsäure, Vitamine und Retinol enthalten, vermindern die sichtbaren Zeichen der Hautalterung.
◈ Halten Sie Ihr Gewicht konstant.
◈ Trinken Sie genügend.
◈ Laufen Sie frühmorgens oder spätabends, wenn die Sonneneinstrahlung am schwächsten ist.
◈ Tragen Sie eine Schirmmütze, damit Ihr Gesicht nicht der Sonne ausgesetzt ist.
◈ Kaufen Sie Laufkleidung aus neuen Hightechfasern, die eigens entwickelt wurden, um einen zusätzlichen Sonnenschutz zu bieten. Achten Sie auf das Etikett.

Flüssigkeitsmangel

Während bereits ein geringer Flüssigkeitsmangel Ihre sportlichen Leistungen negativ beeinflusst, kann ein ernsthaftes Flüssigkeitsdefizit sogar Krankheiten verursachen und schließlich lebensbedrohlich werden. Zu den Symptomen von Flüssigkeitsmangel gehören Kopfschmerzen, Benommenheit, Übelkeit und Krämpfe. Das Durstgefühl ist nicht zuverlässig – viele Menschen leiden an chronischem Flüssigkeitsmangel, ohne es zu wissen.

Ursache: Sie trinken erst, wenn Sie sich durstig fühlen.

Behandlung: Läuferinnen können Flüssigkeitsmangel vermeiden, wenn sie über den Tag verteilt, sowie vor und nach dem Training regelmäßig trinken. Für Freizeitläuferinnen mag Leitungswasser noch ausreichend sein. Frauen aber, die intensiv trainieren, müssen durch ein Getränk außerdem ihren Natriumverlust ausgleichen. Wenn sie zuviel Leitungswasser trinken, kann es zu einer Absenkung des Natriumspiegels im Blut kommen (Hyponaträmie). Frauen, die mehr als anderthalb Stunden am Stück trainieren, sollten zu einem natriumhaltigen Sportgetränk greifen. Das betrifft alle Läuferinnen, die für einen Marathon, einen Langstreckenlauf oder einen Triathlon trainieren.

Frostbeulen und Unterkühlung

Weil Ihr Körper während eines aeroben Trainings viel Körperwärme entwickelt, können Sie in den meisten Klimazonen auch während des Winters ohne weiteres trainieren. Auch wenn Ihnen Ihre Mutter etwas anderes erzählt haben sollte: Ihr Rachen und Ihre Lungen frieren nicht ein, wenn Sie bei extremer Kälte laufen. Kalte Luft kann allerdings auch zu Frostbeulen, Unterkühlung und verspannten Muskeln führen.

Ursache: Mutter Natur.

Behandlung: Tragen Sie eine Mütze, die über die Ohren geht und Handschuhe. Vaseline schützt Ihr Gesicht. An extrem kalten Tagen sollten Sie genau auf Ihre Finger, Zehen, Ohren und Nase achten. Nach ein paar Minuten Laufen sollten Sie warm geworden sein. Sie können auch mit einem Paar besonderer Winterlaufsocken nachhelfen, die zum Teil aus Wolle bestehen. Für die Hände gibt es in Sport- oder Outdoorgeschäften spezielle Wärmepäckchen, die Sie in Ihre Handschuhe tun können. Wenn Sie bei kaltem Wetter draußen nass werden, ob von Regen oder Schweiß, können Sie sich unterkühlen. Das heißt, dass Ihre Körperkerntemperatur absinkt. Das kann selbst bei Temperaturen über 0°C passieren. Um so trocken wie möglich zu bleiben, sollten Sie atmungsaktive Kleidung tragen, die den Schweiß während des Laufens vom Körper wegtransportiert. Bleiben Sie mit feuchter Kleidung nicht länger draußen als notwendig. Ziehen Sie sich etwas Trockenes an und wärmen Sie sich so schnell wie möglich auf.

Vor allem: Benutzen Sie Ihren gesunden Menschenverstand. Wenn es so kalt ist, dass das Laufen unangenehm wird, riskieren Sie eine Muskelzerrung. Wärmen Sie sich langsam auf und laufen Sie an sehr kalten Tagen nur in leichtem Tempo. Sparen Sie sich Ihre intensiven Trainingseinheiten für die wärmeren Tage auf. Hüten Sie sich vor Eis auf der Straße. Wenn Sie Ihr Training beendet haben, sollten Sie sich bald ins Warme begeben und Ihre nasse Kleidung ausziehen.

Haarschäden

Ihr Haar scheint durch das Laufen zunächst nicht gefährdet zu sein. Da es aber Tag für Tag Wind und Wetter ausgesetzt wird, müssen Sie vielleicht irgendwann den Preis dafür zahlen. Nur ein paar Vorsichtsmaßnahmen lassen Ihre Locken genauso gesund bleiben wie den Rest Ihres Körpers.

Ursache: Ihre Haare reagieren auf die Umwelteinflüsse genau wie ihre Haut. Sonne und Wind trocknen das Haar aus und schädigen es. Genau wie bei der Haut ist helles Haar gefährdeter als dunkles Haar.

Behandlung: Schützen Sie Ihr Haar vor schädlichen Umwelteinflüssen, indem Sie zum Laufen eine Kappe aufsetzen. Machen Sie sich einen Zopf oder lassen Sie sich eine Kurzhaarfrisur schneiden, damit Ihre Haare gesund bleiben. Benutzen Sie Haarpflegemittel, die Protein oder Silikon enthalten. Sie können das Haar auffrischen und etwas kräftigen. Benutzen Sie vor dem Laufen aber möglichst keine Styling-Produkte. Sie können während des Laufens auf die Haut gelangen, die Poren verstopfen und Pickel hervorrufen.

Hautreizungen nach dem Rasieren

Eine lästige Nebenwirkung des Laufens ist eine gerötete und entzündete Haut in der Bikinizone, zu der manche Frauen eher neigen als andere.

Ursache: Rötungen oder Entzündungen in dieser Körperregion entstehen gewöhnlich durch verstopfte Haarfollikel. Reibung und Schweiß machen die Sache noch schlimmer.

Behandlung: Entlang der Bikinizone sollten Sie immer in Wuchsrichtung der Haare rasieren, empfiehlt Dr. Bergfeld. *„Wenn Sie gegen den Strich rasieren, können abgestorbene Hautzellen und andere Verschmutzungen in die Haarfollikel gelangen"*, erklärt sie.

Wenn das nichts nützt, sollten Sie Ihre Haare mit einer anderen Methode entfernen. Enthaarungsmittel und Laserbehandlungen haben den Vorteil, dass die Haare nicht wieder so schnell nachwachsen. Doch ganz egal, für welche Methode Sie sich entscheiden – nach dem Rasieren sollten Sie mindestens ein paar Stunden oder bis zum nächsten Morgen warten, bevor Sie loslaufen. So kann sich die gereizte Haut wieder beruhigen.

Hitzeausschlag

Diese winzigen, juckenden Pickelchen treten meistens am Oberkörper auf, wenn Sie überhitzt und ausgetrocknet sind.

Ursache: Ihre Körpertemperatur ist gestiegen und die Schweißdrüsen sind nicht mehr in der Lage, die Temperatur auszugleichen.

Behandlung: Auch wenn Hitzeausschlag harmlos ist, ist er doch ein Hinweis Ihres Körpers darauf, dass es Zeit, ist sich abzukühlen und etwas zu trinken. Rezeptfreie Kortisonsalbe kann den Ausschlag lindern, wenn er auch nach dem Abkühlen nicht von alleine verschwindet.

Hitzschlag

Das Laufen bei heißem oder feuchtem Wetter steigert das Risiko eines Hitzschlages (Hyperthermie). Man unterscheidet die folgenden drei Stufen des Hitzschlages, angefangen mit dem am wenigsten gefährlichen:

Hitzekrämpfe fühlen sich an wie Muskelkrämpfe. Viel dehnen, trinken und Ruhe sind hier die angemessenen Mittel zur Behandlung.

Hitzeerschöpfung äußert sich normalerweise durch Kopfschmerzen, Schwäche, Benommenheit und Schwierigkeiten bei der Koordination der Bewegungen. Obwohl Ihre Körpertemperatur erhöht ist, fühlt sich die Haut kühl an. Bei einer Hitzeerschöpfung sollten Sie viel trinken, ausruhen und Ihren Körper mit Wasser kühlen.

Die Symptome des Hitzschlages sind die gleichen wie bei der Hitzeerschöpfung, doch die Haut fühlt sich jetzt nicht mehr kühl, sondern heiß und trocken an. Weil sich Ihre Körperkerntemperatur gefährlich erhöhen kann (bis 42°C), sollten Sie bei einem Hitzschlag sofort in ein Krankenhaus gebracht werden. Dort wird Ihnen intravenös Flüssigkeit zugeführt und Ihr Körper abgekühlt.

Ursache: Heißes und/oder feuchtes Wetter, das dazu führt, dass sich Ihr Körper nicht genug abkühlen kann.

Behandlung: Um einen Hitzschlag zu vermeiden, sollten Sie ausreichend trinken, lockere und leichte Kleidung tragen und an sehr heißen oder feuchten Tagen morgens oder abends laufen. Bei Temperaturen von über 30°C und einer Luftfeuchtigkeit von über 85% sollte man besonders vorsichtig sein.

Hornhaut und Hühneraugen

Einige Läuferinnen präsentieren ihre hässlichen Füße wie eine Kriegsverletzung, um zu beweisen, wie hart sie trainiert haben. Doch es gibt keinen Grund, seine Füße so grob zu behandeln, und mit ein wenig Pflege können auch Läuferinnen schöne Füße haben.

Ursache: Hornhaut entsteht als Folge von Reibung und Druck, wenn sich der Fuß im Laufschuh bewegt. Schlecht sitzende Schuhe verschlimmern das Problem.

Behandlung: Hornhaut und Hühneraugen bekommen Sie in den Griff, wenn Sie die betroffenen Stellen unter der Dusche mit Bimsstein abreiben. Gönnen Sie sich für das allgemeine Wohlbefinden nach dem Laufen oder bevor Sie ins Bett gehen ein Fußmassageöl. Verwenden Sie ein Produkt, das speziell für Sportler entwickelt wurde. Diese Mittel kühlen Ihre brennenden Füße und erfrischen schmerzende Muskeln.

Inkontinenz

Wir Frauen sind aus anatomischen Gründen anfälliger für Inkontinenz. Lästig und peinlich, aber nicht ungewöhnlich: Man schätzt, dass die Hälfte aller Frauen mehr oder weniger Probleme mit unkontrolliertem Harnabgang haben.

Ursache: Wenn Sie den Eindruck haben, dass sich Ihre Probleme während des Trainings verstärken, liegen Sie vielleicht richtig. Auch wenn

Laufen die Inkontinenz nicht verursacht, kann diese Aktivität – genau wie andere Sportarten – einen unkontrollierten Harnabgang bewirken, besonders bei Frauen, die sowieso dazu neigen.

Behandlung: Vielen Frauen hilft ein Training der Beckenbodenmuskulatur. Dazu müssen Sie Ihren Beckenboden anspannen, als würden Sie einen Urinstrahl anhalten. Halten Sie die Spannung ein paar Sekunden lang, dann lassen Sie ein paar Sekunden wieder locker. Wiederholen Sie die Übung bis zu 5 Minuten. Die beste Wirkung erzielen Sie, wenn Sie sie in verschiedenen Positionen durchführen: sitzend, stehend und liegend. Es gibt auch Medikamente (rezeptfreie und verschreibungspflichtige), die helfen den Harnabgang zu kontrollieren. Fragen Sie Ihren Arzt, welche Methode für Sie die beste ist.

Juckreiz im Vaginalbereich

Einige Läuferinnen werden ständig davon geplagt, andere nie.

Ursache: Während des Trainings produzieren Sie in der Leistengegend sehr viel Schweiß. Weil an diese Stelle wenig Luft gelangt – denken Sie nur an Tights und Radlerhosen – ist dies ein Lieblingsplatz für Bakterien.

Behandlung: Nach dem Training sollten Sie so schnell wie möglich Ihre verschwitzten Laufsachen ausziehen und duschen. Kaufen Sie Shorts und Tights, die im Schritt aus atmungsaktivem Material bestehen. Dr. Lawson empfiehlt synthetische Fasern, z.B. hochentwickelte Nylonfasern oder Polyester. Baumwolle dagegen hält Feuchtigkeit sogar eher noch fest.

Läuferknie

Als Läuferknie bezeichnet man Schmerzen, die auf, unter oder um die Kniescheibe herum auftreten.

Ursache: Schlechte biomechanische Voraussetzungen sind oft die Ursache für ein Läuferknie (Chondropathia patellae). Wenn die Kniescheibe richtig funktioniert, gleitet Sie in einer glatten Knorpelfurche auf und ab. Wenn Ihre Kniescheibe aus dieser Furche herausgezogen wird und so „aus der Schiene" gerät, wird der darunter liegende Knorpel gereizt und geschädigt. Überpronation ist die häufigste Ursache für diese Fehlstellung, weil sie dazu führt, dass sich der Unterschenkel nach innen dreht. Frauen haben breitere Hüften und deshalb größere Kniegelenkwinkel. Einige

Sportmediziner nehmen daher an, dass Frauen eher anfällig sind für Überpronation und damit auch für das Läuferknie.

Behandlung: Handeln Sie, sobald die ersten Schwierigkeiten auftauchen. Auch wenn es Ihnen anfangs möglich scheint, trotz der Schmerzen weiterzulaufen, werden die Beschwerden Sie bald bremsen. Durch die wiederholte Bewegung kann sich die Verletzung verschlimmern. Früh entdeckt, kann ein Läuferknie fast immer erfolgreich mit Physiotherapie und einer aufmerksamen Überwachung des Bewegungsablaufs beseitigt werden. Da jedoch zerstörter Knorpel nicht heilt, kann in fortgeschrittenen Fällen eine Operation erforderlich sein.

Lassen Sie Ihren Laufstil von einem Orthopäden analysieren, damit er feststellen kann, ob Ihnen orthopädische Einlagen helfen können. Vielleicht helfen Ihnen auch neue Schuhe, die Ihren Fuß besser stützen, und eine vorübergehende Reduzierung Ihrer Trainingsintensität. Laufen Sie nicht auf stark profilierten Asphaltwegen. Die Schräge kann Ihre Pronation noch verschlimmern. Kühlen Sie das Knie und nehmen Sie entzündungshemmende Mittel. Damit Ihre Kniescheibe in der richtigen Schiene läuft, sollten Sie Ihren Oberschenkel außen dehnen *(S. 283)* und innen kräftigen *(S. 289)*.

Magenprobleme

Darunter haben vor allen Laufanfängerinnen zu leiden, doch von Zeit zu Zeit kann jede Läuferin unter Magenbeschwerden leiden. Auch wenn sie nicht gefährlich sind, können sie doch so schmerzhaft sein, dass Sie Ihren Lauf abbrechen müssen.

Ursache: Magenprobleme werden meist durch falsche Nahrungsmittel verursacht, oder aber Sie haben zu kurz vor dem Laufen zu viel gegessen oder getrunken.

Behandlung: Sie können dieses Problem zwar dadurch lösen, dass Sie ein paar Stunden vor dem Laufen nichts mehr essen oder trinken. So zu Fasten ist aber überhaupt nicht gesund, insbesondere wenn Sie mehrere Stunden lang trainieren oder lange Wettkämpfe bestreiten. Sie können Ihren Magen aber so trainieren, dass er das Essen und Trinken besser verträgt. Dazu sollten Sie erst einmal mehrere Stunden vor dem Laufen nichts essen oder trinken, bis Sie ohne Probleme laufen können. Dann fangen Sie langsam damit an, etwa eine Stunde vor dem Laufen ein wenig zu essen.

Nehmen Sie zunächst nur einen Bissen Brot und ein paar Schlückchen Wasser. Steigern Sie die Menge immer weiter, bis Sie ein Glas Wasser und einen kleinen Snack, z.B. ein Brötchen oder einen Energieriegel zu sich nehmen können, ohne dass Ihr Magen streikt. Meiden Sie stark gewürztes und ballaststoffreiches Essen.

Menstruationsbeschwerden

Obwohl sich manche Frauen während Ihrer Periode überhaupt nicht wohl fühlen, ist man sich doch allgemein einig, dass die Menstruation die Laufleistung nicht negativ beeinflusst. Man glaubt, dass sich der gesamte Menstruationszyklus kaum auf die sportliche Leistung auswirkt. Zu jedem Zeitpunkt ihres Zyklus sind Frauen schon gut gelaufen, haben Rekorde aufgestellt und Meisterschaften gewonnen. In klinischen Studien konnte keine Veränderung der Pulsfrequenz, Kraft oder Ausdauer während des Zyklus festgestellt werden. Einige Untersuchungen haben zwar einen leichten Abfall der aeroben Kapazität am Ende des Monatszyklus (nach dem Eisprung) gezeigt. Die Signifikanz dieser Untersuchung bleibt aber fraglich.

Ursache: Menstruationsbeschwerden werden durch Hormonveränderungen im Laufe des weiblichen Zyklus verursacht.

Behandlung: Sport kann Ihr Wohlbefinden vor und während der Periode verbessern. Heutzutage verschreiben Ärzte sogar gerade den Frauen Sport, die sich in dieser Zeit schlecht fühlen. Untersuchungen haben gezeigt, dass ein mäßiges Training körperliche prämenstruelle Beschwerden abschwächen kann, z.B., wenn die Brüste spannen oder sich Flüssigkeit im Gewebe ansammelt. Ein regelmäßiges Training kann auch andere typische prämenstruelle Beschwerden mildern, wie z.B. Stimmungsschwankungen, Angstgefühle oder Depressionen. (Bei Frauen, die sich der Menopause nähern, ist diese Wirkung nicht ganz so stark. Das liegt vermutlich an hormonellen Veränderungen in den Eierstöcken.) Sport kann auch den Menstruationszyklus selbst verändern, meist indem sich die Phase nach dem Eisprung (Lutealphase) verkürzt.

Ein Problem für Läuferinnen kann auch sein, dass die Periode ganz ausbleibt. Bei Frauen, die sehr intensiv trainieren, ist das Risiko, dass ihre Periode unregelmäßig wird (Oligomenorrhoe) oder ganz ausbleibt (Sportlerinnen-Amenorrhoe), besonders hoch.

Ursache: In früheren Jahren dachte man, dass intensives Training möglicherweise allein zu Menstruationsstörungen führen kann. Heute glaubt man, dass Sport nur ein Teil eines komplexen Puzzles ist, das gewöhnlich aus einer Vielzahl von emotionalen und körperlichen Belastungen besteht. Trainingsbelastung, Leistungsdruck, ein geringer Körperfettanteil und eine nicht angemessene Aufnahme von Kalorien und Nährstoffen sind alles Faktoren, die dazu beitragen können.

Diese und andere Faktoren bilden ein Energiegleichgewicht. Wenn dieses Gleichgewicht zur negativen Seite ausschlägt – sei es durch das Laufen selbst oder durch andere Belastungen, die damit verbunden sind – stellen sich bei einigen Frauen Menstruationsstörungen ein. Besonders anfällig dafür sind junge Läuferinnen, Frauen, die intensiv trainieren oder schon immer einen unregelmäßigen Zyklus hatten. Es gibt aber auch Frauen, die sehr hart trainieren und nie solche Probleme bekommen.

Eine der ernsthaftesten gesundheitlichen Folgen der ausbleibenden Periode ist die Osteoporose. (Die weiblichen Hormone, die das Calcium in den Knochen schützen, sind bei länger ausbleibender Periode besonders gering konzentriert.) Tritt Osteoporose in jungen Jahren auf, erhöht sich das Risiko von Knochenbrüchen, besonders Ermüdungsbrüchen, enorm. Da die Knochendichte, sobald sie einmal nachgelassen hat, nur sehr schwer wieder aufgebaut werden kann, werden Sie an den schwerwiegenden Folgen vielleicht für den Rest Ihres Lebens zu tragen haben.

Ein weiteres Problem, das Läuferinnen möglicherweise betrifft, ist das Ausbleiben des Eisprungs. Frauen können auch dann ihre Periode bekommen, wenn es nicht zu einem Eisprung kommt. Darum, so betont Dr. Prior, ist das bloße Auftreten einer Monatsblutung noch keine Garantie für einen gesunden Zyklus.

Ursache: Das Ausbleiben des Eisprungs kann ein Zeichen für Progesteronmangel sein. Ein Progesteronmangel kann dazu führen, dass zu viel Gebärmutterschleimhaut aufgebaut wird. Dann besteht ein erhöhtes Risiko für Gebärmutterkrebs. (Wissenschaftler sind sich nicht darüber einig, ob ein Progesteronmangel allein auch zum Verlust von Knochendichte führen kann.)

Wenn Sie den Verdacht haben, dass es bei Ihnen nicht zu einem Eisprung kommt, sollten Sie Ihre Temperatur regelmäßig messen, so als

würden Sie versuchen schwanger zu werden. Die Körpertemperatur einer Frau ist zu Beginn ihres Zyklus im Allgemeinen niedriger und in den letzten zwei Wochen des Zyklus höher. Der Temperaturanstieg findet zur Zeit des Eisprungs statt. Um diese Kurve zu verfolgen, sollten Sie jeden Morgen noch vor dem Aufstehen Ihre Basaltemperatur messen. Wenn Ihre Temperaturkurve nicht in das oben beschriebene Muster passt, haben Sie vielleicht keinen Eisprung. Das völlige Fehlen prämenstrueller Beschwerden, wie z.B. ein Spannungsgefühl in den Brüsten oder Gebärmutterkrämpfe können weitere Hinweise sein. Wenn Ihnen solche Unregelmäßigkeiten auffallen, sollten Sie zum Arzt gehen, damit er die Ursache bestimmen und eine Behandlung einleiten kann.

Behandlung: Wenn Sie unter irgendeiner Form von Menstruationsstörungen leiden, die Periode oder der Eisprung ausbleiben, sollten Sie mit Ihrem Gynäkologen zusammen nach den Ursachen suchen. *„Sportlerinnen sollten nie automatisch davon ausgehen, dass ihre Menstruationsstörungen mit dem Training zusammenhängen"*, sagt Dr. Mona Shangold, Leiterin des Center for Women's Health and Sports Gynecology in Philadelphia. *„Sportlerinnen sind anderen Problemen gegenüber nicht immun. Es gibt auch andere ernsthafte Ursachen, die gravierende Konsequenzen haben können."* Menstruationsstörungen sollten immer genau untersucht werden, unabhängig davon, ob sie mit dem Training zusammenhängen.

Obwohl es manchen Frauen dabei hilft, zu einem regelmäßigen Zyklus zurückzufinden, wenn sie ihr Trainingsprogramm reduzieren, sollte dies nicht Ihre erste und einzige Maßnahme sein. Wenn Sie unter Menstruationsstörungen leiden, sollten Sie folgende Maßnahmen in Betracht ziehen:

- Führen Sie Protokoll über Ihre Periode: Halten Sie Daten, Dauer der Blutung und alle begleitenden Symptome Ihres Zyklus schriftlich fest.
- Überprüfen Sie Ihre Ernährung, am besten mit Hilfe eines Ernährungsberaters. Ändern Sie Ihre Essgewohnheiten so, dass der größte Teil der Kalorien, die Sie aufnehmen, aus gesunden Nahrungsmitteln stammt und nicht aus Junk-Food. Achten Sie insbesondere darauf, dass Sie genug Calcium, Eiweiß und Fett zu sich nehmen.
- Gehen Sie zu einem Gynäkologen, damit er Ursachen, die nichts mit dem Sport zu tun haben, diagnostizieren oder aber auch ausschließen kann. Fragen Sie Ihren Arzt, ob eine Hormonersatztherapie für Sie in Frage kommt.

◈ Überprüfen Sie Ihr Training, um sicherzustellen, dass Sie genügend Erholungsphasen haben. Zeigen sich vielleicht noch andere Symptome eines Übertrainings: langsamere Zeiten, Stimmungsschwankungen, Schlafstörungen und Gewichtsschwankungen?

Muskelkrämpfe

Muskelkrämpfe können sich sehr unterschiedlich anfühlen, von einem leichten Stechen bis zum lähmenden Zusammenziehen des Muskels. Muskelkrämpfe können fast überall am Körper auftreten.

Ursache: Es wird vermutet, dass Muskelkrämpfe durch das Zusammenspiel verschiedener Faktoren verursacht werden. Dabei spielen Flüssigkeitsmangel, Mineralstoffmangel und womöglich auch mangelnde Beweglichkeit eine Rolle.

Behandlung: Wärmen Sie sich vor dem Training gründlich auf und nehmen Sie sich Zeit für das Cooldown. Trinken Sie ausreichend – am besten ein Sportgetränk, das Elektrolyte enthält, wenn Sie länger als 90 Minuten trainieren. Machen Sie regelmäßig Dehnübungen.

Nebenwirkungen der Antibabypille

Forscher sind sich nicht darüber einig, wie sich die Antibabypille auf die sportliche Leistungsfähigkeit auswirkt. Auch wenn die meisten Studien ergaben, dass die Pille keine Auswirkungen auf die Leistung hat, weisen einige Untersuchungen darauf hin, dass Frauen, die die Pille nehmen, eine geringere aerobe Kapazität haben. *„Für Spitzensportlerinnen kann dieser Einfluss ausschlaggebend sein, um einen Wettkampf zu verlieren",* sagt Dr. Jerilynn Prior, Professorin für Endokronologie und Stoffwechsel in Vancouver, Canada.

Andererseits glauben einige Läuferinnen, dass die Pille ihre Leistung positiv beeinflusst, weil sie Menstruationsbeschwerden abschwächt. Diese Läuferinnen nehmen die Pille in wechselnden Zeitabständen und steuern damit ihren Zyklus so, dass ihre Periode nicht auf einen Wettkampftag fällt. Obwohl es ungefährlich ist, den Zeitpunkt Ihrer Periode durch die wechselnde Einnahme der Pille selbst zu bestimmen, sind Experten sich im Allgemeinen darin einig, dass man nur bei größeren Wettbewerben und nur wenige Male im Jahr zu dieser Methode greifen sollte.

Ursache: Dieselben Hormone, die durch die Pille reguliert werden, um eine Schwangerschaft zu verhüten, beeinflussen auch Ihre Körperfunktionen und wie Sie sich fühlen. Genau wie die allgemeinen Nebenwirkungen der Antibabypille sind auch diese Auswirkungen individuell sehr verschieden.

Behandlung: Letzten Endes müssen Sie für sich selbst entscheiden, ob die Pille für Sie Sinn macht. Während die einen auf die Zweckmäßigkeit der Pille schwören, behaupten andere, dass sie sich ohne sie besser fühlen und auch bessere Leistungen erbringen. Als Freizeitläuferin müssen Sie sich wahrscheinlich keine Gedanken über die Auswirkungen auf Ihre sportlichen Leistung machen. Wenn Sie aber Wettkämpfe laufen und nicht riskieren wollen, aerobe Kapazität zu verringern, sollten Sie auf andere Verhütungsmethoden zurückgreifen, wie z.B. auf das Diaphragma. Wenn Sie bei der Pille bleiben wollen, sollten Sie mit Ihrem Arzt darüber sprechen, ob Sie nicht eine niedrig dosierte nehmen können, die dementsprechend weniger Nebenwirkungen hat.

Nebenwirkungen von Medikamenten

Lauftraining hat im Allgemeinen keinen Einfluss auf die Wirksamkeit von Medikamenten. Einige Medikamente können sich aber auf Ihre Laufleistung auswirken. Diese Wirkung ist meist minimal und hat keinen unmittelbaren Einfluss auf das Laufen selbst, also auf Ausdauer oder Kraft. Medikamente beeinflussen eher das Gewicht, den Appetit oder Ihre Energie.

Ursache: Arzneimittel, die Ihre Fähigkeit oder Ihren Willen zu laufen, beeinflussen können. Wie bei allen Medikamenten ist eine solche Wirkung individuell sehr verschieden.

Behandlung: Sprechen Sie mit Ihrem Arzt, wenn Sie sich Sorgen über die Nebenwirkungen von Medikamenten machen, die Sie nehmen.

Osteoporose

Durch Sportarten, bei denen man sein eigenes Körpergewicht tragen muss, wie z.B. das Laufen, können Frauen ihre Knochendichte aufbauen und erhalten. Doch bei Frauen mit gestörtem Menstruationszyklus wirkt sich das Training nicht positiv auf die Knochendichte aus. Ursache für diese Störung ist oft der emotionale und körperliche Stress, der durch gestörtes Essverhalten oder Übertraining verursacht wird.

Ursache: Mehrere Studien haben gezeigt, dass Frauen mit einem gestörten Monatszyklus eher zu Ermüdungsbrüchen neigen als Frauen mit normalem Zyklus. Bei diesen Läuferinnen ist häufig auch der Mineralgehalt in den Knochen geringer. Es ist zwar allgemein bekannt, dass hormonelle Störungen und der frühzeitige Verlust von Knochendichte bei Sportlerinnen miteinander in Zusammenhang stehen. Unklar ist jedoch die Beziehung zwischen Ursache und Wirkung. Einige Forscher haben z.B. die Theorie entwickelt, dass Mädchen oder Frauen, die sich gerne intensiv sportlich betätigen, auch in allen anderen Bereichen ihres Lebens oft unter Stress stehen. Auch ohne den Sport wäre ihr Hormonspiegel von diesem Stress beeinflusst. Ähnlich fühlen sich auch schlanke Frauen eher zu anstrengenden Sportarten hingezogen und auch dieser Typus neigt zu Störungen des Hormonhaushalts, selbst wenn sie gar keinen Sport treiben.

Behandlung: Experten sind sich darüber einig, dass Frauen sich vor dem frühzeitigen Auftreten von Osteoporose schützen müssen. Osteoporose kann dazu führen, dass die Knochen einer 20jährigen Sportlerin so spröde sind wie die Knochen einer 50jährigen Frau. Vorbeugen ist auch deshalb so wichtig, weil Frauen ab Mitte 30 ihre Knochendichte nicht weiter aufbauen können, sondern nur noch Reserven erhalten können.

Wenn Sie intensiv trainieren, sollten Sie darum jede mögliche Vorsichtsmaßnahme treffen, damit Ihre Knochenmasse nicht abgebaut wird. Achten Sie auf eine ausgewogene Ernährung: Sie brauchen nicht nur alle wichtigen Nährstoffe und insbesondere Calcium, sondern auch genug Fett und Kalorien, um Ihr Trainingsniveau beibehalten zu können. Beobachten Sie außerdem Ihren Monatszyklus. Achten Sie nicht nur auf Unregelmäßigkeiten Ihrer Periode, sondern auch auf den Eisprung. Wenn Sie Unregelmäßigkeiten bemerken, sollten Sie zu einem Arzt gehen, der Ihnen eventuell zu einer Hormonersatztherapie rät.

Lassen Sie außerdem Ihre Knochendichte überprüfen. Moderne Geräte ermöglichen schnelle und einfache Tests, die mittlerweile sogar bei Fachveranstaltungen oder Marathonmessen zu einem geringen Preis angeboten werden. Aber auch wenn die Testergebnisse schon allgemeine Hinweise auf den Zustand Ihrer Knochen geben, können sie eine gründliche röntgenologische Untersuchung bei Ihrem Arzt oder in einem Krankenhaus nicht ersetzen.

Plantarfasziitis/Fersensporn

Die meisten Menschen gehen durchs Leben ohne je zu erfahren, was eine Plantarfaszie ist. Die Glücklichen! Viele Läuferinnen lernen diese faserige Bindegewebsschicht an ihrer Fußsohle auf ziemlich schmerzvolle Weise kennen. Ein Fersensporn macht sich als Schmerz unter Ihrer Fußsohle, direkt unter der Ferse bemerkbar. Auch wenn ein Fersensporn langsam entsteht, kann er doch so schlimm werden, dass Sie kaum gehen können. Morgens ist der Schmerz am heftigsten, ganz besonders bei den ersten paar Schritten nach dem Aufstehen.

Ursache: Als Plantarfaszie bezeichnet man den Bandapparat, der längs unter dem Fuß verläuft und das Fersenbein mit den Zehen verbindet. Weil die Plantarfaszie nicht dehnbar ist, kommt es bei starker Zugbelastung zu Problemen. Irgendetwas muss dann nachgeben. *„Die Plantarfaszie ist nicht dafür angelegt, sich zu dehnen"*, erklärt Dr. Shonka. *„Sie ist ein starkes, dünnes Band zur Unterstützung des Fußgewölbes."* Wenn eine Läuferin stark überproniert oder supiniert und die Achillessehne und die Wadenmuskeln zu stark angespannt sind, *„verliert die Plantarfaszie dieses Tauziehen"*, erklärt Dr. Shonka. Der Schmerz und die Verletzung treten auf, wenn die Plantarfaszie vom Fersenbein abreißt. Im fortgeschrittenen Stadium kann man auf dem Röntgenbild einen Sporn erkennen, der vom Fersenbein absteht, wo durch die Vernarbung Verknöcherungen entstanden sind.

Behandlung: Wenn sich einmal ein Fersensporn gebildet hat, sollten Sie die Stelle kühlen. Entzündungshemmende Mittel und Ultraschall können den Heilungsprozess beschleunigen. Damit die Plantarfaszie nicht weiter gezerrt wird, sollten Sie unbedingt auf Ihren Laufstil achten und Wadenmuskulatur und Achillessehne dehnen. Gehen Sie zu einem Orthopäden, damit er Ihren Fuß und Ihren Laufstil analysiert. Oft helfen Einlagen, die das Fußgewölbe unterstützen oder die Ferse polstern oder speziell angepasste orthopädische Einlagen. Vielleicht sollten Sie auch Ihre Laufschuhe wechseln. Zur Zeit wird ein Fersensporn bei Läuferinnen gerne mit einer Spezialschiene behandelt, die über Nacht getragen wird und den Fuß in einer aufrechten Position fixiert. Viele Läuferinnen, denen diese Verletzung schon einmal Fußfesseln angelegt hat, schwören auf diese Schiene. Der Trick dabei ist, dass der Wadenmuskel gedehnt bleibt. Diese Methode verhindert auch das verheerende Reißen im Fuß direkt nach dem Aufstehen.

Für eine langfristige Behandlung sollten Sie die Wade der betroffenen Seite dehnen, besonders im Bereich der Achillessehne. Achten Sie aber darauf, dass Sie die Plantarfaszie nicht noch weiter reizen. Wenn Sie Ihre Wadenmuskulatur, wie auf *Seite 281* beschrieben, dehnen, sollten Sie Ihre Ferse locker halten und nach außen kippen. Dann lehnen Sie sich an die Wand, um die Wade zu dehnen. Wichtig ist, dass Sie Ihr Gewicht auf die Außenseite Ihres Fußes verlagern und nicht nach innen abknicken. Wenn Sie die Übung korrekt ausführen, sollten Sie die Spannung in der Wade und nicht im Fuß spüren.

Prellungen

Eine Prellung (Kontusion) ist im Grunde eine Gewebequetschung. Normalerweise ist sehr oft auch die Knochenhaut davon betroffen. Läuferinnen benutzen diesen Begriff oft, um einen Schmerz im Fuß zu beschreiben. Es handelt sich aber in der Tat selten um die medizinisch korrekte Diagnose. In Wirklichkeit kann es sich bei der Verletzung um alles mögliche von einer Entzündung der Plantarfaszitis (Schmerzen im Fußgewölbe) bis zu einem Ermüdungsbruch handeln.

Ursache: Echte Prellungen entstehen durch den Zusammenstoß mit einem stumpfen Gegenstand. Zu Verletzungen kommt es meist dann, wenn der Knochen nicht allzu sehr abgepolstert ist – stellen Sie sich vor, Sie stoßen mit dem Schienbein an eine Tischkante. Bei Läuferinnen ist die Ursache oft ein spitzer Stein.

Behandlung: Wirkliche Prellungen sind bei Läuferinnen sehr selten. Wenn Sie einen intensiven Schmerz in Ihrem Fuß spüren, der nicht innerhalb von ein paar Tagen nachlässt, sollten Sie zu einem Orthopäden gehen. Was Sie für eine Prellung halten, ist vielleicht das Symptom einer anderen Verletzung. Wenn es sich wirklich um eine Prellung handelt, müssen Sie mit dem Laufen eine Zeit lang aussetzen. Wenn Sie wieder laufen können, ohne dass Sie Ihren Laufstil verändern müssen, können Sie wieder trainieren. Wenn nicht, suchen Sie sich einen Ausgleichssport oder versuchen Sie es mit Aquajogging, bis der Schmerz nachlässt.

Rückenschmerzen

Wenn Sie unter Rückenschmerzen leiden, haben Sie vielleicht ein größeres Problem als verkürzte und überarbeitete Muskeln. Strahlt der Schmerz

durch Ihren Po oder in den hinteren Oberschenkel, ist wahrscheinlich Ihr Ischiasnerv gereizt.

Ursache: Verschiedene mechanische Belastungen können dazu führen, dass der Ischiasnerv gereizt wird, der vom unteren Rückenbereich über das Becken in die Beine verläuft. Eine schlechte Haltung oder ein schlechter Laufstil, verletzte Wirbel oder gar Osteoporose können dazu führen, dass ein vermehrter Druck auf die Bandscheiben ausgeübt wird.

Behandlung: Kräftigungs- und Dehnübungen für Rücken und Beine können manchmal dabei helfen, die Ursachen des Ischiassyndroms zu beseitigen. Helfen kann auch eine Unterstützung der Körperhaltung durch vernünftige Schuhe und Einlagen. Sie können die Streckübung für den Rücken oder Sit-ups machen oder Ihre Oberschenkelrückseite dehnen. Diese Übungen werden in Kapitel 18 beschrieben und sind rückenverträglich. In einigen Fällen kann Ihnen auch ein Chiropraktiker helfen. Bei Ischiasbeschwerden sollten sie einen Sportarzt, einen Physiotherapeuten oder einen Chiropraktiker aufsuchen.

Schmerzen in der Achillessehne

Die meisten Läuferinnen nennen es Tendinitis (Sehnenentzündung), aber Ärzte sprechen heute von Tendopathie oder Insertionstendopathie (Sehnenansatzreizung). Die Achillessehnenentzündung speziell wird Achillodynie genannt. Egal welchen Begriff Sie für diesen degenerativen Zustand benutzen, das Ergebnis ist dasselbe: frustrierender Schmerz, der Sie am Laufen hindert und mit dem Sie sich jahrelang herumplagen. Probleme mit der Achillessehne beginnen gewöhnlich mit einer Entzündung der Sehnenscheide, der Schutzhülle, von der die Sehne umgeben ist. Schließlich ist die Sehne selbst betroffen. Es kann zur chronischen Entzündung des Gleitgewebes, zur Schwächung der Sehne und zu deren Einriss oder sogar Abriss kommen. Schmerz und Entzündung sind die ersten Anzeichen von Achillessehnenproblemen. Später wird der Bereich um die Sehne herum berührungsempfindlich und schwillt sichtbar an. Bei Bewegung hat man ein Gefühl, so als würde man knirschenden Schnee zusammendrücken.

Ursache: Wenn Ihre Wadenmuskulatur verkürzt ist, wird zu viel Zug auf die Achillessehne ausgeübt. Die Achillessehne verbindet den Wadenmuskel mit dem Fersenbein. Je mehr Tempo- und Hügeltraining Sie machen, desto größer ist die Belastung.

Behandlung: Beim ersten Anzeichen eines Achillessehnenproblems sollten Sie mit Hügel- und Tempotraining aufhören. Suchen Sie einen Orthopäden auf und lassen Sie sich vorübergehend eine Schuheinlage verschreiben, die die Ferse anhebt. Wärmen Sie sich vor jedem Training gründlich auf und vergessen Sie auch das Cooldown am Ende nicht. *(Bei ernsthafteren Sehnenbeschwerden müssen Sie eine Trainingspause einlegen, damit die Sehne heilen kann.)* Eis, entzündungshemmende Salben und eine Ultraschallbehandlungen fördern die Heilung. Eine Massage verbessert die Durchblutung des betroffenen Bereiches und beseitigt die Verklebungen durch das Narbengewebe, das sich im Laufe des Heilprozesses gebildet hat. Zum weiteren Gesundungsprogramm sollten spezielle Dehnübungen für den Wadenbereich gehören. Probieren Sie einmal folgende Übung aus: Stellen Sie sich mit dem Gesicht zu einer Wand, von der Sie etwa eine Armlänge Abstand halten und legen Sie die Hände an die Wand. Setzen Sie ein Bein zurück und drücken Sie es durch, während Sie sich an die Wand lehnen. Um die Wade optimal zu dehnen, verlagern Sie das Gewicht auf die Außenkante der Füße. Die Ferse bleibt dabei auf dem Boden! *(vgl. Abbildung S. 281)*

Schmerzen am Schienbein (Tibiakantensyndrom)

Wie das Wort Prellung ist auch Schienbein-Schmerz (shin-splint) ein Allerweltswort für Schmerzen zwischen Knie und Knöchel.

Ursache: Zu schnelle Steigerung der Trainingsintensität. Über Schienbeinschmerzen klagen vor allem untrainierte und jüngere Läuferinnen. Wenn diese Schmerzen auftreten, ist die häufigste Diagnose eine Ansatzreizung des Schienbeinmuskels. Sie entsteht durch einen zu starken Zug auf die Knochenhaut des Schienbeins, wenn der Muskel-Sehnen-Apparat überlastet ist.

Behandlung: Kühlen Sie die Entzündung mit Eis. Keine Tempoläufe und andere intensive Trainingseinheiten bis die Schmerzen im Schienbein verschwunden sind. Achten Sie auf biomechanisch notwendige Maßnahmen, d.h. tragen Sie orthopädische Einlagen, wenn Sie überpronieren. Steigern Sie Ihre Kilometerzahl oder Ihre Trainingsintensität nicht zu abrupt. Besonders wichtig ist außerdem, Wade und Achillessehne sorgfältig zu dehnen. *„Das Zusammenspiel von Wadenmuskulatur, Achillessehne und Fußgewölbe ist entscheidend"*, erklärt Dr. Shonka. Je verkürzter Wadenmuskel

und Achillessehne sind, desto größer ist die Belastung für die umliegenden Muskeln und Sehnen.

Seitenstiche

Stechende Schmerzen in Ihrer Seite oder im Bauch können ganz plötzlich auftreten. Meist sind sie unmittelbar unter dem Brustkorb zu spüren und erschweren das Atmen. Vor allem Laufanfängerinnen leiden an Seitenstichen, aber auch gut trainierte Läuferinnen, wenn sie sehr intensiv trainieren und sich dabei überanstrengen.

Ursache: Seitenstiche entstehen gewöhnlich durch ein krampfartiges Zusammenziehen des Zwerchfells.

Behandlung: Seitenstiche hören fast immer auf, sobald Sie aufhören zu laufen. Wenn Sie weiterlaufen möchten, sollten Sie Ihr Tempo reduzieren. Drücken Sie mit Ihren Fingern in den schmerzenden Bereich hinein. Atmen Sie kräftig aus, sobald der Fuß, der sich gegenüber der betroffenen Seite befindet, den Boden berührt. (Atmen Sie drei Schritte lang ein, auf

Aus meinem Trainingstagebuch

Meine erste ernsthafte Laufverletzung war ein Fall für das Lehrbuch – nicht nur, was das Problem selbst betrifft, sondern auch meine Reaktion darauf. Mein Knie schmerzte immer mehr, aber ich wollte nicht aufhören zu laufen. Also lief ich weiter. Ich ignorierte das Problem einfach und hoffte jeden Morgen, dass es sich von selbst erledigt hätte. Das war aber nicht der Fall. Mein Knie wurde schließlich so steif, dass ich nicht mehr laufen konnte. Daraufhin wurde ich erst einmal depressiv. (Wie effektiv!)

Läuferinnen reagieren oft nicht besonders vernünftig auf Verletzungen. Unser Fixstern ist uns genommen worden und kann durch nichts ersetzt werden.

Meine Verletzung schien mir eine langwierige Sache zu werden, doch die Ärzte diagnostizierten schnell ein Läuferknie. Sie verschrieben mir orthopädische Einlagen, um mein Überpronationsproblem in den Griff zu bekommen und stellten mich schnell wieder auf die Beine. Als ich das Training langsam wieder aufnahm, war ich schmerzfrei.

Aus dieser Erfahrung habe ich gelernt. Wenn jetzt das Seiten-Aus winkt, bin ich eine bessere Patientin. Anstatt auf eine göttliche Fügung zu hoffen, handle ich. Ich reduziere meine Kilometerzahl. Ich kühle mit Eis. Ich lasse mich

dem vierten Schritt aus, dann wieder über die nächsten drei Schritte ein und so weiter.) Um Seitenstiche zu vermeiden, sollten Sie sich gut aufwärmen und während des Laufens tief in den Bauch hinein atmen. Außerdem sollten Sie sich nach dem Essen oder Trinken mindestens eine halbe Stunde Zeit lassen, bevor Sie trainieren.

Schwarze Zehennägel

Schwarze Zehennägel treten oft nach einem Wettkampf auf, insbesondere nach einem Marathon oder einem Lauf, bei dem es viel bergab ging. In Sandalen sehen Sie damit nicht mehr richtig toll aus.

Ursache: Wenn Sie ständig mit Ihrem Zeh vorne im Schuh anstoßen, entsteht eine Blutblase unter Ihrem Nagel. Weil die Blase keine Luft abbekommt, heilt sie viel langsamer als eine Blase an anderen Stellen Ihres Körpers.

Behandlung: Ihre Schuhe sollten gut passen. Schneiden Sie Ihre Zehennägel regelmäßig. Wenn Sie viel bergab laufen, sollten Sie die Schuhe an der Spitze fester schnüren, damit Ihre Füße nicht nach vorne rutschen.

massieren. Ich gehe zum Arzt und halte mich an jede Therapie, die nötig ist, um das Problem zu beseitigen. In der Zwischenzeit mache ich Dehnübungen, Aquajogging und Krafttraining.

Doch da ist noch etwas. Sobald ich weiß, dass ich alles Mögliche tue, um das Problem zu lösen, mache ich mir darum keine Sorgen mehr. Ich zähle nicht die Tage bis zu meinem nächsten Lauf. Ich kümmere mich lieber um meinen Garten, ich lese, bringe das Haus in Ordnung oder gehe mit einer Freundin essen. Kurz gesagt, ich tue all die Dinge, für die ich nie Zeit habe, wenn ich hart trainiere. Auch wenn wir es gerne so hätten, Jammern und Schmollen heilt weder Gewebe noch Knochen. Glauben Sie mir, ich habe es versucht.

Interessanterweise ist es fast unmöglich, bei all diesen Aktivitäten noch Trübsal zu blasen. Indem Sie selbst die Kontrolle über den Heilungsprozess übernehmen, wird das Gefühl des Verlusts abgeschwächt, das Sie normalerweise bei einer Laufverletzung überfällt. Und dadurch, dass Sie Sich mit anderen Dingen beschäftigen, werden Sie daran erinnert, dass es im Leben noch etwas anderes als Laufen gibt. Wenn ich dann endlich wieder laufen kann, ist es ein noch viel schöneres Gefühl.

Überlastung im Bereich des iliotibialen Bandes

Das Iliotibialband ist ein langer Muskel- und Gewebestrang, der sich von der Hüfte bis zum Knie erstreckt. Wie bei so vielen Laufverletzungen, die mit dem Bewegungsapparat zusammenhängen, treten Probleme mit dem Iliotibialband ganz allmählich auf. Wenn ein Schmerz an der Außenseite Ihres Knies auftritt und sich verschlimmert, sollten Sie handeln.

Ursache: Wenn sich das Band verkürzt oder überbeansprucht wird, kommt es zu Reibungen und Spannungen, wo das Iliotibialband mit der Außenseite des Knies verbunden ist. Das ist häufig bei Überpronierern und Supinierern der Fall. So können Schmerzen und Entzündungen entstehen.

Behandlung: Eis, entzündungshemmende Mittel und physiotherapeutische Maßnahmen wie Ultraschall lindern Schmerz und Entzündung. Auch wenn sich das Iliotibialband selbst nicht dehnen lässt, sollten Sie regelmäßig die umgebenden Muskeln dehnen. Kreuzen Sie Ihren linken Fuß vor Ihrem rechten und lehnen Sie sich dann aus der Hüfte heraus an die Wand. Dabei sollten Sie das rechte Bein strecken. Halten Sie diese Position. Wechseln Sie die Seiten und wiederholen Sie die Dehnung mit dem anderen Bein. Um das Problem ein für alle Mal aus der Welt zu schaffen, sollten Sie vernünftige Schuhe und orthopädische Einlagen tragen.

Wunde Stellen

Wenn Ihre Kleidung nicht korrekt sitzt, rutscht Sie während des Laufens hin und her und reibt dabei auf der Haut. So kann es schließlich zu wunden Stellen kommen. Sie treten am häufigsten an den Reibestellen des BHs, an der Innenseite der Oberschenkel und unter den Armen auf.

Ursache: Ständige Bewegung, genauer gesagt: Haut, die an Stoff oder anderer Haut reibt. Bei feuchtem Klima verstärkt sich das Problem dadurch, dass Sie ständig verschwitzt sind.

Behandlung: Verwenden sie Vaseline, Melkfett oder ein speziell für Läuferinnen angebotenes Gel. Tragen Sie eine dünne Schicht auf die gefährdeten Stellen auf, bevor Sie loslaufen. Tragen Sie nur Sport-BHs aus synthetischen Materialien wie CoolMax, die die Feuchtigkeit von Ihrer Brust wegtransportieren und schnell trocknen. Kaufen Sie einen Sport-BH mit glatten Nähten. Wenn Sie BHs anprobieren, sollten Sie ein wenig auf und ab hüpfen, um zu prüfen, ob die Nähte auch nicht gegen Ihre Haut reiben.

17. Persönliche Sicherheit

Persönliches Risiko ist wahrscheinlich nicht das Allererste, an das Sie denken, wenn Sie laufen. Bei einer Umfrage in den USA im Jahr 1988 gaben 73% aller weiblichen Befragten an, dass sie während des Laufens schon einmal beängstigende oder unangenehme Zwischenfälle erlebt haben. *„Ich möchte, dass Frauen laufen"*, sagt die leitende Direktorin des amerikanischen Road Runners Club, Henley Gabeau. *„Aber ich möchte auch, dass sie ohne Risiko laufen."* Gabeau ist selbst schon einmal beim Laufen belästigt worden. Es ist ihr deshalb ein persönliches und berufliches Anliegen, sich mit dieser für Frauen unerfreulichen Seite des Laufens zu beschäftigen. *„Ich spreche gar nicht gerne darüber, weil es ein so negativer Aspekt ist. Dabei ist Laufen doch ein so positiver Faktor im Leben einer Frau. Aber heute gibt es nun mal immer mehr Frauen, die da draußen laufen und darum können wir die Sache nicht länger ignorieren."*
Zumeist handelte es sich um verbale Attacken, von denen Frauen in der RRCA-Umfrage berichten. Niemand wurde dabei körperlich verletzt. Aber

Foto: Polar Electro

auch Pfiffe und anzügliche Blicke können ein Gefühl von Verwundbarkeit auslösen. Frauen können und sollten daran arbeiten, dass dieses Gefühl minimiert werden kann.

Absolute Sicherheit gibt es jedoch bei keiner Tätigkeit. Gabeau und andere Experten sind aber der Meinung, dass ein paar Vorsichtsmaßnahmen und eine gute Portion gesunden Menschenverstands viel zur Risikominderung beim Laufen beitragen können. Bei allem, was Sie unternehmen, müssen Sie sich entscheiden und Situationen einschätzen. Letztendlich hängt alles, was Sie tun, von Ihrem persönlichen Sicherheitsbedürfnis ab. Gabeau, zum Beispiel, läuft immer noch am liebsten allein. Sie wollte nicht aus Sicherheitsgründen mit einer Partnerin laufen und dafür die Zeit opfern müssen, die sie für sich selbst hatte. Stattdessen trifft sie andere Vorsichtsmaßnahmen. Dazu gehört zum Beispiel, dass sie ihre Strecken häufig ändert, ein Pfefferspray mitnimmt und jemanden darüber informiert, wo sie läuft. *„Wir alle gehen jeden Tag Risiken ein und wir alle treffen jeden Tag Entscheidungen"*, sagt sie. *„Letztendlich gibt es aber keine absolut richtigen oder falschen, sondern nur persönliche Entscheidungen. Im Grunde genommen läuft es darauf hinaus, dass Sie in allen Bereichen Ihres Lebens Ihren gesunden Menschenverstand benutzen müssen."*

⊚ *Vorsichtsmaßnahmen*

Hier sind einige der wichtigsten Regeln für risikoärmeres Laufen:
Folgen Sie Ihrer Intuition. Folgen Sie Ihrem Instinkt, wenn Ihnen eine Situation verdächtig vorkommt, das ist das Erste und Wichtigste. *„Das Gefühl, dass etwas nicht in Ordnung ist, hat einen Grund: Es soll Sie beschützen"*, sagt Kelcy M. Stefansson von der United States Park Police, die im ganzen Land umherreist und für Frauen Vorträge zum Thema Sicherheit hält. *„Ich habe gelernt mich auf meine Intuition zu verlassen – in meinem Job und auch beim Joggen."*

Gabeau erzählt ein überzeugendes Beispiel für die Wichtigkeit unseres Instinktes: Vor ein paar Jahren wurde eine Läuferin von einem Wagen angefahren. Sie war leicht verletzt. Die beiden Männer aus dem Wagen, der sie angefahren hatte, boten ihr ihre Hilfe an. Aber irgendetwas an

ihnen machte sie misstrauisch und sie lehnte ab. Zwei Tage später wurden dieselben Männer festgenommen, weil sie eine andere Frau entführt und ermordet hatten.

„Wir sind dazu erzogen worden, unter allen Lebensumständen höflich zu sein", sagt Gabeau. „Doch wenn sich Ihnen die Nackenhaare sträuben, sollten Sie Ihrem Instinkt trauen und dementsprechend handeln. Es muss Ihnen nicht peinlich sein zu handeln, wenn Sie ein ungutes Gefühl haben." Wenn Sie glauben, dass Sie jemand verfolgt, ändern Sie Ihre Laufstrecke, wechseln Sie auf die andere Straßenseite oder suchen Sie Zuflucht in einem Geschäft.

Treten Sie selbstsicher auf. Ihr Auftreten kann wesentlich zur Reduzierung der Gefährdung beitragen. „Indem Sie selbstsicher auftreten, zeigen Sie, dass Sie alles um sich herum genau wahrnehmen. So werden Sie weniger leicht zum Opfer", sagt Stefansson. „Ein Täter sucht jemanden, den er kontrollieren und über den er Gewalt ausüben kann."

„Ich halte die Körpersprache für sehr wichtig", sagt Gabeau. „Beim Joggen begegne ich Frauen, die mich nicht einmal ansehen, wenn ich vorbeilaufe. Sie wirken passiv." Gabeau weist darauf hin, dass diese Frauen nicht nur schwach und verwundbar wirken – der fehlende Augenkontakt lässt den potentiellen Angreifer auch vermuten, dass sie ihn bei einer späteren Gegenüberstellung wahrscheinlich gar nicht wiedererkennen würden, weil sie ihn nie richtig angesehen haben.

Natürlich gibt es Situationen, in denen Sie sich besser anders verhalten sollten, aber im Allgemeinen ist es wichtig, den Menschen in die Augen zu sehen, damit sie wissen, dass Sie sie gesehen haben. Achten Sie auf Details und mögliche Erkennungszeichen. „Sie brauchen die Leute ja nicht anzustarren. Mit diesem Blick signalisieren Sie nur: ‚Ich kann Sie identifizieren.'", erklärt Stefansson. Manchmal ist aber auch sofortiges Handeln gefragt. Dann kann es nötig werden, dass Sie sofort weglaufen oder die betreffende Person ansprechen und sie auffordern Ihnen Platz zu machen. „Selbstvertrauen zeigen ist der erste Schritt. Allein dadurch können Sie viel verhindern", sagt Stefansson.

Achten Sie darauf, wo und wann Sie laufen. Egal wie sicher Sie auftreten und wie wachsam Sie sind: Halten Sie das Risiko, in eine brenzlige Situation zu geraten, so gering wie möglich. Laufen Sie bei Tageslicht und nicht in einsamen Gegenden. Wenn möglich, sollten Sie stets mit einer

Laufpartnerin zusammen trainieren. Laufen Sie nicht auf unübersichtlichen Wegen und lassen Sie viel Abstand zwischen sich und Büschen oder parkenden Autos.

Lassen Sie Ihren Walkman zu Hause. Experten warnen stets davor, mit Walkman zu laufen. Das ist einer der schlimmsten Fehler, die Sie machen können. Wenn Sie Ihr Gehör wegschalten, sind Sie im Nachteil und können nicht schnell genug reagieren. Das glauben Sie nicht? Experimente haben gezeigt, dass ein Fremder unbemerkt von hinten an eine Frau heranlaufen und sie berühren kann, wenn sie Walkman hört. Die Läuferinnen hatten keine Ahnung, dass jemand hinter ihnen war. *„Mit Kopfhörern merken Sie nicht, dass sich jemand nähert"*, sagt Stefansson. *„Sie können weder einen potentiellen Angreifer, noch einen Hund oder ein sich näherndes Fahrzeug hören. Sie haben fünf Sinne – warum sollten Sie einen davon ausschalten? Sie würden doch auch nicht mit verbundenen Augen laufen."*

Informieren Sie jemanden darüber, wo Sie laufen. Sie sollten jemandem zu Hause sagen, wo Sie laufen möchten, oder notieren Sie die geplante Strecke in Ihrem Trainingstagebuch. Tragen Sie beim Laufen immer einen Ausweis/Visitenkarte und ein bisschen Kleingeld zum Telefonieren bei sich. (*Ein Handy in einer Plastiktüte gegen Feuchtigkeit hat sich auch bewährt.* Die deutsche Redaktion.)

Laufen Sie in einer Gegend, die Sie gut kennen, aber ändern Sie ab und zu Ihren Streckenverlauf. Wenn Sie jeden Tag die gleiche Route laufen, die in ihrer Regelmäßigkeit vorhersagbar ist, könnte dies geradezu eine Einladung für unwillkommene Unterbrechungen sein. Sie sollten die gleiche Strecke auch nicht immer an einem bestimmten Wochentag laufen, also z.B. nicht jeden Dienstag Ihre Parkrunde drehen. Bleiben Sie in Ihrer Trainingsplanung flexibel.

Lassen Sie Ihren Schmuck zu Hause. Das gilt vor allem, wenn Sie in einer fremden Stadt laufen und nicht wissen, wie sicher die Gegend ist, in der Sie trainieren.

Ignorieren Sie dumme Sprüche. Auf Pfiffe und Kommentare sollten Sie grundsätzlich nicht reagieren. Wenn Sie darauf antworten, kann die Situation eskalieren.

Laufen Sie entgegen der Verkehrsrichtung. Das ist nicht nur in Bezug auf Ihre Verkehrssicherheit wichtig. Auf diese Weise können Sie auch die

Insassen entgegenkommender Autos beobachten und merken rechtzeitig, wenn Ärger auf Sie zukommt.

Nehmen Sie einen Personal-Alarm und/oder etwas Pfefferspray mit. Damit können Sie potentielle Angreifer abschrecken. Wenn Sie Pfefferspray mitnehmen, sollten Sie sich vorher mit dessen Handhabung vertraut machen. Ein Personal-Alarm macht einen Höllenlärm, der den Angreifer irritieren oder andere Personen auf Sie aufmerksam machen soll.

Handeln Sie vorausschauend. Informieren Sie die Polizei, wenn Ihnen irgendetwas Verdächtiges auffällt. Oft spüren Sie intuitiv, wenn jemand nichts Gutes im Schilde führt. *„Bestimmte Umstände können darauf hinweisen, dass etwas nicht stimmt"*, sagt Stefansson. Das kann zum Beispiel ein Auto mit fremdem Kennzeichen sein, das seit Tagen an derselben Stelle parkt, oder ein Mann, der die Leute auf dem Fahrradweg beobachtet, oder jemand, der Laufkleidung trägt, aber nicht läuft.

„Es ist furchtbar, jedem zu misstrauen, aber noch einmal: Vertrauen Sie Ihrer Intuition", sagt Stefansson. Vielleicht können Sie eine andere Läuferin dadurch vor einem Übergriff bewahren.

In Gabeaus Fall hatten andere Frauen den Mann, der sie 1981 angegriffen hatte, bereits angezeigt. Er hatte schon mehrfach Frauen angefasst oder an ihrer Kleidung gezerrt und versucht, sie auf den Boden zu ziehen. *„Was mich damals so wütend gemacht hat, war, dass die Polizei niemanden gewarnt hatte"*, erinnert sie sich. Auch aus diesem Grund propagiert sie die Idee, dass Frauen ein Netzwerk bilden sollten, um Informationen über Beobachtungen von Verdächtigen weitergeben und selbst aktiv werden zu können. Dieser Meinung ist auch Stefansson. Sie sagt, dass sich die Einstellung der Polizei hier in den letzten Jahren immer mehr zum Vorteil der Frauen geändert hat. *„Vor einiger Zeit war man noch der Ansicht, es sei besser, die Bevölkerung nicht zu beunruhigen. Inzwischen ist man sich jedoch darüber weitgehend einig, dass man die Menschen über solche Vorfälle und Verdächtigungen informieren sollte, damit sie sich selber schützen können."*

„Natürlich ist es am besten, eine Person rechtzeitig zu entlarven, bevor etwas passiert. Doch die Polizei kann nicht immer und überall sein. Sie selbst können durch Ihre Aufmerksamkeit zum Schutz anderer Frauen beitragen."

Gabeau hat aus ihrer Begegnung mit der Gefahr gelernt. In ihrem Fall war der Angreifer hinter einem Baum hervorgesprungen, den sie auf Grund

einer Biegung nicht sehen konnte. Nachdem er sich gezeigt hatte, packte er sie an der Schulter. Mit etwas Glück und auch, weil sie schweißnass war, konnte sie unversehrt entkommen. Sie war ihm buchstäblich aus den Händen geglitten. Inzwischen weiß sie, dass sie einen Fehler gemacht hat und hat daraus gelernt. *„Ich lief nach einem ganz regelmäßigen Plan, jeden Tag die gleiche Strecke",* sagt sie. *„Im Rückblick erinnere mich auch, ihn schon vorher dort gesehen zu haben. Heute versuche ich, weniger vorhersagbar zu sein."*

Diese Erfahrung hat sie jedoch nicht davon abgeschreckt weiterzulaufen. Ganz im Gegenteil. *„Ich bin jetzt 55",* sagt sie. *„Und ich habe vor, auch noch zu laufen, wenn ich 99 bin – selbst wenn ich dann einen Stock brauche."*

◎ *Andere Gefahren*

Auch wenn potentielle Angreifer wahrscheinlich die größte Bedrohung für eine Läuferin darstellen, gibt es noch andere Risiken. Sie sind im Folgenden nach Ihrer Häufigkeit aufgelistet, zusammen mit Tipps für den richtigen Umgang mit ihnen.

Tiere

Normalerweise beißt ein Hund, dem Sie über den Weg laufen, nicht zu. Er macht Sie vielleicht mit seinem Gebell nervös oder läuft so dicht um Ihre Beine, dass Sie Angst haben über ihn zu stolpern. Die meisten Hunde greifen jedoch nicht an.

Manche aber eben doch. Sie können nie genau wissen, wann sich ein bellender Störenfried in eine reißende Bestie verwandelt. Schreien Sie einen Hund nie an und versuchen Sie nie Ihn körperlich anzugreifen, sagt die Tierärztin Dr. Leslie Sinclair. *„Wenn Sie eine drohende Bewegung machen, ziehen sich manche Hunde zwar zurück, doch andere werden nur noch aggressiver. Sie können nie wissen, mit welcher Art Hund Sie es zu tun haben."*

Dr. Sinclair empfiehlt folgende Verhaltensregeln, wenn Ihnen ein aggressiver Hund begegnet:

◈ Laufen Sie nicht weg, wenn sich der Hund nähert. Das könnte seinen Jagdinstinkt auslösen.
◈ Stehen Sie ruhig und lassen Sie die Arme einfach seitlich herabhängen.
◈ Ziehen Sie sich langsam zurück, ohne den Hund aus den Augen zu verlieren.
◈ Vermeiden Sie direkten Augenkontakt, aber beobachten Sie den Hund weiter. Direkten Blickkontakt kann der Hund als Aggression und Bedrohung verstehen.

In den meisten Fällen wird der Hund das Interesse verlieren, sagt Dr. Sinclair. Wenn er Sie trotzdem angreift, sollten Sie sich auf dem Boden wie ein Igel zusammenrollen. Diese Haltung kann Ihnen Schutz bieten und der Hund verliert eher das Interesse. Im Moment des Angriffs kann Ihnen außerdem ein Selbstverteidigungsspray helfen und mit einem Personal-Alarm können Sie andere Menschen zu Hilfe rufen.

Autos

Meiden Sie, so weit es geht, starken Verkehr. Ganz abgesehen vom Sicherheitsaspekt, ist es einfach nicht schön, Autoabgase einzuatmen und ständig auf Autos achten zu müssen. Rechnen Sie nicht damit, dass Autofahrer sich im Straßenverkehr vernünftig verhalten. Viele Fahrer sind so sehr mit anderen Dingen beschäftigt (telefonieren, essen, sich die Landschaft ansehen), dass sie Läuferinnen oder Fußgänger erst wahrnehmen, wenn es schon zu spät ist.

Manche Läuferinnen sagen, dass man offensiv statt defensiv laufen sollte. Das bedeutet, dass Sie als erste ausweichen und handeln müssen, anstatt darauf zu vertrauen, dass der Autofahrer richtig reagieren wird. Wenn möglich, sollten Sie immer entgegen der Fahrtrichtung laufen, damit Sie die herankommenden Fahrzeuge sehen können. Achten Sie auch auf besonders gewagte Fahrmanöver – wenn z.B. ein Autofahrer auf dem Seitenstreifen überholt und dabei keine Rücksicht auf Läufer nimmt. Passen Sie auch auf Autos auf, die abbiegen. Oft achtet der Fahrer nur auf andere Autos und bemerkt die Läuferin nicht, die aus der anderen Richtung kommt. Vorsicht auch bei Autos, die aus Parklücken oder Einfahrten kommen. Wenn Sie im Dunklen laufen müssen, sollten Sie außerdem etwas tragen, das reflektiert.

Gelände

Laufen Sie auf unebenem Gelände vorsichtig. Auf steinigen Wegen voller Baumwurzeln können Sie sich die Knie und Knöchel verrenken. Seien Sie ganz besonders vorsichtig, wenn Sie solche Wege bergab laufen. Die Beschleunigung macht es noch schwieriger, darauf zu achten, wo Sie hintreten. Blicken Sie immer ein bis zwei Meter vor sich auf den Boden, damit Sie sehen, wohin Sie Ihre nächsten Schritte setzen können. Falls nötig, reduzieren Sie bei besonders gefährlichen Abhängen Ihr Tempo und gehen Sie. Seien Sie bei Glatteis ganz besonders vorsichtig. Laufen Sie, wenn möglich, lieber dort, wo Schnee liegt. Er bietet Ihnen mehr Halt als überfrorener Asphalt. Und auch, wenn es vielleicht ein schönes Gefühl ist, laufen Sie lieber nicht barfuß – auch nicht auf Gras oder am Strand. Glasscherben und anderer Müll sind ein Risikofaktor für Ihre Füße.

Aus meinem Trainingstagebuch

Wenn ich laufe, komme ich mir nicht vor wie 1,57 m groß. Ich fühle mich nicht wie 46,5 kg. Ich sehe mich nicht als rothaarig und sommersprossig. Okay, das ist schon, was ich bin. Aber innerlich fühle ich mich wie eine Löwin, eine Kriegerin. Und wenn mir jemand meine gute Laune böswillig verdirbt, fühle ich mich manchmal genau so, wie ich mich dann auch verhalte: wie eine wütende Läuferin.

Woher das auch immer kommen mag – wenn ich laufe, fällt es mir nicht schwer, mich in ein solches Wesen zu verwandeln. Ich habe schon meinen Teil an verdächtigen Typen gesehen und ich hoffe, dass mein Blick ihnen deutlich genug gesagt hat: „Du hast dir das falsche Opfer ausgesucht!"

Ob das immer hilft? Wer weiß. Diese Frage stelle ich mir oft selbst. Experten sind sich einig, dass das Verhalten in bedrohlichen Situationen auch sehr von der Art der Bedrohung abhängt. Das stimmt wahrscheinlich bis zu einem gewissen Grad.

Ich laufe mit Verstand, ich passe auf, ich laufe vorausschauend, halte die Augen offen und ich vertraue auf das Gefühl in meinem Bauch. Ich würde nie Kopfhörer tragen, ich ändere meine Strecken und nehme Notiz von Nummern-

Das Wetter

Das Wetter lässt sich manchmal kaum vorhersagen. Wenn Läuferinnen mehrere Stunden unterwegs sind, ist es durchaus möglich, dass sie bei schönstem Sonnenschein loslaufen und ein paar Kilometer weiter in einen Hagelschauer geraten. Wenn Sie in einen Regenguss geraten oder aber abwarten möchten, bis der Regen nachlässt, kann schon ein wenig Schutzkleidung Sie warm und trocken halten. Bei wechselhaftem Wetter können Sie sich, bevor Sie loslaufen, eine leichte Laufjacke um die Hüften knoten. Eine Baseballkappe ist ein einfacher Gesichtsschutz gegen Regen, Hagel und Schnee. Wenn die Befürchtungen doch nicht wahr werden, kann die Kappe auch gut als Sonnenschutz dienen.

Wenn das Wetter richtig bedenklich wird, sollten Sie einfach Ihrem gesunden Menschenverstand gehorchen – wie immer, wenn Sie draußen unterwegs sind.

schildern. Aber ich befolge nicht alle Regeln. Ich bin schon nachts gelaufen – allein. Ich bin schon in fremden Städten gelaufen und habe dort unbekannte Gegenden erforscht. Mir ist absolut bewusst, dass ich damit ein erhöhtes Risiko eingegangen bin. Mir ist auch bewusst, dass im Moment wirklicher Gefahr auch das sicherste Auftreten der Welt einer 1,57 m großen Frau mit Sommersprossen nicht helfen wird.

Die Risiken, die ich eingehe, sind mir bewusst und wohl kalkuliert. Ich gehe sie ein, weil ich mich ohne einen gewissen Grad an Entscheidungsfreiheit in meinem Leben – ob es nun ums Laufen geht oder um etwas anderes – nicht frei fühlen könnte. Einige halten meine Entscheidungen vielleicht für unüberlegt und leichtsinnig, andere wiederum vielleicht für zurückhaltend und übervorsichtig. Aber für mich sind sie genau richtig.

Letztendlich muss jede Läuferin herausfinden, wie und wo sie sich wohl fühlt. Wir müssen uns klug, informiert und aufmerksam verhalten und die Vorsichtsmaßnahmen ergreifen, die wir für richtig halten. Dann können wir rausgehen und nach Herzenslust laufen.

Blitzschlag: Wenn das Gewitter noch weit entfernt ist, sollten Sie den kürzesten Weg nach Hause einschlagen. Ist es schon ganz in der Nähe, laufen Sie besser nicht weiter. Suchen Sie Schutz in einem Gebäude oder unter einem Dach. Bleiben Sie nicht unter freiem Himmel oder bei einem Baum stehen, der immer Ziel von Blitzen sein kann.

Hagel: In einem leichten Hagelschauer können Sie ohne weiteres weiterlaufen, aber wenn es heftiger wird, sollten Sie Schutz suchen. Ein solcher Hagelschauer dauert ja meist nicht lange, darum können Sie sich einfach ein paar Minuten lang unterstellen und weiterlaufen, sobald der Hagel nachlässt.

Gefrierende Nässe: Sobald der Regen unter Ihren Füßen gefriert, kann es gefährlich werden, weiterzulaufen. Wenn der Untergrund wirklich überhaupt keinen Halt mehr bietet, ist es unwahrscheinlich, dass sich das schnell wieder ändert. Das Beste, was Sie dann tun können, ist Schluss für heute zu machen. Wenn Sie nicht zu weit entfernt sind, können Sie nach Hause gehen, ansonsten rufen Sie eine Freundin an und bitten sie, Sie abzuholen, solange die Straßen noch befahrbar sind.

18. Die Allroundläuferin

Vielleicht ist Laufen die einzige Sportart, die Sie mögen und brauchen. Und wirklich: Laufen ist eine der besten Sportarten, um den gesamten Körper zu trainieren und um in kürzester Zeit viele Kalorien zu verbrennen. Warum also noch irgendetwas anderes tun? Reicht Laufen nicht völlig aus?

Nein. Es reicht nicht, denn wenn Sie laufen, wiederholen Sie dieselbe Bewegung immer und immer wieder. Das kann die Muskeln auf der Oberschenkelrückseite verkürzen und dadurch entstehen wiederum muskuläre Dysbalancen. In einigen Fällen belasten Sie auch Ihren Rücken zu stark – insbesondere, wenn Sie nichts für Ihre Bauchmuskeln tun. Wenn Ihr Laufstil nicht vollkommen perfekt ist und Sie beispielsweise Ihre Füße nach innen knicken, Ihre Knie auswärts drehen oder Ihre Hüfte zu weit nach vorne schieben, überstrapazieren Sie alle möglichen Muskeln, Sehnen, Bänder und Gelenke.

Das passiert alles, außer Sie werden eine Allroundläuferin.

Es gibt natürlich ein paar wenige beneidenswerte Frauen – Läuferinnen mit einem perfekt gebauten Körper und ideal geformten Füßen – die ihr Leben lang ohne Probleme laufen können. Sie bekommen nie eine Blase, zerren sich nie einen Muskel, spüren niemals den leichtesten Schmerz – selbst, wenn sie alles falsch machen, alte Schuhe tragen, ihr Trainingspensum zu schnell steigern usw. Diese Frauen sind mit hervorragenden Genen gesegnet.

Und dann sind da noch wir anderen.

Sie müssen Schmerzen und Verletzungen nicht als gegeben betrachten. Sie brauchen auch nicht Ihr Trainingspensum zu reduzieren. Komplettieren Sie stattdessen Ihr Lauftraining mit dem richtigen Mix aus den folgenden Zutaten:

Ausgleichssportarten. In jedes Trainingsprogramm müssen Sie Pausen einbauen, damit Ihr Körper sich vom Laufen erholen kann. Das bedeutet aber nicht, dass Sie in dieser Zeit nicht trainieren können. Mit Sportarten, die Ihren Körper anders belasten, wie z.B. Radfahren, Schwimmen oder

das Training auf dem Stepper, verbrennen Sie nicht nur ein paar Extra-Kalorien an einem lauffreien Tag: Diese Sportarten können die Muskeln kräftigen, die beim Laufen vernachlässigt werden. Ausgleichssport hilft Ihnen auch fit zu bleiben, wenn Sie verletzt sind. So sind z.B. Radfahren und Schwimmen selbst dann möglich, wenn Sie an einem Ermüdungsbruch leiden.

Dehnübungen. Dehnübungen fördern Ihre Beweglichkeit. Es ist bewiesen, dass Stretching Ihre Muskeln kräftigt, die Erholungszeit nach dem Training verkürzt, Verletzungen reduziert und Ihre Beweglichkeit erhöht.

Krafttraining. Kräftigere Muskeln werden mit Belastungen leichter fertig als schwächere Muskeln. Sie sind weniger verletzungsanfällig. Durch das Training mit Gewichten verhindern Sie außerdem, dass einige Muskelgruppen viel kräftiger werden als andere. Dieses Ungleichgewicht kann nämlich auf Dauer zu Schmerzen und Verletzungen führen. Als Bonus wird z.B. Ihr Abdruck kräftiger und damit Sie schneller.

Übungen zur Verbesserung der Lauftechnik (Lauf ABC). Bei diesem Training werden einzelne Elemente der Laufbewegung hervorgehoben. Durch das Lauf-ABC, das in diesem Kapitel noch beschrieben wird, gewinnen Sie Kraft und das Laufen wird Ihnen leichter fallen.

Aquajogging. Der Wasserwiderstand hat beim Laufen in einem Schwimmbecken den Effekt, dass Sie Ihren gesamten Körper trainieren. Gleichzeitig sorgt der Auftrieb dafür, dass Ihre Beine nicht so stark belastet werden. Außerdem eignet sich Aquajogging gut als Aufbautraining nach Verletzungen, weil die Laufbewegung simuliert wird.

Massagen. Einmal abgesehen davon, dass eine Massage einfach gut tut – sie hilft Ihnen auch sich nach dem Training schneller zu erholen und unterstützt den Heilungsprozess nach Verletzungen.

⑤ Mehr als nur Laufen

Foto: Polar Electro

Wenn Sie vielseitiger werden, vermeiden Sie nicht nur Verletzungen, sondern steigern auch Ihre Leistung. Das Laufen wird Ihnen einfach leichter fallen. Läuferinnen haben zum Beispiel oft eine schwache Rumpfmuskulatur. Wenn Sie hier die zentralen Muskelgruppen gezielt trainieren, sacken Sie beim Laufen nicht so leicht mit dem Oberkörper nach vorne – ein typischer Fehler bei Ermüdung. Durch die verbesserte Haltung haben Rücken-, Nacken- und Schulterschmerzen keine Chance mehr. Da Sie sich außerdem kräftiger abstoßen, entwickeln Sie einen optimalen Laufstil.

Wenn Sie Ihre Laufroutine mit ein paar anderen Sportarten und Übungen die richtige Würze geben, entkommen Sie auch einer eventuell sich ausbreitenden Langeweile. Ihre Motivation wird angekurbelt und Sie werden neue Ziele in Angriff nehmen. *„Es gibt absolut keinen Grund, immer wieder das Gleiche zu machen"*, meint Biomechanikexperte und siebenfacher Ironman Ray Browning. Browning hat einmal alles, was er zu Hause tun und als eine Art von „Training" bezeichnen konnte, zusammengezählt. Er kam auf mehr als 70 verschiedene Aktivitäten. *„Manche Frauen trainieren gerne mit einem Trainer oder ein paar Freundinnen im Fitnessstudio"*, sagt er. *„Sie bevorzugen einen Ort, an dem die Übungen vorgegeben und Geräte vorhanden sind. Andere gehen das Training ganz anders an. Sie machen lieber für sich alleine ein paar kreative Übungen."* Diese Frauen

kräftigen ihre Oberkörpermuskulatur zum Beispiel allein dadurch, dass sie Feuerholz ins Haus tragen oder den Rasen mähen.

Das Erlernen neuer Bewegungsabläufe bringt ihnen nicht nur körperliche Vorteile. *„Um neue Bewegungen zu lernen, müssen Sie genau darauf achten, wie sich Ihr Körper bewegt, und sich auf das konzentrieren, was Sie gerade tun",* erklärt Browning. *„Dieses Wissen können Sie dann auf das Laufen übertragen."* Eine Läuferin merkt oft nicht, dass ihre Schultern verspannt sind, selbst wenn sie sie schon fast bis zu den Ohren hochgezogen hat, aber sie spürt diese Verspannung, sobald sie einen anderen Sport betreibt, z.B. Schwimmen. *„Das liegt daran, dass wir während eines Lernprozesses aufnahmefähiger sind."*

Wie vielseitig sollten Sie trainieren und wie viel Zeit sollten Sie dafür aufbringen? Das hängt ganz von Ihren Zielen ab. Läuferinnen sollten das ganze Jahr über einen Ausgleichssport betreiben. Als Freizeitläuferin können Sie das ganze Jahr beim gleichen Krafttraining bleiben, am besten zwei- bis dreimal in der Woche. Wenn Sie bei Wettkämpfen laufen, sollten Sie Ihr Krafttraining in den Winter oder die wettkampffreie Zeit verlegen. Während dieser Phase des Grundlagentrainings können Sie drei- bis viermal in der Woche ein Krafttraining einplanen. Im Frühling und Sommer, wenn Sie Ihr Lauftraining steigern, sollten Sie nicht mehr so schwere Gewichte heben und nur noch zweimal in der Woche ein Krafttraining oder ein paar Lauftechnikübungen einplanen. Denn Ihr Ziel sollte es nun sein, Ihre bereits gewonnene Kraft beizubehalten, statt neue aufzubauen. Planen Sie Übungen mit Gewichten oder Lauftechnikübungen für einen intensiven Trainingstag, z.B. auf der Laufbahn, damit Sie sich an Ihren leichten Trainingstagen nicht zu sehr anstrengen. Hier nun ein genauerer Blick auf die sechs Trainingselemente, die Sie brauchen, um eine starke Läuferin zu werden.

Ausgleichssport (Cross-Training)

Cross-Training wird gemeinhin als das Beste angesehen, was Läuferinnen seit der Erfindung moderner Funktionsfasern, untergekommen ist. Mit Ausgleichssport sind im weiteren Sinn alle Sportarten oder Übungen gemeint, die Ihre Hauptsportart ergänzen. In diesen Sportarten arbeiten Sie nicht auf Spitzenergebnisse hin. Wenn Sie viermal in der Woche laufen, am Wochenende mit der Familie wandern und an einem Morgen in der Woche mit ein paar Freundinnen schwimmen gehen, machen Sie Cross-Training. Jede Läuferin, ob sie nun Freizeitjoggerin ist oder Profi, kann von einer solchen Unterbrechung ihrer Laufroutine profitieren. Ganz besonders ältere Läuferinnen kombinieren das Laufen gern mit anderen Sportarten, weil sie so die Belastungen auf ihren Körper reduzieren können.

Welche Sportart Sie als Ausgleich wählen, hängt letzten Endes von Ihren Zielen und Bedürfnissen als Läuferin ab. Hier sind einige Möglichkeiten:

◈ Wenn Sie Muskeln aufbauen wollen, die Sie nur selten benutzen, legen Sie den Schwerpunkt auf eine Sportart, bei der laterale Bewegungen (zur Seite) im Vordergrund stehen und die Oberkörpermuskulatur gestärkt wird. Um die innere Oberschenkelmuskulatur (Adduktoren), Arme und Oberkörper zu trainieren, eignen sich zum Beispiel Inlineskating, Tennis, Squash, Basketball oder Kampfsportarten.

◈ Wenn Sie einen Stressausgleich brauchen, sollten Sie es mit Schwimmen oder Rudern versuchen. Beide Sportarten sind entspannend und bieten eine Abwechslung von der Routine. Sie brauchen dabei nicht einmal Ihr eigenes Gewicht zu tragen. Da es sich um stille, meditative Aktivitäten handelt, haben sie eine ähnliche Wirkung auf Körper und Geist wie das Laufen.

◈ Wenn Sie schneller werden möchten, sind Hanteltraining, Lauftechnikübungen und dem Laufen verwandte Sportarten am besten geeignet. Versuchen Sie es zum Beispiel mit Skilanglauf. Manche Läuferinnen schwören auch auf Radfahren, weil es ein intensives Krafttraining für die Beine ist, aber die Gelenke schont. Andere Läuferinnen haben dagegen das Gefühl, dass Radfahren eine bereits angespannte Beinmuskulatur noch mehr verspannt. Sie meinen, dass Radfahren die Beinmuskulatur überentwickelt, was sich dann negativ auf das Laufen auswirkt. Es sind oft ältere Läuferinnen, die das Radtraining favorisieren, weil sie so die Belastung ihrer Gelenke reduzieren.

Vor allem aber gilt: Machen Sie etwas, das Sie wirklich mögen. „Das Hauptkriterium bei der Auswahl einer Sportart, die Ihr Laufprogramm – aber auch jedes andere Fitnessprogramm – ergänzen soll, ist, dass sie Ihnen Spaß macht", sagt Browning. *„Sie sollten lachen und gut drauf sein, wenn Sie*

wieder nach Hause kommen. Der Ausgleichssport darf nicht zur lästigen Aufgabe werden. Es ist weniger wichtig, dass er zum Laufen passt, als dass Sie wirklich einmal auf andere Gedanken kommen."

Das gilt für die Joggerin genauso wie für die professionelle Läuferin. Browning sagt, dass gerade der leistungsorientierten Läuferin, die von einer Leistungssteigerung durch ihren Ausgleichssport geradezu besessen ist, einfach nur die mentale Pause gut tut.

Eine Freizeitläuferin, die an 3 oder 4 Tagen in der Woche läuft, sollte ihr Training an 2 oder 3 Tagen durch andere Sportarten ergänzen. Wenn Sie Wettkämpfe laufen, sollten Sie weiterhin an 4 bis 6 Tagen in der Woche laufen. Außerhalb der Wettkampfsaison kann intensiver Ausgleichssport – beispielsweise Schwimmen – an manchen Tagen ein anstrengendes Lauftraining ersetzen. Während des Wettkampftrainings sollten Sie Ihren Ausgleichssport nicht zu intensiv betreiben. In dieser Phase kann er an ein oder zwei Tagen in der Woche die Stelle eines leichten Trainings oder eines trainingsfreien Tages einnehmen.

◎ *Dehnübungen*

Läuferinnen sind dafür bekannt, dass sie kaum in der Lage sind, ihre Zehen zu berühren. Das liegt daran, dass die Muskeln durch diese Sportart verkürzt werden. Aber Sie müssen nicht zwangsläufig immer steifer werden: Regelmäßige Dehnübungen halten Ihre Gliedmaßen beweglich. Und je beweglicher Sie sind, desto weniger anfällig sind Sie für Verletzungen. Größere Beweglichkeit und ein besserer Laufstil wirken sich auch positiv auf Ihre Leistung aus. Nebenbei bemerkt: Jede Katze weiß, dass es einfach gut tut, sich zu dehnen.

Dehnen Sie sich am besten nach dem Training, wenn Ihre Muskeln warm sind. *(Wenn Sie verletzt sind und vermuten, dass Sie sich einen Muskel gezerrt haben, sollten Sie nicht versuchen, ihn zu dehnen. Das verschlimmert die Sache bloß. Geben Sie dem Muskel ein paar Tage Zeit, sich zu erholen, bevor Sie diese Körperpartie dehnen.)* Gehen Sie langsam in die Dehnung und halten Sie die Position dann 15 bis 20 Sekunden lang. Wippen Sie nicht und dehnen Sie nie so weit, dass es schmerzt. Halten Sie stattdessen eine Position, in der Sie eine leichte Spannung fühlen. Wenn

Sie diese Position nicht 20 Sekunden halten können, weil sie zu schmerzhaft oder zu schwierig wird, geben Sie ein wenig nach, bis Sie einen Punkt erreicht haben, der Ihnen ermöglicht, die Position zu halten.

Wenn Sie eine Position halten, werden Sie feststellen, dass Sie durch eine kleine Bewegung nach links oder rechts, oben oder unten, einen anderen Muskel dehnen können. Es kommt also darauf an, die Stellung genau einzuhalten, sonst dehnen Sie die gewünschte Stelle überhaupt nicht. Wenn Sie zum Beispiel Ihre hintere Oberschenkelmuskulatur und die Gesäßmuskulatur dehnen, sollten Sie Ihren Rücken gerade aber nicht steif halten. Hören Sie also vor allem auf Ihren Körper. Dehnübungen sollten nie schmerzhaft sein. Wenn es weh tut, dehnen Sie zu stark und können sich einen Muskel zerren.

Waden

Stellen Sie sich etwa einen Schritt entfernt vor eine Wand, Ihre ausgestreckten Hände auf der Wand. Setzen Sie dann Ihr rechtes Bein etwas nach vorne und strecken Sie Ihr linkes Bein nach hinten. Halten Sie das linke Bein ausgestreckt. Dabei sollten Ihre Füße parallel nach vorne zeigen. Lehnen Sie sich vor gegen die Wand. Der hintere Fuß bleibt dabei flach auf dem Boden stehen und der Knöchel sollte nicht nach innen knicken.
Halten Sie diese Position 15 bis 20 Sekunden.
Wiederholen Sie die Übung mit dem anderen Bein.

Schienbein

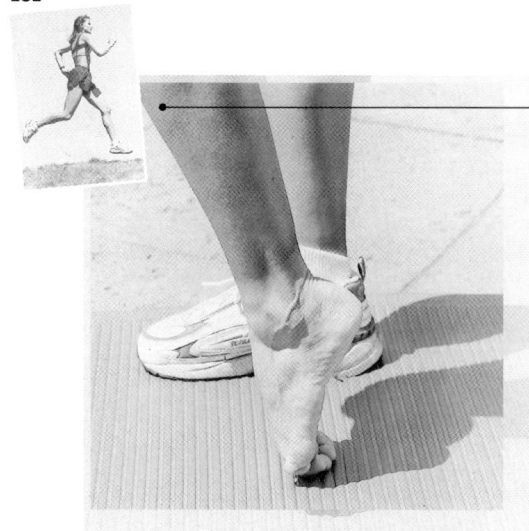

Verlagern Sie Ihr Gewicht auf den rechten Fuß. Rollen Sie die Zehen Ihres linken Fußes ein und heben Sie Ihre Ferse an, bis Sie auf den eingerollten Zehen stehen. Drücken Sie Ihre Zehen leicht auf den Boden, um die Schienbeinmuskulatur zu dehnen. *(Seien Sie vorsichtig und hören Sie auf, sobald Sie Schmerzen in Fuß oder Knöchel spüren.)* Wiederholen Sie die Übung mit dem anderen Bein.

Hintere Oberschenkelmuskulatur

Legen Sie sich auf den Rücken. Heben Sie bei durchgedrücktem Knie Ihr rechtes Bein so hoch wie möglich *(das andere Bein bleibt gestreckt auf dem Boden)*. Umfassen Sie das Bein mit den Händen und ziehen Sie es sanft in Kopfrichtung. Heben Sie die Wirbelsäule nicht an. Sie sollten die Spannung an der Unterseite Ihres Oberschenkels spüren. Bewegen Sie Ihr Bein leicht nach links und rechts, um verschiedene Muskelgruppen des Oberschenkels zu dehnen. Manche Frauen legen auch ein Seil oder ein Handtuch um den Fuß, um daran zu ziehen, weil Sie die Bewegung so besser steuern können.
Halten Sie die Spannung 15 bis 20 Sekunden und wechseln Sie dann zum anderen Bein.

Oberschenkel

Rollen Sie sich auf die rechte Seite. Ziehen Sie das gebeugte untere (rechte) Bein an Ihren Brustkorb (1). Knicken Sie das obere (linke) Bein nach hinten, so dass der Fuß nach hinten zeigt. Halten Sie den Fuß mit der oben liegenden linken Hand und ziehen Sie das Bein sanft zum Po (2). Halten Sie Rücken und Oberkörper so gerade wie möglich. Sie sollten die Spannung in Ihrem Quadrizeps spüren, an der Vorderseite des oben liegenden Oberschenkels.
Halten Sie die Position 15 bis 20 Sekunden und wechseln Sie dann die Seite.

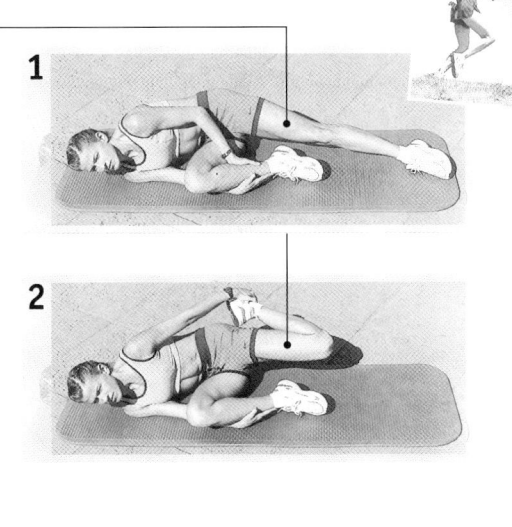

Po und untere Rückenmuskulatur

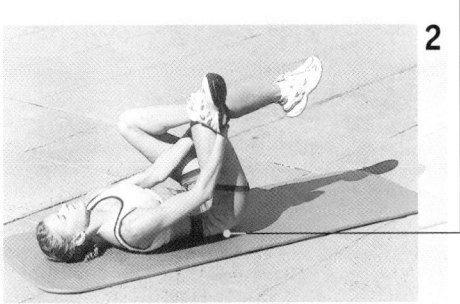

Legen Sie sich auf den Rücken. Stellen Sie das rechte Bein auf und winkeln Sie es an. Legen Sie Ihr linkes Bein so auf das rechte, dass der linke Fußknöchel oberhalb Ihres rechten Knies liegt (1). Halten Sie die Beine in dieser Position und heben Sie den rechten Fuß an. Greifen Sie mit Ihren Armen zwischen den Beinen durch und umfassen Sie mit den Händen den rechten Oberschenkel (2). Ziehen Sie die Beine mit Hilfe der Arme noch näher zur Brust.
Halten Sie die Stellung 15 bis 20 Sekunden und wiederholen Sie die Übung mit dem anderen Bein.

Leiste und Adduktoren

Setzen Sie sich im Schneidersitz auf den Boden und drücken Sie Ihre Fußsohlen gegeneinander. Halten Sie Ihre Füße mit den Händen fest und drücken Sie die Knie zum Boden. Beugen Sie sich mit gerade gestrecktem Rücken in der Taille nach vorne, um die Spannung zu erhöhen.

Hüfte und Taille

Stellen Sie sich hin und lassen Sie die Arme seitlich herunterhängen. Ihre Füße sollten schulterbreit auseinander stehen. Beugen Sie sich langsam nach links und lassen Sie dabei Ihr linke Hand an Ihrem Bein heruntergleiten. Versuchen Sie, sich dabei gerade auszurichten, knicken Sie weder nach vorne noch nach hinten weg. Heben Sie Ihren linken Arm senkrecht nach oben. Wechseln Sie dann die Seiten.

Bauch

Legen Sie sich bäuchlings auf den Boden. Die Füße sollten dabei ein paar Zentimeter Abstand voneinander haben. Setzen Sie die Hände neben Ihre Schultern auf den Boden (1). Spannen Sie die Pomuskulatur an und heben Sie nur den Oberkörper vom Boden ab. Dabei beugen Sie Ihre Wirbelsäule und dehnen die Bauchmuskeln (2).

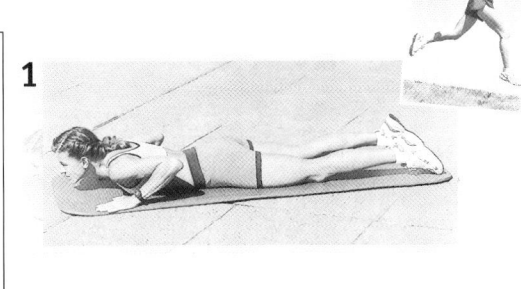

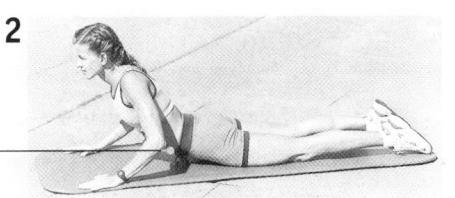

Rücken

Knien Sie sich im Vierfüßlerstand auf den Boden (1). Lassen Sie Ihren Po auf die Fersen fallen und senken Sie dann Kopf und Oberkörper langsam nach vorn. Ihr Brustkorb sollte entspannt auf den Knien aufliegen, während Sie Ihre Arme nach vorne strecken. Die Handflächen bleiben auf dem Boden (2).

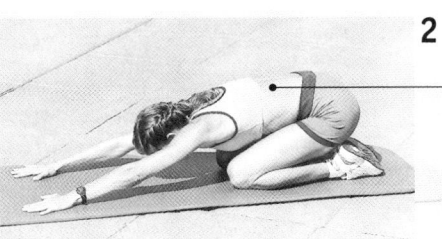

Arme

Im Stehen strecken Sie den rechten Arm nach oben, winkeln den rechten Ellenbogen an und lassen die Hand hinter Ihren Kopf fallen. Ziehen Sie den rechten Ellbogen mit Ihrer linken Hand sanft nach links. Sie sollten die Spannung auf der Rückseite des rechten Oberarms spüren.
Halten Sie diese Position 15 bis 20 Sekunden und wechseln Sie dann die Seiten.

Schulter

Stellen Sie sich, die Füße parallel, seitlich neben einen Türrahmen oder einen geeigneten Pfahl und halten Sie sich daran fest. Treten Sie ein Stück zurück, sodass Ihr rechter Arm gestreckt ist. Drehen Sie Ihren Körper vom Pfahl weg nach links, um die Dehnung in Bizeps und Schulter zu spüren.
Halten Sie diese Position 15 bis 20 Sekunden und wechseln Sie dann die Seiten.

Krafttraining

Das Krafttraining für Läuferinnen, dass im Folgenden beschrieben wird, geht zurück auf Neal Pire. Pire ist Spezialist für Kraft- und Ausdauertraining und koordiniert die Ausbildung von Fitnesslehrern. Er trainiert sowohl Leistungssportler als auch Freizeitsportler und schwört auf leichtes, aber regelmäßiges Krafttraining.

„Läuferinnen wollen immer präzise und zielorientierte Übungen", sagt er, „sonst machen sie sie einfach nicht." Er rät, sich auf das Wesentliche zu konzentrieren, um das Programm auch länger beizubehalten. Sie müssen nicht jedes Gerät im Fitnessraum benutzen oder jeden Tag eine Stunde dort verbringen, um den aktiven und passiven Bewegungsapparat zu trainieren. Denken Sie daran: Ihr Ziel ist es, das Lauftraining zu ergänzen und alle Muskeln gleichermaßen zu stärken. Sie sollen nicht an sich wie eine Bodybuilderin herummeißeln.

Seit das Krafttraining auch für Freizeitsportlerinnen immer selbstverständlicher geworden ist, hat sich das Angebot an Trainingsmöglichkeiten erweitert und geht über die traditionellen Geräte der Fitnessstudios hinaus. Solche Studios sind immer noch wegen der Geräte zum Gewichtstraining beliebt. Aber auch lose Gewichte, Hanteln, Therabänder oder einfach das Training mit Hilfe Ihres eigenen Körpergewichts sind gute Alternativen. Fast alle Übungen, die hier beschrieben werden, können Sie zu Hause durchführen. Dazu brauchen Sie Gewichte, die Sie an Hand- oder Fußgelenken befestigen können oder ein Theraband (oder Ähnliches). All das bekommen Sie in Sportfachgeschäften.

Wenn Sie Leistungssportlerin sind, sollten Sie das Training mit Gewichten auf die Zeit verlegen, in der keine Wettkämpfe stattfinden. Während dieser Zeit können Sie dreimal in der Woche ein Krafttraining einplanen. Während der Wettkampfsaison reichen zwei Trainingseinheiten pro Woche aus, um Ihre Kraft beizubehalten. Als Freizeitläuferin können Sie das ganze Jahr über zwei- bis dreimal in der Woche Ihre Kraft trainieren.

Hier ein paar Tipps für Ihr Krafttraining:
- Machen Sie jede Übung in Sätzen von 8 bis 15 Wiederholungen, wenn bei der Abbildung nichts anderes angegeben ist. Die letzte Wiederholung eines Satzes sollte Ihnen schwer fallen. Heben Sie die Gewichte

also „bis zur Erschöpfung". Machen Sie zwischen den Sätzen immer eine Minute Pause.

◈ Wenn Sie Anfängerin sind, sollten Sie sehr langsam mit dem Programm beginnen, um schlimmen Muskelkater zu vermeiden. Fangen Sie zunächst mit einem Satz (mit 8 bis 15 Wiederholungen) an und wiederholen Sie das zwei- bis dreimal in der Woche, bis es Ihnen leicht fällt. Versuchen Sie dann, sich allmählich auf zwei, dann drei Sätze pro Trainingseinheit zu steigern.

◈ Achten Sie auf die Durchführung. Arbeiten Sie nur mit den Teilen des Körpers, die Sie trainieren möchten, und helfen Sie nicht mit dem restlichen Körper nach. Bei Übungen für Arme und Beine sollten Sie Ihren Rücken gerade halten und sich weder nach vorne noch nach hinten beugen. Sie können auch einen Personal Trainer engagieren, der bei ein oder zwei Trainingsstunden zu Hause überprüfen kann, ob Sie die Übungen korrekt ausführen. (In einem Fitnessstudio sollte ein Trainer für Sie da sein.)

◈ Trainieren Sie Ihre Beine so, wie Sie es für richtig halten. So manche leistungsorientierte Läuferin würde aus Angst vor Verletzungen mit ihren „wertvollen" Beinen nie auch nur in die Nähe eines Gewichtes kommen. Andere glauben, dass gerade das Krafttraining der Schlüssel zu ihren Lauferfolgen ist. Letzten Endes gibt es keine richtige oder falsche Entscheidung, sondern nur eine, die für Sie persönlich am besten ist. Wenn Sie nur laufen, um fit zu werden, können Sie ohne weiteres auch Ihre Beine mit Gewichten trainieren. Als leistungsorientierte Langstreckenläuferin sollten Sie keine allzu schweren Gewichte für das Beintraining wählen und darauf achten, Ihre Gelenke und Muskeln nicht zu sehr zu belasten.

Kniebeugen

Stellen Sie sich – die Füße schulterbreit auseinander – hin und strecken Sie die Arme nach vorne um das Gleichgewicht zu halten (1). Beugen Sie Ihre Knie und senken Sie Ihren Po langsam in Richtung Boden. Halten Sie an, sobald Ober- und Unterschenkel einen Winkel von 90° bilden. Halten Sie Ihren Rücken gerade und den Kopf aufrecht (2).
Stehen Sie wieder auf und wiederholen Sie die Übung 15- bis 20-mal.

Beinbeuger

Belasten Sie Ihre Fußgelenke mit 1kg-Gewichten und stellen Sie sich aufrecht hin (1). Winkeln Sie Ihr rechtes Bein an und bringen Sie die Ferse möglichst nah an Ihren Po (2). Senken Sie den Fuß langsam und wiederholen Sie die Übung mit dem anderen Bein.

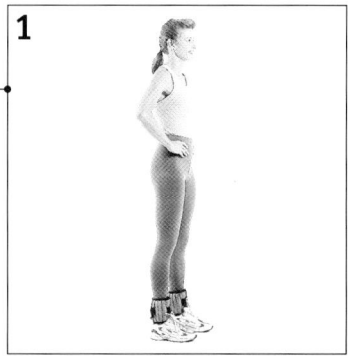

Beinstrecker

Belasten Sie Ihre Fußgelenke mit 1kg-Gewichten und setzen Sie sich auf einen Stuhl (1). Strecken Sie Ihr rechtes Bein gerade nach vorne (2). Senken Sie es langsam und wiederholen Sie die Übung mit dem anderen Bein.

Wadenheber

Stellen Sie sich mit den Fußspitzen auf den Rand einer Treppenstufe. Halten Sie sich mit einer Hand an einer Stange oder einer Wand fest, um das Gleichgewicht zu halten. Senken Sie Ihre Fersen ein Stück (1) und heben Sie sie dann wieder, bis sie in der Waagerechten sind (2). Sobald Sie die Übung mit beiden Füßen gleichzeitig ohne Schwierigkeiten durchführen können, wiederholen Sie sie mit dem linken und rechten Fuß abwechselnd.

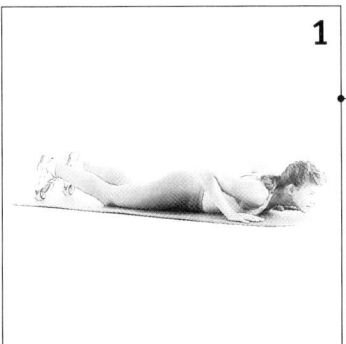

Liegestütze

Legen Sie sich auf den Bauch und setzen Sie die Hände neben die Schultern (1). Halten Sie Rücken und Beine gerade und drücken Sie sich mit den Handflächen vom Boden ab (2). Sobald Ihre Arme gestreckt sind, gehen Sie langsam wieder zurück in die Ausgangsposition. Wenn das zu schwierig ist, können Sie sich mit den Knien abstützen und so nur das Gewicht des Oberkörpers hochstemmen.

Schultern und Rücken

Greifen Sie an einer Latissimus-Zugmaschine die Stange mit beiden Händen über Ihrem Kopf. Die Hände sollten etwa schulterbreit auseinander sein (1). Setzen Sie sich mit gestreckten Armen hin und ziehen Sie die Stange bis zu den Schultern herunter (2). Führen Sie die Stange wieder zurück in die Ausgangsposition bis zur Streckung der Arme *(im Sitzen)* und wiederholen Sie die Übung.

Armbeuger

Sie können diese Übung sitzend oder stehend ausführen. Halten Sie ein paar leichte 2-kg-Hanteln in Ihren Händen (1). Die Handflächen zeigen nach vorne. Beugen Sie nun einen Ellenbogen und ziehen Sie die Hand so heran, dass Sie Ihren Oberarm damit fast berühren (2). Bewegen Sie Schultern und Oberarme nicht. Halten Sie auch Ihren Rücken ruhig und gerade. Senken Sie Ihren Arm und wiederholen Sie mit dem anderen Arm.

Schultermuskulatur

Nehmen Sie ein paar leichte Hanteln und lassen Sie Ihre Arme zunächst seitlich am Körper herunterhängen. Die Handflächen zeigen nach innen (1). Winkeln Sie Ihre Ellbogen leicht an und heben Sie einen Arm seitlich in die Höhe bis er einen 90°-Winkel zum Körper bildet (2). Senken Sie den Arm und wiederholen Sie die Übung mit dem anderen Arm.

Armstrecker (Trizeps)

Setzen Sie sich auf einen rutschfesten Stuhl oder eine Bank. Legen Sie die Handflächen auf die Vorderkante der Sitzfläche, neben Ihren Po *(die Fingerspitzen zeigen nach vorne)*. Halten Sie Ihr Körpergewicht mit den Armen und heben Sie das Gesäß vom Stuhl herunter nach vorne (1).
Senken Sie Ihren Po langsam zum Boden, bis Ihre Arme im 90°-Winkel gebeugt sind (2). Ziehen Sie sich wieder hoch und wiederholen Sie die Übung.

Bauchmuskulatur

Legen Sie sich mit angewinkelten Beinen auf den Rücken. Die Füße stehen flach auf dem Boden. Kreuzen Sie die Arme so, dass sie leicht auf Ihrer Brust aufliegen. Drücken Sie die Wirbelsäule fest auf den Boden. Ihr Gesicht sollte nach oben zeigen, während Sie Ihre Schultern vom Boden heben, der untere Rücken bleibt fest auf dem Boden (1). Schwingen Sie nun ohne Pause zwanzig Mal langsam auf und ab, ohne dass die Schultern den Boden berühren. Die besten Ergebnisse erzielen Sie, wenn Sie diesen Satz von zwanzig geraden Crunches machen und dann einen weiteren Satz von 20, wobei Sie Ihren Oberkörper abwechselnd nach links und rechts drehen (2).

Rückenstrecker

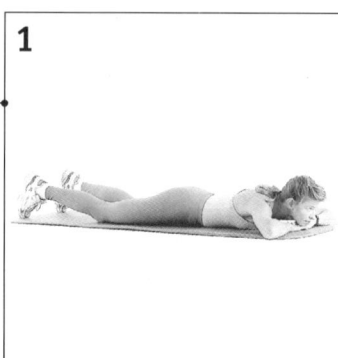

Legen Sie sich auf den Bauch. Das Gesicht zeigt zum Boden. Legen Sie die Hände unter Ihr Kinn und halten Sie die Beine gerade (1). Spannen Sie Ihre Oberschenkel, Ihren Po und die untere Rückenmuskulatur an und heben Sie Arme und Brust vom Boden (2). Senken Sie Ihren Körper wieder und wiederholen Sie die Übung. Wenn Sie Verspannungen im Nacken vermeiden wollen, legen Sie besser die Stirn auf Ihre Handrücken und schauen während der gesamten Übung nach unten auf den Boden.

Übungen zur Lauftechnik (Lauf-ABC)

Auch wenn sich das Wort spartanisch anhört, bei Lauftechnikübungen hüpfen und springen Sie genauso herum, wie Sie es als Kind so gerne gemacht haben. Diese Übungen eignen sich hervorragend, um Spiel und Spaß mit anspruchsvoller Körperarbeit zu verbinden.

Übungen zur Lauftechnik zwingen Sie dazu, sowohl Ihren Bewegungs- als auch Ihren Haltungsapparat zu trainieren. Dabei werden sowohl große als auch kleine Muskelgruppen beansprucht, sagt Diane Palmason, Mitgründerin und Mitleiterin von Frauenlaufcamps in Denver. Palmason, Weltrekordinhaberin in der Altersgruppe der über 60-Jährigen, trainiert Frauen aller Leistungsstufen und fordert von allen Läuferinnen regelmäßige Lauftechnikübungen. *„Bei den Übungen zur Lauftechnik ‚übertreiben' Sie Ihre normalen Laufbewegungen"*, erklärt sie. *„Sie kräftigen genau die Muskeln, die Sie benötigen, wenn Sie beim Laufen Ihr Gewicht von einem Fuß auf den anderen verlagern."*

Sie hüpfen beim Laufen zwar nicht, aber eine Hüpfübung kann Ihre Sprungkraft steigern. Diese Kraft ermöglicht es Ihnen, beim Laufen größere Schritte zu machen. Andere Übungen zur Lauftechnik trainieren Gesäßmuskeln und die hintere Oberschenkelmuskulatur und wirken so dem entgegen, was Palmason das „Läuferschlurfen" nennt. *„Viele Läuferinnen haben einen sehr schlampigen Laufstil. Sie schlurfen daher und verlassen sich darauf, dass ihre vorderen Oberschenkelmuskeln sie schon vorwärts bringen werden. Mit einer starken hinteren Beinmuskulatur können Sie das Bein aber viel effektiver heben und nach vorne bewegen."* Andere Lauftechnikübungen stärken die innere und äußere Beinmuskulatur, die die durch das Laufen verursachten Erschütterungen absorbiert. „Und", fügt sie hinzu, *„anders als beim Training mit Gewichten, trainieren Sie hier dynamisch. Das heißt, dass Sie auch all die winzigen Muskeln in Fuß und Knöchel kräftigen."*

Maximale Ergebnisse erzielen Sie, wenn Sie solche Übungen zwei- bis dreimal in der Woche durchführen. Wenn Sie nur einmal in der Woche trainieren, fangen Sie praktisch jedes Mal wieder ganz von vorne an. Schlimmer noch, Sie werden nach jedem Training Muskelkater bekommen, weil Ihr Körper sich nie richtig an diese Belastung anpassen kann. Fangen Sie mit ein paar Minuten an und steigern Sie die Länge des Lauftechniktrainings langsam bis auf ungefähr 10 Minuten. Jede dieser Übungen sollten Sie über eine Distanz von 50 bis 100 m trainieren.

Suchen Sie sich dazu einen weichen, dämpfenden Untergrund, z.B. Erde oder Gras. Palmason empfiehlt, diese Übungen in Ihr Lauftraining zu integrieren und jedes Mal zu variieren. *„Sie sollten sich aber immer auf Ihren Laufstil und Ihre Körperhaltung konzentrieren. Eine schlampig ausgeführte Lauftechnikübung bringt Ihnen gar nichts. Abgesehen davon, sollten Sie alles tun, was Ihnen Spaß macht, um diese Muskeln aufzuwecken und Ihren Schritten Schwung zu verleihen"*, sagt sie. Seien Sie kreativ: Springen Sie von rechts nach links, hüpfen Sie über kleine Hindernisse – denken Sie an all die Dinge, die Sie als Kind getan haben. Am besten kombinieren Sie Beweglichkeitsübungen mit Kraftübungen, um zu verhindern, dass die Muskeln steif werden. Sie können im Anschluss an eine Hüpf- oder Sprungübung z.B. einen „Marionetten-Lauf" machen, bei dem Ihre Arme seitlich am Körper locker hin und her schwingen. Auf jeden Fall sollten Sie sich nach jedem Lauftechniktraining leicht dehnen.

Sprunglauf

Laufen Sie langsam und mit übertrieben großen Schritten. Konzentrieren Sie sich auf die Abstoßbewegung Ihrer Füße. Versuchen Sie mit jedem Schritt so weit wie möglich zu springen. Anschließend versuchen Sie mit jedem Schritt, so hoch wie möglich zu springen. Auf das

Kniehebelauf

Tempo kommt es dabei nicht an. Je langsamer Sie sind, desto besser können Sie sich abstoßen. Übertreiben Sie auch Ihre Armbewegungen, indem Sie die Arme möglichst hoch vor und zurück schwingen lassen.

Laufen Sie mit schnellen leichten Schritten. Heben Sie die Knie so hoch wie möglich. Sie brauchen dabei nicht besonders weit zu kommen.

Anfersen

Riesenschritte

Seitliches Übersetzen

_____ Laufen Sie schnell und versuchen Sie dabei, mit den Fersen den Po zu berühren. Sie brauchen dabei nicht besonders weit zu kommen.

_____ Laufen Sie langsam mit übertriebenen Bewegungen. Schwingen Sie Ihre Arme und springen Sie von einem Bein auf das andere, um möglichst weite Schritte zum machen.

_____ Laufen Sie seitlich, indem Sie das Spielbein immer abwechselnd vor und hinter das führende Bein setzen. Wechseln Sie die Laufrichtung und das Führungsbein.

Ein-Bein-Hüpfer

Aus meinem Trainingstagebuch

Angestachelt durch meine vielseitig begabten Freunde entschied ich mich das Sommertrainingseinerlei durch meinen ersten Triathlon zu durchbrechen. Ich bin gut in Form, dachte ich mir. So schwer kann das doch nicht sein.

Aber so schwer war es dann doch:
Anders als die meisten Triathlons fing dieser mit dem Laufen an und hörte mit dem Schwimmen auf. Nachdem ich beim Laufen eine gute Leistung gezeigt hatte, eierte ich mit meinem unterentwickelten Quadrizeps die Straße entlang, während 500 Radfahrer an mir vorbeisausten. Aber noch war ich nicht die Allerletzte. Nein – das passierte mir erst, als ich im Wasser herumpaddelte und ein 11-jähriger Junge mich überholte. Während die anderen Sportler nach dem Wettkampf Brötchen aßen, hatte ich an meinem Misserfolg zu knabbern.

Laufen macht Sie fit, natürlich, aber es gibt auch noch andere Dinge auf der Welt. Nach dem Wettkampf stand ich vor einer Entscheidung: Sollte ich versuchen mich umzuorientieren und diese Triathlon-Sache meistern oder sollte ich beim Laufen bleiben? Für mich war die Antwort klar. Laufen war meine wahre Liebe und ich wollte Läuferin bleiben. Ich habe mich mit der Tatsache abge-

Hüpfen Sie ein paar Mal auf dem einen Bein, dann auf dem anderen. Wechseln Sie ungefähr alle 10 Schritte von Bein zu Bein.

funden, dass niemand bei einem Radrennen in meinem Windschatten fahren wird und dass meine Schwimmkünste höchstens dazu reichen, mich im Notfall über Wasser zu halten. Doch der Wettkampf hatte mir gezeigt, dass mein Körper ungleichmäßig trainiert war. Danach fing ich an, mehr für meine Kraft und Beweglichkeit zu tun, damit ich nicht nur fit, sondern vielseitiger und allroundtrainiert war.

Nicht jede muss eine Allroundsportlerin sein. Manche Menschen vertiefen sich ganz gerne in eine Sache, während andere sich lieber mit vielen verschiedenen Dingen beschäftigen. Beide können durchtrainiert sein. Sie sind eine Allroundläuferin, wenn Sie sich der Stärken und Schwächen Ihres Körpers bewusst sind. Sie sind eine Allroundläuferin, wenn Sie Ihren Körper ganzheitlich trainieren und Spaß daran haben. Sie sind eine Allroundläuferin, wenn Sie kräftig und doch beweglich sind. Wenn Sie dann noch einen Triathlon durchstehen, ohne dass Ihnen unterwegs jemand Schwimmstunden anbietet – das ist dann wirklich das Tüpfelchen auf dem i.

⟲ Aquajogging

Traurig aber wahr: Die meisten Läuferinnen entdecken das Schwimmbecken erst, wenn eine Verletzung Sie dazu zwingt. Weil Sie im Wasser Ihre Laufschritte simulieren können, hat Aquajogging in vielerlei Hinsicht die gleichen Vorteile wie das Laufen an Land – aber ohne gleich zu belasten.

Warten Sie nicht auf ein Unglück, um dieses großartige Krafttraining auszuprobieren. Aquajogging bietet Ihrem Körper eine willkommene Unterbrechung, um sich von sehr intensivem Lauftraining zu erholen. Und an heißen Tagen bringt dieses Training eine erfrischende Abkühlung.

Sie brauchen dazu nicht unbedingt einen Auftriebsgürtel, der Sie über Wasser und in einer korrekten Position hält, allerdings erleichtert ein solcher „Aquajogger" die Sache. Sie sind in manchen Schwimmbädern, aber auch immer öfter in Lauf- und Sportgeschäften erhältlich.

Wenn Sie im Wasser laufen, sollten Sie Ihren Körper aufrecht halten. Versuchen Sie sich so weit wie möglich der Laufhaltung anzunähern, die Sie auch an Land einnehmen. Der größte Fehler, den Läuferinnen im Wasser machen, ist, den Oberkörper zu weit nach vorne zu beugen. Auf diese Weise krabbeln sie eher, als dass sie laufen. Wenn Sie die Bewegung korrekt ausführen, kommen Sie nur sehr langsam vorwärts.

Genau wie auf der Straße können Sie auch hier die Intensität des Trainings variieren, indem Sie schnellere oder langsamere Schritte machen. Weil in einem Schwimmbad die abwechslungsreiche Umgebung fehlt, werden Sie am meisten Spaß mit Aquajogging haben, wenn Sie verschiedene „Geschwindigkeiten" ausprobieren. Denken Sie daran, dass Sie Ihre „Geschwindigkeit" beim Aquajogging an Ihrer Schrittfrequenz messen und nicht daran, wie schnell Sie vorwärts kommen. Einige Läuferinnen machen auch im Wasser ein richtiges Tempotraining mit einer Aufwärmphase, Intervalltraining und einem Cooldown. Richten Sie sich beim Training aber nicht nach Ihrem Puls: Durch den sogenannten Tauchreflex *(Anm.: Die Herzfrequenz wird durch den Wasserdruck auf die Gefäße gesenkt.)* schlägt Ihr Herz langsamer als an Land.

Der Wasserwiderstand macht das Aquajogging zum geeigneten Kraft und Ausdauertraining. Sie können dabei schnell ermüden, denn je kraftvoller und schneller Sie durch das Wasser zu laufen versuchen, desto größer wird der Wasserwiderstand, der gegen Sie arbeitet. Seien Sie nicht überrascht, wenn Sie in den ersten Trainingseinheiten sehr schnell müde werden. Steigern Sie Ihr Training langsam, so wie Sie es bei jeder neuen Sportart machen würden.

◎ *Massage*

Sportmassagen haben einen anderen Zweck als die traditionellen Entspannungsmassagen. Ein guter Sportmasseur kann verspannte Muskeln lockern und potentielle Verletzungsherde frühzeitig aufspüren. Die Sportmassage ist normalerweise intensiver als andere Formen der Massage und kann unangenehmer sein.

Um die besten Ergebnisse zu erzielen, sollten Sie einen Masseur finden, der sich auf Sportmassagen spezialisiert hat. Manche arbeiten sogar ausschließlich mit Läufern. Diese Masseure kennen die Problemzonen von Läuferinnen und können sie deswegen besonders gründlich massieren.
Ein guter Masseur wird Sie fragen, wie viel Druck Ihnen angenehm ist. Scheuen Sie sich nicht sich zu melden, wenn etwas schmerzt.

Wenn Sie so intensive Massagen nicht gewöhnt sind, haben Sie am nächsten Tag vielleicht Gliederschmerzen und fühlen sich schlapp. Dieses Gefühl wird nach ein paar Tagen vergehen und nach weiteren Behandlungen nicht mehr so ausgeprägt sein.

Sprechen Sie mit Ihrem Masseur immer auch über Ihren Trainingsplan. So bekommen Sie die richtige Massage zum richtigen Zeitpunkt. Kurz vor oder nach einem anstrengenden Training oder Wettkampf sollte Ihr Masseur zum Beispiel nicht zu stark massieren. Eine zu ausgiebige Massage vor einem Wettkampf kann dazu führen, dass Sie sich schlapp fühlen. Auch direkt nach einem Wettkampf kann sie mehr schaden als nützen. Optimal ist jedoch ein leichtes Rubbeln, das Ihre Muskeln aufwärmt. Im Allgemeinen sollten Sie sich zwischen einer intensiven Massage und einem Wettkampf mindestens 3 Tage Zeit zur Erholung lassen.

Wenn Sie an Wettkämpfen teilnehmen und besonders hart trainieren, lassen Sie sich am besten einmal pro Woche massieren – vorausgesetzt Sie haben genügend Zeit und Geld dafür. Wenn Sie nicht so viel laufen, können Sie sich vielleicht eine Massage gönnen, wenn Sie Ihr Training gestei-

gert haben oder wenn Ihre Muskeln durch andere Belastungen schmerzen oder verspannt sind.

Sie können es auch einmal mit einer Selbstmassage versuchen. Nehmen Sie dazu Ihre Hände oder ein spezielles Massagegeräte und üben Sie damit einen leichten Druck auf die verspannten Muskeln aus. Wenn Sie quer zur Faserrichtung über den Muskel reiben, können Sie Verspannungen lösen. Sie können auch ein oder zwei Stunden Unterricht bei einem Spezialisten für Sportmassage nehmen, um zu lernen, wie Sie Ihre Problemzonen am besten massieren.

19. Laufen in der Schwangerschaft

Laurie konnte einfach nicht verstehen, warum sie nicht schneller lief.
„Da lief ich nun einen Wettkampf auf Meereshöhe, nachdem ich ein Höhentraining hinter mir hatte, und fühlte mich kein bisschen schneller", erinnert sie sich. *„Ich war gerade mit einer Freundin losgelaufen und erzählte ihr, wie mies ich mich fühlte: Ich war schlapp, mein Puls raste und ich war einfach müde. Sie glaubte diese Anzeichen zu kennen. Wir waren gerade am Bahnhof in Chicago und sie überredete mich bei der Apotheke anzuhalten und einen Schwangerschaftstest zu holen. Ich machte ihn gleich an Ort und Stelle auf der Bahnhofstoilette und kein Zweifel: Ich war schwanger!"*

Abgesehen von der Episode am Bahnhof, machen viele Läuferinnen Lauries Erfahrungen. Durch das Laufen daran gewöhnt, auf jede Mitteilung ihres Körpers zu achten, bemerken viele Läuferinnen die ersten Hinweise auf ihre Schwangerschaft beim Training. Irgendetwas scheint einfach nicht zu stimmen. Ihr Puls rast, sie atmen schwerer oder sie müssen sich mehr anstrengen, um die gleichen Zeiten zu laufen. Ein paar Tage oder Wochen lang fragen sie sich, was mit ihnen los ist. Sobald sie dann einen Schwangerschaftstest machen und herausfinden, dass sie „für zwei" laufen, ergibt alles einen Sinn.

Früher waren Ärzte der Meinung, dass schwangere Frauen nicht trainieren sollten. Erst recht nicht, wenn es um Sportarten wie das Laufen geht, bei denen sie ihr eigenes Körpergewicht „tragen" müssen. Doch heute glauben viele Experten, dass Sport für Mutter und Kind gesund ist. Eine ganze Reihe von Forschungen haben ergeben, dass

Mütter, die während der gesamten Schwangerschaft trainieren, weniger unter körperlichen Beschwerden leiden. Sie haben weniger Ängste, erleben ihre Schwangerschaft im Großen und Ganzen angenehmer und behalten ein positiveres Selbstbild. Außerdem sind sie auch besser auf die Wehen vorbereitet. Auch Kaiserschnitte sind bei Läuferinnen seltener nötig und nach der Geburt erholen die Frauen sich schneller. Dr. Douglas Hall, Geburtshelfer in Ocala, Florida, hat sich darauf spezialisiert, Trainingsprogramme für werdende Mütter zu entwickeln. Eine Schwangerschaft zehrt an den Kräften einer Frau, doch Hall erklärt, dass Sport dem entgegenwirken kann. *„Frauen, die während der Schwangerschaft trainieren, erleben ihre Schwangerschaft insgesamt positiver und kommen besser mit ihr zurecht"*, sagt er. *„Sie haben eine bessere Kontrolle über deren Verlauf, anstatt zuzulassen, dass die Schwangerschaft sie kontrolliert."*

Jede Schwangerschaft wird von einer großen Anzahl unterschiedlicher Faktoren beeinflusst. Darum ist es schwer zu beurteilen, wie sich das Training auf den Fötus auswirkt. Experten sind sich aber darin einig, dass es keine Hinweise darauf gibt, dass mäßiges Training dem Fötus schaden kann. Natürlich nur unter der Voraussetzung, dass Sie nicht bis zur Erschöpfung trainieren und dass Sie auf jedes Warnsignal Ihres Körpers achten. Tatsächlich profitieren Babys davon, wenn ihre Mütter sich während der Schwangerschaft die Zeit genommen haben, etwas für sich selbst zu tun. *„Eine Frau, die während der Schwangerschaft trainiert, tut aktiv etwas für ihre Gesundheit. Sie will nicht einfach nur versuchen, die Schwangerschaft irgendwie zu überstehen. Und das kann für das Kind schon einen Unterschied machen"*, sagt Dr. Hall. *„Wenn ein Kind zur Welt kommt, ist es kein unbeschriebenes Blatt. Am Kind zeigt sich, was seine Mutter zuvor in der Schwangerschaft für beide getan hat."*

Doch selbst wenn Ihnen die Mediziner grünes Licht geben, haben Sie vielleicht noch eine Menge Fragen und Bedenken: Wie viel ist zu viel? Wird es dem Fötus schaden, wenn meine Körpertemperatur steigt oder ich zu wenig Luft bekomme? Wie kann ich wissen, ob ich meinem Baby schade?

Die erste Antwort auf all diese Fragen lautet: Sie können sich beruhigen. Ihr Körper passt sich erstaunlich gut an die Schwangerschaft an und schützt dadurch das Kind im Mutterleib. Die zweite Antwort ist: Hören Sie während der Schwangerschaft immer und genau auf Ihren Körper. Ihr Körper sendet Ihnen während des Trainings Warnsignale, um den Fötus zu schützen, aber es liegt an Ihnen, diese Signale auch zu beachten.

Erste Reaktionen auf eine Schwangerschaft

Wenn Sie sich gewünscht haben schwanger zu werden und es dann tatsächlich geklappt hat, ist die Freude natürlich groß. Manche Frauen, besonders ernsthafte Läuferinnen, reagieren jedoch oft mit gemischten Gefühlen auf eine solche Nachricht. Seit Jahren genießen sie die positiven Effekte des Lauftrainings: Sie haben ein wenig Zeit für sich selbst oder treffen sich mit Freunden, sie sind topfit und haben eine gute Figur. Es ist also nicht erstaunlich, dass manche Frauen sehr ambivalente Gefühle haben, wenn sie merken, dass sie schwanger sind.

Laurie war 28, als sie schwanger wurde. Sie liebte Wettkämpfe über alles und reagierte dementsprechend. *„Ich war gerade dabei, wieder in gute Wettkampfform zu kommen. Genauer gesagt, war ich sogar gerade für eine Wettkampfserie unterwegs und war zu diesem Zeitpunkt topfit"*, erinnert sie sich. *„Um ehrlich zu sein, war meine erste Reaktion: Ich kann einfach nicht glauben, dass das wahr ist! Ich war schockiert. Ich war nicht unglücklich. Ich wusste nur einfach nicht, wie ich mich fühlen sollte. Nach einiger Zeit war ich begeistert, aber meine erste Reaktion war ganz bestimmt, dass ich nicht wusste, wie ich darauf reagieren sollte!"*

Das geht ihr nicht alleine so. In unserer Kultur spielen Beruf, Unabhängigkeit und auch das Schlankheitsideal eine große Rolle und darum kann eine Schwangerschaft eine sehr gefühlsbeladene Angelegenheit sein. Für Sportlerinnen sind solche Fragen oft noch komplizierter. Möglicherweise fühlen Sie sich noch schuldig, weil Sie Ihrer Schwangerschaft eher mit gemischten Gefühlen gegenüberstehen. Dann kann es Sie vielleicht trösten, dass Sie damit nicht alleine sind. Vor allem sollten Sie sich keine Vorwürfe machen, wenn Sie zuerst einmal mit Angst, Unsicherheit oder Enttäuschung reagieren. Trösten Sie sich mit dem Gedanken, dass solche oberflächlichen Vorbehalte gegenüber einer Schwangerschaft nach ein paar Wochen verschwinden – vorausgesetzt, dass in Ihrem Leben sonst nichts gegen eine Schwangerschaft spricht.

„Ich hatte so hart daran gearbeitet, in Form zu kommen, als ich merkte, dass ich schwanger war", sagt Mya, die mit 29 ihr erstes Kind bekam. „Aber ich konnte nicht enttäuscht sein. Ich wusste, dass ich später immer noch gut laufen könnte. Wenn Sie sich andere Frauen ansehen, stellen Sie fest, dass sie wieder mindestens genauso fit sind wie vorher."

Die Prioritäten ändern sich

Wenn Sie schwanger werden, sollten Sie Ihre Trainingsziele schnellstens ändern. Es darf Ihnen jetzt nicht mehr darauf ankommen, Gewicht zu verlieren oder schneller zu laufen. Während Sie vorher vielleicht bis an die Grenzen Ihrer Leistungsfähigkeit gekommen sind, sollten Sie sich einfach

Läuferinnen erzählen

Weisheiten von Müttern, die es wissen

99 Je nachdem, wie Sie sich fühlen, kann es Monate geben, in denen das Laufen schwer fällt. Während der Schwangerschaft verändern sich die Dinge allerdings ständig. Also, selbst wenn Sie mal eine Pause machen müssen, versuchen Sie es später noch einmal. Vielleicht können Sie wieder anfangen. Ich lief im 8. Monat besser als 2 Monate vorher. 66
— Laurie, 30

99 Suchen Sie sich einen Arzt, der Sport in der Schwangerschaft befürwortet, denn viele sind immer noch anderer Meinung. Und versuchen nicht krampfhaft fitter zu werden, sobald Sie erfahren, dass Sie schwanger sind. Laufen Sie, so viel Sie ohne Probleme laufen können. Das hängt davon ab, was Sie leisten konnten, als Sie schwanger wurden. 66
— Mya, 38

99 Nehmen Sie sich die Zeit zum Trainieren, selbst, wenn Sie müde sind und selbst, wenn Sie andere Dinge dafür nicht schaffen. Dies ist etwas, das Sie für Ihre körperliche und seelische Gesundheit machen, also sollten Sie es nicht vernachlässigen. Außerdem wird das Laufen Ihnen neue Energie geben. 66
— Shirley, 43

nur selbst ein wenig verwöhnen, damit Sie rundum gesund bleiben, sich wohl fühlen und entspannen.

„Die Frauen, die weiterhin glauben, dass sie so fit wie möglich sein müssen, haben es schwer", sagt Dr. Hall. *„Während der Schwangerschaft müssen Sie so kräftig wie nötig sein, aber nicht so kräftig wie möglich. Für eine Sportlerin kann es schwer sein, ihre Ziele plötzlich dahingehend zu ändern, weil sie vielleicht das Gefühl hat, zu wenig zu tun. Aber das ist eine sehr wichtige Unterscheidung."*

Hier sind einige Tipps dazu, wie Sie Ihre Prioritäten ändern können:

Verwöhnen Sie sich. Sehen Sie die schönen Seiten, statt sich vor Gewichtszunahme, Verlust der Fitness oder Schwangerschaftsbeschwerden zu fürchten. Sie haben jetzt jede Entschuldigung sich ganz und gar Ihrem Wohlbefinden zu widmen. Genießen Sie das, solange Sie es können. Sie können sich während dieser 9 Monate an eine gesunde Lebensweise ge-

❞ Als man schon etwas sehen konnte, überlegte ich, ob ich mein T-Shirt ausziehen und meinen Bauch einfach heraushängen lassen sollte, um bequemer zu laufen. Oder sollte ich den Bauch lieber bedecken, um den neugierigen Blicken der Menschen, die ich traf, auszuweichen? Ich war überrascht, als ich merkte, wie schockiert die Menschen vom Anblick eines nackten, schwangeren Bauches waren. Meist entschied ich mich dazu, die Blicke zu ertragen. Ich wusste, dass das Baby das Sonnenlicht durch meinen nackten Bauch spüren konnte. ❞
— Lisa, 29

❞ Nach den ersten beiden Kindern war ich blitzschnell wieder fit. Doch nach dem dritten – keine Chance! Ich dachte, ich würde innerhalb von 6 Monaten wieder dabei sein, aber mein Körper war noch nicht bereit. Ich verglich meine Leistung viel zu sehr mit meinen früheren Erfahrungen, anstatt auf meinen Körper zu hören. Das habe ich später bereut. Ich musste immer wieder mit Rückschlägen kämpfen. Aber wenn ich jetzt ein viertes Kind bekommen würde, wüsste ich, was ich zu tun hätte. Nach den ersten zwei Kindern habe ich Frauen, die mit dem Laufen anfangen wollten, gesagt: „Laufen Sie einfach los." Jetzt rate ich ihnen: „Entspannen Sie sich, hören Sie auf Ihren Körper und lassen Sie sich einfach Zeit." ❞
— Nadia, 31

wöhnen, die Sie auch nach der Schwangerschaft beibehalten sollten. Weil Sie in erster Linie an die Gesundheit des Kindes denken, ernähren Sie sich richtig und schlafen genug – womöglich zum ersten Mal in Ihrem Leben. *„Wenn Sie schwanger sind, achten Sie so gut auf sich selbst",* sagt Nadia Prasad, aus Boulder Colorado, Olympiasiegerin und französische Landesmeisterin über 10.000 m. Prasad hat während ihrer drei Schwangerschaften weitertrainiert. *„Jeder Trainingslauf wird dann zu einer richtigen Freudenfeier."*

Laufen Sie einfach los. Die Beschwerden im ersten Drittel der Schwangerschaft können dazu führen, dass Ihnen das Training alles andere als angenehm vorkommt. Übelkeit, Müdigkeit und Schwindelgefühle machen es Ihnen schwer, Ihre tägliche Arbeit zu schaffen, geschweige denn zu laufen. Die meisten Frauen sagen, dass das Laufen in den ersten Monaten der Schwangerschaft sogar noch schwieriger ist als in den letzten Monaten vor der Geburt. Über eines sind sich aber alle einig: Wenn Sie sich aufraffen können aus der Tür zu gehen – und sei es, um nur ein bisschen zu trainieren – dann ist das genau das Richtige, um Sie wieder in Schwung zu bringen.

Risikofaktoren

Die meisten Frauen können während der Schwangerschaft mit einem leichten bis normalen Training weitermachen. Die zusätzliche Belastung durch das Training kann jedoch für manche Frauen ein höheres Risiko bedeuten. In diesem Fall kann das Training negative Konsequenzen für sie oder das Kind haben. Frauen, auf die eine der folgenden Beschreibungen zutrifft, sollten im Allgemeinen nicht trainieren:

- *Durch die Schwangerschaft bedingter erhöhter Blutdruck*
- *Vorzeitiger Blasensprung*
- *Vorzeitige Wehen in der jetzigen oder vorherigen Schwangerschaft*
- *Gebärmutterhalsschwäche*
- *Anhaltende Blutungen im zweiten oder letzten Drittel der Schwangerschaft*
- *Minderwachstum des Fötus*

"Ich hatte Glück. Ich hatte nicht viele Beschwerden. Das einzige, was mich beim Laufen störte, war meine Müdigkeit", sagt Mya. *"Aber das Laufen half mir auf der anderen Seite, diese Müdigkeit zu überwinden, weil es mir neue Energie gab. Wenn Sie schon vor Ihrer Schwangerschaft gelaufen sind, sollten Sie jetzt nicht damit aufhören. Laufen gibt Ihnen Energie und das Gefühl, dass Sie die Dinge unter Kontrolle haben."*

Gönnen Sie Ihrem Trainingstagebuch eine Pause. Ja, mit der Kontrolle ist das so eine Sache ... Sie werden schnell lernen die Dinge zu nehmen, wie sie kommen. Besonders im ersten Drittel der Schwangerschaft ist es absolut sinnlos, das Training zu planen. Ein Tag kann sich vom anderen drastisch unterscheiden. Das gilt nicht nur für Ihre Energie, sondern auch für andere Faktoren, die das Laufen beeinflussen, wie z.B. Puls, Blutdruck, Atemnot und Schwindelgefühle. Die Bedürfnisse des Kindes, das in Ihnen wächst, lassen sich nicht einfach ignorieren. Und das sollten Sie auch gar nicht erst versuchen. Betrachten Sie solche Symptome als Signale, mit denen Ihr Körper Ihnen sagen will, dass Sie es langsam angehen sollten.

Manche Ärzte raten Frauen vom Training ab, wenn sie bei vorausgegangenen Schwangerschaften vorzeitige Wehen hatten, drei oder mehr Fehlgeburten hinter sich haben oder Mehrlinge erwarten. Andere Ärzte wiederum halten es nicht für erwiesen, dass Sport in diesen Fällen wirklich schädlich ist. Das American College of Sports Medicine rät, aufmerksam auf die Reaktionen Ihres Körpers während des Trainings zu achten. Wenn eines der folgenden Symptome auftritt, sollten Sie Ihr Training unterbrechen und einen Arzt aufsuchen, bevor Sie wieder anfangen zu laufen:

- *Blutungen aus der Scheide*
- *Übermäßiger Ausfluss*
- *Plötzliches Anschwellen von Knöcheln, Händen oder Gesicht*
- *Anhaltende schwere Kopfschmerzen oder Sehstörungen*
- *Schwellung, Rötung und Schmerz in der Wade eines Beines*
- *Erhöhter Puls oder hoher Blutdruck, der auch nach dem Training anhält*
- *Übermäßige Müdigkeit, ungewöhnliches Herzklopfen oder Schmerzen im Brustkorb*
- *Anhaltende Kontraktionen (das könnte auf frühzeitige Wehen hindeuten)*
- *Unerklärbare Schmerzen im Unterleib*
- *Unzureichende Gewichtszunahme*

„Für manche Frauen ist es frustrierend, wenn sie nicht mehr auf dem Niveau laufen können, wie sie eigentlich möchten", sagt Judy Mahle Lutter, Vorsitzende des Melpomene Institute for Women's Health Research in St. Paul, Minnesota. *„Doch jetzt müssen Sie auf Ihren Körper hören und weise sein."* Auch Lutters eigene Tochter war enttäuscht, weil Schwangerschaftsbeschwerden sie davon abhielten, so viel zu trainieren, wie sie sich vorgenommen hatte. *„Wie so viele Frauen glaubte sie, aktiv sein zu müssen, weil das zu ihrem Selbstbild gehörte. Das Training half ihr Stress abzubauen."* Lutter sagt, dass es leichter ist weiterzumachen, wenn man erst einmal akzeptiert hat, dass die üblichen Regeln jetzt nicht mehr gelten. *„Sie müssen verstehen, dass manche Dinge nicht zu ändern sind. Sie bekommen zum Beispiel Rückenschmerzen oder sonstige Beschwerden. Während das Laufen sonst immer dagegen geholfen hat, wird es jetzt durch das Laufen nur noch schlimmer. Wenn Sie Beschwerden bekommen, sollten Sie erst einmal mit dem Laufen aufhören. Das heißt aber nicht, dass Sie das Training ganz aufgeben müssen."*

◎ *Hören Sie auf Ihren Körper*

Lassen Sie niemals zu, dass es zwischen Ihrem Körper und dem Baby zu einem Kampf um ausreichende Blutzufuhr, Temperaturausgleich, Sauerstoffzufuhr oder Energie kommt, wenn Sie Ihrem Baby nicht schaden wollen. Das heißt, dass Sie nie so lange trainieren dürfen, bis Sie erschöpft oder außer Atem sind.

Erstaunlicherweise sorgt die Anpassung des Körpers an die Schwangerschaft dafür, dass Sie automatisch nicht so intensiv trainieren werden, dass es gefährlich wird. Mehrere Studien haben gezeigt, dass die meisten Frauen instinktiv mit dem Training aufhören oder langsamer werden, bevor sie einen Punkt erreichen, an dem es zu anstrengend und gefährlich wird. Weil die Kerntemperatur Ihres Körpers während der Schwangerschaft steigt, fühlen Sie sich während des Trainings zum Beispiel schneller überhitzt und unwohl. Das wird automatisch dazu führen, dass Sie nicht mehr ganz so intensiv wie vorher trainieren. Genauso zwingt der erhöhte Puls zu Beginn der Schwangerschaft Sie dazu, langsamer zu laufen. Beherzigen Sie die folgenden Regeln, um Ihr Baby nicht zu gefährden:

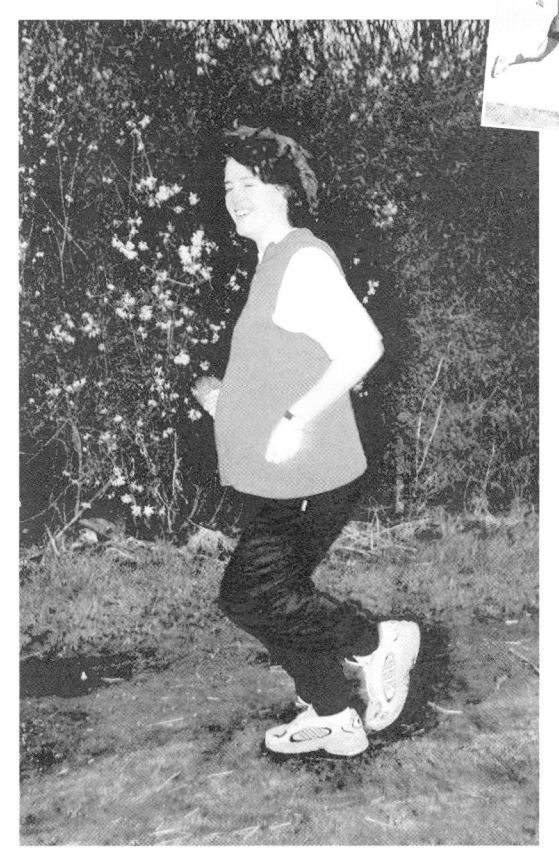

Trainieren Sie nicht zu viel. Richten Sie sich danach, wie Sie die Anstrengungen verkraften. Laufen Sie nicht, bis Sie außer Atem oder überhitzt sind. Wenn Sie sich nicht sicher sind, wie intensiv Sie trainieren sollen, seien Sie lieber etwas vorsichtiger. Denken Sie aber daran: Die meisten Mediziner sind der Meinung, dass ein moderates Training kein Risiko für Ihr Baby darstellt. Das setzt aber voraus, dass Sie ein solches Training schon gewöhnt sind.

Sorgen Sie sich nicht um Schnee von gestern. Wenn Sie merken, dass Sie schwanger sind und Ihnen dann mit Schrecken einfällt, dass Sie noch vor kurzem ein intensives Tempotraining oder einen langen Lauf gemacht haben, können Sie ganz beruhigt sein. Ein paar anstrengende Trainingseinheiten werden Ihnen ebenso wenig geschadet haben, wie die ein oder zwei Gläser Wein, die Sie getrunken haben, bevor Sie wussten, dass Sie schwanger sind. Noch einmal: Ihr Körper hätte Ihnen vermutlich signalisiert, langsamer zu werden. Er hätte nicht zugelassen, dass Sie sich so sehr anstrengen, dass der Fötus geschädigt wird.

Wenn Sie sich Sorgen machen, weil Sie in der ersten Zeit Ihrer Schwangerschaft zu intensiv trainiert haben, werden Nadias Erfahrungen mit ihrer zweiten Tochter Sie beruhigen: *„Ich lief 160 km in der Woche und trainierte sehr intensiv, auch alle harten Trainingseinheiten"*, erinnert sie sich. *„Gerade war ich in einem 10-km-Lauf meine beste Zeit gelaufen: 33:40. Schließlich merkte ich aber, dass irgendetwas nicht stimmte, weil ich auf*

meinen langen Läufen immer müder und müder wurde. Am Ende des Trainings hatte ich immer das Gefühl, erbrechen zu müssen. Ich machte dann einen Test und fand heraus, dass ich im 5. Monat schwanger war."

Zu diesem Zeitpunkt hatte sie noch überhaupt nichts zugenommen. Sie reduzierte ihre Kilometeranzahl, trainierte nicht mehr so intensiv und verlegte einige Trainingsstunden in das Schwimmbecken. Vier Monate später brachte sie Anita zur Welt, ein gesundes und fröhliches Baby. Trotzdem ist diese Geschichte nicht als Freibrief dafür gemeint, rauszugehen und zu laufen, was das Zeug hält. Denken Sie daran, dass Ihr Baby jetzt am wichtigsten ist. Wahrscheinlich sind Ihr Körper und Ihr Baby aber viel widerstandsfähiger als man noch vor einiger Zeit angenommen hat.

Verschieben Sie größere Herausforderungen. Verschieben Sie einen Marathon oder die Arbeit an der persönlichen Bestleistung auf später. Wenn Sie beim Training Distanzläufe oder Tempoläufe machen, tun Sie genau das, was Sie eigentlich nicht machen sollten, nämlich bis an Ihre Leistungsgrenzen gehen. Wenn Sie für einen Marathon trainiert haben, ist es am besten, damit aufzuhören und Ihre Wettkampfpläne zu streichen. Selbst wenn Sie vorhatten, den Wettkampf langsam zu laufen, würden Sie den Körper über mehrere Stunden stark belasten.

Legen Sie den Pulsmesser weg. Die regulären Faustregeln für die Pulsfrequenz gelten nicht für schwangere Frauen, da ihr Herz schneller schlägt. Das American College for Obstrecians and Gynecologists empfahl früher, dass schwangere Frauen während des Trainings ihren Puls unter 140 Schlägen pro Minute halten sollten. 1993 sind diese Richtlinien überarbeitet worden. Man empfiehlt jetzt, dass Frauen die Intensität ihres Trainings danach bestimmen sollen, was sie selbst als anstrengend empfinden. Das heißt, Sie sollten aufhören, bevor Sie erschöpft oder außer Atem sind.

Verändern Sie Ihr Trainingsprogramm so, dass Sie sich dabei wohlfühlen. Beim Laufen und ähnlichen Sportarten wird der Körper immer wieder durch Erschütterungen belastet. Unter anderem aus diesem Grund haben Ärzte Frauen früher empfohlen, sich in der Schwangerschaft vor allem an Sportarten zu halten, bei denen sie nicht ihr eigenes Körpergewicht tragen müssen. Heute geht man davon aus, dass Frauen, die schon vor ihrer Schwangerschaft gelaufen sind, damit auch weitermachen können, solange sie sich wohl fühlen und für das Kind dabei kein Schaden entsteht. Wie lange Sie weiterlaufen möchten, liegt in Ihrem eigenen Ermessen. Jede Frau entscheidet sich hier anders. Nadia berichtet, dass sie bei allen drei Schwangerschaften um den 7. Monat herum aufgehört hat, weil das Kind so lag, dass das Laufen unangenehm wurde.

Mya dagegen lief noch zwei Wochen nach dem errechneten Geburtstermin bis zu 6 Kilometern ohne Pause. Wenn Sie sich beim Laufen nicht mehr wohl fühlen, können Sie es mit Walken, Aquajogging oder Schwimmen versuchen, um fit zu bleiben. Sollten Sie in der ersten Zeit Ihrer Schwangerschaft das Laufen aufgegeben haben, weil es Ihnen zu schwer fiel, heißt das nicht, dass Sie auch für den Rest Ihrer Schwangerschaft auf das Training verzichten müssen. Vielleicht können Sie zu einem späteren Zeitpunkt wieder anfangen. Fragen Sie auf jeden Fall aber vorher Ihren Arzt.

Essen für zwei – und noch ein bisschen

Als schwangere Frau brauchen Sie ungefähr 300 zusätzliche Kalorien am Tag. Im ersten Drittel der Schwangerschaft etwas weniger, im zweiten und letzten Drittel etwas mehr. Wenn Sie während der Schwangerschaft laufen, müssen Sie sehr genau darauf achten, dass Sie genug Kalorien zu sich nehmen. Wenn Ihnen oft übel ist und Sie kaum Appetit haben, kann das ganz besonders schwierig werden. Hier sind ein paar Tipps zur Lösung des Problems:

Nehmen Sie viele kleine Mahlzeiten zu sich. Wenn Ihnen oft schlecht ist, Sie bestimmte Nahrungsmittel nicht mehr mögen oder wenig Appetit haben, ist es Ihnen vielleicht angenehmer, mehrere kleine Mahlzeiten am Tag zu sich zu nehmen als drei große.

Trennen Sie Essen und Trinken voneinander. Trinken Sie nicht zu einer Mahlzeit, sondern eine halbe Stunde davor oder danach. Sie sollten auch auf Suppe als Vorspeise verzichten. Das Verdauungssystem reagiert bei einigen Frauen empfindlich, wenn flüssige und feste Nahrung gleichzeitig aufgenommen wird.

Laufen Sie nie, wenn Sie hungrig sind. Eine Stunde, bevor Sie loslaufen, sollten Sie einen einfachen Snack essen, zum Beispiel eine Schnitte Brot oder ein paar Cracker.

Lassen Sie nie Frühstück, Mittagessen oder Abendessen ausfallen. Gerade wenn Sie trainieren, sollten Sie keine Mahlzeit auslassen. Jetzt ist nicht der richtige Zeitpunkt, sich um die Figur zu sorgen. Versuchen Sie auch nicht, jetzt „auf Vorrat" abzunehmen, damit Sie in den nächsten Monaten insgesamt nicht zu viel zunehmen. Alles in allem sollten Sie ungefähr 11 bis 14 kg zunehmen. Es gibt Läuferinnen, die zu Beginn ihrer Schwangerschaft sehr dünn sind. Einige von ihnen berichten, dass Sie dann schlagartig mehrere Kilos zugenommen haben, weil ihr Körper versuchte, eine angemessene Reserve aufzubauen.

„Es war am Anfang ein richtiger Kampf, wenn ich daran dachte, wie viel ich zunahm", sagt Laurie. „Ich habe in meinem ganzen Leben nie mehr als 2 kg über meinem Wettkampfgewicht gewogen. Und dann nahm ich sofort in den ersten drei Wochen 4,5 kg zu. Es war, als ob mir mein Körper sagen wollte: Du brauchst jetzt etwas mehr Gewicht. Das war ein ziemlicher Schock. Ich fürchtete, ich würde insgesamt 40 kg zunehmen, wenn das so weiter ging. Aber die Gewichtszunahme verlangsamte sich. Zuerst habe ich mir Sorgen gemacht, aber ich wollte nicht, dass diese Sorgen meine Gefühle und die Gesundheit meines Babys beeinflussten. Es hätte sich auch auf die Gesundheit meines Babys ausgewirkt. Ich habe also weiterhin etwas mehr gegessen, genau wie ich es sollte."

Machen Sie sich nicht zu viele Sorgen. Einige Läuferinnen, die während der gesamten Schwangerschaft weitergelaufen sind, berichten, dass sie in den letzten Monaten Schwierigkeiten hatten genug zuzunehmen. „Bis zum 7. Monat hatte ich fast 13 kg zugenommen, aber dann begann ich Gewicht *zu verlieren"*, sagt Shirley, eine Künstlerin in Santa Fe, New Mexico. *„Sienna wog 4.000 Gramm, als sie geboren wurde, sie brauchte da drinnen also eine Menge Energie. Mein Körperfett schmolz in den letzten paar Monaten dahin. Ich aß und aß und aß, aber nahm nicht zu."*

Nachdem sie anfänglich so viel Gewicht zugenommen hatte, machte Laurie im 8. Monat ähnliche Erfahrungen. *„Ich zwang mich zu essen, selbst wenn ich keinen Hunger hatte, weil ich aufgehört hatte, zuzunehmen"*, sagt sie. *„Ich hatte das Gefühl, dass meine Hüften und Beine schlanker wurden, weil ich so viel Energie beim Laufen verbrauchte. Alles, was ich aß, ging sofort zum Baby."* Auch wenn Experten Ihnen zu einer möglichst konstanten und gleichmäßigen Gewichtszunahme im Laufe der Schwangerschaft raten, sollten Sie sich über solche Unregelmäßigkeiten keine Sorgen machen. Achten Sie darauf, dass Sie insgesamt genug Gewicht aufbauen, dass Sie Ihren Kalorienbedarf decken.

Tipps und Tricks

Treffen Sie die folgenden Vorsichtsmaßnahmen, wenn Sie während der Schwangerschaft laufen.

- *Trinken Sie viel, damit Sie durch das Training auf keinen Fall dehydrieren.*
- *Achten Sie beim Anziehen darauf, dass die Ventilation noch gewährleistet ist. Ihr Körper überhitzt schneller als sonst.*
- *Laufen Sie kleinere Runden und entfernen Sie sich nicht zu weit von zu Hause. So können Sie leicht wieder zurück gehen, falls Sie müde werden.*
- *Benutzen Sie Sonnenschutzcreme. Sonneneinstrahlung kann die dunklen Pigmentflecken auf der Haut (Chloasma) verschlimmern, die bei vielen Frauen während der Schwangerschaft auftreten.*
- *Tragen Sie einen Schwangerschaftsgurt, sobald Sie einen Bauch bekommen. Manche Frauen finden diese zusätzliche Stütze gut. Schwangerschaftsgurte bekommen Sie in den meisten Babyfachgeschäften.*

Wenn Ihre Lieben Ihnen vom Laufen abraten

Auch wenn Bücher, Ärzte und Zeitschriften sie ermutigen weiterzumachen – ganz bestimmt gibt es jemanden in Ihrer Familie oder Ihrem Freundeskreis, der Ihrem Lauftraining nicht ganz so enthusiastisch gegenüber steht. Alte Vorurteile lassen sich nur schwer aus der Welt schaffen. Und aus der Perspektive des anderen kann es tatsächlich sehr schwer sein, mit anzusehen, wie die schwangere Frau, die man liebt, einen anstrengenden Sport betreibt.

„Die Leute haben versucht, mir das Laufen auszureden", sagt Shirley. „Mein Mann flippte aus, weil ich überlegte, ob ich mich einem Team anschließen sollte, das bei der Laufsektion des Mt. Tayler Winter Quadrathlon

Der Mythos von Schwangerschaft und Leistung

Es gibt viele Gerüchte darüber, dass eine Schwangerschaft leistungssteigernd wirkt. Und tatsächlich sind Frauen schon während und nach ihren Schwangerschaften persönliche Bestleistungen gelaufen. Allerdings gibt es zu diesem Thema nur unzureichende und unzuverlässige Forschungsergebnisse. Es gibt aber eine Reihe von möglichen Erklärungen für eine solche Leistungssteigerung. Dazu gehören hormonelle Veränderungen, eine Erhöhung der aerobischen Schwelle und eine höhere Schmerzgrenze durch die Geburt eines Kindes. Es gibt auch Berichte darüber, dass Trainer in Ostblockstaaten in den 80er Jahren (einer Zeit, die für ihre Dopingfälle berüchtigt ist) Kapital aus diesem „Schwangerschaftseffekt" schlagen wollten. Sie forderten ihre Sportlerinnen dazu auf, schwanger zu werden und den Fötus dann abzutreiben.

„Es gibt keine fundierten Untersuchungen, die belegen könnten, dass sich die Leistung nach einer Schwangerschaft verbessert", *sagt Judy Mahle Lutter.* „Das ist von Fall zu Fall unterschiedlich. Die meisten Berichte über eine Leistungssteigerung kommen von professionellen Sportlerinnen. Bei Freizeitläuferinnen kann es funktionieren oder auch nicht. Einige sagen, dass sie kräftiger werden und viele andere sagen, dass sie nie wieder zu ihrer alten Kraft oder ihrem alten Lauftempo zurückgefunden haben. Eine Leistungssteigerung ist körperlich möglich, sollte aber nicht erwartet werden. Die zusätzliche Verantwortung für ein Kind führt besonders bei Freizeitläuferinnen zu einer Verschiebung der Prioritäten. Da weniger Zeit zum Trainieren bleibt, ist bei diesen Frauen eine Leistungssteigerung eher unwahrscheinlich."

Sorgen ums Stillen

Ob Sie stillen oder nicht, hat Einfluss darauf, wie schnell Ihr Körper sich nach der Geburt wieder an Ihr normales Lauftraining gewöhnt. Wie sich das Stillen allerdings im Einzelnen auswirkt, ist von Frau zu Frau verschieden. Es ist unmöglich, zu sagen, wie Ihr Körper reagieren wird. Einige Frauen behaupten, dass der zusätzliche Kalorienverbrauch durch das Stillen ihnen hilft, mal eben so noch ein paar Pfund zu verlieren. Andere glauben, dass zusätzliches Fettgewebe sich durch das Stillen länger hält. Wie bei den meisten Dingen, die die Schwangerschaft betreffen, sollten Sie auch die Entscheidung für oder gegen das Stillen im Interesse Ihres Babys treffen. Wenn Sie Ihr Lauftraining in der Stillzeit wieder aufnehmen wollen, sollten Sie genau beobachten, wie viel Ihr Baby zunimmt. Wenn es nicht genug zunimmt, ist das vielleicht ein Zeichen dafür, dass Sie Ihr Training reduzieren müssen. Um genug Milch zu produzieren, müssen Sie genügend Kalorien aus gesunden Nahrungsmitteln aufnehmen. Sie dürfen außerdem nicht zu schnell an Gewicht verlieren.

Einige Untersuchungen weisen darauf hin, dass die Muttermilch nach dem Training Milchsäure enthalten kann. Das kann Ihrem Baby nicht schaden, aber einige Babys sind etwas wählerisch und mögen den Geschmack nicht. Wenn Ihr Baby Ihre Milch nach dem Training nicht mag, können Sie einfach vor dem Training etwas Milch abpumpen. Oder warten Sie einfach eine Weile: Die Milchsäurekonzentration wird innerhalb einer Stunde nach Ihrem Lauf wieder im Normalbereich liegen.

mitlaufen wollte. (Bei dieser Veranstaltung müssen die Teilnehmer Rad fahren, laufen, Ski fahren und mit Schneeschuhen einen Berg hinauf- und wieder hinunterlaufen.) Mein Mann war entsetzt. Er hatte mich schon in Tränen ausbrechen sehen, weil ich so müde war, und darum warf er mir vor, dass ich mir durch das Laufen noch mehr Stress zumutete. Er machte sich nur Sorgen um mich und das Kind. Und es war auch wirklich eine schwierige Zeit, weil ich so müde war. Aber ich musste einfach für mich selber weiterlaufen. Als er sah, dass ich in der zweiten Hälfte der Schwangerschaft etwas mehr Energie hatte, fand er es ganz in Ordnung, dass ich lief."

Wenn Menschen, die Ihnen nahe stehen, Ihnen das Laufen ausreden wollen, können Sie es sich und anderen leichter machen, wenn Sie Folgendes beachten:

Denken Sie daran, dass sie es nur gut mit Ihnen meinen. Schließlich sind Sie ja selbst auch um die Gesundheit Ihres Babys besorgt.

Beruhigen Sie besorgte Familienmitglieder. Lassen Sie Ihren Mann oder Ihre Mutter wissen, dass Sie im besten Interesse Ihres Kindes handeln. Erklären Sie, warum das Laufen sich positiv auf Ihre Gesundheit und auf die Gesundheit des Kindes auswirkt. Machen Sie ihnen auch klar, wie wichtig es Ihnen ist, körperlich und geistig fit zu bleiben.

Seien Sie eine gute Zuhörerin. Manchmal sieht ein Außenstehender die Dinge klarer. Schwangere Frauen, die versuchen, alles genau so zu machen, wie vor ihrer Schwangerschaft, riskieren, dass Sie sich überanstrengen. Wenn Sie sich zu sehr verausgaben, haben Ihre Mutter, Ihr Mann oder wer auch immer vielleicht Recht: Es ist dann wirklich an der Zeit, einen Tag lang einmal überhaupt nichts zu machen, weder Training noch Hausarbeit, und sich einfach hinzulegen und auszuruhen.

Wieder anfangen zu laufen

Nach Erkenntnissen des American College für Geburtshilfe und Gynäkologie gibt es während der Schwangerschaft eine ganze Reihe von körperlichen Faktoren, die Ihre sportliche Leistung beeinflussen können. Vieles davon wirkt sich auch noch mehrere Wochen nach der Geburt aus. Halten Sie sich an die folgenden Richtlinien, damit der Wiedereinstieg ins Laufen gelingt.

Stellen Sie keine zu hohen Erwartungen. Setzen Sie sich keinen bestimmten Zeitrahmen, innerhalb dessen Sie wieder zu Ihrer früheren Form zurückfinden wollen. Das kann dazu führen, dass Sie sich überanstrengen oder enttäuscht sind, wenn Sie es in dieser Zeit nicht schaffen. Sie werden merken, dass es in diesem Kapitel kein Trainingsprogramm gibt, nach dem Sie vorgehen können, um wieder mit dem Laufen zu beginnen. Das ist absichtlich so, weil jede Frau nach der Geburt eines Kindes andere Erfahrungen macht.

Fangen Sie langsam an. Lassen Sie Ihren Körper entscheiden, wann er bereit ist, eine Runde um den Block zu drehen. In den ersten Trainingsstunden sollten Sie sich auf lockeres, kurzes Walking beschränken. Setzen Sie sich keine Ziele, was Tempo oder Dauer betrifft. Wenn Sie das Training ohne Schwierigkeiten durchhalten, können Sie die Dauer langsam steigern und kurze Jogging-Intervalle einbauen. Folgen Sie den Grundsätzen für Laufanfängerinnen und steigern Sie Ihr Training langsam, bis Sie eine halbe Stunde gehen und laufen. Erst wenn Sie es wieder bequem schaffen, mindestens eine halbe Stunde zu joggen und das vier oder fünf Mal in der Woche, können Sie das Tempo langsam erhöhen. Sollte es jedoch zu Komplikationen kommen, zum Beispiel zu starken Blutungen, egal zu welchem Zeitpunkt, müssen Sie auf jeden Fall ein paar Tage mit dem Laufen aussetzen, bevor Sie es erneut versuchen und vielleicht auch einen Arzt aufsuchen.

Denken Sie daran, dass Sie sich von anderen Frauen unterscheiden. Lutter weist darauf hin, dass Frauen nach ihren Schwangerschaften sehr unterschiedliche Erfahrungen machen. Vielleicht werden Sie enttäuscht sein, wenn Sie sich mit anderen vergleichen. Wenn auch in einigen Büchern steht, dass Sie innerhalb von 6 Wochen wieder zu Ihrer alten Form zurückfinden können, *„brauchen viele Frauen dazu doch eher 6 Monate"*, sagt Lutter. *„Ihre Babys wachen immer noch in jeder Nacht mehrmals auf, die Mütter sind übermüdet, es ist einfach nicht realistisch. Eine Frau sollte lieber davon ausgehen, dass sie mindestens 6 Monate braucht. Wenn sie dann innerhalb von 2 Monaten wieder fit ist, ist das fantastisch."*

Hören Sie auf Ihren Körper. Die Erfahrungen nach einer Schwangerschaft sind nicht nur von Frau zu Frau verschieden. Ebenso kann auch dieselbe Frau jede ihrer Schwangerschaften und Geburten anders verkraftet haben. Vergleichen Sie Ihren gegenwärtigen Leistungsstand nicht mit dem, den Sie eigentlich erwartet haben

oder mit den Erfahrungen aus früheren Schwangerschaften. Genau wie beim Training während der Schwangerschaft sollten Sie auf Ihren Körper achten und so schnell oder langsam weitermachen, wie Ihnen angenehm ist.

Aus meinem Trainingstagebuch

Niemand kann von mir behaupten, dass ich mich mit dem Thema dieses Kapitels nicht wirklich gründlich beschäftigt habe. Während der Arbeit an diesem Buch merkte ich, dass ich schwanger bin. Mein Leben, meine Arbeit und mein Lauftraining würden nie mehr sein wie vorher.

Ich schäme mich jetzt für meine ersten Gedanken: Was wird aus meiner Figur? Was wird aus der Zeit, die ich beim Laufen für mich selbst habe? Und was wird aus meinen Plänen, es in die olympischen Vorentscheidungen zu schaffen?

Eine Woche verging. Wir hatten unser Baby zum ersten Mal auf dem Ultraschall gesehen, ein verschwommener Pulsschlag, der in meiner Gebärmutter vibrierte. Diese sieben Tage kamen mir vor wie eine Ewigkeit. Mein Leben und mein Laufen hatten sich schon grundlegend verändert und die Fragen, die ich mir nur eine Woche vorher noch gestellt hatte, fand ich jetzt nicht mehr wichtig. Ich machte mir keine Gedanken mehr um meinen Muskeltonus. Mein Körper sollte jetzt mein Kind ernähren. Ich aß fünf, sechs Mal am Tag, immer wenn ich Hunger bekam. Mein Training war zum Training für meine Gesundheit und die meines Babys geworden. Ich lief so, wie mein Körper es mir sagte. Wenn mein Puls raste, hielt ich an. Wenn ich mich gut fühlte, joggte und walkte ich bis zu einer Stunde. Wenn ich mich schlecht fühlte, lief ich überhaupt nicht.

Und die olympischen Vorentscheidungen? Irgendwie kam mir der Gedanke, meinen Körper nach der Geburt wieder in Form zu bringen, nicht nur anstrengend vor, sondern auch ziemlich abwegig. In meinen Träumen standen jetzt ganz andere Dinge an erster Stelle. Mir ging es jetzt um Gesundheit und Fitness und nicht nur um meine eigene, sondern auch um die meines Kindes.

Die Schwangerschaft gab mir etwas, das ich nie erwartet hätte. Ich stehe da und staune ehrfürchtig, was mein Körper noch alles leisten kann. Laufen war immer ein Lobgesang auf Kraft und Bewegung, doch jetzt ist es auch zu einem Loblied auf das Leben geworden.

Mya konnte 3 Wochen nach ihrem Kaiserschnitt wieder anfangen zu laufen. Nachdem sie ein paar Wochen trainiert hatte, fühlte sie sich fit für einen Wettkampf. Und sie lief ihn auch, während der 6 Wochen alte Michael als Zuschauer dabei war. Bei Shirley war es etwas schwieriger:

„6 Wochen nach der Geburt versuchte ich wieder zu laufen, aber meine Brust tat mir vom Stillen zu weh. Also hörte ich wieder auf und wartete noch ungefähr 10 Wochen. Kurz danach lief ich einen Wettkampf. Ich fühlte mich nicht sehr kräftig, dafür aber sehr leicht. Durch Stillen und Laufen verbrauchte ich eine Menge Energie."

Nadia erlebte beide Extreme. Nach ihren ersten beiden Schwangerschaften begann sie schon eine Woche nach der Geburt wieder zu laufen. (Sechs Wochen nach der Geburt ihrer zweiten Tochter schaffte sie den Halbmarathon in 1 Stunde und 11 Minuten.) Doch die Geburt ihrer dritten Tochter war schwieriger und Nadias Comeback verzögerte sich merklich. *„Ich machte alles noch schlimmer, weil ich erwartete, dass alles genauso laufen würde wie bei den vorangegangenen Schwangerschaften, und nicht auf meinen Körper geachtet habe"*, sagt sie.

Die meisten Frauen, die ich für dieses Buch interviewt habe, sagten, dass nach der Geburt ihrer Kinder andere Dinge für sie in den Mittelpunkt gerückt sind. Selbst besonders leistungsorientierte Läuferinnen, die eigentlich wieder an Wettkämpfen teilnehmen wollten, meinten, dass jetzt ihr Baby an erster Stelle steht. Der allgemeine Konsens war: Es ist fantastisch, wenn man es schafft, wieder das alte Leistungsniveau zu erreichen, aber es ist nicht eigentlich wichtig. Freizeitläuferinnen machten sich nach der Geburt ihres Kindes weniger Gedanken über eine Topfigur. Sobald sie ein Kind haben, ist es für diese Läuferinnen kein Problem, einfach etwas weniger zu trainieren. Das heißt, dass sie einerseits nicht ihre ganze Energie in ihr Training stecken, andererseits aber ihr Training auch nicht für alles andere opfern. Nur weil Ihre Schwangerschaft vorbei ist, heißt das nicht, dass Sie sich nicht mehr um sich selbst kümmern müssen, wie Sie es gelernt haben. Ihre Kinder werden sich noch jahrelang auf Sie verlassen müssen und eine gesunde und glückliche Mutter kann viel besser auf ihre Bedürfnisse eingehen.

„Ich dachte, als mein Baby da war, ich will weiter an meiner Laufkarriere arbeiten, aber ich will vor allem, dass meine Kinder glücklich sind. Das

kommt an erster Stelle", sagt Nadia. Ihr Fazit zeigt, dass sie eine Frau ist, die von beidem inspiriert ist – von ihren Kindern und vom Laufen: *„Jedes Mal, wenn du vom Laufen zurück kommst und dein Baby siehst, ist es, als würde die Sonne aufgehen. Es gibt dir Energie. Das Leben wird reicher. Es hat ein festes Fundament bekommen. Du läufst nicht mehr nur für dich selbst, du läufst für ein Baby, du läufst für deine Familie. Du fühlst dich, als ob du alles schaffen könntest."*

20. Laufen für Kinder und Jugendliche

Kim Jones' persönliche Marathonbestleistung liegt bei 2:26:40 und bei einigen der härtesten Wettkämpfen in den USA war sie unter den ersten dreien. Doch was das Laufen betrifft, ist sie auf eine Leistung besonders stolz – nicht auf einen Wettkampf oder eine ihrer Zeiten –, sondern auf ihre Tochter Jamie.

Nachdem Jamie die High School erfolgreich abgeschlossen hatte, in dieser Zeit Landesmeisterin geworden war und zu den 10 besten Läuferinnen der Vereinigten Staaten gehörte, begann sie ihr Studium an der University of Colorado. *„Ich habe immer versucht, sehr vorsichtig zu sein"*, sagt Jones über die läuferische Erziehung ihrer Tochter. *„Denn ich wusste, dass sie ein Riesentalent hatte."*

Wie sich herausstellte, haben sich Vorsicht und zurückhaltende Aufmerksamkeit der Mutter ausgezahlt. Jamie ist ein Schulbeispiel dafür, wie man eine Tochter fördert, die Talent zur Läuferin hat. Jamie nahm in der ersten Klasse zunächst an einer Reihe von schulinternen Wettkämpfen teil. *„Sie haben nie ‚trainiert', sie haben nur gespielt"*, erinnert sich Jones. *„Diese Wettkämpfe fanden auf dem Rasen im Park statt und gingen immer über 1,5 km oder so."* Jamie zeigte schon früh viel versprechende Ansätze. Sie lief in der Grundschule eine Meile in 5:50 und wurde bei einem Wettkampf sogar Stadtmeisterin. Jones achtete aber darauf, dass Jamie auch noch andere Sportarten betrieb, unter anderem Softball, Volleyball und Basketball. *„Ich habe ihr immer Mut zugesprochen, bei anderen Sportarten ebenso wie bei allem, was sie sonst noch unternahm. Heimlich hoffte ich zwar, dass sie sich für das Laufen entscheiden würde, aber ich habe sie nie in diese Richtung gedrängt."* Aber es ergab sich, dass Jamie sich selbst für den Sport entschied. Nach der Mittelstufe konzentrierte sie sich aufs Laufen.

Experten für Jugendsport betonen immer und immer wieder: Wenn Sie Ihr Kind unterstützen wollen, sind folgende Verhaltensweisen besonders

wichtig: Sorgen Sie dafür, dass der Sport weiterhin Spaß macht, machen Sie Ihrem Kind Mut bei allem, was es tut und bleiben Sie auch involviert, wenn das Kind größer wird. Jones war bei alldem auf dem richtigen Weg. Ein Beweis dafür ist, dass das größte Lob von ihrer schärfsten Kritikerin kommt: von Jamie selbst. *„Sie hat mir so sehr geholfen"*, sagt Jamie, die hofft, einmal Profiläuferin zu werden und eines Tages schneller laufen will als ihre Mutter. *„Sie hat mich nie unter Druck gesetzt, als ich klein war. Ich habe sehr viel einfach dadurch gelernt, dass ich ihr zugesehen habe."*

ⓢ Gesund aufwachsen

Es ist tatsächlich von immenser Bedeutung, was Kinder dadurch lernen, dass sie ihre Eltern beobachten. Schätzungen gehen davon aus, dass etwa die Hälfte aller Kinder in den USA sich heutzutage überhaupt nicht körperlich betätigen.

Bewegung spielt in der heutigen Kindheit keine wichtige Rolle mehr. Kinder verbringen einen Großteil ihrer Freizeit wie festgeklebt mit Computerspielen, dem Internet und natürlich vor dem Fernseher. Wenn beide Eltern arbeiten, halten sich die Kinder oft in geschlossenen Räumen auf – in Kindergärten oder Kindertagesstätten. Auch wenn sie zu Hause sind, spielen sie nur noch selten draußen, weil ihre Eltern Angst vor dem Straßenverkehr und Gewalt haben. Das gilt selbst für so genannte „gute" Gegenden.

Das Ergebnis ist eine heranwachsende Generation von unbeweglichen und übergewichtigen Kindern. *„In unserem Teil der Welt steht Fettsucht bei den chronischen Gesundheitsproblemen an erster Stelle"*, sagt Dr. Oded Bar-Or. *„Und es wird schlimmer und schlimmer."* Dr. Bar-Or ist Direktor einer Spezialklinik für übergewichtige Kinder und Professor für Pädiatrie. Er weist darauf hin, dass Sport die einfachste Lösung für dieses wachsende Problem darstellt: Je mehr sich ein Kind bewegt, desto unwahrscheinlicher ist es, dass es übergewichtig wird. Neben den ganz offensichtlichen physischen Auswirkungen können besonders Mädchen darüber hinaus noch für ihr gesamtes restliches Leben profitieren. Mädchen, die Leichtathletik treiben, sollen nach Studien aus den USA mit geringerer Wahrscheinlichkeit

◈ mit Drogen in Kontakt kommen
◈ zu früh sexuelle Erfahrungen machen
◈ oder schwanger werden
  und mit höherer Wahrscheinlichkeit
◈ einen Schul- oder Universitätsabschluss machen
◈ und überdurchschnittlich gute Noten nach Hause bringen.

„Mädchen, die Sport treiben, haben eine andere Einstellung zu ihrem Körper", sagt Lynn Jaffee von einem Frauengesundheitszentrum. *„Anstatt sich mit Fragen zu beschäftigen wie: ‚Bin ich auch schlank genug? Bin ich hübsch?', geht es um: ‚Wie stark bin ich? Wie schnell bin ich?' Sie betrachten ihren eigenen Körper in erster Linie als etwas, mit dem sie Leistung erbringen können und nicht als etwas, das einfach nur attraktiv sein soll."*

Dieser positive Effekt reicht über die Teenagerzeit hinaus. Die gleichen Studien berichten auch, dass Frauen, die in ihrer Jugend Sport getrieben haben, ein überdurchschnittliches Selbstbewusstsein und Selbstwertgefühl besitzen. Sie sind stolzer auf ihr Aussehen und leiden auch nicht so häufig an Depressionen.

◎ *Der richtige Start*

Wann sollten Sie Ihr Kind dazu bringen, Sport zu treiben? Je früher desto besser. Eine Studie aus dem Jahr 1989 beweist, dass Mädchen, die bis zu ihrem 10. Lebensjahr keinen Sport treiben, nur mit einer Chance von 10% Sport treiben, wenn sie 25 sind. Dies wird sich wohl langsam ändern, da

immer mehr Frauen Sport für sich entdecken und auch ältere Frauen, die Sport treiben, immer mehr Akzeptanz erfahren. Fest steht aber: Je früher Ihre Tochter aktiv wird, desto besser wird sie sich körperlich, geistig und seelisch fühlen.

Das heißt nicht, dass Sie Ihr Kind mit auf den Sportplatz nehmen und seine Zeit stoppen sollen, sobald es laufen kann. Sie sollten das „Laufen" sogar erst einmal ganz vergessen. Körperliche Aktivität für Kinder muss und darf mindestens bis zum Alter von 14 Jahren nicht zu professionell betrieben werden. Sport sollte hier immer spielerisch bleiben. Nur so kann er zum selbstverständlichen Bestandteil des täglichen Lebens werden. Im Folgenden finden Sie einige Anregungen zur Integration von gesundem Zeitvertreib in das Alltagsleben Ihres heranwachsenden Kindes.

Die Kindergartenjahre

Draußen spielen. Es ist wichtig, Kinder früh daran zu gewöhnen. Wenn Sie das tun, können Sie vielleicht vermeiden, dass Ihr Kind später ständig vor dem Videospiel hockt.

Spielen Sie kreativ. Ballspielen, Purzelbäume schlagen und in Laubhaufen springen sind Beispiele für Freizeitspiele, die die Koordination fördern.

Grundschule

Fördern Sie den natürlichen Spieltrieb Ihres Kindes. Wenn Kinder spielen, dann geht es ziemlich oft darum, einfach nur herumzurennen.

„Als ich klein war, schob uns meine Mutter einfach zur Tür heraus und wir liefen in den Feldern herum", erinnert sich die Spitzenläuferin Priscilla Welch aus Colorado. *„Aber es war ein Spiel, keine Kilometerschinderei auf der Straße."* Welchs Weltbestleistung im Marathon der Seniorenklasse von 2:26:51 zählt zu den Spitzenergebnissen im Laufsport.

Kim Jones hat ähnliche Erfahrungen gemacht. *„Wir waren zu 11 Geschwistern und wir mussten uns alle ein Fahrrad teilen"*, sagt sie. *„Wenn wir zum Strand wollten, der ungefähr 2 km weit weg war, liefen wir einfach. Es war kein Training – wir liefen einfach."*

Lassen Sie sich auf kleinere Wettkämpfe ein. Ein Garten ist der perfekte Trainingsplatz, um Sportsgeist und Freude an der Bewegung zu entwickeln, die ein Leben lang anhalten. Um die Wette laufen, Fangen, Ball spielen und was es sonst noch an Bewegungsspielen für draußen gibt – das ist alles, was ein kleines Kind an Lauftraining braucht. *„In diesem Alter geht es vor allem um Spaß, nicht um Fitness"*, sagt Susan Kalish. *„Kinder tun alles, wenn es ihnen Spaß macht. Niemand möchte, dass kleine Kinder Sport als Arbeit ansehen. Kinder sollten niemals daran denken, eine bestimmte Leistung erbringen zu müssen."* Welch stimmt dem zu. *„Wenn Sie ein Kind am Kragen nehmen und es in ernsthafte Strukturen pressen, haben Sie es verloren."*

Spielen Sie mit Ihren Kindern. Bitten Sie Ihre Kinder, Ihnen die Spiele beizubringen, die sie auf dem Schulhof spielen. Laden Sie ihre Freunde ein, um ein bisschen Fußball oder Federball zu spielen.

Machen Sie aus Familienausflügen aktiven Freizeitspaß. Nehmen Sie Ihr Kind mit auf Spaziergänge, Wanderungen und Radtouren. Das sind erstklassige Familienaktivitäten für Kinder in diesem Alter. Achten Sie darauf, dass Ihr Kind das Tempo bestimmt. *„Am Anfang fuhren meine Töchter auf dem Fahrrad neben mir her, während ich lief"*, sagt Kalish. *„Dann fingen sie an zu laufen, wenn sie wollten. Unsere Läufe sind so weit und so anstrengend, wie meine Kinder es wollen und wir spielen viel dabei. Wir laufen um die Wette bis zum Bach. Aber wenn sie anhalten möchten, um Kaulquappen zu fangen, dann halten wir eben an. Ich gebe mir große Mühe, sie nicht unter Druck zu setzen. Und indem ich sie vor mir herlaufen lasse, überlasse ich ihnen buchstäblich die Führung. So können sie stehen bleiben, wann immer sie wollen."*

Melden Sie Ihr Kind erst dann im Sportverein an, wenn es selber das möchte. Wenn Ihre Kinder wollen, können sie beim organisierten Sport (Verein, Laufgruppe etc.) mitmachen, aber zwingen Sie sie nicht dazu. Zu diesem Zeitpunkt ist es am besten, wenn die Kinder sich ihre Sportart selbst aussuchen. In diesem Alter kommt es darauf an, dass sie Spaß am Lernen haben. Sie brauchen sich nicht in kleine Olympioniken zu verwandeln.

Etwa ab dem 12. Lebensjahr

Gestalten Sie Wochenenden und Ferien aktiv. Ihr Kind wird jetzt mehr Zeit mit Freunden außerhalb der Schule verbringen. Nutzen Sie die Familienzeit sinnvoll, indem Sie gesundheitsfördernde Aktivitäten einplanen. Wandern und Radfahren kann mit kleinen Campingurlauben kombiniert werden.

Nehmen Sie gemeinsam an einem Wettkampf teil. Nehmen Sie zusammen mit Ihrem Kind an einem 5-km-Walk oder -Lauf teil. Das ist nicht nur ein großartiges Training, Ihr Kind kann so auch einmal die tolle Stimmung am Rande eines Wettkampfs erleben.

Denken Sie jetzt auch an organisierten Sport. Vielleicht interessiert sich Ihr Kind mittlerweile für eine Mannschaftssportart oder sogar für ein regelmäßiges Training einer Individualsportart, wie z.B. das Laufen. Das ist gut, solange der Impetus von Ihrem Kind ausgeht und nicht von Ihnen oder von einem Trainer. Wenn Sie Ihrem Kind zu diesem Zeitpunkt ein Sportprogramm aufzwingen, kann es passieren, dass Sie ihm die Lust am Sport nehmen.

Etwa ab dem 14. Lebensjahr

Verbinden Sie Sport mit sozialem Engagement. Ermutigen Sie Ihr Kind, bei einem Wohltätigkeitslauf mitzumachen und sich dafür Sponsoren in der Nachbarschaft zu suchen.

Lassen Sie Ihr Kind einem Verein oder einer Mannschaft beitreten. Die Atmosphäre in der Mannschaft hilft Teamgeist zu entwickeln. Jetzt sind die Jugendlichen alt genug, um mit einem vorgegebenen Trainingsprogramm und einer Wettkampfsituation zurechtzukommen.

Ermuntern Sie Ihr Kind weiterhin dazu, seine Freizeit aktiv zu gestalten. Kämpfen Sie gegen ständigen Medienkonsum an, indem Sie den Feier-

abend aktiv zusammengestalten. Teenager haben Spaß an Dingen wie Schwimmen oder Frisbee, ohne dabei überhaupt zu merken, dass sie Sport treiben.

Zusätzlich zu dieser grundsätzlichen Ermunterung zum Sport können Sie ihm auch zu einem guten Start verhelfen. Hier einige Tipps, wie Sie durch Ihr eigenes Verhalten körperliche Aktivität fördern können.

Seien Sie ein gutes Vorbild. Einer der besten Wege, Kinder sportlich zu erziehen, ist selbst mit gutem Beispiel voran zu gehen, so die Experten-

Laufen und Wachstum

Viele Eltern machen sich Sorgen, dass das Laufen einen negativen Einfluss auf das Wachstum ihres Kindes haben könnte. Das stimmt nicht, sagen Dr. Oded Bar-Or und andere Experten für Jugendsport. „Wahrscheinlich gehen solche Vorstellungen noch auf überholte Forschungen zurück. Früher hat man angenommen, dass aktive Kinder langsamer wachsen als diejenigen, die sich wenig bewegen", sagt Dr. Bar-Or, Professorin für Kinderheilkunde in Ontario, Kanada. „Es gibt dafür zumindest eine einfache Erklärung: Die Kinder, die beim Sport gute Leistungen zeigten – und das waren immer diejenigen, die beobachtet wurden – waren in ihrer Entwicklung schon weiter fortgeschritten als die Kinder, die weniger aktiv waren. Sie hatten ihren Wachstumsschub schon hinter sich, während die weniger aktiven Kinder ihn noch vor sich hatten. So entstand der Eindruck der unterschiedlichen Wachstumsgeschwindigkeit. Neuere Studien bestätigen, dass Laufen und andere Sportarten keinerlei Einfluss auf das Wachstum haben."

Der Wachstumsprozess während der Pubertät und Jugendalter kann jedoch die Laufleistung beeinflussen. Das liegt daran, dass während eines Wachstumsschubs die Knochen viel schneller wachsen als die Muskeln. Das kann zur Folge haben, dass die Jugendlichen in einer solchen Wachstumsphase schlechtere sportliche Leistungen zeigen, weil der Körper buchstäblich aus dem Gleichgewicht gerät. „Die Beobachtung, dass die Laufleistung in diesem schon fast sprichwörtlich gewordenen ‚schwierigen Alter' nachlässt, ist wahrscheinlich darauf zurückzuführen, dass Knochen, Muskeln und Bänder nicht gleichmäßig schnell wachsen. Ihre schlaksigen Gliedmaßen sind den Jugendlichen ständig im Weg", erklärt Dr. Bar-Or. „Bei Mädchen haben die Muskeln sich bis zum Ende des Wachstumsschubs den Knochen angepasst. Bei Jungen kann es länger dauern – bis zu einem Jahr – bis die Muskeln beim Wachstum aufgeholt haben." Jugendliche können während solcher Phasen zwar bedenkenlos laufen, hier liegt aber ein weiterer Grund dafür, in der Vorpubertät und Pubertät nicht zu hart zu trainieren. Kinder und Jugendliche sollten den Löwenanteil ihrer Energie für ein gesundes Wachstum verbrauchen und nicht dafür, sich auf einen Marathon vorzubereiten.

meinung. Wenn sie Sie beim Laufen, Radfahren oder Wandern erleben, werden sie Sport als das Normale ansehen.

Geben Sie positives Feedback. Negative Krittelei kann Ihrem Kind die Lust am Sport völlig nehmen. *„Wenn sie sich gut machte, gab ich ihr immer ein positives Feedback, aber auch, wenn etwas falsch lief"*, sagt Jones über die frühen Ausflüge ihrer Tochter in den Laufsport. Indem Sie Ihrem Kind eine positive Umgebung schaffen, ermutigen Sie es dazu, Chancen zu ergreifen und zu lernen.

Seien Sie aufmerksam und interessiert. Hören Sie Ihrem Kind zu. Wenn er oder sie sich unter Druck gesetzt fühlt, sollten Sie handeln und mit dem Trainer reden oder zu einer Gruppe wechseln, in der andere Schwerpunkte gesetzt werden. Probieren Sie es mit einer neuen Sportart oder stehen Sie jederzeit zur Unterstützung und Beratung bereit. Jones engagierte sich während der gesamten High-School-Zeit für das Training ihrer Tochter. Wenn sie Bedenken hatte, wandte sie sich an den Trainer. Sie achtete darauf, dass Jamie verstand, warum sie sich vernünftig ernähren sollte und wie wichtig Pausen und Regenerationszeiten für eine langfristige Fitness sind. So wurde ihre Tochter nicht nur eine erfolgreiche Sportlerin, sondern auch eine energiegeladene, ausgeglichene junge Frau. *„Sie hat so viel über sich selbst, ihren Körper und ihre Gefühle gelernt"*, sagt Jones über ihre Tochter. *„Sie sieht alles positiver und das ist das Ergebnis ihres Lauftrainings."* Ein weiterer positiver Nebeneffekt ist die

Gesund bleiben

Verletzungen sind leider ein großes Risiko für Mädchen, die mit einem Trainingsprogramm anfangen. Manche neigen dazu, sofort mit einem harten Training über viele Kilometer einzusteigen. Das Ergebnis können dann Ermüdungsbrüche und Schienbeinprobleme sein.

Mädchen können Verletzungen vermeiden, wenn sie sich an dieselben Trainingsprinzipien halten, die für jede Laufanfängerin gelten: Steigern Sie Tempo oder Kilometerzahl niemals zu schnell. Laufen Sie öfter auf weichem Untergrund und achten Sie darauf, die richtigen Schuhe und Einlagen zu tragen. Auch für Jugendliche ist es wichtig, dass sie sich langsam „warm laufen". Behutsames Training hilft Verletzungen zu vermeiden.

enge Beziehung zwischen Mutter und Tochter, die durch das gemeinsame sportliche Interesse entstanden ist. *„Sie und ich laufen morgens zusammen los und reden über alles"*, sagt Jones.

Der Schritt zum Wettkampf

Es gibt kein magisches Alter, von dem ab sich Ihr Kind nur auf eine Sportart konzentrieren sollte (oder kann). Die meisten Experten empfehlen sowieso, dass Sie Ihre Kinder dahin beeinflussen, sich so lange wie möglich mit verschiedenen Aktivitäten zu beschäftigen. So macht die Sache weiter Spaß und wird nicht langweilig. In einem Alter, in dem Kindern das Lernen besonders leicht fällt, können sie außerdem besonders viele verschiedene Fähigkeiten entwickeln. Dr. Bar-Or betont, dass gerade Läufer in jedem Alter „geboren" werden. Anders als beim Kunstturnen oder Eiskunstlaufen, die die Entwicklung spezieller Fähigkeiten in der frühen Kindheit verlangen, braucht man mit dem Laufsport nicht so früh anzufangen. Es ist auch nicht nötig, sich schon früh zu spezialisieren, um später Erfolg zu haben.

Ab einem Alter von etwa 14 Jahren wird für die Jugendlichen normalerweise der spielerische Sport zum ernsthaften Training. Es gibt aber auch immer mehr Angebote (z.B. auf Gemeindeebene) für I-Dötzchen, die Wettkämpfe laufen möchten. *„Organisierte Gruppen sind eine gute Möglichkeit, um den Spaß- und Familiensport allmählich etwas zielgerichteter zu betreiben"*, sagt Roy Benson, ein anerkannter Trainer in Atlanta. Er ist Experte für

pulsgesteuertes Training und hat vier Jahrzehnte Erfahrung in der Arbeit mit Läufern jeden Alters und jeder Leistungsstufe. Benson betont aber auch, dass Eltern sich vergewissern sollten, dass beim Trainingsprogramm auch die richtigen Schwerpunkte gesetzt werden.

„Diese Trainingsprogramme sind gut, wenn sie ebenfalls ein paar auch sonst wichtige Lektionen vermitteln, z.B. über den Zusammenhang zwischen harter Arbeit und der Belohnung dafür. Oder wenn sie das Selbstbewusstsein dadurch fördern, dass etwas geschafft wurde", sagt Benson. *„Sie können dem Selbstbild aber dann schaden, wenn ein Kind nicht das erbringt, was andere sich unter Erfolg vorstellen. Am schlimmsten ist es, wenn Kinder die Erfahrung des Scheiterns machen, ohne eine Erklärung dafür zu bekommen. Wenn man ihnen sagt, dass sie nicht zäh oder gut genug sind, können sie ihren Spaß am Laufen oder am Wettkampf verlieren."*

Wenn Ihr Kind sich auf das Laufen – oder eine andere Sportart – spezialisieren will, sollten Sie folgende Punkte beachten, um sicherzugehen, dass Ihr Kind für sich gute Erfahrungen macht.

Lassen Sie Ihr Kind an unterschiedlichen Sportveranstaltungen teilnehmen. Die meisten Trainer sind sich darin einig, dass ein Kind sich nicht zu früh ausschließlich auf das Laufen konzentrieren sollte – auch wenn es Talent dafür hat. Es gibt viele herausragende Läuferinnen jeden Alters, die nach viel versprechenden Leistungen an Schule und Universität „verschwunden" sind. Sie haben den Sport entweder ganz aufgegeben oder konnten nie die frühzeitig gestellten Erwartungen erfüllen. Dieses Phänomen wird Burn-out-Syndrom genannt und kommt bei einem

so intensiven Sport wie dem Laufen nur allzu oft vor. Was ist mit diesen viel versprechenden jungen Leuten passiert? Sie haben sich zu früh verausgabt – manchmal körperlich, manchmal mental und oft auch beides zusammen.

Achten Sie darauf, dass Ihr Kind nicht zu früh zu ernsthaft wird. *„Abgesehen von den wirklichen Spitzentalenten steht den meisten jungen Läuferinnen ein Fenster von 4 bis 6 Jahren zur Verfügung, in dem sie alles aus sich herausholen können", sagt Benson. „Spitzenläufer müssen nur gerade so schnell laufen, dass sie gewinnen, doch sie müssen dazu nicht ihre gesamte psychische Kraft aufbringen. Darum haben sie eine längere Laufkarriere. Aber alle anderen Kinder, die erbittert kämpfen, um sich hervorzutun, müssen sich seelisch und körperlich enorm anstrengen. Wenn so ein junger Mensch wirklich gut laufen will, muss er eine Menge dafür aufgeben. Wenn er jeden Tag und in jedem Wettkampf 100% gibt und sein normales Leben als Kind oder Teenager praktisch aufgibt, wird er sich eines Tages sagen: Das reicht. Wenn Sie Ihr Kind also mit 10 anfangen lassen, ist seine Karriere mit 16 vielleicht schon vorbei."*

Training sollte leicht fallen. Benson und andere Trainer sind sich darin einig, dass es für eine junge Läuferin besser ist, zu wenig zu trainieren als zu viel. Schließlich ist das Wichtigste beim Training von Jugendlichen, dass sie auch die nächsten Jahre dabeibleiben, sei es auf Wettkampf- oder auf Hobbyebene. Leichtere Trainingskilometer in den ersten Jahren verlängern wahrscheinlich die Karriere als Läuferin. Sollte sie sich dafür entscheiden, weiter an Wettkämpfen teilzunehmen, wird sie sich mental frischer fühlen und weniger verletzungsanfällig sein.

Es ist schwer, allgemein zu sagen, wie viele Kilometer ein junges Mädchen laufen sollte, aber Benson hat einige grobe Richtlinien entwickelt. In den ersten Jahren der weiterführenden Schule sollten die Grünschnäbel unter den Läuferinnen, auch wenn sie Talent zeigen, nur sehr wenige Kilometer laufen, um Verletzungen zu vermeiden. So können sich Knochen, Muskeln und Bänder langsam den dauernden Belastungen durch das Laufen anpassen. Zwar ist jedes Mädchen anders, aber 25 bis 30 km in der Woche sind nach vorsichtiger Schätzung ungefährlich für eine Läuferin ab 15 Jahren. Das ist eine Distanz, die nur mit geringen Risiken einhergeht. Bis zum Alter von 17/18 Jahren hat sich der Körper einer Sportlerin meist angepasst und diese Trainingsstufe sollte ihr keine Schwierigkeiten

mehr bereiten. Benson empfiehlt, dass die Mädchen jetzt bis zu 50 oder 65 km pro Woche laufen sollten, immer entsprechend ihren natürlichen Fähigkeiten.

Das Verhältnis zum Trainer

Es hat sich herausgestellt, dass die sportliche Seite nur ein Aspekt des Trainings mit Jugendlichen ist – vielleicht sogar der einfachste. In diesem Alter sollten die geistige Entwicklung und die Förderung der positiven Eigenschaften, die mit dem Laufsport einhergehen können, Vorrang haben. Denn dies ist etwas, das eine junge Läuferin mitnehmen kann und das ihr auch später in allen Lebensbereichen vom Arbeitsplatz bis hin zu Beziehungen zugute kommt.

„Beim Training von Jugendlichen ist die Vermittlung von Orientierung wichtiger als Trainingseinheiten", sagt Ann Boyd, Eliteläuferin und Jugendtrainerin in Ann Arbor. „Die Aufgabe des Trainers besteht darin, jungen Läuferinnen die richtigen Werkzeuge an die Hand zu geben. Er muss sie

Kleine Maschinen auftanken

Was Flüssigkeitsaufnahme und Ernährung angeht, reagieren Kinder nicht einfach wie Mini-Erwachsene. Auch wenn es so scheint, als ob Kinder immer weiter- und weitermachen können, ohne müde zu werden, dehydrieren und überhitzen sie schneller als Erwachsene. „Wenn es darum geht, Hitze vom Körper abzuleiten, sind Kinder im Nachteil", sagt Dr. Oded Bar-Or. „Kinder schwitzen nicht so viel wie die Erwachsenen, sie produzieren mehr Körperhitze und nehmen mehr Hitze von außen auf, weil das Verhältnis von Oberfläche zu Volumen bei ihnen größer ist als bei Erwachsenen." Diese drei Faktoren zusammen erhöhen das Risiko, dass die Körpertemperatur bei Sportarten wie dem Laufen schnell ansteigt, wenn über einen längeren Zeitraum trainiert wird.

Um Ihre Kinder vor einem solchen Temperaturanstieg zu schützen, müssen Sie darauf achten, dass sie vor und nach dem Training etwas trinken. Wenn sie über einen längeren Zeitraum trainieren, sollten Sie dafür sorgen, dass sie ungefähr alle 15 Minuten eine Pause machen, um etwas zu trinken. Das kann schwierig sein, weil manche Kinder die Nase rümpfen, wenn sie Wasser trinken sollen. Ein Sportgetränk oder

anleiten und geistig und seelisch unterstützen. Beim richtigen Training für junge Mädchen geht es nicht darum, ‚Schneller! Schneller!' zu schreien."

Eltern und Kinder sollten sich vor Trainern in Acht nehmen, die, zur persönlichen Profilierung oder im Namen des Vereins, versuchen aus ihren Schützlingen auch noch die allerletzten Leistungsreserven herauszupressen. *„Das Beste, was ein Jugendtrainer tun kann, ist, seine Läuferin als noch formbares Talent in das weiterführende Training zu übergeben"*, sagt Benson. Wenn Ihr Sohn oder Ihre Tochter das Gefühl hat, dass das Training ungeeignet ist, sollten Sie mit dem Trainer oder einem anderen Verantwortlichen darüber reden. Sie müssen kein Experte sein, um schlechtes Training von einem guten unterscheiden zu können. Wenn Ihr Kind sich gedemütigt oder unter Druck gesetzt fühlt, wenn er oder sie ständig erschöpft oder verletzt ist, müssen Sie unbedingt mit dem Trainer sprechen. Kann oder will er seine Art nicht ändern, sollten Sie für Ihr Kind besser eine andere Trainingsgruppe suchen. *„Es geht darum, Ihre Tochter zu schützen"*, sagt Jones, die immer ins Training ihrer Tochter involviert blieb. *„Ihr Spaß am Sport und ihre Gesundheit stehen auf dem Spiel."*

---

verdünnter Fruchtsaft bietet sich vielleicht eher an, da Kinder davon gern größere Mengen trinken.

Wenn Sie möchten, dass Ihre Kinder sich optimal ernähren, können Sie ihnen nicht einfach dasselbe geben, das Sie auch selbst essen. Ihre fettarme, herzschonende Diät ist nicht das richtige für einen Körper, der sich noch im Wachstum befindet. Das aber heißt nicht, dass sich Ihre Kinder mit Junk Food und ungesunden, gesättigten Fettsäuren voll stopfen dürfen. Das heißt, in den meisten Mahlzeiten der Kinder sollten eiweiß- und kalziumreiche Nahrungsmittel enthalten sein. Das sind zum Beispiel Käse, Milch, Fleisch, Erdnussbutter. Und versuchen Sie nicht, das Fett wegzulassen, wo es nur geht. Die Standardregel, viel frische Früchte und Gemüse, ist immer noch gültig. Die meisten Kinder essen viel zu wenig von diesen nährstoffreichen Energielieferanten. Außerdem sollten Sie versuchen, den Süßigkeitskonsum so weit wie möglich einzuschränken und nicht zur Gewohnheit werden zu lassen, auch wenn es Ihnen unmöglich erscheint. So gehen Sie auch den damit zusammenhängenden Zahnproblemen aus dem Weg.

Aus meinem Trainingstagebuch

Ich war gesegnet, aber auch verflucht mit einem Vater, der mich zum Laufsport brachte. Er war als Kind gelaufen, also würde ich es auch tun. Nein, es war nicht meine Idee, dass er den Trainer und den Direktor der Sportabteilung in meiner Schule unter Druck setzte, damit ich in der Jungenmannschaft mitlaufen konnte. Das war Mitte der 70er Jahre. Nein, ich wusste es überhaupt nicht zu schätzen, dass ich eine Vorreiterrolle spielte und in die Welt der Jungen, ins Reich des Gruppendrucks an der Junior High und High School eindrang. Ich wollte doch einfach nur Feldhockey spielen.

Jahrelang habe ich fast nur die „verfluchte" Seite dessen gesehen, was mein Vater für mich getan hat. Es hat mehr als ein Jahrzehnt gedauert, bis ich darin auch den „Segen" gesehen habe und schätzen lernte. Mein Vater war zum Beispiel nie der Meinung gewesen, dass ich weniger leisten konnte als ein Junge, einfach nur, weil ich ein Mädchen war. Er bestand darauf, dass mir die gleichen Möglichkeiten offen standen wie meinem Bruder. Und das zu einer Zeit, in der ein solches Denken nicht besonders populär war. Wo andere Eltern mit dem Status Quo zufrieden waren, setzte er sich für mich ein. Zum Beispiel beim Feldhockey.

Er konnte sich noch nicht auf die Populärpsychologie stützen, die seit 20 Jahren dazu mahnt, die Töchter „ihren Weg finden" zu lassen. Laufen kam damals noch nicht als Sport für Mädchen in Betracht. Wer weiß? Vermutlich hätte ich alleine niemals den Weg zum Laufen gefunden. Immer wenn ich mich gefragt habe, ob meine Wettkampfkarriere anders/besser/länger gewesen wäre, wenn ich einen sanfteren Start in diesen Sport gehabt hätte, war da auch die Kehrseite der Medaille: Vielleicht hätte ich gar nicht erst mit dem Sport angefangen, wenn mein Vater mich nicht an die Hand genommen und zur Startlinie geführt hätte.

Aber, das ist heute alles Geschichte. Das Ergebnis ist, dass ich heute, sobald ich diesen Abschnitt fertig geschrieben habe, loslaufen werde. Und dass ich im Alter von 37 Jahren kräftig, gesund und voller Selbstvertrauen bin. Das verdanke ich dem Sport, den ich als Kind gelernt habe. Ich bin sicher, er hat sich immer gewünscht, dass das Laufen mir das geben würde. Und genau das ist es auch, was ich so gerne an meine Tochter weitergeben möchte.

◎ Das Körperbild

Manche Läuferinnen haben schon vor der Pubertät Kummer mit ihrem Aussehen oder leiden unter Ess-Störungen. In einigen Untersuchungen wird behauptet, dass diese Probleme bei jungen Sportlerinnen häufiger vorkommen als bei Nicht-Sportlerinnen. Es gibt jedoch keine Beweise für einen solchen kausalen Zusammenhang. Mit anderen Worten: Es ist nicht erwiesen, dass sich durch den Sport das Risiko einer Ess-Störung erhöht. Viele Experten glauben umgekehrt, dass Mädchen mit einer bestimmten körperlichen Veranlagung oder Persönlichkeit Sportlerinnen werden und dass dieser Typ von vornherein anfälliger für Ess-Störungen ist.

Sie können dazu beitragen, dass Ihre Tochter ein gesundes Essverhalten und eine gesunde Einstellung zu ihrem Körper entwickelt.

Geben Sie ein gutes Beispiel. Ernähren Sie sich selbst gesund und reden Sie nicht ständig davon, wie unzufrieden Sie mit Ihrem eigenen Körper sind.

Verkneifen Sie sich unangebrachte Bemerkungen über Körpergewicht. Kritisieren Sie nicht ihr Gewicht und drängen Sie sie nicht ultimativ abzunehmen. Negative Bemerkungen über das Gewicht können eine verheerende Wirkung auf ein junges Mädchen haben.

Sorgen Sie dafür, dass sie weiß, wie man sich gesund ernährt. Wenn eine junge Läuferin sich Sorgen um ihre Leistung macht, ist das ein guter

Ansatzpunkt, um ihr einzuschärfen, dass eine richtige Ernährung sich langfristig positiv auf das Training auswirkt. Jones erkannte, wie wichtig es war, ihre Tochter positiv zu beeinflussen, als sie noch jung war. *„Ich war immer besorgt um das richtige Essverhalten"*, sagt sie. *„Andere Mädchen aus dem Team kamen zu uns nach Hause und man konnte sehen, dass sie Probleme mit dem Essen hatten. Ich versuchte zu erklären, dass die Ernährung nicht nur wichtig ist für das Laufen, sondern auch für die Gesundheit insgesamt."*

Wenn Sie bei Ihrer Tochter Anzeichen für eine Ess-Störung erkennen, sollten Sie professionelle Hilfe in Anspruch nehmen. Mehr dazu erfahren Sie in Kapitel 15. Im Serviceteil finden Sie Internetadressen zum Thema „Ess-Störungen".

21. Die ältere Läuferin

Wenn Diane Palmason erzählt, dass sie 61 Jahre alt ist, *"glauben die Leute mir einfach nicht"*, sagt sie. Palmason hält in ihrer Altersgruppe Weltrekorde und nordamerikanische Rekorde über verschiedene Distanzen. Sie fing mit 38 an zu laufen. Heute sagt sie, dass ihr die sportliche Aktivität der letzten Jahrzehnte geholfen hat, voller Energie und mit Würde älter zu werden. *"Zu einem großen Teil hat mich das Laufen davor bewahrt, dass ich mich wie 61 fühle oder auch so aussehe"*, sagt sie. *"Meine gesamte Energie, mein Wohlbefinden, meine Kraft und meine Körperhaltung sind besser. Letztendlich hat das Laufen den Alterungsprozess verlangsamt. Ich würde es für nichts auf der Welt aufgeben."*

Laufen kann die Zeit nicht anhalten, aber es kann die Uhr etwas langsamer ticken lassen. Die typische „niedergelassene" Frau muss damit rechnen, dass ihre Fitness im Laufe der Jahrzehnte immer mehr nachlässt. Der Alterungsprozess beginnt normalerweise schon im Alter von 30 Jahren damit, dass aerobe Kapazität, Muskelmasse, Knochendichte, Grundumsatz des Stoffwechsels und die Abwehrkräfte immer mehr abnehmen. Doch zum Glück belegen mehrere Studien, dass aerobes Training und dynamisches Training mit Gewichten – wie etwa Laufen – diese und andere Folgen des Alterns verlangsamen. Doch Sport wirkt sich nicht nur positiv auf den Körper aus. Man konnte nachweisen, dass Frauen, die sich fit halten, auch psychisch eine bessere Konstitution haben. Frauen, die regelmäßig aeroben Sport, wie Laufen, treiben, leiden außerdem weniger oft an:

- *Herz-Kreislauferkrankungen*
- *hohem Blutdruck*
- *Diabetes*
- *Brustkrebs*
- *Schlaganfällen*
- *Fettsucht*
- *Wechseljahresbeschwerden*
- *Stimmungsschwankungen*

Und das alles gilt nicht nur für diejenigen, die wie Palmason schon mit 38 oder jünger angefangen haben zu trainieren. *"Sport bringt Frauen in jedem Alter etwas"*, sagt Lynn Jaffee, Programmdirektorin eines Frauengesundheitszentrums. Selbst wenn Sie sich Ihr ganzes Leben lang nur wenig bewegt haben, können Sie von den Vorteilen des Laufens auch später noch profitieren – egal ob Sie nun 40 oder 70 sind. Tatsächlich sagen Frauen, die erst später mit dem Laufen angefangen haben, dass sie sich gesünder und vitaler fühlen als noch vor einigen Jahren. *"Wenn jeder körperlich aktiv wäre, dann gäbe es völlig andere Standards dafür, was in einem bestimmten Alter ‚normal' ist"*, sagt Palmason.

⊚ Es ist nie zu spät

Im Alter von 64 Jahren war Mary Kirsling noch nie zuvor gelaufen. Eines Tages wollte sie einigen Familienmitgliedern zusehen, die am Duke City Marathon in Albuquerque, New Mexico, teilnahmen. Ihre Enkelin, die damals 8 Jahre alt war, bot ihr eine Wette an: *"Oma, ich werde nächstes Jahr einen 5-km-Lauf machen, wenn du auch mitmachst."* *"Nun"*, erinnert sich Kirsling. *"Ich dachte, dass ich dann wohl besser gleich am nächsten Tag anfange!"* Und das tat sie auch. Sie lief zunächst *"von Telegrafenmast zu Telegrafenmast"*, so sagt sie.

"Auf meinen ersten paar Läufen trug ich ein Paar alte Turnschuhe und lief bis zum Ende des Blocks", sagt sie. *"Ich merkte aber schnell, dass das wohl nicht so gut ist, also ging ich los und kaufte mir meine ersten richtigen Laufschuhe."*

Kirsling teilte die ihr zur Verfügung stehenden 12 Monate ein und stellte ein sich langsam steigerndes Trainingsprogramm auf. Sie rechnete aus, wie weit sie jeden Monat kommen musste, um die 5-km-Strecke im nächsten Jahr zu schaffen. Sie war selbst überrascht, als sie ihr Ziel schon 2 Monate früher erreichte. Wie versprochen, lief Kirsling in ihrem ersten 5-km-Lauf neben ihrer Enkelin. Als das Rennen vorbei war, erfuhr sie verblüfft, dass sie als zweite ihrer Altersgruppe ins Ziel gelaufen war.

Inzwischen ist Mary 12 Halbmarathons gelaufen. Nun ist sie Ende 70 und läuft ungefähr 50 km in der Woche. Dazu gehören ein langer Lauf von 16 km und verschiedene Trainingseinheiten auf der Laufbahn. Sie reist zu Wettkämpfen im ganzen Land und ist bei jedem Kilometer aufs Neue für das dankbar, was sie durch das Laufen gewonnen hat.

„Bei meiner Arbeit als Krankenschwester sind mir sehr viele Menschen begegnet, die ungesund lebten", erzählt sie. „Ich habe 70-Jährige gesehen, die in ihren Schaukelstühlen festgewachsen waren, und ich wusste, dass ich nie so werden wollte. Als ich dann anfing bei Wettkämpfen mitzumachen, habe ich sehr viele ältere, gesunde und aktive Menschen gesehen. Das war

Beginnen Sie mit einem Checkup

Jede Frau, egal wie alt sie ist, sollte ihren Gesundheitszustand von einem Arzt überprüfen lassen, bevor sie mit einem Lauftraining beginnt. Für Frauen, die über 40 sind, ist das noch viel wichtiger. Jeder, der mit einem aeroben Sport beginnt, sollte an eine eventuell nicht diagnostizierte Herzkrankheit denken, sagt Dr. Lisa Callaham.

Ein Arzt wird auch nach vielleicht bisher verborgen gebliebenen Erkrankungen suchen, wie zum Beispiel einem erhöhten Blutdruck oder Diabetes. Außerdem achtet er auf anatomische Warnzeichen wie zum Beispiel Muskel- oder Knochenprobleme, steife Gelenke oder Arthritis. Nichts davon wird Sie zwangsläufig daran hindern, zu laufen. „Wenn man diese Probleme sofort angeht, ist es wahrscheinlicher, dass eine Frau gerne und erfolgreich trainiert", sagt Dr. Callahan. „Wenn Sie sich nicht um diese Probleme kümmern, werden es genau diese Dinge sein, die Verletzungen verursachen. Sie könnten den Mut verlieren und Ihr Fitnessprogramm findet ein frühzeitiges Ende."

wundervoll. Ich weiß, dass das Laufen meiner Gesundheit sehr gut tut. Ich erhole mich schneller, wenn ich krank bin und ich habe mehr Energie. Manchmal kommen 60-Jährige auf mich zu und sagen: ‚Ja, ich würde ja auch laufen, aber ...' und dann kommen sie mit irgendeiner Entschuldigung. Ich sage darauf nur: ‚Versuchen Sie es doch einfach mal. Ich habe es auch getan!'"

Ein Sport für das ganze Leben

Das Beste am Laufen ist, dass man auch im hohen Alter dabeibleiben kann. *„Wenn wir sehen, was Frauen heute fertig bringen, kann ich mit Bestimmtheit sagen, dass ich auch noch mit 85 einen Marathon laufen kann"*, sagt Susan Kalish. *„Ich spiele auch gerne Fußball, aber das ist ein Sport, bei dem es härter zugeht und ich weiß, dass ich früher oder später damit aufhören muss, weil ich mir sonst ein paar Knochen dabei brechen würde. Aber ich kann beim Laufen auch fast immer mithalten, wenn jemand Gas gibt. Kann sein, dass mein Tempo später anders sein wird als heute, aber ich werde immer noch dabei sein können."*

Nur weil Sie 40 oder 60 geworden sind, heißt das nicht, dass Sie Ihr Trainingsprogramm ändern müssen. Halten Sie sich einfach noch genauer an die Trainingsregeln, die für alle Läuferinnen gelten. *„Als ich 40 wurde, haben die Leute so getan, als würde ich mich geradezu auf einen Abgrund zubewegen"*, lacht Lorraine Moller, 44. Moller, die in Boulder, Colorado, lebt, hat viermal am olympischen Marathon teilgenommen und bei den olympischen Spielen 1992 die Bronzemedaille gewonnen. Zur Zeit ist sie Trainerin und Freizeitläuferin. *„Frauen altern unterschiedlich schnell",* sagt sie *„Es gibt da keine feste Grenze und auch keinen bestimmten Zeitpunkt, an dem sie ihr Training ändern müssen."*

Die Trainingsprinzipien, an die Sie sich gehalten haben, als Sie 20 oder 30 waren, gelten auch noch mit 40, 50 oder 60. Doch je älter Sie sind, desto umsichtiger müssen Sie trainieren, erklärt Dr. Lisa Callahan, vom Women's Sport Medicine Center in New York. Mit zunehmendem Alter versteifen sich Ihre Muskeln. Dadurch können Sie sich leichter verletzen. Wenn Sie sich mit 50 oder 60 verletzen, kann Ihr Körper außerdem bis zu zweimal so lang für den Heilungsprozess brauchen.

„Die Trainingsprinzipien sind für jedes Alter dieselben, aber es wird immer wichtiger, sich auch daran zu halten", sagt Dr. Callahan. Ältere Wettkampfläuferinnen können bestätigen, dass sie beim Laufen ganz besonders auf Kleinigkeiten achten müssen. *„Wenn Sie jünger sind, können Sie manches einfach leichter wegstecken. Das geht nicht mehr, wenn Sie älter werden",* sagt Jane Welzel, 45, die mehr als 50 Marathons gelaufen ist und es fünfmal in die olympischen Qualifikationsläufe geschafft hat. Welzel sagt, dass sie ihren Trainingsablauf während der Jahre nicht viel geändert hat, aber das liegt daran, dass sie Kraft- und Beweglichkeitsübungen schon immer als Teil ihres Trainings angesehen hat. *„Auch wenn Sie bis jetzt noch streng darauf geachtet haben, sich gut zu ernähren, zu dehnen usw. – jetzt müssen Sie es tun",* sagt sie.

Hier sind neun Dinge, die Sie sich angewöhnen sollten:

1. *Wärmen Sie sich immer auf.* Eine vernünftige Aufwärmphase lockert die Muskeln und sorgt dafür, dass das Training Ihren Körper weniger belastet. Sie werden sich nicht so schnell einen Muskel zerren oder sonstige Verletzungen holen.
2. *Legen Sie viel Wert auf Regeneration.* Eine spürbare Folge des Älterwerdens ist die Tatsache, dass Sie zwischen den Trainingseinheiten immer mehr Zeit brauchen, um sich zu erholen. Beim Wettkampftraining kann das bedeuten, dass Sie zwischen den anstrengenden Trainingseinheiten mehr lockere Läufe einplanen müssen. Wenn Sie eine Freizeitläuferin sind, sollten Sie vielleicht an weniger Tagen in der

Woche laufen. Ihr gesamtes Trainingspensum und Ihre Kilometerzahl wird wahrscheinlich sinken. *„Wenn Sie vorher vielleicht an drei Tagen pro Woche hart trainiert haben, sind es jetzt nur noch fünf in zwei Wochen"*, sagt Palmason, Leiterin eines Frauenlaufcamps. Über Zahlen sollten Sie sich aber keine Sorgen machen. Es kommt darauf an, dass Sie genug Erholung bekommen. Wenn Sie ignorieren, dass Ihr Körper mehr Ruhe braucht, kommt es letztendlich zu Verletzungen oder chronischer Müdigkeit. *„Es ist Teil des Laufens, auf die Zeichen unseres Körpers zu achten"*, sagt Palmason. *„Mit 55 oder 60 müssen wir das wirklich langsam gelernt haben!"*

3. **Halten Sie Ihre freien Tage auch wirklich frei.** Jetzt, da Sie sich mehr trainingsfreie Tage nehmen, sollten Sie darauf achten, dass Sie Ihrem Körper wirklich eine Pause gönnen. Eine anstrengende Wanderung an einem trainingsfreien Tag könnte eine echte Erholung verhindern. Wenn Sie aktiv bleiben wollen, sollten Sie etwas tun, bei dem Sie nicht Ihr Körpergewicht tragen müssen – zum Beispiel Schwimmen oder Radfahren. Bei diesen Beschäftigungen können sich die Muskeln und Gelenke, die beim Laufen belastet werden, erholen, während andere Partien Ihres Körpers trainiert werden.

4. **Dehnen Sie sich nach jedem Lauf.** Mit zunehmendem Alter wird es immer wichtiger, dem muskelverspannenden Effekt des Laufens entgegenzuwirken. Dehnen Sie sich sanft und ohne zu wippen. So können Sie Verletzungen vermeiden.

5. **Machen Sie Krafttraining um die Muskeln zu stärken und die Stabilität der Knochen zu erhalten.** Sowohl Muskelkraft als auch Knochenstabilität lassen im Alter nach. Ein Krafttraining kann diesen natürlichen Prozess verlangsamen, damit Sie weiterlaufen und bei all Ihren anderen Unternehmungen aktiv bleiben können.

6. **Nehmen Sie täglich eine Multivitamintablette und trinken Sie viel.** Wenn wir älter werden, nimmt unser Körper die Nährstoffe nicht mehr so effektiv auf wie früher. Frauen brauchen, wenn Sie älter werden, besonders viel Kalzium, um Ihre Knochen zu erhalten. So sollten Sie sich täglich mit einer extra Portion Vitaminen versorgen, damit Sie ganz sicher genug Vitamine und Mineralien bekommen. Trinken Sie viel Wasser und achten Sie auf Ihren Konsum an entwässernden Getränken, wie z.B. Limonade oder Kaffee.

7. **Laufen Sie nie in ausgetretenen Schuhen.** Ersetzen Sie regelmäßig Ihre Schuhe, damit sie Ihnen auch die nötige Führung und Dämpfung bieten. *(Checken Sie Ihre Schuhe ab 700 km Laufleistung regelmäßiger.)*
8. **Wechseln Sie auf gelenkschonendere Strecken.** Trampelpfade, Wald- und Feldwege und der Rasen im Park dämpfen die Stöße auf Ihre Beine. Wenn Sie auf Asphalt oder Beton laufen müssen, weil es in Ihrer Nähe keine andere Möglichkeit gibt, versuchen Sie, mindestens einmal in der Woche zu einer Strecke mit weicherem Untergrund zu fahren.
9. **Fordern Sie sich weiter!** Wenn Sie älter werden, wird Ihr Tempo bei Läufen und beim Tempotraining immer weiter nachlassen. Das heißt aber nicht, dass Sie sich selbst nun nicht mehr fordern können. Gehen Sie weiterhin bis an Ihre Grenzen, was Intensität und Distanz betrifft. Ihre harten Trainingsläufe können immer noch hart sein, Sie sind vielleicht nur nicht mehr so schnell.

Die Leistung ändert sich

Läuferinnen können den Alterungsprozess verlangsamen, aber sie können ihn nicht ganz austricksen. Früher oder später werden wir alle nur noch auf unsere Bestzeiten zurückblicken können, anstatt neue Rekorde aufzustellen.

Frauen erbringen Ihre Spitzenleistungen normalerweise im Alter zwischen 20 und 40 Jahren. Läuferinnen, die erst später im Leben mit dem Training anfangen, können sich jedoch noch

jahrelang verbessern – egal wie alt sie sind. Mary Kirsling beispielsweise, die erst mit 64 angefangen hat, wurde bis in ihre 70er noch ständig schneller. Diane Palmason machte 8 Jahre lang Fortschritte, nachdem sie im Alter von 38 Jahren angefangen hatte zu laufen. Im Allgemeinen können Sie damit rechnen, dass Sie sich von Ihrem ersten Lauftraining an noch 8 bis 10 Jahre lang steigern, bevor Sie wieder langsamer werden.

Läuferinnen erzählen

 Die Zeit vergeht

99 Ich sage das auch den Jüngeren: Wenn Sie laufen wollen, müssen Sie langsam anfangen. Kümmern Sie sich nicht darum, wie schnell die anderen sind, oder was andere leisten können. Ich sage immer: Laufen Sie von Telegrafenmast zu Telegrafenmast. 66
— Mary, 77

99 Ich werde vermutlich immer laufen, weil mir das Laufen Spaß macht. Und ich werde vermutlich immer Wettkämpfe laufen, weil ich auch das gerne mache. Es gehört einfach zu meinem Leben, ich tue es seit 25 Jahren. Das Laufen war für mich immer gleichbedeutend mit Leben – und Leben wird es immer geben. 66
— Jane, 45

99 Es nicht einfach, gegen Überzeugungen vorzugehen, die schon lange in einer Kultur verankert sind, indem man etwas tut, was man in einem bestimmten Alter „einfach nicht mehr macht". Früher gab es nur sehr wenige ältere Spitzenläuferinnen, doch heute haben wir eine richtige Wettkampfsituation. Und seit immer mehr Frauen mitmachen, ändern sich auch die alten Vorurteile. 66
— Lorraine, 44

99 Mein Geist möchte schneller sein, als mein Körper, aber ich treibe mich immer weiter an – denn mit dieser Einstellung bin ich als Läuferin „groß geworden". Ich sprinte gerne, denn ich liebe das Gefühl zu fliegen. Es gibt nicht viele Frauen in meinem Alter, die die kürzeren Distanzen bei Wettkämpfen laufen. Ich glaube, das liegt an überkommenen Meinungen darüber, was Frauen tun sollten – beispielsweise sollen sie ja das Haar kurz tragen, sobald sie die 40 überschritten haben. Was heißt überhaupt „sich seinem Alter entsprechend benehmen"? 66
— Colleen, 50

Langsamere Zeiten zu laufen ist zwar unausweichlich – aber deswegen nicht leichter zu akzeptieren. Vielleicht sind Sie frustriert. Vielleicht suchen Sie nach Entschuldigungen: Habe ich einfach nur ein schlechtes Jahr? *„So viele Jahre ist es darum gegangen, immer besser und immer schneller zu werden. Und mit einem Mal begreift man, dass es nicht mehr besser geht"*, sagt Welzel. *„Doch wenn Sie laufen, weil Sie Spaß daran haben, werden Sie Ihre Einstellung finden, um weiterzumachen. Es gibt immer noch andere Dinge, die Sie erreichen können und andere Gründe, derentwegen es sich lohnt zu laufen. Aus diesem Sport können sie so viele Vorteile ziehen. Es ist besser, sich auf diese Dinge zu konzentrie-*

Jeder, der älter ist als ich, inspiriert mich. Ich muss einfach die Gewissheit haben, dass wir alle in Wettkämpfen oder auf den Wanderwegen immer weiter zusammen laufen werden – unabhängig von unserem Alter oder unserem Gesundheitszustand. Ältere Läuferinnen sehen immer so kräftig und gesund aus und sie haben zwanzigmal mehr Energie als Frauen ihres Alters, die nicht laufen. So möchte ich auch einmal werden.
— Shelly, 39

Hören Sie nicht auf! Was immer Sie auch tun, machen Sie es in einem Tempo, das Sie durchhalten können ohne sich zu verletzen. Denken Sie nicht an Ihr Alter, laufen Sie einfach weiter.
— Eve, 63

Es kommt darauf an, weiterhin wirklich gerne zu laufen, gerne draußen zu sein, fit zu bleiben und Freunde treffen zu können. Das ist etwas am Laufen, was Ihnen immer erhalten bleibt. Außerdem ist es wirklich angenehm, ein gewisses Alter erreicht zu haben und immer noch so gut in Form zu sein wie eine 20-Jährige.
— JoAnn, 44

Ich kann jetzt sehen, was mir das Laufen schon alles gebracht hat. Darum bin ich mir jetzt sicherer als ich es mit 40 war: Selbst wenn ich in meinem Leben nie mehr an einem Wettkampf teilnehme, werde ich weiterhin laufen. Laufen ist der Grund dafür, dass ich mich gut fühle und dass mein Körper richtig funktioniert. Das Laufen gehört einfach zu mir.
— Diane, 61

ren, anstatt sich zu wünschen immer noch diese „Schneller-besser-weiter"-Geschichte mitmachen zu können. Hier sind einige Alternativen, auf die sich Läuferinnen konzentrieren können, die nicht mehr schneller werden."

Ändern Sie Ihre Ziele mit dem Alter. Wenn Sie älter werden, können Sie sich selbst fordern, indem Sie sich auf „neue persönliche Bestleistungen" konzentrieren. Versuchen Sie zum Beispiel, die beste Zeit zu laufen, seitdem Sie 50 oder 60 geworden sind. *„Gott sei Dank kommt man bei Wettkämpfen alle fünf Jahre in eine neue Altersgruppe"*, scherzt JoAnn Behm Scott, 44, aus Carlsbad, Kalifornien. Deswegen läuft sie mal erfolgreich und mal weniger erfolgreich bei den nationalen Meisterschaften mit. Scotts Beispiel ist typisch für den Kampf mit den altersbedingten Veränderungen. *„Sie müssen sich selbst erlauben, herunterzuschalten. Nach jahrelangem Training haben Sie vielleicht das Gefühl, dass Sie sich selbst aufgeben, wenn Sie keine weiteren Fortschritte machen. Aber irgendwann erreichen Sie einen Punkt, an dem das in Ordnung ist. Es kann Ihnen helfen, wenn Sie Ihr Laufen als immer neue Herausforderung ansehen. Gerade jetzt denke ich: Wann werde ich endlich 45! So kann ich mir neue Ziele setzen und mich auf etwas Neues konzentrieren."*

Die Organisatoren von Wettkämpfen haben erkannt, dass es immer mehr ältere Läuferinnen gibt. Sie haben darauf reagiert, indem Sie mehr Altersgruppen eingeführt haben: *„Als ich anfing zu laufen (in den 80ern) gab es kaum Altersgruppen für ältere Läuferinnen – es gab nur ‚über 60'"*, erinnert sich Kirsling. *„Und weil es zunächst nur so wenige Läuferinnen gab, lief ich oft nur gegen mich selbst."* Dank der größeren Zahl an älteren Läuferinnen sind die Altersgruppen heute nach 5- bis 10-Jahres-Abständen gestaffelt – manchmal bis zu 80 Jahren oder sogar darüber hinaus. (Die Aufgliederung in Altersgruppen hängt von der Größe des Wettkampfes ab.) Natürlich haben die „Jungen" in der jeweiligen Altersgruppe einen Vorteil. Darum freuen viele sich ironischerweise tatsächlich darauf, älter zu werden, um in eine neue Altersgruppe zu kommen.

Laufen Sie eine andere Art von Wettkampf. Wenn Sie stets Ihre Zeit in einem 5-km- oder 10-km-Lauf im Auge haben, sollten Sie sich etwas suchen, das Sie nicht mit diesen Zeiten vergleichen können. Versuchen Sie doch mal einen Querfeldeinlauf, einen Staffellauf mit Freunden oder einen Duathlon, der Laufen und Radfahren kombiniert.

Laufen Sie für Ihre Gesundheit. Anstatt zu versuchen, schnellere Zeiten zu laufen, können Sie versuchen, Ihren Blutdruck oder Ihren Cholesterinspiegel zu senken.

Laufen Sie für andere. Bei immer mehr Laufveranstaltungen geht es um wohltätige Zwecke. Machen Sie doch bei diesen Veranstaltungen mit und setzen Sie Ihre Fähigkeiten ein, um Geld für Hilfsorganisationen zu sammeln. Oder widmen Sie Ihren Lauf der Erinnerung an jemanden, den Sie geliebt haben. Oder motivieren Sie Ihre Tochter, Ihre Enkelin oder Ihren Enkel dazu, mit Ihnen zu laufen.

Laufen Sie, um etwas von der Welt zu sehen. Viele junge Läuferinnen haben keine Zeit dafür, zu Wettkämpfen zu reisen. Suchen Sie sich einen größeren Wettbewerb in einer Stadt, die Sie schon immer gerne kennen lernen wollten, und verbinden Sie einen Urlaub damit.

Die Wechseljahre

Nur wenige Studien haben sich mit dem Zusammenhang zwischen Laufen und Menopause befasst. Die Wissenschaftler haben verblüffende Theorien aufgestellt, aber darunter sind wenige, die verlässliche Antworten geben. „Bis vor kurzem", so stellt es Palmason dar, „mussten wir alles im Selbstversuch testen."

Vieles deutet darauf hin, dass Wechseljahresbeschwerden bei manchen Frauen durch körperliche Aktivität abgeschwächt werden. Einige Studien haben gezeigt, dass aktive Frauen weniger Probleme mit Stimmungsschwankungen, Hitzewallungen und übermäßigem Schwitzen haben als Frauen, die sich weniger bewegen. Gewöhnlich nehmen Frauen nach der Menopause zu. Doch eine Studie an Läuferinnen hat gezeigt, dass Läuferinnen davon weniger betroffen sind. 1998 analysierte das Melpomene Institut eine Umfrage des Runner's World Magazine. Dabei sind 625 Läuferinnen befragt worden. Die Auswertung ergab, dass 74% der Läuferinnen der Meinung waren, dass sie sich auf Grund des Laufens während und nach den Wechseljahren besser (als erwartet) gefühlt haben.

Die Umfrage hatte jedoch noch ein weiteres interessantes Ergebnis: Laufen kann bewirken, dass die Wechseljahre früher einsetzen. Laut der Runner's World Umfrage liegt das Durchschnittsalter, in dem Läuferinnen

in die Wechseljahre kommen, bei 47,6 Jahren. In den Vereinigten Staaten liegt das Durchschnittsalter für den Beginn der Menopause normalerweise bei 51. Die verantwortliche Leiterin am Melpomene Institute, Jaffee, sagt, dass diese Umfrage das bestätigt, was Läuferinnen schon seit Jahren berichten. Bevor weitere Studien durchgeführt werden, können die Forscher über die Ursache für eine so frühe

Aus meinem Trainingstagebuch

Wenn die Leute mich fragen, ob es jemanden gibt, der für mich Idol und Ansporn beim Laufen ist, denke ich an eine Frau: Mary Kirsling. Als ich Mary begegnete, war sie 73 Jahre alt. Sie machte einmal die Woche Bahntraining auf dem Platz, in derselben Gruppe wie ihre beiden Töchter und ihr Enkel. Wenn Mary ihre 400- und 800-m-Sprints lief, stand der Rest der Gruppe da und feuerte sie an. Jeder rief sie, wie es ihrem Alter am ehesten entsprach: „Los, Mama!" oder „Los, Oma!" Es schien so, als ob Mary von allen als Familienoberhaupt adoptiert worden wäre.

Mit den Jahren ist Mary zu einer kleinen Berühmtheit in ihrer Heimatstadt Albuquerque geworden. Läuferinnen, die nicht halb so alt sind wie sie, halten sie auf dem Fahrradweg an, um mit ihr zu reden. Sie sagen ihr, was für ein Ansporn sie für sie ist – und dass sie hoffen in Mary's Alter genau so fit, kräftig, selbstbewusst und fröhlich zu sein wie sie. Und genau das habe ich ihr auch gesagt.

Vor einigen Jahren fuhren Mary und ich mit der gleichen Laufgruppe in die Berge. Wir zelteten dort und trainierten. An diesem Wochenende sah ich Mary mehrere Kilometer vom Campingplatz entfernt alleine eine steile Bergstraße hinauflaufen, die zurück zum Camp führte. Leicht verwundert fragte ich mich: Wie viele Frauen ihres Alters würden an einem solchen Campingausflug teilnehmen? Die meisten Frauen ihres Alters würden in diesen Bergen nicht einmal wandern, geschweige denn laufen. Wie viel Marys brauchen wir, bevor ein solcher Anblick normal wird?

Frauen haben traditionellerweise mehr Angst davor, alt zu werden, als Männer. Wir leben länger und die Wahrscheinlichkeit, dass wir eher alleine oder bei schlechter Gesundheit zurückbleiben als Männer, ist statistisch gesehen größer. Mary oder irgendeine andere aus der wachsenden Zahl von älteren Läuferinnen zu sehen – auf dieser Bergstraße, auf jener Laufstrecke, auf jenem Fahrradweg – bedeutet, zu erkennen, was für Möglichkeiten die Zukunft für uns bereithält. Und dank Mary und den anderen sieht unsere Zukunft gut aus.

Menopause nur spekulieren. Viele glauben, dass sie mit dem niedrigeren Hormonspiegel von Sportlerinnen zusammenhängt.

Ob Frauen in den Wechseljahren weniger Leistung erbringen, muss ebenfalls erst noch bewiesen werden. *„Einige Frauen beklagen sich darüber, dass sich ihr Tempo drastisch verlangsamt hat, als sie in die Wechseljahre kamen",* sagt Jaffee. *„Auf Grund des Alterungsprozesses wird jeder Mensch irgendwann langsamer. Doch es scheint so, als sei dieser Effekt bei Frauen ausgeprägter als bei Männern."* Wie auch immer, es ist bis heute nicht erforscht, ob Läuferinnen langsamer werden, weil sie älter werden oder weil sie in die Wechseljahre kommen. Wenn die Menopause die Ursache dafür ist, können sich diese Leistungsschwankungen vielleicht wieder geben, sobald die Wechseljahre vorbei sind. Und genau davon berichten viele Läuferinnen.

Wie sich eine Hormonersatztherapie auf die Laufleistung auswirkt, ist ebenfalls unsicher. Sie sollten in erster Linie aufgrund Ihrer persönlichen und Ihrer familiären Krankheitsgeschichte entscheiden, ob eine Hormonersatztherapie für Sie in Frage kommt. Darüber sind die Experten sich einig. Mehr als die Hälfte aller von Runner's World befragten Frauen haben Hormone genommen. Von diesen Frauen hatten 22% das Gefühl, dass die Einnahme von Hormonpräparaten das Laufen beeinflusst hat. Ungefähr ein Viertel der Betroffenen berichtete, dass die Wechseljahresbeschwerden, die sie beim Laufen behindert hatten, daraufhin nachließen.
21% sagten, dass sie mehr Energie hatten und 17%, dass sie länger und schneller laufen konnten. 19% der Frauen meinten jedoch, dass sich die Hormonersatztherapie negativ auf ihr Laufen ausgewirkt habe.

Serviceteil

ⓖ Internet-Portale

Die ultimativen Lauf-Seiten

▸▸ Auch wenn sich *Helge Schröter-Janssen* mit seinem virtuellen Lauftreff in erster Linie an die Herren der Schöpfung wendet, ist es doch die Laufseite für alle Laufinteressierten. Auch für laufende Frauen immer einen Klick wert: **www.lauftreff.de**   ✉ *Helge@lauftreff.de*

▸▸ Lassen Sie sich nicht abschrecken von der umständlichen Domain. Die Eingabe lohnt sich. Es erwartet Sie ein umfangreiches Angebot mit Trainingstipps, Frauenläufen und nicht zuletzt die Masters-Szene.
http://home.t-online.de/home/05919150080-0001/Annette.home.html
✉ *05919150080-0001@t-online.de*

▸▸ Die Seite von *Martina Janssen* hat das Potential, zum Portal für laufende Frauen zu werden: **www.frauen-lauf.de**   ✉ *Martina.J@nssen.de*

... englischsprachig:

▸▸ Die Frauenlaufseite der amerikanischen *Runner's World*. Viele Infos und Links z.B. zu den Frauenläufen in den USA, wöchentlich neuen Beiträgen und der Möglichkeit, einer Topathletin Fragen zu stellen:
www.womens-running.com   ✉ *womens-running@rodale.com*

Portale für Laufen, Sport und Fitness

▸▸ Einfach, klar und übersichtlich ist dieser *Web-Katalog* aufgebaut. So finden Sie leicht zu einem kommentierten Link:
www.powercat.de   ✉ *carola@powercat.de*

▸▸ *Wellness-Portal* mit interessanten Beiträgen über das Thema Laufen/Fitness hinaus: **http://frauen.urbia.de**   ✉ *ag@urbia.com*

▸▸ Deutschlands Süden mit dem Brennpunkt München, vor allem der Medien-Marathon, werden hier behandelt: **www.ruscher.de**

▸▸ Viele Infos und Links zum *Thema Frauensport* erhalten Sie hier. Einsteigerinfos zum Thema Laufen mit einigen Links: **www.frauensport.de**
✉ *info@frauensport.de*

Alle Links zum Anklicken auf: www.tibiapress.de

▶▶ Die *Community für Fitness und Lifestyle*. Viele Infos stecken hier drin. Ob Sie einen Personal-Trainer für Ihr spinning suchen oder die aktuelle Wettervorhersage:
www.fitnezz.de ✉ *Info@fitnezz.de*

Laufen als Therapie

▶▶ Laufen nicht um des Laufens willen, sondern als Therapie? Hier erfahren Sie alles über diesen Ansatz:
www.lauftherapie.de ✉ *info@lauftherapie.de*

Allgemeine Portale für Frauen

▶▶ Das größte verlagsunabhängige Frauenportal Deutschlands ist das von *Cynobia*. Gut strukturiert und kompetent zu allen Themen, die Frauen betreffen: **www.womenweb.de** ✉ *info@womenweb.de*

▶▶ Gut gegliederte *Web-Kataloge* mit kommentierter Linksammlung. Darüber hinaus ein *aktuelles Magazin*: **www.bellisima.de** ✉ *lingott@endemann.de*

▶▶ In diesem Webring habe sich *zahlreiche Frauenseiten* zusammengeschlossen, um so mehr öffentliche Beachtung zu finden:
www.frauenland.de ✉ *club@cyberwyber.de*

▶▶ Das *Frauenmagazin von Microsoft Network*: Sechs Channel bringen tagesaktuelle Tipps für Sie: **www.webienne.de**

▶▶ Das Online-Portal von *Brigitte* mit Tipps und Tricks rund um Gesundheit, Lifestyle und Ernährung: **www.brigitte.de**

ⓢ Laufläden

Online-Shops ... *für alles rund ums Laufen*

▶▶ Eine hervorragende Schuhberatung erhalten Sie bei *Greif*. Nach Gewicht, orthopädischen Ansprüchen und gewünschtem Einsatzort können die Schuhe direkt bestellt werden. Hier gibt es außerdem Trainingspläne, Laufreisen und einen Schnäppchenmarkt:
www.greif.de ✉ *Greif@greif.de*

▸ Sehr übersichtlich und reichhaltig ist das Angebot vom *Sportteam Augath*. Besonders für Frauen gibt es ein großes Angebot: **www.sportteam.com** *info@sportteam.com*

▸ Ein breites Angebot erwartet Sie bei Meddys Laufladen. Vom Sport-BH bis zur Laufreise: **www.meddys-laufladen.de**

▸ Internetshop mit reichhaltigem Angebot und aktuellen Angeboten: **www.active-sportshop.de** *info@active-sportshop.de*

▸ Auf dieser Seite finden Sie außer einem Shop, in dem Sie auch BHs bestellen können, zudem eine Laufsport-Schule, die Seminare anbietet: **www.laufsport.de**

▸ Schön programmiert, schnell und übersichtlich ist der online-shop vom *Laufladen in Kaiserslautern*: **www.derlaufladen.de** *info@derlaufladen.de*

▸ Auf Läuferinnen spezialisiert ist auch *Lauflust – for women only* aus Gelsenkirchen-Buer unter **www.lauflust.de**. Hier kann frau Sport-BHs von Berlei bestellen. *Gelsenkirchen@Lauflust.de*

Nicht im Netz, aber auch Laufläden speziell für Frauen:

▸ *Lady-Dauerlauf*, Gertrudenstr. 21, 50667 Köln, Tel. 0221/2585328

▸ *Sportsfrau*, Jordanstr. 27, 60486 Frankfurt, Tel. 069/97981401

Keine online-shops, aber ein Besuch lohnt sich!

▸ Der Sportshop, der sich auf die besonderen Anforderungen von Frauen spezialisiert hat. Bei Schuhen und Textilien bekommt man jeden Wunsch erfüllt. Bieten auch Laufseminare an. Wenn Sie mal in Berlin sind, lohnt sich ein Besuch: **www.longdistance.de** *Carsten.Weinrich@t-online.de*

▸ Laufladen, LaufpartnerInnen-Vermittlung und Laufkurse bis zur individuellen Trainingsbetreuung gibt es beim Hamburger Laufwerk: **www.laufwerk-hamburg.de** *info@laufwerk-hamburg.de*

▸ Den Betreibern von **www.laufladen.de** ist der Laufschuhverkauf übers Internet zu heikel. Sie bevorzugen eine persönliche Beratung. Dennoch lohnt sich der Klick, wenn Sie einen Lauftreff in Kassel, Erfurt oder Jena suchen.

▸ Die *LEX-Laufexperten:* Eine Übersicht über 40 Laufsport-Fachgeschäfte von Kiel bis Kempten und Duisburg bis Dresden. **www.laufexperten.de**

▸ Unter **www.runnerspoint.de** können Sie sich viele Produkte ansehen und einen Fachhandel in Ihrer Nähe finden. Dort gibt es auch Hinweise auf Fitness-Checks, die als Aktionen in den einzelnen Filialen durchgeführt werden.

◉ *Links speziell zur Nahrungsergänzung*

▸ Bei **www.schnellmacher.de** haben Sie die Möglichkeit, vor allem Nahrungsergänzungsmitteln aber auch Pulsuhren per Mausklick in Ihr Haus zu bestellen.

▸ Unter **www.powerbar.de** erhalten Sie Informationen zur Ernährung, über Energieriegel und Gels.

◉ *Herzfrequenzmessgeräte*

▸ Auf der Seite **www.polar-electro.de** der Firma Polar erhalten Sie viele Infos und die gesamte Produktpalette.

▸ Coole informative Seite ohne viel Schnickschnack: **www.huger.de**

◉ *Sport-BHs im WWW*

▸ Das Angebot von *Warmsports* reicht von BHs fürs Laufen, Schwimmen und Triathlon bis zu Modellen fürs Tanzen. Hier bekommen auch Schwangere eine passende Hose zum Laufen: **www.warmsports.de**
✉ *sales@warmsports.de* oder   ✉ *production@warmsports.de*

▸ *Danskin* präsentiert sich etwas umständlich im Internet. Um das zu finden, was Sie suchen, müssen Sie schon ein paar mal klicken. Fast versteckt ist der Shop: **www.danskin.de**   ✉ *info@foryou.de*

▸ Die Firma *Enell* informiert auf ihrer englischsprachigen Seite **www.enell.com** über ihre Produktpalette für kleine bis sehr große Brüste. Zudem gibt es Informationen über BHs nach einer Brustkrebsoperation.

▸▸ Die Firma *Triumph* hat zwar keinen online-Shop, aber hier können Sie Ihre Größe bestimmen und erhalten viele Tipps zur Pflege Ihrer Wäsche:
www.triumph.de *infoline@triumph-international.de*

▸▸ Unter **www.championjogbra.com** finden Sie Informationen (Englisch) über die Produktpalette der renommierten Firma *Champion*.

▸▸ Bei **www.odlo.com** können Sie zwar nicht direkt bestellen, Sie können aber unter der Rubrik „Händler" nach einem Sportgeschäft in Ihrer Nähe suchen, das odlo-Unterwäsche führt.

Trainingsprogramme

▸▸ In 333 Tagen zum Marathon gilt jetzt nicht mehr nur für den Kölner Marathon. Auch für Bonn können Sie sich gezielt anleiten lassen. Trainingspläne und Tipps nicht nur für Einsteiger:
www.ipn-consem.de *juergen.wicharz@ipn-consem.de*

▸▸ Sehr umfangreiche Infos rund ums Laufen: Trainingspläne, Tipps für Anfänger und sogar die Möglichkeit, einen Arzt anzumailen, der Ihre Fragen beantwortet: **www.schaffelhofer.de**

▸▸ Auf der Homepage des Wien-Marathons finden Sie ab 4–5 Monate vor dem Start einen detaillierten Trainingsplan für alle Leistungsstufen. Sie können sogar individuelle Trainingstipps bekommen:
www.vienna-marathon.com *vcm@asn.or.at*

▸▸ Sehr viele Hinweise zu Training, Ernährung, Gymnastik und Verletzungen erhalten Sie auf der Homepage des *Berlin-Marathons*: **www.berlin-marathon.com/sportmedizin** *sportmedizin@berlin-marathon.com*

▸▸ Auf *Annas Homepage* finden Sie sehr gute Tipps zum Aufbautraining nach der Schwangerschaft. Außerdem gibt es viele Tipps, wie Sie sich fit und gesund halten können: **http://aignes.com/fitness** *fitness@gmx.at*

Laufseminare

▸▸ Seminare um die Themen Prävention, Leistungsdiagnostik und Trainingssteuerung hält die Ärztin und ehemalige Nationalmannschaftsschwimmerin, die ebenso Ultratriathleten wie Gesundheitssportler betreut:
www.aktivseminare.de *dr_engels@gmx.net*

▸▸ Der Weltklasseläufer *Stéphane Franke* bietet auf seiner Homepage www.stephanefranke.de Laufseminare an. Es gibt auch Laufseminare speziell für Frauen, die von seiner Frau betreut werden, die ebenfalls eine Spitzenathletin ist.

▸▸ Auch *Herbert Steffny*, bekannt geworden als Personal Coach von Joschka Fischer, bietet auf seiner Seite www.herbertsteffny.via.t-online.de Laufseminare an.

▸▸ Weitere Seminarangebote können Sie in den speziellen Laufläden erfragen, wie z.B. bei *long distance* in Berlin www.longdistance.de oder beim Hamburger Laufwerk: www.laufwerk-hamburg.de

Gesundheit

▸▸ Sehr umfangreicher Info-Pool zum Thema Ernährungsstörungen. Beratungsstellen, Forschungseinrichtungen, Diskussionsforen und eine sehr gute Linksammlung: www.uni-leipzig.de/~anorexia/index1.htm
✉ mgrun@server3.medizin.uni-leipzig.de

▸▸ Das Frauengesundheitszentrum in Nürnberg arbeitet mit einem frauenspezifischen Ansatz in Beratung, Kursen, Therapie und Behandlung. Dort werden Frauen begleitet und in ihrer Entwicklung darin unterstützt, Verantwortung für sich und ihren Körper zu übernehmen und ein positives Selbstbild zu erlangen: www.fen-net.de/fgz. Von dieser Seite aus gibt es viele Links auf Adressen speziell für Frauen aus Deutschland, Österreich und der Schweiz. ✉ fgz@fen-net.de

▸▸ Ursachen, Merkmale, Prävention und Therapie – beim Kuratorium Knochengesundheit erfahren Sie alles über Osteoporose: www.osteoporose.org ✉ kuratorium-knochengesundheit@t-online.de

▸▸ Die Bundeszentrale für gesundheitliche Aufklärung hat eine umfangreiche Liste von Adressen und Links zum Thema Ess-Störungen: www.bzga.de/adressen/titel.htm

Fitness-Check

Bei den folgenden Adressen können Sie Ihre Fitness checken lassen. Wenn keine Adresse in Ihrer Nähe ist, wenden Sie sich an eine Universitätsklinik in Ihrem Umkreis. Zumeist kann man dort so einen Check durchführen lassen:

22085 ▸▸ *Hamburg* — Universität Hamburg, Institut für Sport und Bewegungsmedizin e.V., Mollerstr. 10,
Tel. 040/45000140, Fax 040/4567890
www.profi-check.de (im Aufbau)

21337 ▸▸ *Lüneburg* — Zentrum für Sport-Leistungsdiagnostik
Käthe-Krüger-Str. 10, Tel. 0413/56026, Fax 04131/401353

30519 ▸▸ *Hannover* (Döhren) — M S G Hannover
Zentrum für Sportmedizin, Leistungsdiagnostik und Gesundheitsförderung
Peiner Str. 2, Tel. 0511/84204-15, Fax 0511/84204-10
www.MSG-Hannover.de

33100 ▸▸ *Paderborn* — Universitäts-GH Paderborn, Sportmedizinisches Institut, Warburgerstr. 100
Tel. 05251/603180 o. 603182, Fax 05251/603188
✉ *kssportmed@uni-paderborn.de*

33790 ▸▸ *Halle/Westfalen* — Saluto – Gesellschaft für Sport und Gesundheit mbh (Kooperation mit Uni Bielefeld), Gausekampweg 2,
Tel. 05201/815050, Fax 05201/815060, *www.saluto.de*

34537 ▸▸ *Bad Wildungen* — Parkhöhe – Medizinisches Zentrum
Hufelandstr. 14–20, Tel. 05621/703-0, Fax 05621/703-777
✉ *parkhoehe@t-online.de, www.parkhoehe.de*

53604 ▸▸ *Bad Honnef* — Computergestützte Leistungsdiagnostik
Luisenstr. 16, Tel. 02224/189350, Fax 02224/189351
✉ *cdluettke@visan.de, www.visan.de*

55128 ▸▸ *Mainz* — Universität Mainz, Fachbereich Sport
Abteilung Sportmedizin, Albert-Schweitzer-Str. 22
Tel. 06131/39-3586, Fax 06131/39-3598

61352 ▸▸ *Bad Homburg* — Living, Fitness & Emotions
Norsk-Data-Str. 1, Tel. 06172/483530, Fax 06172/483531

63069 ▸▸ *Offenbach* — Institut für Sportdiagnostik
Sprendlinger Landstr. 180, Tel. und Fax 069/83838691
✉ *foest.sportdiagnostik@t-online.de*

66693 ▸▸ *Mettlach-Orscholz* — Rehaklinik Saarschleife
Cloefstr. 1a, Tel. 06865/900, Fax 06865/901850
www.rehafit.de oder *www.rehamed.de*

69489 ▸▸ Weinheim — inmotion
Hinter den Gärten 9, Tel.: 06201/16502, 0170/9319532
✉ inmotion.Institut@t-online.de

70372 ▸▸ Stuttgart — Institut für Präventiv- & Sportmedizin
Martin-Luther-Str. 3, Tel. 0711/5535177, Fax 0711/5535181
✉ institut@sportklinik-stuttgart.de, www.sportklinik-stuttgart.de

72074 ▸▸ Tübingen — Universität Tübingen, Sportmedizinische Abteilung
Hölderlinstr. 11, Tel. 07071/298493

74321 ▸▸ Bietigheim-Bissingen — Dr. med. Tanja Engels
Bismarckstr. 53, Tel.: 07142/21727, www.dr-tanja-engels.de

80809 ▸▸ München — ZHS im Olympiapark
Lehrstuhl und Poliklinik für Präventive und Rehabilitative Sportmedizin
der Technischen Universität München, Connollystr. 32, Tel. 089/35491-1

83075 ▸▸ Bad Feilnbach — Sportmedizinische Untersuchungsstelle
Blumenhof, Breitensteinstr. 10, Tel. 08066/89724, Fax 08066/89722

86159 ▸▸ Augsburg — energy lab. GmbH
Imhofstr. 78a, Tel. 0821/25924-0, Fax 0821/5894100

88212 ▸▸ Ravensburg — Gesundheitszentrum Ravensburg
Wangenerstr. 17, Tel. 0751/32550, Fax 0751/32560

88175 ▸▸ Scheidegg — Leistungs- & Diagnostikzentrum
Kurstr. 14, Tel. 08381/942850, Fax 08381/942867

88339 ▸▸ Bad Waldsee — Gesundheitszentrum Waldsee-Therme
Tel. 07524/941281 oder 941273

90459 ▸▸ Nürnberg — Triagnostik
– Institut für Sportleistungsdiagnostik und Trainingsplanung
Pillenreutherstr. 159, Tel. 0911/9455792, Fax 0911/9455791
✉ triagnost@aol.com, www.triagnostik.de

91522 ▸▸ Ansbach — Median Reha-Zentrum Ansbach
Heilig-Kreuz-Str. 4, Tel. 0981/5693, Fax 0981/13523

93059 ▸▸ Regensburg — Institut für Prävention und Diagnostik
Im Gewerbepark D 50, Tel. 0941/464180, Fax 0941/4641827
✉ ipd@ipd-regensburg.de, www.ipd-regensburg.de

95444 ▸▸ *Bayreuth* — Sportmedizinisches Institut Wittke
Hohenzollernring 64, Tel. 0921/515471, Fax 0921/560480

97072 ▸▸ *Würzburg* — Predia Sport
Institut für Leistungsdiagnostik und Fitness Management
Virchowstr. 22, Tel. 0931/86062, Fax 0931/86063
✉ *tombe@t-online.de, www.predia.com*

Österreich

6020 ▸▸ *Innsbruck* — SMP – Sport Medizin Physiotherapie
Col-di-Lana-Str. 33, Tel. und Fax 0512/262627

1150 ▸▸ *Wien* — Österreichisches Institut für Sportmedizin
Auf der Schmelz 6, Tel. 01/427728701, Fax 01/42779287
✉ *info@sportmedizin.or.at, www.sportmedizin.or.at*

Schweiz

3210 ▸▸ *Kerzers FR* — Richard Umberg Training
Mühlegasse 22a, Tel. und Fax 031/7558420
✉ *richi.thecoach@bluewin.ch*

7500 ▸▸ *St. Moritz* — GUT Training
Heilbadzentrum St. Moritz, Tel. 081/8335254, Fax 081/8335251

8404 ▸▸ *Winterthur* — Sport Check-up
Römerstr. 176, Tel.: 052/2430064, Fax: 052/2430063
✉ *SPORT@check-up.ch, www.check-up.ch*

⊚ *Lauftreffs/Vereine*

Die Landesverbände des DLV können Ihnen Auskunft über Lauftreffs und Vereine in Ihrer Nähe geben.

▸▸ *Badischer* Leichtathletik-Verband
Postfach 43 01 22, 76216 Karlsruhe
Gartenäckerweg 2, 76229 Karlsruhe-Grötzingen
Tel. 0721/482745, Fax 0721/483330
✉ *BadischerLV@aol.com*

▸▸ **Bayerischer** Leichtathletik-Verband
Georg-Brauchle-Ring 93, 80992 München
Tel. 089/15702-375 bis 379, Fax 089/15702-380
✉ office@blv-sport.de, http://blv-online.de

▸▸ **Berliner** Leichtathletik-Verband
Glockenturmstraße 1, 14053 Berlin, Tel. 030/3057250, Fax 030/30099610
✉ leichtathletik.verband@berlin.de,
www.berlin.de/home/Sport/Sportvereine/BLV/

Leichtathletik-Verband ▸▸ **Brandenburg**
Am Luftschiffhafen 2, 14471 Potsdam
Tel. 0331/900100, Fax 0331/900101
✉ LV-Brandenburg@t-online.de, www.lv-brandenburg.de

▸▸ **Bremer** Leichtathletik-Verband
August-Bebel-Allee 186, 28329 Bremen
Tel. 0421/4677295, Fax 0421/4678915
✉ blv@leichtathletik-in-bremen.de, www.leichtathletik-in-bremen.de

▸▸ **Hamburger** Leichtathletik-Verband
Pestalozzistraße 26, 22305 Hamburg
Tel. 040/69703415, Fax 040/69703416
Marathon: Tel. 040/616773 od. 615020, Fax 040/614978
✉ HLV.Marathon-Hamburg@t-online.de, www.hhlv.de

▸▸ **Hessischer** Leichtathletik-Verband
Otto-Fleck-Schneise 4, 60528 Frankfurt
Tel. 069/6789211 bis -213, Fax 069/679708, ✉ info@hlv.de, www.hlv.de

Leichtathletik-Verband ▸▸ **Mecklenburg-Vorpommern**
Am Niklotstadion, 18273 Güstrow, Tel. 03843/250911, Fax 03843/250926

Niedersächsischer Leichtathletik-Verband
Hamburger Allee 18, 30161 Hannover,
Tel. 0511/33890-0, Fax 0511/33890-19, ✉ info@nlv-la.de, www.nlv-la.de

Leichtathletik-Verband ▸▸ **Nordrhein**
Friedrich-Alfred-Straße 25, 47055 Duisburg
Tel. 0203/7381-639, Fax 0203/7381-638,
✉ lv.nordrhein@cityweb.de, www.lvnordrhein.de

Leichtathletik-Verband ▸▸ **Pfalz**
Am Schlagbaum 3, 67655 Kaiserslautern
Tel. 0631/3403457, Fax 0631/3403459
LV-Pfalz@t-online.de, www.lv-pfalz.de

Leichtathletik-Verband ▸▸ **Rheinhessen**
Dalheimer Weg 2, 55128 Mainz, Tel. 06131/320060, Fax 06131/320067

Leichtathletik-Verband ▸▸ **Rheinland**
Postfach 201354, 56013 Koblenz
Rheinau 11, 56075 Koblenz, Tel. 0261/135-123, Fax 0261/9144103
info@LVRheinland.de, www.lvrheinland.de

▸▸ **Saarländischer** *Leichtathletik-Bund*
Hermann-Neuberger-Sportschule,
Im Stadtwald, Gebäude 54, 66123 Saarbrücken
Tel. 0681/3879-245, Fax: 0681/3879-268
slvs_slb@t-online.de, www.slb.bzt.de

Leichtathletik-Verband ▸▸ **Sachsen**
Reichenhainer Str. 154, 09125 Chemnitz
Tel. 0371/511850, Fax 0371/5614446, LVSachsen@t-online.de

Leichtathletik-Verband ▸▸ **Sachsen-Anhalt**
Döener Str. 65, 06120 Halle/Saale
Tel. 0345/5405051, Fax 0345/5405052, lvsa-gs@t-online.de

▸▸ **Schleswig-Holsteinischer** *Leichtathletik-Verband*
Winterbeker Weg 49, 24114 Kiel, Tel. 0431/6486-122, Fax 0431/6486-192
info@shlv.lsv-sh.de, www.shlv.de

▸▸ **Thüringer** *Leichtathletik-Verband*
Schützenstr. 4, 99096 Erfurt, Tel. 0361/3460544, Fax 0361/3459114
juengling@tlv-sport.de, www.tlv-sport.de

Fußball und Leichtathletik-Verband ▸▸ **Westfalen**
Sportschule Kaiserau, 59174 Kamen
Tel. 02307/371-0, Fax 02307/371-528, FLVW-LA@t-online.de, www.flvw.de

▸▸ **Württembergischer** *Leichtathletik-Verband*
Postfach 50 12 22, 79342 Stuttgart, Mercedesstr. 83, 70372 Stuttgart
Tel. 0711/955902-0, Fax 0711/955902-15
info@wlv-sport.de, www.wlv-sport.de

◎ Informationen für Seniorinnen

▶▶ Auf der Internetseite **www.pluspunkt-gesundheit.de** des Deutschen Turner-Bundes erhalten Sie Auskunft darüber, wo sich in Ihrer Nähe ein Verein, der Gesundheitssport anbietet, befindet. Dort können Sie speziell für Ihren Postleitzahlenbereich nach Angeboten suchen. Der DTB hat auch die speziellen Angebote „50 plus" und „Ältere für Ältere". Zudem gibt es Broschüren zum Gesundheitssport für Ältere.

Informationen erhalten Sie unter der Adresse:
Deutscher Turner-Bund, Otto-Fleck-Schneise 8
60528 Frankfurt am Main, Tel. 069/678010

▶▶ Eine Zeitschrift speziell für Seniorinnen und Senioren in der Leichtathletik finden Sie unter den auf *S. 369 f.* angegebenen Magazinen.

◎ Frauenläufe in Deutschland

März

▶▶ **Duisburger Frauenlauf** — *www.asv-duisburg.de /wls2001.htm#Frauenlauf*
ASV Duisburg, Prinz-Albrecht-Str. 1, 47058 Duisburg
Tel. 0203/336266

April

▶▶ **Wehlheider Frauenlauf** — *www.tg-wehlheiden.de*
TG Wehlheiden, Diana Gröschke, Kölnische Str. 114 c, 34119 Kassel
Tel. 0561/18125

Mai

▶▶ **Frauenlauf Lübeck**
Christine Gribkowski, Parcevalstr. 32, 23564 Lübeck
Tel. 0451/793002

▶▶ **Wemdinger Frauenlauf** — *www.frauenlauf.de*
TSV Wemding, Hans Niedermeier, Uhlandstr. 3, 86655 Harburg
Tel. 09080/4274

▸▸ *Hammer Frauenlauf* — www.hammer-frauenlauf.de
Peter Wolf, Im Sundern 5, 59075 Hamm, Tel. 02381/974140

▸▸ *Darmstädter Nike-Frauenlauf* —
www.asc-darmstadt.de/internet/
ASC Darmstadt Wilfried Raatz, Am Gernböhl 1, 64405 Fischbachtal
Tel. 06166/60216

▸▸ *Korschenbroicher Frauenlauf*
Korschenbroicher LC, Hans-Peter Walther, Sportamt/Hannenplatz 4
41352 Korschenbroich, Tel. 02161/613125

▸▸ *Berliner Frauenlauf* — www.berlin-marathon.com/events/frauenlauf/info
SCC Running, Waldschulallee 34, 14055 Berlin, Tel. 030/3025370

▸▸ *Oberschwäbischer Frauenlauf* —
www.vogt-halbmarathon.de/Frauenlauf_2001/hauptteil_frauenlauf_2001.html
Laufsport Linder, Schlossstraße 38, 88353 Kißlegg, Tel. 07563/92066

Juni

▸▸ *Hamburger Frauenlauf* — www.lg-niendorf.de
LT Niendorf, Rüdiger Pschorr, Wagrier Weg 15, 22455 Hamburg, Tel.040/5510439

▸▸ *Bucher Frauenlauf*
Roland Kolbeck, Erich-Kästner-Str. 67, 12619 Berlin, Tel. 030/5614729

Juli

▸▸ *Kölner Frauenlauf*
GSV Porz, Helmut Urbach, Josefstr. 64, 51143 Köln, Tel. 02203/52392

August

▸▸ *Frauenlauf/Walk in Hamburg* — www.laufwerk-hamburg.de
Alsterdorfer Str. 69a, 22299 Hamburg, 040/27808777

▸▸ *Internationaler Verner Frauenlauf*
SC Rot-Weiß Verne, Manfred Schnieders, Wilhardstr. 14a
33154 Salzkotten, Tel. 05258-5887

▸▸ *Frauenlauf Hannover*
TSV Hannover, Herbert Oppermann, Kapellenstr. 13
30625 Hannover, Tel. 0511/331361

▸▸ *Frauenlauf Ottendorf* — www.sfco.de
Bernd Hohensee, Dorfstr. 5, 24107 Ottendorf
Tel. 0431/582712

September

▸▸ *Frauenlauf Gundelfingen*
Achim Pröbstle, An der Dreifaltigkeit 4, 89331 Burgau, Tel. 08222/5922

▸▸ *Nike Frauenlauf Bochum* — www.laufen-in-bochum.de/frauenlauf.html
TV Wattenscheid 01 LA, Tono Kirschbaum, Hollandstr. 95
44866 Bochum, Tel. 02327/321223

▸▸ *Bottroper Frauenlauf* — www.adler-langlauf.de
DJK Adler07 Bottrop, Jürgen Liebert, Im Fuhlenbrock 102
46242 Bottrop, Tel. 02041/52230

Internationale Frauenläufe

Österreich

▸▸ Der *österreichische Frauenlauf* ist ein Fest für alle. Für viele stellt er eine Motivation dar, mit dem Laufen zu beginnen. Viele Frauen setzen hier den ersten Schritt in Richtung Gesundheit, Dynamik, Wohlbefinden und bewusstem, aktivem Leben: www.oesterreichischer-frauenlauf.at
office@oesterreichischer-frauenlauf.at

▸▸ „Wir unterstützen Frauen, die die Welt erobern" ist das Motto des *Grazer Frauenlauf:*
http://graz.at/jugend_familie/frauen/frauen_in_bewegung/frauenlauf_uebersicht.htm   frauenreferat@stadt.graz.at

Schweiz

▸▸ Der *Frauenlauf in Bern* bringt alle Schweizerinnen auf die Beine. Der Lauf findet Mitte Juni statt: www.frauenlauf.ch   frauenlauf@ryffel.ch

▸▸ *Silvaplana Frauenlauf:*
www.silvaplana.ch/html/offers/frau/fr_laufres.html   info@silvaplana.ch

▸▸ *Frauenlauf Zürich*
Der Lauf findet im Juli statt. BK Sportpromotion GmbH, Wattstr. 5, CH–8307 Effretikon, Tel. 0523551000, Fax 0523551001 ✉ info@AthleticWoman.ch

England

▸▸ *„Raceforlife"* ist eine 5-km-Straßenlaufserie im Vereinigten Königreich ausschließlich für Frauen. Alle Läufe (ca. 60) sind gleichermaßen für Anfängerinnen (auch „Walking") wie Fortgeschrittene geeignet. Der Erlös der Veranstaltungen dient der Erforschung von Krebserkrankungen. Seit dem ersten Lauf 1994 im Londoner Battersea Park haben über 180.000 Läuferinnen „Raceforlife" unterstützt. Weit mehr als 20 Mio DM sind dabei zusammengekommen. *www.icnet.uk/public.html*

Norwegen

▸▸ Der Lauf, ins Leben gerufen von Norwegens Langlaufidol Grete Waitz, fand in 2000 das 17. Mal statt. 1999 waren 32.000 Läuferinnen dabei – die jüngste 12 , die älteste Läuferin 100 Jahre alt. Gestartet wird nach Leistungsvermögen: *www.vg.no/gwl/english.hbs* ✉ *gwlo@online.no*

USA

▸▸ Unter dem Motto „allure" starten im Mai in New York Frauen ab 12 Jahren, denen ein Halbmarathon reicht: *www.nyrrc.org*

⊚ *Lauf- und Leichtathletikmagazine*

▸▸ *„Spiridon"* – Laufmagazin (monatlich)
Spiridon Verlags GmbH, Postfach 10 45 27, 40036 Düsseldorf
Tel. 0211/726364, Fax 0211/786823

▸▸ *„Runner's World"* – Laufmagazin (monatlich)
Motor Presse-Verlag GmbH & Co. KG
Redaktion: Heinrich-Vogl-Straße 22, 81479 München
Tel. 089/627149-11, Fax 089/627149-22

▸▸ *„LAUFZEIT"* – Das Journal für alle Freunde des Laufens (monatlich)
LAUFZEIT Verlags GmbH, Danziger Straße 219, 10407 Berlin
Tel. 030/4235066, Fax 030/4241717

▸▸ *„Condition"* – Ratgebermagazin für Lauf- und Ausdauersport (zweimonatlich)
Meyer & Meyer Fachverlag, Von-Coels-Straße 390, 52080 Aachen, Tel. 0241/95810-0, Fax 0241/95810-10

▸▸ *„Running"* – (monatlich)
Agentur WAG's, Postfach 56 07, 79023 Freiburg
Tel. 0761/349-05, Fax 0761/349-06

▸▸ *„Running-pur"* – (viermal im Jahr)
Lindenplatz 6, 72587 Römerstein, Tel. 07382/9365-65, Fax 07382/9365-66
✉ info@running-pur.de, www.running-pur.de

Allgemeinere Zeitschriften

▸▸ *„Leichtathletik"* – offizielles Organ des DLV (wöchentlich)
Deutscher Sportverlag GmbH, Frankenwerft 31, 50667 Köln
Tel. 0221/2587-312 bis -314, Fax 0221/2587-212 und -213

▸▸ *Für Seniorinnen und Senioren-Leichtathletik:*
„L S W" – Senioren-Leichtathletik-Zeitung (monatlich)
Erwin Kollmar Verlag, Postfach 1551, 35725 Herborn
Tel. 02772/54701, Fax 02772/55250

▸▸ *FreeSports*
Dingolfingerstr. 6, 81673 München
Tel. 089/41600453, Fax 089/41600445, ✉ freesports@kps.de

In der Schweiz:

▸▸ *Fit for life* — www.fitforlife.ch
Naumattstr. 1, CH-5001 Aarau
Tel. (0041-)(0) 62/8366018, Fax (0041-)(0) 62/8366044

In Österreich:

▸▸ *Marathon Laufsport*
Österreichs Ausdauermagazin für Laufen, Duathlon, Triathlon und Langlauf
Gutenbergstr. 12, A-3100 St. Pölten, Tel. (0043-) (0) 2742/801-0
✉ np.zeitschriften@noep.at

Zudem gibt fast jeder Landesverband des DLV seine eigene Zeitschrift heraus. Sie sind über die Landesverbände zu beziehen.

ⓖ Literaturtipps

Wellness

▸▸ *Klemp, K.; Niemann, C.:* **Easy! Weekends zum Entschlacken.** München 2001, ISBN 3-7742-6213-6. *Zwölf Wochenendprogramme, jeweils auf die Jahreszeit abgestimmt – für jeden Monat eins.*

▸▸ *Rüdiger, M.; Häberlein, S.:* **Fit! Bauch, Beine, Po.** München 2001, ISBN 3-7742-6189-X. *Wellness-Programm mit Gymnastik-, Pflege- und Ernährungstipps.*

Gesundheit

▸▸ *Ellis, J., Henderson J.:* **Laufen ohne Risiko.** München 1995, ISBN 3-405-14835-9 (leider vergriffen). *Beleuchtet ausführlich die medizinische Seite des Laufens und was warum schief gehen kann.*

▸▸ *Petracic, B.; Röttgermann, F.-J.; Traenckner, K.-Ch.:* **Optimiertes Laufen.** Aachen 2000 (3.Aufl.), ISBN 3-89124-390-1. *In einem Selbstcheck kann man Defizite und Disbalancen aufdecken und ihnen mit gezielten Übungen ausgleichend entgegenwirken. Hilfe bei akuten Verletzungen und Tipps, wie man sie vermeiden kann. Allgemeines zu Laufschuhen und Bekleidung.*

▸▸ *Strunz, U.:* **Forever young. Das Ernährungsprogramm.** München 2000, ISBN 3-7742-4001-9. *Ernährungsprogramm zum fit werden und -bleiben.*

▸▸ *Strunz, U.:* **Forever young. Das Muskelbuch.** München 2001, ISBN 3-7742-5637-3. *Leichte Übungen für zu Hause mit minimalem Zeitaufwand und maximalem Erfolg.*

Trainingsprogramme

▸▸ *Steffny, H.; Pramann, U.:* **Perfektes Lauf-Training.** München 2000 (11. Aufl.), ISBN 3-517-07582-5. *Gutes Buch für Laufanfänger, aber auch für fortgeschrittenere Läufer als Nachschlagewerk geeignet.*

▸▸ *Steffens, T.; Grüning, M.:* **Das Laufbuch.** Reinbek 1999, ISBN 3-499-19465-1. *Handbuch mit Infos rund ums Laufen: Outfit, Schuhe, Trainingspläne, Ernährung usw.*

▸▸ *Schnack, G.:* Intensivstretching für Läufer. München 1994, ISBN 3-8254-0453-6. *Durch gezielte Anwendung Laufproblemen vorbeugen und gesund, fit und elastisch bleiben.*

▸▸ *Pramann, U.:* **Lauf dich schlank!** München 2001, ISBN 3-517-06376-2. *Der persönliche Trainingsplan für individuelle Bedürfnisse.*

Strunz, U.: **Forever young. Das Laufprogramm.** München 2000, ISBN 3-7742-4830-3. *Das Programm, um „locker, leicht und lächelnd" durchs Leben zu laufen.*

Marathon

▸▸ *Craythorn, D.; Hanna, R.:* **Der Marathonreiseführer.** Mülheim 2001, ISBN 3-935254-00-8. *Die schönsten Marathonläufe der Welt.*

▸▸ *Steffny, M.:* **Marathon-Training.** Mainz 2001 (15. überarb. Aufl.), ISBN 3-87439-455-7. *Das Standardwerk zum Marathonlauf.*

Steffny, H.; Pramann, U.: **Fit für den Marathon.** München 2000, ISBN 3-517-08109-4. *Laufneulinge werden gezielt an den Marathon herangeführt.*

Fischer, J.: **Mein langer Lauf zu mir selbst.** Köln 2000 (8. Aufl.), ISBN 3-462-02794-8. *Erfahrungsbericht von Joschka Fischer, der in einem Jahr 40 kg abnahm und sich durchs Laufen ein neues Lebensgefühl erwarb.*

⊚ Bildnachweis

▸▸ **Bert Butzke,** Seiten: *9; 15, 35, 48, 51, 57, 60, 62, 86, 89, 100, 114, 124, 134, 167, 172, 179, 180, 189, 194, 195, 215, 222, 235, 304, 321, 326, 333, 334, 339, 342,*
▸▸ **Wilfried Stascheit,** Seiten: *11, 14, 26, 37, 39, 40, 42, 46, 69, 187, 226, 276, 328, 344, 347*
▸▸ **ASICS Deutschland GmbH,** Seiten: *23 (rechts), 61*
▸▸ **runners point,** *Recklinghausen,* Seite: *93*
▸▸ **Hete Willems,** Seite: *96*
▸▸ **Karolin Willems,** Seite: *135*
▸▸ **Ursula Caniglia,** Seite: *137*
▸▸ **Alexandra Umbach,** Seite: *161*
▸▸ **Polar Electro,** Seiten: *30, 53, 66, 74, 228, 265, 277*
▸▸ **„Zwei plus zwei" Marketing GmbH,** Seiten: *175, 176 (oben)*
▸▸ **Norbert Brumann,** Seiten: *313, 315*
▸▸ **DIADORA,** Seiten: *357–373*

Altersabhängigkeit der Leistungsfähigkeit von Langstreckenläufern

Die Leistungsfähigkeit von Langstreckenläufern nimmt naturgemäß mit fortschreitendem Alter ab. Die WAVA *(World Association of Veteran Athletes)* verwendet daher sogenannte „Age-Graded Tables" zum Vergleich der sportlichen Leistungen verschiedener Altersgruppen. Auf der Grundlage der von Peter Mundle erstellten Tabellen, entwickelte Helge Schröter-Janssen *(www.lauftreff.de)* die in der Tabelle aufgeführten Umrechnungsfaktoren.

Wenn Sie also Ihre gelaufene Zeit in Minuten umrechnen und sie mit dem Faktor Ihrer Altersgruppe multiplizieren, erhalten Sie den Wert, den Sie z.B. mit dem Wert eines 30-jährigen Mannes oder dem einer 35-jährigen Frau vergleichen können.

Wenn Sie eine **47 Jahre** junge Frau sind und Ihren Marathon in **4:39 h *(= 279 min)*** gelaufen sind, erhalten Sie eine Vergleichszeit gegenüber einer 35-jährigen Frau von etwa 4:28 h (= 268 min). Demnach sind Sie im Verhältnis schneller als Ihre 35-jährige Vereinskameradin, die den Marathon in 4:29 h läuft.

An diesen Tabellen wird natürlich im Detail viel herumdiskutiert – aber sie motivieren und machen neuen Mut!

Tabelle siehe nächste Seite!

Umrechnungsfaktoren

Alter	Faktor weiblich	Faktor männlich	Alter	Faktor weiblich	Faktor männlich
16	0.903	0.960	50	0.939	0.924
17	0.913	0.966	51	0.930	0.916
18	0.922	0.971	52	0.921	0.908
19	0.931	0.975	53	0.912	0.899
20	0.940	0.979	54	0.902	0.890
21	0.947	0.983	55	0.891	0.881
22	0.955	0.987	56	0.880	0.871
23	0.961	0.990	57	0.868	0.860
24	0.968	0.992	58	0.856	0.850
25	0.973	0.995	59	0.843	0.839
26	0.978	0.996	60	0.830	0.827
27	0.983	0.998	61	0.816	0.816
28	0.987	0.999	62	0.802	0.803
29	0.990	1.000	63	0.787	0.791
30	0.993	1.000	64	0.772	0.778
31	0.996	1.000	65	0.756	0.764
32	0.998	0.999	66	0.739	0.751
33	0.999	0.999	67	0.722	0.737
34	1.000	0.997	68	0.704	0.722
35	1.000	0.996	69	0.686	0.707
36	1.000	0.994	70	0.667	0.692
37	0.999	0.991	71	0.648	0.676
38	0.997	0.988	72	0.628	0.660
39	0.996	0.985	73	0.608	0.643
40	0.993	0.981	74	0.587	0.627
41	0.990	0.977	75	0.566	0.609
42	0.987	0.973	76	0.544	0.592
43	0.982	0.968	77	0.521	0.574
44	0.978	0.963	78	0.498	0.555
45	0.973	0.958	79	0.475	0.536
46	0.967	0.952	80	0.451	0.517
47	0.961	0.945	81	0.426	0.497
48	0.954	0.939	82	0.401	0.477
49	0.947	0.931			